동아시아에서
세계를 보면?

동아시아에서 세계를 보면?

−역사의 길목에 선 동아시아 지식인들

2017년 6월 8일 제1판 1쇄 인쇄
2017년 6월 15일 제1판 1쇄 발행

엮은이   미야지마 히로시, 배항섭
펴낸이   이재민, 김상미

편집   이상희
디자인   달뜸창작실, 정희정

종이   다올페이퍼
인쇄   천일문화사
제본   광신제책

펴낸곳   너머북스
주소   서울시 종로구 자하문로24길 32−12 2층
전화   02) 335−3366, 336−5131 팩스 02) 335−5848
등록번호   제313−2007−232호

ISBN 978−89−94606−45−3 93910

본 출판물은 2007년 정부(교육과학기술부)의 재원으로
한국연구재단(구 학술진흥재단)의 지원을 받아 수행된 연구임
(NRF−2007−361−AL0014)

19세기의
동아시아
2

동아시아에서
세계를 보면?

미야지마 히로시 · 배항섭 엮음

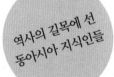

역사의 길목에 선
동아시아 지식인들

너머북스

차__례__

2부_ 전통적 사유의 변화와 지속

'근대 전환기' 전통적 지식인들의 고뇌

복음으로서의 서구 문명?

20세기 들어 특히 망국이 현실화된 이후 유교 혹은 유림의 부패가 망국의 원인이라는 언설이 하나의 유행처럼 퍼져나갔다. 유교와 유교 지식인의 지위는 서구의 충격이 본격화된 지 불과 30여 년 만에 급전직하한 것이다. 그러한 사정은 19세기 말기에 시작된 이른바 신학—구학 논쟁이 끝자락에 접어든 1908년 박은식이 「대한매일신보」에 실은 다음 글에서 잘 드러난다.

　　근일에 혹 어떤 고을에는 선비들이 협의하고 학교를 설립하는 자도 있고 혹 어떤 학자의 제자로서 책을 지고 멀리 와서 신학문을 배우는 자도 있으니 이로 좇아 온 세상 사람이 완고하고 오활함으로 배척하던 유림이 깨달을 기회가 왔도다. 오호라 이는 유림의 새 복음이며 유림에게만 새 복음이 될 뿐 아니라 대한전국에 새 복음이요 지금 전국에만 새 복음이 될 뿐 아니라 또한 장래 전국에 새 복음이 되리로다.

박은식은 구래의 선비들이 학교를 세우고 신학문을 배우게 된 사실을 '완고하고 오활'하던 유림이 '깨달을 기회'를 잡은 것이라고 했다. 나아가 그는 이것을 '유림의 새 복음', '대한전국의 새 복음'이며, 나아가 '장래 전국의 새 복음'이 될 것이라며 반겼다. 19세기 제국주의자들이 주창한 '문명화', '복음화' 담론의 복사판이라 할 만하다.

위의 글은 그동안 유교가 누려온 '보편'으로서 특권적 지위가 새로운 '복음'인 서구문명에 넘어가고 있음을 상징적으로 보여준다. 실제 이 무렵이 되면, 쇄도해오는 서구문명과 그를 합리화하는 사회진화론이 폭넓게 받아들여졌고 유교와 전통적 지식인은 결국 현실에 대응할 수 있는 능력을 상실해갔다. 유교로 단련된 지식인들은 '신학문'에 투항하였고, '유교적 보편성'은 '서구적 보편성'에 압도되었다. '신학문'이 당시에는 물론 오늘날까지도 '복음'이 될 것이라는 박은식의 예언을 도저히 수긍할 수는 없는 일이지만, '신학문'과 그것이 전파한 새로운 '복음', 곧 '서구중심주의'는 오늘날까지도 여전히 특권적 지위를 유지한 채 '대한전국'에 압도적인 영향력을 행사하고 있다.

'유교적 보편주의'에서 '서구적 보편주의'로

동아시아의 19세기는, 나라마다 시기나 정도 면에서 차이가 있었지만, 전통적 질서에 균열이 가고 서세동점의 소용돌이 속으로 빠져들게 되는 시기였다. 이 시기 동아시아 각국에서는 내부적 위기와 외부로부터의 도전에 대응하려는 다기한 사유들이 분출하였다. 나라마다 차이가 있었지만, 전통적 지배이념이나 사유방식을 묵수하려는 것도 있었고, 혹은 '근대'라는 새로운 질서를 지향하고 준비해가려는 것도 있었다.

유교에 기초한 전통적 사유체계를 가지고 있던 지식인들이 서구문명에 대응하는 논리는 크게 척사론, 동도서기론, 문명개화론으로 나누어 볼 수 있다. 그 가운데 하나인 동도서기론은 동양의 정신 혹은 도덕을 기초에 두고 서양의 과학·기술을 받아들이자는, 곧 동도를 '본本'으로 한 서기 수용론이었다. 동도서기론은 오랑캐로만 인식되던 서양이 산업혁명의 결과 우세한 힘을 갖추고 동양을 압박하는 전대미문의 문명적 위기 상황에 대응하는 과정에서 나온 고심의 결과였다. 다른 한편, 거기에는 서구문명에 대해서만이 아니라 지금까지 '보편'으로서 특권적 지위를 가지고 있던 동양문명에 대한 인식이나 태도가 내포되어 있었다. 이는 곧 서구문명과 동양문명의 관계를 어떻게 받아들이고 조정해나갈지에 대한 고뇌의 표현이기도 했다.

동도서기론은 개항 직후부터 '서도서기'론으로 경도된 문명개화론자들이나 끈질기게 서구문명의 도입을 거부했던 척사론자들을 제외한 지식인들 대부분이 서구문명에 대응한 방안이었다. 동도서기론은 서세동

점이라는 전대미문의 위기 상황에서 나타난 사유였지만, 그 위기는 전혀 다른 두 문명 간의 전면적 만남이었다는 점에서 역시 전대미문의 새로운 가능성을 내포한 것이기도 했다. 그러나 그러한 가능성은 불발로 끝나고 말았다. 동아시아의 지식인들은 서구중심적·근대중심적 이데올로기를 수용하고 '문명화', '복음화'되는 길을 걷게 된다. 그 결과 서구가 구성한 또 다른 이분법, 곧 서구=문명=근대/진보, 동아시아=야만=전근대/퇴영이라는 서구중심주의/근대중심주의는 더욱 널리 확산되고 깊이 내면화해나가게 되었다.

서양인들이 조선인들을 인류로 취급하지 않고 축생畜生과 같이 천하게 보더라도(『황성신문』, 1899. 1. 13), 그에 대해 "우리 스스로가 야만으로 추락하였기 때문"이라고 하며 자조하는 기사는(『태극학보太極學報』 22, 1908. 6) 그러한 사정을 단적으로 보여준다. 따라서 '조선병', 곧 조선의 폐단을 고치고 문명과 진보의 길로 나아가기 위해서는 "외국 사람 모양으로 학문을 배우고, 외국 사람 모양으로 생각을 하며, 외국 사람 모양으로 행실을 하여 조선 사람들이 외국 사람들과 같게" 되어야 한다는 점을 주장하게 된다(『독립신문』, 1897. 2. 13).

사회진화론을 사상적 무기로 하여 위력과 약육강식의 논리로 압도하는 서양문명의 지배를 수용하는 것은 불가항력적이었다고도 할 수 있겠지만, 그로부터 오늘에 이르기까지 100여 년은 '유교적 보편성' 대신 '서구적 보편성'이 주조한 또 다른 이분법에 압도된 시간이었다. '유교적 보편성'에서 '서구적 보편성'으로 역전이 이루어진 또 다른 기제로는 진화론 내지 발전론에 근거한 근대중심주의가 자리 잡고 있었다.

'전통 지식인'의 시선으로 바라본 '근대'

동아시아의 19세기는 '근대 전환기' 혹은 '근대 이행기' 등으로 규정되어
왔고, 여전히 필자를 비롯한 많은 연구자들이 사용하고 있다. '근대 이행
기'는 역사적 시간을 '전근대'와 '근대'로 나눈 후 시간이 전자로부터 후자
의 상태로 '발전'해간다는 점을 전제로 한 용어이다. '근대 이행기'라는 용
어를 사용하는 연구자들이 모두 토대결정론, 경제환원론적 시각을 담고
있는 사회구성체론의 논의를 그대로 수용하는 것은 아니다. 그렇지만 대
부분 '근대 이행기'에서 말하는 '이행'이 사회구성체 이행론에서 말하는
'이행'과 마찬가지로 진화론적·목적론적 역사인식을 공유하고 있다는 점
을 부인하기는 어려울 것이다.

　한편으로 이러한 진화론적 시간 인식에 대해서는 이미 계몽주의시기
부터 비판적 논의들이 제기되기도 했지만, 다른 한편 대부분의 서구 계몽
주의자들은 자신들의 시대를 그 이전 시대와 엄격히 구별하기 위해 이전
의 시간과 완전히 다른 '근대'를 창출해냈다. 그러나 그것만으로는 부족했
다. '근대'의 실상은 계몽주의자들의 희망과는 너무나 다른 것들로 넘쳐
났기 때문이다. '근대'라는 시간의 수레바퀴에는 계몽주의자들의 '이성적'
판단에 따를 때 '근대'의 탄생과 함께 이미 사라졌어야 할 야만, 더러움,
무지 등 부정적 언어로밖에는 달리 표현할 길이 없는 것들이 덕지덕지 묻
어 있었다. 그래서 계몽주의자들은 더욱더 '근대'와는 엄격히 구별되는 시
간, 곧 모든 부정적인 것을 쑤셔 넣을 수 있는 '전근대'라는 쓰레기통이 절
실히 필요했다. 이 점에서 전근대(중세)―근대의 시기구분은 근대 이전 시

기에 대한 '근대'의 승리를 의미한다. 또 이러한 시기구분은 역사적 시간을 진보와 완성으로 표상되는 '근대'를 향해 달려가는 과정으로 본다는 점에서 '근대중심적'이며, 진화론적이고 목적론적 역사인식에 근거한 것이다.

그러나 환경문제만 보더라도 너무나 분명하듯이 이러한 시간관은 점점 설 자리가 좁아지고 있으며, 신랄한 비판들이 제시되고 있다. 잭 구디 Jack Goody는 역사적 시간을 고대, 봉건제, 자본주의가 뒤따르는 르네상스로 나누는 유럽 역사가들의 시기구분 방식을 문제 삼았다. 그것은 '시간(주로 기독교의)과 공간에 대한 유럽의 버전version'이기 때문이다. 따라서 그는 정당한 비교를 위해서는 고대, 봉건제, 자본주의 등 미리 결정된 카테고리를 사용하지 말아야 할 뿐만 아니라, 그러한 개념들을 버릴 것을 주장하였다. 우드사이드Alexander Woodside는 독립적인 시민사회가 근대적 정치의 발흥과 유지에 중요하다는 믿음에 대해서도 그 보편성에 대한 의문이 제기될 수 있다고 했다. 개인이나 시민, 시민사회 등의 개념이 근대 서구가 만들어낸 환상일 수 있으며, 실재한다고 해도 그것이 반드시 보편성을 가지는 것인지에 의문을 제기한 것이다.

월러스틴Immanuel Wallerstein도 '근대성'에 대해 '자본주의 세계체제에서 흥성한 관습, 규범, 관행의 잡탕에 붙이는 포괄적 용어'라고 규정하며 그 모호성을 비판한 바 있다. 무엇보다 라투르Bruno Latour는 근대인과 비근대인, 문명적 사고와 야생적 사고를 넘나드는 인간의 경험은 오래되었으며, '근대'라는 시간에는 온갖 하이브리드가 가득 차 있다는 점을 예리하게 지적하고 있다. 근대가 가진 이러한 '하이브리드'의 이해가 바로 근대성 이해의 열쇠일 수 있다.

이 책에서는 동아시아의 '장기 19세기'를 전통적 사유와 전통적 지식인이라는 맥락에서 접근함으로써 '근대'와 '근대성'을 새롭게 이해할 가능성을 모색해보고자 한다.

이 책의 내용

이 책은 성균관대학교 동아시아학술원 인문한국연구소에서 꾸린 "19세기의 동아시아" 연구모임의 성과를 묶은 것으로, 지난번에 나온 『동아시아는 몇 시인가?』(너머북스, 2015)에 이은 두 번째 결과물이다. 여기에 실린 글들은 모두 성균관대학교 동아시아학술원의 인문한국연구소가 개최한 학술대회 "19세기 말~20세기 초 동아시아 전통지식인의 삶과 사상"에서 발표되었거나 '19세기의 동아시아' 연구모임을 비롯한 세미나에서 발표되었던 것들이다.

동아시아 '근대 전환기'에서 매우 중요한 역할을 한 것은 전통적 지식인들이었다. 따라서 '근대 전환기'에 이들이 보여준 생활과 사유방식의 변화과정에 대한 이해는 동아시아의 근대형성과정이나 근대의 특징을 이해하는 데 중요한 의미가 있다. 무엇보다 동아시아의 근대가 이들 전통적 지식인들에게 각인되어 있던 사유구조나 현실인식 등과 밀접하게 관련되어 있었다는 점에서 동아시아의 근대가 '전통'과 결코 무관할 수 없었기 때문이다. 매우 당연한 일이다.

그러나 한국만 하더라도 기왕의 연구에서는 현대사는 물론, 개항기나 식민지 시기의 역사상을 구성하는 데 이러한 고려가 미흡했다. 기왕의 연구들에서는 전통적 엘리트보다는 새로 등장하는 근대적 엘리트에 관심을 가지고 그들의 사회적 활동이나 민족운동 면에서의 역할에 주목하고 있다. 전통지식인에 대한 일부의 관심도 그들이 얼마나 빨리 그리고 완전하게 서구적 근대를 수용했는지를 중심으로, 또 민족운동이나 식민권력과의 관계나 그에 대한 대응이라는 맥락에서 접근하는 것이 대부분이다. 그러나 그러한 방식의 접근은 지양해야 할 것이다. 그것은 신학-구학논쟁 이후 서구문명을 '복음'으로 받아들인 지식인들이 내면화해나갔던 서구중심주의·근대중심주의적 인식구조와 동일하게 여전히 이분법적 논리에 갇혀 있기 때문이다.

여기에 실린 글들은 대체로 전통적 지식인들이 가지고 있던 사회나 질서에 대한 생각 등을 유교를 중심으로 한 전통적 사유체계, 사회편성 원리와의 관련 속에서 이해해보고자 하였다. 이를 통해 서구중심적 근대의 논리 속으로 회수될 수 없는, 그러면서도 전통적·전근대적인 것과도 다른 삶의 다양한 모습을 포착해보고자 한다. 이는 동아시아 역사과정을 '내재적'으로 이해함으로써, 서구가 구성해놓은 동아시아 '근대전환기'의 역사상을 상대화하고, 서구적 근대라는 '진화', 발전의 목적지를 향해 달려 나갈 수밖에 없다고 생각하는 식민화한 역사인식을 넘어설 수 있는 단서가 될 것이다.

1부 '근대 전환기 동아시아 지식인의 사유'에는 근대 전환기 동아시아 지식인들의 사유에서 보이는 공통점과 차이점을 유학과의 관련 속에서 살펴본 글이 세 편 실려 있다.

미야지마 히로시의 「유학경제학이 가능한가?—근대 이행기의 유학과 경제」는 한국의 심대윤沈大允, 중국의 천후안장陳煥章, 일본의 시부사와 에이이치澁澤榮一 등 '근대 이행기' 동아시아의 유학적 지식인이 경제에 대해 어떤 생각을 했는지를 비교 검토한 글이다. 상업에 종사하면서 유학도 공부한 몰락 양반 출신의 심대윤은 이利를 적극적으로 긍정함으로써 경제활동과 유학의 가르침이 모순되지 않음을 주장했다. 천후안장은 청말에 진사시험에 급제한 다음, 미국에 유학해 서구경제학을 공부하여 공자와 그 학파의 경제사상에 관한 연구로 박사학위를 받은 특이한 경력의 인물이다. 시부사와 에이이치는 근대 일본의 실업계를 대표하는 인물인데, 그는 평생 『논어』의 가르침을 경제활동의 지침으로 삼아야 한다는 점을 주장했다. 이들 세 사람은 격동의 시기를 살면서 경제활동이나 서구의 경제사상에 대해 유학을 기초로 해서 대응하려고 했다. 이들이 고민한 최대 과제는 이利의 추구와 도덕, 사회질서와 조화를 양립시키는 데에 있었으며, 이 과제는 지금도 여전히 해결을 기다리는 우리 과제이기도 하다.

조경달의 「국가(도의관)를 둘러싼 근대 한일 사상 비교—이기와 나카에 조민」에서는 이기와 나카에 조민의 국가사상을 조선과 에도시대 일본의 유학사상, 특히 도의관의 차이라는 맥락에서 비교하고 있다. 그는 주자학에서 도의라는 것은 천리天理에 따라 객관적으로 실재하며, '민의 목소리'='천의 목소리'로 발현되는 것이기 때문에 도의에 대해서는 결코 스스로 입장을 절대화하여 주관적으로 논할 수 없다는 점을 전제로 하고 있다. 이기의 경우 그가 의식하려고 하지 않았는데도 정치와 도덕을 연결하는 주자학적 사유가 그의 국가주의를 여전히 규정하고 있었다. 그에 비해 나카에 조민은 누구보다도 도의를 높이 내걸었지만, 도의의 주관성을 긍정하는 사유방식이 작동하고 있었고, 국가가 곧 도의라는 인식이 드러난다고 하였다. 이러한 국가주의적 사유는 막부말기 국체사상國體思想의 영향뿐만 아니라, 근세 일본 이래의 사유와 관련된 것이라고 하였다. 반면, 주자학적 사유를 바탕으로 한 한국의 국가사상에는 국가주의를 넘어선 '또 하나의 근대사상'이 형성될 계기가 있었음을 지적하고 있다.

이경구의 「19세기 중반 이후 한·중·일 3국의 실학 개념」은 19세기 말에서 20세기 초 사이 동아시아 각국의 실학 개념이 가진 역사적 위치와 의미에 새롭게 접근한 글이다. 우선 그는 19세기 말에서 20세기 초 사이의 실학 개념은 유학의 맥락에서 벗어나기 시작했다는 점에서 이전과 다르고, 특정한 역사 용어로 고정되지 않았다는 점에서 현재와도 다름을 강조하고 있다. 당시 동아시아 각국에서 실학을 학문의 보편정신으로 간주하여 서양문물 수용의 근거로 삼은 점은 대체로 공통적이지만, 삼국 간에 차이도 있었다. 식민지였던 한국은 '비중국/친민족, 반일본/친근대'의 지향을 역사에서 실증하여 독립을 향한 운동력을 확보하려 했다. 실학은 그 점에서 꽤나 만족스러운 개념이었다. 중국은 실학을 주로 학문 혹은 학자의 가치 지향과 관련해 주목했지 역사상의 특정 학파로 고정하지는 않았다. 일본의 실학 개념은 실용·과학의 의미가 강조되어 인문학 전반에 대한 반대로 쓰이거나, 고대동양의 이상적 이미지를 실학으로 차용하여 일본 중심의 대동아 건설에 활용하였다고 한다.

2부 '전통적 사유의 변화와 지속'은 5편으로 구성되어 있다. 모두 전통적 지식이나 사유가 변화해가는 다양한 갈래 혹은 그러한 변화 속에서도 지속되는 전통적 사유들을 동아시아 전통적 지식인들이 공유하고 있던 유학과의 관련 속에서 살펴본 글이다.

배항섭은 「동학교도의 동학에 대한 이해와 유교」에서 동학이 민중에게 이해되고 수용되는 과정을 유학이라는 지배이념과 관련하여 살펴보고 있다. 그동안 동학사상이나 동학농민군은 유교와 전통적 지배질서를 반대하고 근대를 지향한 것으로 이해되어왔다. 그러나 농민전쟁을 시작하는 자신들의 취지를 천명한 「무장포고문」을 비롯하여 동학농민군이 제시한 요구조건이나 격문, 통문들에는 동학의 교리와 관련된 것이나 '근대적' 사유를 지향한다고 할 만한 내용이 특이할 정도로 없다시피 하다. 농민군의 통문·격문들은 오히려 전통적 유교의 언어로 점철되어 있었고, 동학농민군들은 왕토/왕민사상 등 유교적 이념에 근거하여 자신들의 행위를 정당화했다. 이러한 문제들을 종합적으로 판단할 때 동학교도나 농민군이 동학을 유학에 대한 재해석 내지 새로운 해석 정도로 받아들였던 것으로 보이며, 그에 의거하여 자신들의 행위를 정당화하고 이상사회를 추구하였다. 그러나 농민군들의 행동과 생각은 유교적 질서로 회귀하는 것이 아니라 새로운 질서를 열어나가고 있었다.

김선희의「근대 전환기 지식인들의 '문명' 인식―유인석과 이기」는 근대 전환기에 서구적 문명 개념을 수용하는 과정에서 발생한 조선의 전통적 지식인들의 지적 동요와 변화를 살펴본 글이다. 1890년대 이후 전통적 중화 관념으로부터 이탈한 문명 담론이 널리 유통되기 시작하면서 서로 다른 문명'들' 간의 중첩과 교착, 그로 인한 갈등이 초래되었다. 여기서는 그 과정에서 나타난 전통적 지식인들의 대응 방식을 이기와 유인석을 비교하면서 검토하였다. 이기는 중화와 문명을 분리하고 문명을 개화와 연결해 서구적 제도와 교육 수용을 새로운 문명의 요구로 받아들이고자 했다. 이와 반대로 의병운동을 이끌었던 의암 유인석은「우주문답」을 통해 중화제국의 재건만이 동아시아의 평화와 조선의 국권을 보장할 수 있다고 주장함으로써 전통적 문명 개념을 강화하고자 한다. 이기와 유인석이라는 대비되는 사례를 통해 전통적 지식인이 서구로부터 수용된 새로운 '문명'에 대응하는 과정에서 어떻게 분화되고 변화되어갔는지를 매우 구체적으로 살펴본 글이다.

　　문명기의「분기인가 수렴인가?―첸무와 푸스녠을 통해 본 민국시대 중국 학술사회의 풍경」은 민국시대 중국 학술사회에서 보이는 다양한 학파 간/내의 차이·대립·분기의 측면을 강조해온 기왕의 연구들과 달리 학술사회의 존재양태를 분기가 아닌 수렴의 측면에서 접근하고 있다. 이를 위해 당시 비주류였던 '전통파' 첸무錢穆와 주류 학술권력이었던 '신파', 특히 푸스녠傅斯年의 이합을 통해 살펴보았다. 첸무는 송에서 명·청 유학자들 간에는 사상적 연속성·일관성이 발견된다는 데서도 알 수 있듯이 중국 역사학의 전통인 회통會通을 중시하여 통사를 강조한 반면, 영국 유학을 다녀온 푸스녠은 전문적이지 못한 '박학博學'보다는 특정한 시대와 문제에 관해 전문적 지식을 요구하면서 '통通'보다는 '전專'을 강조하여 단대사 및 '전제專題' 연구를 중시하는 등 학문적 입장에서 차이를 보였다. 그러나 양자는 전통적 고증학과 닿아 있는 '고거考據'를 통한 연구와 주장에 공명한 점에서는 공감대가 있었다.

스다 쓰토무는 「19세기 전반 일본 지식인의 국체와 도 관념 – 요코이 쇼난과 요시다 쇼인 비교」에서 요코이 쇼난과 요시다 쇼인의 사상을 유학적 전통이라는 맥락에서 비교하여 살피고 있다. 그는 우선 요코이에 비해 요시다는 사상가가 아니라 기술자 유형의 행동형 지식인이라는 점을 강조하고 있다. 일본 학계에서는 그동안 요시다가 요코이의 영향을 받았다고 이해해왔으나, '신주神州' 일본의 독자성에 집착한 요시다에게는 보편적 가치에 대한 추구가 없었다고 한다. 그 대신 '무위를 해외에 휘두르는' 것이야말로 '신주'의 '웅략雄略'으로 이어진다는 발상에 근거한 부국강병론을 내세웠다는 것이다. 또 요코이의 경우 유학적 민본주의사상이 저류에 흘렀지만 서양에 대한 대응과정에서 그는 쉽사리 '도'를 버리고 '강병'론으로 전환하는데, 이는 19세기 일본의 지식인—다수는 무사였던—의 '무위'에 기반을 둔 자국·이국 인식(일본형 화이의식)에 근거한 것이라고 하였다.

이새봄의 「유학적 관점에서 본 나카무라 마사나오의 문명론」은 일본 근대사상에 대한 근년의 접근 방식, 곧 유학과 양학洋學을 전통과 근대로 구별하는 이분법적 구도에서 벗어나 역사적 맥락 속에서 이해해야 한다는 문제의식에서 준비한 글이다. 우선 기존의 연구들은 나카무라를 '계몽사상가'로 그려왔고, 이분법적 이해에서 벗어난 연구들도 계몽인지 아닌지를 잣대로 그의 사상을 평가하는 경향에서 벗어나지 못했음을 지적한다. 이 글에서는 나카무라의 사상을 '계몽'이나 '근대'가 아니라 그의 사상적 근거인 유학을 축으로 살펴보고자 했다. 이새봄은 나카무라가 유학적 사고를 기축으로 하여 서양의 civilization 개념을 이해했으며, 문명개화를 실현하기 위한 기초로써 인민의 도덕성을 강조하여 서양사회에서 기독교의 역할에 주목했음을 강조하였다. 결국 나카무라는 유학에서 도덕의 기원인 천天과 기독교의 신神을 동일한 개념이라고 파악하여 기독교를 적극적으로 수용하고자 했으며, 도덕의 핵심 조건인 자유 역시 유학의 천과 인간의 관계론 속에서 풀어나갔음을 밝히고 있다.

3부 '새로운 사유의 형성과 전유되는 전통'에는 모두 4편이 실려 있으며, 19세기 동아시아에서 형성되기 시작한 새로운 사상과 문화 혹은 오늘날까지 이어지는 정치사상을 전통적 또는 전근대적인 사상, 문화의 전유라는 맥락에서 살펴보고자 하였다.

노관범의 「대한제국 말기 동아시아 전통 한문의 근대적 전유轉有」는 갑오개혁 이후 발행된 한국 한문교재 가운데 박은식이 편찬한 「고등한문독본高等漢文讀本」을 분석해 동아시아 전통 한문의 근대적 전유 양상을 살펴본 글이다. 「고등한문독본」은 시기적으로 대한제국이 멸망한 직후에 편찬되었을 뿐만 아니라, 당대 현실을 투철하게 고민했던 박은식이 편찬하였다는 점에서 국망을 전후한 무렵의 시대의식이 깊이 각인되어 있을 것으로 기대할 수 있다. 또 고급 한문 교육을 목표로 한 점에서 대개 보통학교 교육에 쓰던 일반 교재와 차이점이 있다. 「고등한문독본」에는 한국과 중국의 한문 작품들이 수록되어 있으며, 국망기의 위인과 구국의 주체를 다룬 것들이 많다. 물론 이 책에 수록된 한문 작품들의 본래적 메시지는 결코 대한제국의 국망과 구국의 문제를 상정한 것은 아니었다. 그러나 「고등한문독본」이라는 새로운 문헌에 진입함으로써 본래적 의미와 달리 대한제국의 현실이라는 당대적 맥락에서 근대적으로 전유되고 있음을 확인할 수 있다.

박소현의 「과도기의 형식과 근대성―근대계몽기 신문연재소설 『신단공안』과 형식의 계보학」은 개화기 한국의 근대 신문인 『황성신문』에 연재되었던 소설을 분석해 동아시아에서 전개된 문학적 근대화 과정이 복잡다기함을 보여주고 있다. '공안公案'은 명·청 시기 한때 유행했던 통속적 범죄소설 장르를 가리키는 용어이다. 모두 일곱 편으로 구성되어 있는 『신단공안』 중 세 편은 송대의 명판관 포증包拯을 주인공으로 한 16세기 말의 공안소설 『용도공안龍圖公案』에 실린 이야기를 재구성한 것들이다. 박소현이 주목하는 것은 바로 유교적 판관을 내세워 범죄사건을 해결한다는 소설 내용의 '전근대성'과 신문이라는 근대 매체의 부조화(전통적 맥락과 근대적 맥락의 공존)이다. 이를 단서로 삼아 동아시아에서 문학적 근대화 과정은 서구 근대문학의 모방과 거리가 멀었으며, 다양한 문학적 가능성이 탐색되고 실험되었음을 환기한다. 따라서 그러한 실험들이 내포하고 있는 근대성의 다양한 양상을 관찰하기 위해서도 근대성의 거대담론으로부터 벗어날 것을 제안하였다.

박훈의 「19세기 전·중반 사무라이의 정치화와 '학당'—미토번과 사쓰마번을 중심으로」는 미토번과 사쓰마번을 사례로 삼아 사무라이사회에서 '사대부적 정치문화', 특히 '학적 네트워크'와 '학당'이 형성되어가는 과정을 살펴본 글이다. 이 글은 필자가 그동안 19세기 전반~막말기幕末期에 걸친 일본의 정치사를 유학에 근거한 '사대부적 정치문화'의 확산이라는 시각에서 수행해온 연구들과 궤를 같이한다. 박훈은 '사대부적 정치문화' 가운데 특히 '학적 네트워크'와 '학당'을 매우 중시하고 있다. '학적 네트워크', '학당'이 형성되는 과정은 본래 군인 또는 서리에 불과한 사무라이들이 '지사志士'를 자처하며(사무라이의 '사화士化') 정치행동에 나서게 되는 배경을 가장 잘 보여주기 때문이다. 이 글에서는 '학적 네트워크'의 핵심이 주로 비교적 낮은 신분 출신자들이었지만, 이들이 번교의 교원으로 많은 학생을 장악하며 강의를 매개로 번의 실력자들과 관계를 맺어나가는 모습(미토번), 또 '학당'들은 모두 소라이徂徠학파나 그 영향을 받아 시문을 중시하는 학풍을 공격했고, 훈고적 경향이나 고답적 경전연구 등을 강하게 비판한 반면 경세經世, 즉 현실정치에 직접적으로 연관되는 학문(학정일치學政一致)을 강조하였고, 이를 '실학實學'이라고 자칭했음을 밝히고 있다.

무라타 유지로의 「신해혁명 시기의 민족문제와 중국 민족주의-캉유웨이의 『대동서』를 중심으로」는 2008년 티베트 소요사태 이후 중국 당국이 내놓은 '제2대민족정책'이 제시한 민족의 융합·일체화라는 미래상이 청말의 보황파保皇派(개량파)가 주창했던 '만한불분滿漢不分', '인종동화'론과 많은 점에서 공통된다는 점에 주목하여 보황파의 핵심인물이었던 캉유웨이의 『대동서』에 나타난 유토피아상을 비판적으로 분석한 글이다. 특히 『대동서』에는 공민의 자유와 해방을 호소하면서 이상적인 사회의 조화상태를 그렸지만 서로 다른 가치의 병존, 다양한 개체의 자립과 같은 의미를 포함하는 공공성에 대한 고민이 없다는 점을 강조하고 있다. 대동= '공' 이념에는 동화와 억압, 배제의 원리가 장착되어 있을 수 있음을 지적하면서 민족의 동화·융합과는 다른, 곧 차이가 공존·공생하는 질서의 선택가능성alternative을 생각해보고 있다. 동의 여부를 떠나 『대동서』에 대한 새로운 이해이기도 하지만, 전통사상에 대한 강조나 재인식이 빠져들 수 있는 함정을 경계하는 의미를 담고 있는 글이라고 생각된다.

나가는 말

최근 들어 국내외 학계에서 서구·근대중심적 접근에 대한 비판적 견해들이 나오고 있으나 여전히 서구중심적·근대중심적 인식을 제대로 벗어나지 못하였거나 새로운 설명방식을 충분히 제시하지 못하고 있다. 이른바 '보편적 보편주의'를 만들어야만 해결될 수 있는 문제일 수도 있지만, 전 지구 어느 시대 어느 공간에나 통용될 수 있는 그런 의미의 '보편적 보편주의'가 존재할 수 있다고 생각하지는 않는다.

전 지구는 둘째 치고 동아시아 혹은 한국의 역사적 경험과 현실을 설명해줄 수 있는 '동아시아적 보편성' 창출에 대한 가능성도 현재로서는 까마득하게 느껴진다. 당연한 것이지만 동아시아 각국의 역사는 거의 모든 면에서 공통점과 차이점을 동시에 보이고 있으며, 이 책에서 다룬 지식인만 하더라도 거주공간을 비롯한 존재방식이나 정치, 사회적 지위나 역할 등의 면에서 적지 않은 차이가 있기 때문이다.

분명한 것은 더 이상 서구의 지식인들이 동아시아사를 설명하는 또 다른 '보편적' 설명틀을 만들어주리라고 기대하기는 어렵다는 점이다. 동아시아 내부로부터 우리 스스로 고민하지 않으면 안 된다는 것이다. 그 출발은 무엇보다 서구중심적·근대중심적 인식에 대한 철저한 반성에 있다고 생각한다. 서구적 근대를 전제로 하고 그러한 현상을 발견해내는 방식으로는 한국이나 동아시아의 독자성이나 개성을 드러내기 어렵다. '자본주의 맹아론'이 그러하듯, 서구에 비해 결핍과 한계가 두드러지게 할 뿐이다. 따라서 서구가 구성해놓은 역사인식의 틀이나 세계사상을 더 단단하게 할 뿐만 아니라 그것을 벗어나 새로운 역사상을 구축하는 데 오히려 방해만 될 것이다. 이 책이 그러한 고민을 시작하는 데 도움이 되길 바란다.

옥고를 주신 필자 선생님들, 늦어지기만 하는 원고를 기다려준 너머북스 이재민 대표님과 편집진 여러분께 감사드린다.

2017년 6월
필자들을 대신하여 배항섭 씀

1

근대 전환기 동아시아 지식인의 사유

유학경제학이 가능한가? - 근대 이행기의 유학과 경제

◎

미야지마 히로시

1 경제라는 말을 둘러싼 전통과 근대

유학사상과 공공성의 문제에 관해서는 지금까지 주로 정치적·사회적 맥락에서 논의되어온 것 같은데, 그에 비해서 경제에 관한 논의는 상대적으로 소홀했다는 감이 없지 않다. 그러나 공공성 문제에서 경제와 경제활동 문제는 빼놓을 수 없는 중요한 부분이다. 따라서 여기서는 유학사상과 경제, 경제학의 문제에 관해서 19세기 후반부터 20세기 초기에 걸쳐 동아시아에서는 어떠한 담론이 존재했는지 검토할까 한다.

　구체적으로는 유학과 경제 혹은 경제학의 관계를 적극적으로 발언한 인물 중에서 한국, 중국, 일본에서 각각 한 사람씩 뽑아 그들의 담론을 비교·검토하기로 한다. 그 세 사람이란 한국의 심대윤, 중국의 천후안장, 일본의 시부사와 에이이치이다. 그들이 유학사상을 기반으로 하면서 경제에 관한 전통적·일반적 이해를 비판하려고 했다는 면에서 공통점이 있으므로 여기서 검토대상으로 뽑은 것이다.

　전통적인 유학사상에서는 『논어』 「이인편里仁篇」에 나오는 "군자는 의에 밝고 소인은 이에 밝다(君子喩於義, 小人喩於利)"라는 말처럼 의義와 이利를 대립되는 개념으로 간주해왔다. 또한 송나라 때 일어난 송학, 그중에서도 특히 도학 계통의 학자들은 "존천리存天理, 거인욕去人欲"(정호程顥), "존천리存天理, 멸인욕滅人欲"(주희朱熹)이라고 해서 천리와 사람의 욕망을 대립적으로 보는 견해가 지배적이었다. 따라서 근대 전환기에서 이러한 전통적인 유학의 경제인식을 어떻게 재해석할지 위의 세 사람도 고민할 수밖에 없었을 것이다.

2 심대윤과 『복리전서』

조선시대 유학자 중에서 심대윤沈大允(1806~1872)은 대단히 특이한 사상을 가진 사람이었다. 특히 이利와 인욕人欲에 대해 적극적으로 발언한 인물로서, 그야말로 이 글의 주제와 어울린다고 할 수 있다.

심대윤은 몇 년 전까지만 해도 별로 알려지지 않은 인물로, 정인보鄭寅普(1893~1950)나 다카하시 도루高橋亨가 짧게 소개한 정도에 불과했다.[1] 그러나 최근에 그의 저작물이 발굴되면서 학계의 주목을 받기 시작해서 여러 연구자가 그의 특이한 유학사상을 알리게 되었다. 여기서는 선학들의 연구를 이용해 그의 경제사상을 소개한다.[2]

심대윤은 경력도 이색적인 인물이다.[3] 그는 조선시대의 대표적 명문 가문이라고 할 수 있는 청송靑松 심씨 출신으로, 영조 때 영의정까지 올라간 심수현沈壽賢이 그의 고조부이다. 그러나 영조 31년(1755)에 일어난 정시변서사건庭試變書事件[4]으로 가문이 괴멸적인 타격을 입게 되었고, 대윤의 증조부인 악鑵도 전라도로 유배되었다. 그래서 심대윤은 관계에 진출할 가능성이 전무한 상황에서 평생을 보내게 되었을 뿐만 아니라 경제적으로도 지극히 어려운 상태에 있었던 것 같다. 장사나 목공으로 생계를 유지했다고 하는데, 그러한 속에서도 유학의 경서에 대해 방대한 주석서를 저술했다. 그의 유학사상은 완전한 '기일원론氣一元論'이라고 할 수 있는데, 여기서는 그의 저작인 『복리전서福利全書』를 소재로 경제사상을 검토하겠다.

『복리전서』는 심대윤이 나이 57세(1862) 때 집필한 저작이다. 김성애에 따르면[5] 현재 세 가지 사본과 한 가지 언해본이 존재한다고 한다. 여기서는 김성애의 석사학위논문에 따라 그 내용을 소개한다.

먼저 『복리전서』의 집필 동기는 서문에 다음과 같이 밝혔다.

고대에 성인이 예로 영재를 가르치고 악으로 어리석은 백성을 교화하였으

니, 예악은 세상을 다스리는 도구이자 교화의 방도였다. 삼대 이후로 예악이 폐해지고 교화가 쇠퇴해지자 비록 경전의 글이 있더라도 학자들이 그 올바른 뜻을 이해할 수가 없었다. 고명한 자는 허탄하고 망령된 도로 치달아 실제의 도리를 등지고 거짓 행실을 숭상하며, 어리석은 자는 오리무중의 진흙탕 속으로 빠져들어 감정대로 함부로 행동하여 방향을 모른다. 결국 교화는 날로 없어지고 풍속은 날로 피폐해지며 화란은 날로 늘어가니, 인류가 장차 멸망하고 천지의 도가 없어질 것이다. 이 때문에 근심스러워 나는 마음에 손상을 입은 듯 애태우고 걱정하였다. (중략)

아아! 이 백성은 가르침이 없어서는 안 된다. 이제 경전의 중요한 뜻을 취하며 그 내용을 간략하고 알기 쉽게 해서 후세 어리석은 백성의 참된 경전으로 만들어 혼미한 방향을 바로잡아주고자 한다. 그리하여 천하 만세의 백성이 모두 그 복리를 누리고 앙화를 면할 수 있게 하고자 '복리전서'라고 이름 하였다.

위에서 볼 수 있듯이 심대윤은 옛 성인의 가르침이 사라졌기 때문에 백성이 도탄에 빠지게 되었다고 보고 성인들의 가르침을 알기 쉽게 편찬함으로써 민생에 도움이 되게 하려고 이 책을 저술했다는 것이다. 여기서는 첫째로, 유학은 원래 복리를 중시했는데도 후세의 학자들이 그것을 소홀하게 했다는 인식, 둘째로, '어리석은 백성'이라는 표현이 거듭 나타나는 것에서 알 수 있듯이 우민관愚民觀이 강하다는 점 등의 특징을 지적할 수 있다. 그러면 그의 복리사상을 구체적으로 살펴보자.

심대윤은 송나라 이후의 유학자들이 천리와 대립하는 것으로 본 인욕을 적극적으로 인정하는 데서 논의를 시작했다.

『서경』에 "하늘이 백성을 낳으매 욕망이 있다"라고 하였으니, 욕망이란 하늘이 명한 천성이며 사람과 만물이 함께 가지고 있는, 바로 바꾸거나 증감할 수 없는 것이다. 마치 하늘에 태극이 있는 것과 같으니, 태극의 도는 철두철미하여 어디를 가든 있지 않는 데가 없고 어떤 사물이든 없는 데가 없어 만물을 통괄하는 우두머리가 되며 모든 조화의 강령이 된다. 그러므로 욕망은 성, 심, 정의 주인이 되는 것이다. 사람으로서 욕망이 없으면 목석과 다름이 없으니, 말하고 움직이고 보고 듣고 생각하고 먹고 자는 것이 욕망이 있기 때문에 일어나는 것이다. 사람으로서 욕망이 없다면 어떻게 사람이라 할 수 있겠는가?

'욕'을 '천명지성天命之性'이라고 선언한다는 것은 조선시대의 유학사상으로는 충격적일 수밖에 없을 것이다. '사람으로서 욕망이 없으면 어떻게 사람이라 할 수 있겠는가'라는 말은 아마도 그의 어려운 생활에서 저절로 나온 외침이 아니었을까 싶다. 그러면 인욕을 적극적으로 긍정한다면 사회질서는 어떻게 형성될 수 있는가? 이 문제에 대해 심대윤은 다음과 같이 말했다.

천지의 이치는 허와 실이 서로 짝이 되어 행한다. 사람이 천지의 기운을 받아 성품으로 삼은 것을 욕망이라고 하는데, 욕망에는 두 가지가 있으니 이익을 좋아하는 것과 명예를 좋아하는 것이다. 사람이 처음 태어나 입술을 오물거리며 먹기를 구하니 이것이 이익의 시작이다. 무릇 이익을 추구하는 것은

1부 | 근대 전환기 동아시아 지식인의 사유

모두 먹는 것에서 근본을 삼으니, 진실로 먹는다는 것이 없으면 이익을 구할 사람이 없을 것이다. 어린아이가 지각이 생기면서 칭찬하면 기뻐하고 꾸짖으면 우니 이것이 명예의 시작이다. 무릇 명예를 추구하는 것은 모두 칭찬에서 시작하여 근본으로 삼으니, 진실로 칭찬이 없으면 명예를 구할 사람이 없을 것이다. 사람이 이익을 좋아하고 명예를 좋아하는 것은 바로 그 천성이니 인력으로 옮기거나 바꿀 수 있는 것이 아니다.

사람으로서 명예를 좋아하지 않는다면 이는 금수이니, 오직 금수만이 명예를 좋아할 줄 모른다. 사람으로서 이익을 좋아하지 않는다면 이는 금수만도 못한 것이니, 비록 금수라도 이익을 좋아할 줄 안다. 그러므로 사람의 도리가 금수와 다른 까닭은 사람은 명예와 이익 둘 다 이룰 수 있기 때문이다. 이익만 알고 명예를 알지 못한다면 사람이 아니요, 명예만 알고 이익을 모른다면 금수조차 못 되는 것이다. 금수는 사람에게 잡아먹히되 족류가 번성한다. 금수가 되고 사람이 아니라면 올바른 죽음을 얻지 못할 것이요, 또한 금수조차 되지 못한다면 종족이 끊어질 것이다. 올바른 죽음을 얻지 못하는 것은 일신의 재앙이요, 종족이 끊어지는 것은 세상이 끝나는 앙화이다. 이익은 실상이고 명예는 허상이니, 명예와 이익이 서로 짝하여 행해져야만 그 자신과 종족이 둘 다 온전하고 무궁할 수 있는 것이다.

즉 인간이 갖고 있는 욕망에는 경제적 이익과 사회적 명예라는 두 가지가 있다고 해서 이 두 가지를 가지지 못하는 사람은 사람이 아니라는 데에서 사회질서 형성의 기점을 구하려고 했던 것이다. 이처럼 두 가지 욕망을 가진 사람들이 추구해야 하는 '이'는 자기 혼자의 '이'가 아닌, 남과 공유할 수 있는 '이', 즉 '여인동리與人同利'이다.

　　이익을 다투는 것은 이익을 함께해서 도리어 이익이 되는 것만 못하며, 명예를 힘쓰는 것은 실상에 힘써서 도리어 명예가 되는 것만 못하다. 이익을 다투면 그 이익을 잃으나 이익을 함께하면 그 이익을 온전히 할 수 있고, 명예를 힘쓰면 명예가 이익과 배치되어 허명이 되지만 실상을 힘쓰면 명예가 이익과 함께하여 실제 명예가 된다. 이익을 다투면 명예를 잃게 되고, 허명을 힘쓰면 이익을 잃게 되니, 이러한 다툼과 허명은 사람들이 떠나 돌아서고 시기하는 바요, 천지의 귀신이 미워하고 노여워하는 바이다. 그러므로 이익을 잘 추구하는 자는 먼저 불리를 하여 이로 나아가고, 명예를 잘 얻는 자는 먼저 명예 없는 것을 하여 명예로 나아가는 법이니, 천지의 도는 뒤돌아간 뒤에야 이루어지는 것이다. (중략) 먼저 불리를 하여서 이익에 나아간다는 것은 무엇을 말하는 것인가? 감히 자기만 이익을 독점하지 아니하고 남과 이익을 함께하는 것이다. 이것은 인정상 하기 어려운 것이지만, 이익을 남에게 양보하면 남들도 이익을 나에게 돌려보내어 결국 사람들이 이익을 돌려주고 하늘이 복을 내린다. 이런 자는 이익을 다투다가 결국은 반드시 스스로 패망하는 자와 득실이 큰 차이가 있을 것이다.

　　다른 사람과 이를 함께하는 것은 지극히 공변된 도리이다. 이의 속성이 남에게 이로우면 나에게 해롭고 나에게 이로우면 남에게 해로워서 둘 다 온전할 수 없는 것인데 어떻게 해야 함께할 수 있는가? 일 가운데 나와 남이 모두 이로운 것이 있으면 빨리 하고, 나에게 이로우면서도 남을 해치지 않고 남에게 이로우면서도 나를 해치지 않는다면 빨리 하고, 나에게 이로움은 많으나 남을 해침이 적고 남에게 이로움이 많으나 나에게 해침이 적다면 또한 해야 하며, 나에게 이롭지만 남을 해침이 심하고 남에게 이롭지만 나를 해침이 심하거든 행해서는 안 된다. 나와 남을 저울질해보아서 어느 한편으로 치우치지 않는다면 이것이 이를 함께하는 지극히 공변된 도리이다.

'여인동리'라는 말은 『복리전서』보다 먼저 집필된 '논어' 주석서인 『논어』에서도 보이는 말이다. 즉 앞에서 인용한 『논어』 「이인편」에 나오는 부분에 대한 주석으로, 심대윤은 "자기만의 이익을 편중하는 것을 이라고 하며, 남과 이익을 같이하는 것을 의라고 한다(偏利己曰利, 與人同利曰義)"[6]라고 해석했던 것이다.

위와 같이 심대윤은 이 또는 인욕을 적극적으로 긍정하면서, 경제적 이익만이 아니라 인간이 원래 갖고 있는 명예심을 근거로 해서 '여인동리'를 추구함으로써 사회질서가 성립될 수 있다고 주장했다고 할 수 있다. 이러한 심의 주장은 스미스Adam Smith(1723~1790)가 『도덕감정론The theory of moral sentiments』에서 '공감共感'에 주목했던 것과 대비할 만한 주장이라고도 볼 수 있다. 그러나 스미스가 『국부론The wealth of nations』에서 인간이 개인적인 이익만 추구해도 혹은 추구해야 사회 전체의 부가 증대된다고 주장함으로써 경제행위와 도덕의 관계를 고민할 필요성을 차단하게 된 것과 비교하면 심대윤은 도덕과 경제의 일체성을 어디까지나 유지하려고 한 것이다.[7] 그리고 이러한 데에 아래에서 검토하듯이 심대윤뿐 아

니라 유학을 기반으로 경제문제를 고민한 사람들의 공통점이 있었다고
할 수 있다.

3 천후안장의 『공자와 그 학파의 이재학理財學 원리』

다음으로는 중국의 천후안장陳煥章(1881~1931)을 소개하겠다. 천후안
장이라는 인물에 대해서는 심대윤과 마찬가지로 널리 알려지지 않았고
겨우 민국시대에 전개된 '공교운동孔敎運動'을 추진한 인물로 그 이름이
거론되는 정도였다. 그의 경력과 활동에 관해서는 모리 노리코森紀子의
연구[8]에 따라 소개한다.

1881년에 태어난 천후는 캉유웨이康有爲(1858~1927)에게서 가르침
을 받고 일찍부터 공교운동에 참여했다. 1904년 과거에 급제해서 내각중
서內閣中書라는 중요한 지위에 오른 다음, 1905년에는 관비 유학생으로
미국에 가게 되었다. 미국에서는 공교운동을 추진하는 한편, 컬럼비아대
학교에 입학해서 경제학, 정치학 등을 배웠다. 당시 유명한 중국학자이던
히르쓰Friedrich Hirth, 경제학자 시거Henry R. Seager 등에게서 지도를 받았
다. 그 결과 1911년에는 컬럼비아대학교에서 철학박사 학위를 받게 되었
는데, 그 박사논문으로 간행한 것이 여기서 검토하려고 하는 책 『공자와
그 학파의 이재학 원리The Economic Principles of Confucius and His School』
이다.

학위를 취득한 후 귀국한 천후는 1912년 공교회孔敎會를 수립하고 이

후 공교운동의 중심적 인물로 활동을 전개한다. 공교운동이란 유교를 종교로 인식해서 국교로 자리매김하려고 한 운동으로, 중국만이 아니라 한국, 일본에서도 일어났던 움직임이다. 그러나 민국 수립 이후 신교의 자유문제와 관련해서 공교운동은 크게 발전할 수 없었으며, 량치차오梁啓超(1873~1929)를 비롯해 많은 사람이 공교운동에서 손을 떼게 되었는데, 그러한 가운데도 천후는 마지막까지 운동을 전개했다. 만년에는 홍콩으로 옮겨 그곳을 거점으로 활동했다.

위와 같은 천후안장의 경력에서도 알 수 있듯이 그는 유학에 대해 당시로는 최고 지식을 갖고 있었을 뿐만 아니라 서구의 경제학에 대해서도 드물게 본격적으로 훈련받은 사람이었다. 위의 저작에 주목하는 이유도 바로 여기에 있다.

천후안장이 쓴 위의 책은 베버Max Weber(1864~1920)가 『유교와 도교 The Religion of China: Confucianism and Taoism』에서 참고문헌으로 제시했고,[9] 일본의 경제사학자 우치다 긴조우內田銀藏가 간략한 서평을 독일어로 발표[10]한 이외에는 거의 알려지지 않았던 저작으로, 잊힌 상태로 있었다. 그러나 1974년에 이 책이 미국에서 다시 출판되었고 2002년, 2003년에도 또다시 출판되었는데, 중국에서도 2009년[11]과 2010년[12] 두 번에 걸쳐 중국어 번역판이 연달아 출판되기에 이르렀다. 따라서 이 책은 최근에 와서 새롭게 주목을 받기 시작했다고 할 수 있는데, 이러한 현상 자체도 상당히 흥미로운 사건이다. 일본에서도 오노 스스무小野進가 이 책을 자세하게 소개한 적이 있는데,[13] 아마도 중국 경제의 성장 그리고 주류파 경제학에 대한 회의 증대 등의 요인이 이 책에 대한 관심의 밑바탕에 있는 것 같다.

　그러면 이 책에서 특히 주목할 만한 부분을 중심으로 간략하게 소개한다. 이 책이 지금까지 한국에서 소개된 적이 없기 때문에 먼저 전체 목차를 소개하겠다.

이 책의 목적과 내용에 대해 천후는 서문에서 서구경제학(천후 자신은 뒤에서 소개하듯이 경제학이라는 말을 사용하는 데에 비판적인 의견을 갖고 있었지만, 여기서는 경제학이라는 말을 사용한다)의 개념을 사용하면서 중국의 구체제(아편전쟁 이전의 중국) 시대의 경제사상, 경제성장 등을 유학의 고전과 역사서를 통해 밝히려 한 것이라고 말한다. 따라서 서구경제학의 개념은 사용되었지만 그것으로 중국의 실태를 해석하려고 하지는 않았음을 천후는 분명히 밝혔다.

제1편에서는 공자의 생애와 공자 이후 유학사상의 변천 등을 서술했다. 여기서 주목되는 부분은 공자가 제시한 문명의 세 가지 단계이다. 즉 『예기』「예운편禮運編」에 나오는 거란세据亂世, 승평세升平世, 태평세太平世를 문명발전의 단계로 보고 유학의 궁극적 목적이 태평세, 즉 대동大同을 실현하는 데에 있음을 선언한 부분이 그것이다. 이러한 천후의 유학 이해는 스승인 캉유웨이의 영향에 따른 것으로 생각되는데, 천후는 유학의 이상이 앞으로 실현될 것이라는 확신을 근거로 공교운동을 추진한 것이다.

　　천후에 따르면, 공자의 가르침은 원래 경제문제를 중시하는 것이었지만 중국이 다른 지역보다 일찍부터 경제가 발전했는데도 서구에 추월당하게 된 이유는 송나라 이후 유학자들이 경제에 관한 공자의 가르침을 제대로 계승하지 못했기 때문이다. 한나라 이후 유학이 점점 쇠퇴하게 되었는데, 송나라가 들어서면서 부활하게 된 것에 대해 그는 다음과 같이 말했다.

　　　그러나 이러한 (유학의) 쇠퇴는 끝이 나고 송 왕조 시기에 위대한 유학자들이 많이 등장했다. 그들 중에서 가장 위대한 사람은 주희(1681~1751 혹은 1130~1200)로서, 그는 유학에서 루터Martin Luther에 해당하며, 그 영향은 지금도 여전히 강하다. 하지만 그는 공자의 도덕적인 가르침만을 강조한 개혁가로서 종교적인 관점은 제외했으며, 인성론을 강조한 한편 사회적 복지는 소홀히 했다. 이 왕조에는 또 하나의 위대한 정치가 왕안석(1572~1637 혹은 1021~1086) 이 있었는데, 그는 이재적인 개혁으로서 사회 전체를 바꾸려고 노력했다. 또한 영가학파永嘉學派라는 학파도 존재했는데, 그들은 도덕적 계몽만이 아니라 물질적 번영에 대해서도 적극적으로 논의했다. 그러나 왕안석도 영가학파도 세론의 일반적인 흐름을 극복할 수가 없어서 학자들은 철학적인 논의에 많은 관심을 기울여 실제적인 문제를 잊게 되었다. (45쪽)

이러한 천후의 인식은 심대윤과 비슷한 것으로, 주자학=성리학의 도덕 중시, 경제 경시를 비판한 담론이다. 여기서 언급된 영가학파란 송나라 때 실리적인 문제를 중시하면서 주희의 학파를 비판한 학파이다.

제2편에서는 경제학과 다른 사회과학의 관계를 논의했다. 여기서 천후는 'economics'라는 말을 어떻게 번역해야 하는지 고민하고 이것의 정의를 다음과 같이 말했다.

그러나 근대 일본에서는 economics라는 단어를 다른 중국어, 즉 경제라고 번역했고, 자일스Herbert A. Giles는 그의 중영사전에서 political economy를 경제로 했다. 하지만 경제라는 말은 대단히 넓은 의미를 가진 것으로, economy와 같은 의미가 아니다. 경제라는 말은 일반적으로는 정치적 수완手腕이라는 의미이며, 정치적 행위의 모든 부분을 포함한다. 따라서 이 말은 economy보다도 정치에 속하는 것이다. 이러한 이유로, economics와 같은 의미로, 옛날의 말인 '재부를 관리하다administering wealth'=이재理財를 쓰는 것이 경제라는 말보다 더욱 정확하고 포괄적이라고 해야 한다.

우리가 이재하는 이유는 인간이 집단적으로 생활하고 그 생활을 유지하기 위해서는 재가 필요하기 때문이다. 인간이 우리의 목적이고 재는 우리의 수단이다. 이러한 견지에서 우리는 다음과 같은 정의를 얻을 수 있다. 즉 이재학이란 집단적으로 생활하는 인간을 위해 정의의 원리에 따라서 재부를 관리하는 과학이라는 것이다. (48~49쪽)

여기서 중요한 것은 인간은 고립된 존재가 아니라 집단으로 산다는 것, 그리고 이재학의 목적은 집단으로 생활하는 인간을 위해 정의의 원리에 따라 재부를 관리하는 데에 있다고 선언한 부분이다. 천후가 생각하는 유학 경제사상의 가장 핵심적 특색이 여기에 있다고 하겠다. 따라서 이재학과 가장 관계가 깊은 것은 윤리학이라고 할 수 있는데, 그만큼 사회학이나 정치학보다 윤리학과 관계를 더욱 자세하게 논의했다.

제3편은 중국의 경제발전사라고 할 수 있는 부분으로, 중국의 역사상 각 시대에 어떤 경제적 발전이 이루어졌는지 소개했다. 여기서 흥미로운 것은 가장 기초적인 경제조직으로서 가족을 많이 언급했다는 것인데, 이 것도 유학경제학의 특색이라고 해도 무방할 것이다.

이 책에서 천후는 제2부에서 소비에 대해, 제3부에서 생산에 대해 논의하였는데, 왜 먼저 소비를 논의했는지는 '논의의 편리를 위해'라고 할 뿐 적극적 이유는 제시되지 않았다. 흥미로운 것은 생산 부분이다. 천후는 생산에 관한 논의를 『대학』의 다음 문장을 인용하면서 시작했다.

그러므로 군자는 먼저 덕을 이루는 것이니, 덕이 있으면 백성이 있을 것이고, 백성이 있으면 영토가 있을 것이며, 영토가 있으면 재물이 있을 것이고, 재물이 있으면 쓰임이 있는 것이다.

이 인용에 이어서 천후는 다음과 같이 말했다.

이 원리는 본시 군주에게 적용되는 것이다. 군주에게 덕이 있으면 그는 사람을 통치할 수가 있고 토지를 보유해서 재부(여기서는 자본이라는 뜻이다)를 축적할 수도 있으며 유용한 많은 것을 얻을 수 있을 것이다. 그러나 이 원리는 널리 누구에게도 적용할 수 있다. 상인을 예로 들어보자. 그는 어떠한 덕, 즉 육체적, 정신적 혹은 도덕적인 덕(여기서는 덕을 넓은 의미로 사용한다)을 가져야 한다. 가령 경쟁이 완전히 자유롭게 이루어진다면 그는 그가 갖고 있는 덕에 비례해서 재부를 얻을 수 있을 것이다. 만약 그가 덕을 전혀 갖고 있지 않거나, 혹은 어떤 사정 탓으로 덕을 보여주지 못하거나(일을 할 수 있는데도 전혀 하지 않는 그러한 경우이다) 하면 그는 부랑자가 되어 자신의 재부를 전혀 얻을 수 없을 것이다. 세상에는 그러한 사람은 없다. 만약 그러한 사람이 있다 해도 오랫동안 살 수 없기 때문이다. 부랑자, 기생자, 도둑, 그들은 나쁜 사람이지만 그래도 재부를 얻기 위한 모종의 덕을 갖고 있는 것이다. 따라서 덕이 근본이요, 재부는 결과일 뿐이다.

이상과 같이 『대학』에 의하면 생산의 요소는 세 가지이다. 첫째가 무언가 덕을 가진 사람, 둘째가 토지이고 셋째가 자본이다. 이들 세 가지 요소는 생산이라는 개념에 속하는 것들이며 그다음에 사용이라는 말이, 그리고 그와 함께 소비라는 말이 나온다. (293~294쪽)

이처럼 생산에 필요한 세 가지 요소 중에서 가장 중요한 것은 사람인데, 그것도 덕이 있는 사람이어야 한다는 이야기다. 그래서 이들 요소 중에서도 사람에 대해 무엇보다 자세하게 검토했는데, 그 많은 부분이 중국 인구수의 추이에 관한 기술이다. 인구에 대한 높은 관심도 이 책의 특색이며, 아마도 유학 경제사상의 특색이라고도 할 수 있는 것 같다.

제8편은 사회주의적 정책socialistic policies이라는 항목으로 되어 있는데, 이것 역시 이 책의 큰 특색이다. 천후가 말하는 사회주의적 정책으로서 전매專賣 문제, 구휼救恤 정책 등을 소개했는데, 특히 정전제井田制에 대해 아주 자세하게 소개했다. 그 이유는 천후가 정전제야말로 중국의 경제사상, 경제사에서 가장 중요한 요소라고 생각했기 때문이다. 그리고 정전제는 어디까지나 이상이며 실제 존재했던 것은 아니지만 사회주의가 실현되면 그때 처음으로 실현될 거라고 보았다.

사회주의적 정책 중에서 한 가지 더 주목되는 것은 '제28장 이재 분야에서의 지배 계층 배제'이다. 『논어』 「이인편」의 '군자유어의君子喩於義, 소인유어리小人喩於利'에 대해 천후안창은 "공자는 사람들 중 두 개 계층에 대해서 두 가지 원리를 제시했다. 하나는 관료와 학생들이며, 또 하나는 다수를 차지하는 대중들인데, 우리는 이 두 가지를 혼동해서는 안 된다. 상층 사람들에게는 정의가 제일이지만 하층 사람들에게는 economic life(먹고사는 일상생활)가 제일이다"(95쪽)라고 해설하였다. 지배계층 사람들을 이재 분야에서 배제해야 한다는 주장도 이러한 인식과 결부된 것으로, 지배계층의 도덕성을 강하게 요구하려고 했던 것이다. 그리고 이러한 가르침을 제시한 공자를 천후는 유교 사회주의자라고까지 일컬었다.

마지막으로 결론 부분에서 천후는 중국의 미래에 대해 다음과 같은 전망을 제시하면서 이 책을 마무리지었다.

중국의 미래는 밝다. 5,000년을 넘어서 이어온 역사, 지적이고 근면하고 신중하며 활기찬 4억을 넘는 사람들, 광대하지만 결합된 450만 제곱마일의 영토, 풍부한 자연 자원, 집권화된 하나의 정부, 단일한 언어, 고도로 발달된 종교, 단일한 민족 정체성national idea 등을 가진 중국은 틀림없이 강한 국가가 될 것이다. 그러나 세계는 소위 황화黃禍를 걱정할 필요는 없다. 중국도 반드시 군국주의와 산업주의를 채용하겠지만, 서구의 국가들이 다른 사람들에게 했던 것같이 중국인이 아닌 사람들을 손상시키는 일은 없을 것이다. 중국이 강하게 된 이후에야 공자가 말한 대동the Great Similarity의 시대가 올 것이며, 세계국가가 출현할 것이다. 그때 국가 간의 우애가 확립되고 전쟁이 없는 영원한 평화가 이루어질 것이다. (730쪽)

이상이 천후안장 저서의 간략한 내용이다. 이 책에 대해서는 앞으로 더욱 세밀하게 검토할 필요가 있겠지만, 여기서 한 가지 강조하고 싶은 점은 서구의 경제학에 대항할 유교경제학이라고 부를 수 있는 것을 천후가 구상했다는 사실이다. 이러한 시도는 그 당시로서도 유례를 찾기 어려운 것이었지만, 그 이후로도 거의 전무한 시도로서 높이 평가된다. 특히 이기적으로 행동하는 개인을 출발점으로 경제행위를 분석하려는 서구 경제학의 주류와 달리 집단적으로 사는 인간, 덕을 지닌 인간을 전제로 한 경제학의 구상으로서 그 가치는 현재적 의미를 가질 수 있다고 생각한다.

4 시부사와 에이이치의 『논어와 주판』론

마지막으로 일본의 시부사와 에이이치澁澤榮一(1840~1931)를 대상으로 일본의 근대 이행기에서 유학사상과 경제의 관계가 어떻게 인식되어 있었는지 논의한다. 이러한 문제를 논의하려고 할 때 시부사와가 가장 적당한 인물인지 의문을 제기하며 후쿠자와 유키치福澤諭吉(1835~1901)나 니시 아마네西周(1829~1897) 같은 사람이 더욱 중요하다고 할 수도 있겠지만, 시부사와가 근대 일본에서 실업계의 아버지라고 불리는 존재였다는 것과 동시에 한국과도 관계가 깊었기 때문에 여기서 거론하기로 한 것이다.

1840년 상층농민의 집에서 태어난 시부사와는 어릴 때부터 가업을 도와주면서 유학을 배우기 시작했다. 그의 생가에서는 이른바 호농豪農이라고 불린, 농업만이 아니라 제조업과 상업도 경영했다. 젊은 시절의 시부사와는 양이운동攘夷運動에 투신하기도 했지만 한계를 느끼게 된 다음에는 히토츠바시 요시노부一橋慶喜의 부하가 되었다. 히토츠바시가 제15대 도쿠가와 장군이 되면서 그도 막신幕臣(도쿠가와 막부의 신하)으로 출세했다. 1867년에는 파리만국박람회에 참가하기 위해 유럽을 방문했는데, 이때 유럽에 주식회사가 있다는 사실을 알게 된 것이 나중에 그가 실업가로 활동하는 데 큰 영향을 주게 되었다고 한다.

메이지유신 이후 대장성 관료로 활동하다가 정부 수뇌와 대립하면서 1873년 관계에서 은퇴하고 실업가의 길을 걷기 시작했다. 그 후 제일국립은행 은행장에 취임한 것을 비롯해 많은 기업 설립에 관여하게 되었다.

그가 설립에 관여한 기업이 500곳을 넘을 정도였다고 한다. 실업계만이 아니라 사회사업, 교육계에서도 다방면에 걸쳐 활동을 전개했다.

이처럼 문자 그대로 근대 일본을 대표하는 실업가라고 할 만한 시부사와는 경제활동과 도덕의 관계에 대해서도 적극적인 담론을 전개한 인물로 널리 알려져 있다. 특히 그는 유학 중에서도 공자, 그것도 『논어』를 인용하면서 자신의 경영철학에 대해 많은 문장을 남겼다. 그 대표적 저작이 『논어와 주판論語と算盤』[14]이다. 이 책의 핵심 명제는 "부를 이루는 근원은 무엇인가 하면 인의도덕이다. 올바른 도리에 의한 부가 아니면 그 부는 완전히 오래갈 수 없다"라는 것이다.

시부사와의 경영철학에 관해서는 지금까지 연구를 많이 해왔기 때문에 여기서 새롭게 논의할 필요도 없는 것 같다.[15] 따라서 여기서는 위에서 검토한 두 사람과 비교하기 위해 그의 국가 관념의 문제에 한정해서 논의한다.

시부사와가 실업가로 활동을 시작한 이후 계속 주장한 명제는 경제와 도덕의 일치, 바꾸어 말하면 경제활동을 하는 데 항상 사회 전체의 이익, 즉 공익公益을 먼저 생각해야 한다는 것이었다. 여기서 문제가 되는 것은 공익의 내용이다. 왜냐하면 그에게 공은 국가와 같은 개념으로 이해되었다고 생각되기 때문이다. 국가와 사회의 관계에 대해 시부사와는 다음과 같이 말했다.

국가사회라는 말은 일상적으로 귀에 익은 바인데, 국가 혹은 사회라는 것은 도대체 어떤 종류의 것일까? 나는 원래 학자가 아니므로 이것을 학문적으로 설명할 수는 없지만, 나의 상식에서 판단해보면 국가라고도 하고 사회라고도 하지만 요컨대 형식적인 차이일 뿐, 내용에서는 같은 의미라고 생각할 수 있다. 일족의 집합이 일가가 되고 일가의 집합이 하나의 마을이 되고 한 마을이 하나의 군郡이 되며 하나의 국가가 된다. 그런데 일국의 정치조직을 갖춘 것이 국가가 되기 때문에 국가라고 해도 그 시작은 하나의 사인私人부터 일어난다. 만약 이것에 정치적인 의미를 부가하지 않고 일가, 일촌, 일국이라는 식으로 차차 확대된 단체로서 생각하면 이 단체는 모두 사회라는 명칭을 줄 수 있는 것이다. 환언하면 국가는 사회를 통일해서 지배하기 위해 만들어진 하나의 기관으로서, 정권상 이러한 명칭을 편리상 부여한 것이다.[16]

국가와 사회를 같은 것으로 보는 견지에 있던 시부사와에게 중국사회는 이해하기 어려운 것이었다. 그는 몇 번에 걸쳐 중국을 방문했는데, 그 가운데 중국사회에 대해 갖게 된 인상을 다음과 같이 말했다.

나의 관심을 일으킨 것은 중국에는 상류사회가 있고 하층사회가 있음에도 그 중간에서 국가의 중견을 이루는 중류사회가 존재하지 않다는 것과 식견, 인격이 다 탁월한 인물이 적지는 않지만 국민 전체로서 관찰할 때 개인주의, 이기주의가 발달해서 국가적 관념이 모자라 진심으로 국가를 우려하는 마음이 결여되어 있다는 것이다. 일국 중에 중류사회가 존재하지 않는 것과 국민 전체에 국가적 관념이 부족하다는 것이 현재 중국의 큰 결함이라고 할 수 있을 것이다.[17]

이러한 시부사와의 관찰에는 맞는 부분도 있다고 여겨지지만 반대로 시부사와에게는 국가를 상대화할 수 있는 시점이 결여되어 있었다고도 할 수 있다. 그리고 이러한 문제는 그의 유학 이해와도 관련이 있는 것으로 보인다. 어릴 때부터 유학을 배웠지만, 실업계에 들어간 이후 그가 유학을 언급할 때 오직 공자, 그중에서도『논어』를 대상으로 할 뿐 다른 저작은 전혀 거론하지 않았다.

그 이유로는 두 가지가 있었다고 생각된다. 하나는 송나라 이후의 유학이 이를 경시하게 되었다는, 심대윤과 천후안장도 갖고 있던 것과 같은 인식에 따른 것이다. 또 하나는 시부사와가 사서오경 중에서 오직『논어』만 높이 평가한 배경에『대학』과『중용』에 대한 부정적 인식이 존재했다는 것이다. 그는『중용』은 내용이 너무나 철학적이며『대학』은 정치적 경향이 강하다면서『논어』보다도 낮게 평가한 것이다.[18] 이러한 시부사와의 유학관은 유학의 가장 핵심 부분을 몰이해한 것으로 심대윤, 천후안장과 거리가 먼 것이라고 할 수밖에 없다.

사서의 나머지 하나인『맹자孟子』에 대해서는 다음과 같이 대단히 비판적이었다.『논어』「팔일편八佾編」에는 "공자가 순임금의 소악을 이르시되 아름다움을 다하고, 또한 착함을 다했다고 하시고, 무왕의 무악을 이르시되 아름다움을 다했으나 착함을 다하지는 못했다고 하시니라(子曰韶, 盡美矣, 又盡善也, 謂武, 盡美矣, 未盡善也)"라고 하는 문장이 있다. 이것은 고대의 순임금과 무왕을 비교하면서 무력으로 주왕紂王을 제거한 무왕을 긍정하면서도 순보다는 낮게 평가했다는 내용이다. 이 부분에 대해 시부사와는 다음과 같이 논했다.

공자와 맹자의 정치에 관한 가르침은 그것을 모두 우리나라의 상황에 적용해서 실행할 수 있는 것은 아니다. 정치는 그 나라의 사정이라든지 시대라든지 그 차이에 따라서 여러 형태를 바꾸면서 하지 않으면 안 되는 일이다. 중국에는 중국의 국정이 있고 우리나라 또한 그 나름의 국체, 즉 하느님이 계신다 神ながら는 국체가 있다. 중국의 국체에 대해서 말씀하신 정치에 관한 의견을 설령 그것이 공부자의 가르침이라고 해서 곧 감히 그대로 우리나라에 실시하려고 하면 우리 국체에 어긋나는 일이 되어서 엄청난 결과를 일으키기에 이르는 우려가 없다고는 말할 수 없다.

그러나 공부자를 맹자에 비교하면 정치에 관한 의견이 훨씬 온건한데, 맹자는 대단히 결렬하고 도저히 우리나라에서 할 수 있는 것이 아니다. (중략)

그러나 우리나라의 국체상으로 무왕을 비평한다면 설령 주왕이 매우 폭군暴君이었다 하더라도 무왕이 이것을 정벌해서 스스로 왕이 되었다는 것은 옳지 못하다. 말하자면 무왕은 분명히 조헌朝憲을 무너뜨린 난신적자亂臣賊子라고 할 수밖에 없다. 이것을 용서해서 태연한 공부자는 우리나라 사람의 눈으로 보면 성인으로서 있을 수 없는 의견을 가진 사람같이 생각할 수도 있겠지만 중국의 국체상으로 관찰, 비판한다면 공부자가 일본의 국체와 모순되는 의견을 정치에 대해 갖고 있던 것도 감히 의심할 만한 일이 아니다. (중략)

(맹자와 같은) 혁명적인 사상은 중국의 국체상으로는 통하는 논의일지도 모르지만 일본의 국체상으로 말하면 터무니없는 위험사상이다. 가령 군왕을 칭하여 잔적殘賊이라고 하고, 혹은 이것을 필부匹夫와 같다고 본다는 것 따위는 일본의 전습적 민족정신에 완전히 위배하는 일이다. 이것이 내가 공부자나 맹자의 가르침이라고 해도 정치에 관한 것은 우리의 귀중한 국체와 모순되는

부분이 있어서 일일 실행할 수 있는 것만이 아니라고 말하는 이유이다.[19]

이처럼 시부사와는 설령 공자의 가르침이라고 해도 일본의 국정에 맞지 않는 것은 받아들일 수 없다고 한 다음 특히 맹자의 혁명설은 일본으로서는 도저히 받아들일 수 없다고 언명하였다. 이러한 그의 주장은 도쿠가와시대의 유자인 야마자키 안사이山崎闇齋(1618~1682)가 만약 공자, 맹자가 일본을 공격하는 일이 있다면 그들과 싸우겠다고 했던 것과 비슷한 발상이다. 어쨌든 일본의 유학은 유학보다도 국가를 중요시하는 경향이 강하며, 시부사와도 그러한 전통을 이어받은 것이다.

한편 천후안장의 경우 국가를 넘어선 평천하平天下의 실현이 궁극적인 목적이었기 때문에 국가 의식이 상대적으로 약해질 수밖에 없었다. 천후안장의 책에서도 국가에 대해 여러 이야기를 했지만, 예를 들어 군대나 군사비 문제는 전혀 언급하지 않았다. 심대윤 역시 『복리전서』에서는 개인의 복리에 관해 이야기할 뿐 국가는 전혀 등장하지 않는다.

시부사와의 위와 같은 국가관은 그가 제일은행의 사주로서 혹은 경인·경부철도의 설립자로서 일본의 한국 진출에 적극적으로 호응하게 된 문제와도 관계가 깊다고 여겨진다. 국가를 넘어선 공익, 국가를 상대화할 수 있는 시점, 시부사와에게는 이러한 발상 자체가 결여되어 있었던 것이다.

<u>5</u> 앞으로 과제

이상 동아시아의 근대 이행기에 유학과 경제의 문제를 고민했던 세 사람을 대상으로 그들의 사상의 일단을 소개했다. 세 사람은 활동했던 시기도 약간 다르고 유학에 대한 견해도 다르지만, 이와 의가 결코 모순된 것은 아님을 강조함으로써 새로운 시대 속에서 유학의 의미를 추구했다는 면에서는 공통점이 있었다. 이와 의의 문제, 바꾸어 말하면 경제와 도덕의 문제는 여전히 해결되지 않았다. 특히 미국의 금융위기가 보여주었듯이 금융자본의 횡포가 세계 경제를 위태롭게 했음에도 그것을 막을 길이 안 보이는 상황이며, 환경문제처럼 지금 살아 있는 인간이 후세대 사람들에게 빚을 넘긴다는 반도덕적 행위도 여전한 현실을 볼 때, 경제와 도덕의 문제를 근본적으로 재고할 필요성은 정말로 절실하다.

이러한 문제를 생각하는 데 유학경제학이라는 것이 있을 수 있는가? 또한 있을 수 있다면 그것은 주류경제학에 대해 어떠한 공헌을 할 수 있는가? 이러한 문제는 아마도 유교에 대해서만 생각할 수 있는 것이 아니라 이슬람도 마찬가지라고 생각된다. 최근에 비서구 지역의 전통적인 경제 사상에 대한 관심이 높아지는 것도[20] 같은 맥락에서 이해할 수 있을 것이다. 그러한 노력도 포함해 이 글에서 검토한 세 사람이 해결하지 못했던 문제는 우리 문제이기도 하다.

미야지마 히로시宮嶋博史

1948년 일본 오사카에서 출생하여 교토대학 문학부를 졸업했고 같은 대학 대학원에서 문학연구과 석사 및 박사과정을 수료했다(동양사학 전공). 이후 도카이東海대학 문명학부 강사, 도쿄도립대학 인문학부 조교수, 도쿄대학 동양문화연구소 교수를 거쳐 2002년부터 성균관대학교 동아시아학술원 석좌교수로 재직 중이며, 2010년부터는 도쿄대학 명예교수도 맡고 있다. 그동안 한국의 조선시대와 근대시기의 경제사, 사회사, 사상사 분야를 집중적으로 연구했고 동시에 한국사의 특징을 동아시아적 시야에서 파악하고, 한국 학계와 외국 학계의 소통을 위해 고민해왔다. 주요 저서로 『미야지마 히로시의 양반』(너머북스, 2014), 『미야지마 히로시, 나의 한국사 공부』(너머북스, 2013), 『일본의 역사관을 비판한다』(창비, 2013), 『朝鮮土地調査事業史の硏究』(도쿄대학 동양문화연구소, 1991), 『明清と李朝の時代』(중앙공론사, 1998, 공저) 등이 있다.

집필경위

이 글은 성균관대학교 동아시아학술원 내부 세미나에서 발표한 바 있으며, 이후 수정·보완하여 2012년 10월 다산실학연구원에서 개최한 국제학술대회 '유교 전통 속 공공성公共性의 성찰省察과 21세기 실학實學'에서 발표하였고, 『다산과 현대』 4, 5집 합집(2012)에 게재하였던 것이다.

② 국가(도의관)를 둘러싼 근대 한일사상 비교 – 이기와 나카에 조민

◎

조경달

1 약육강식 시대의 조선, 국가주의의 발생

전통적인 주자학적 사유에서 정치는 도덕의 구체화된 형태로서 긍정적으로 받아들여지며, 많건 적건 주자학을 학습한 개국기 지식인들은 개화 지식인을 포함하여 이러한 사유형태에 숙명적으로 구속되어 있었다고 할 수 있다.[1] 이 때문에 일본을 비롯한 서구열강과 대항할 때 도덕적 기대감으로 그들을 대하려는 무른 인식을 지닌 이들이 나타나기도 하였다. 한국에서 국권사상國權思想이 지식인뿐 아니라 일반 민중에까지 침투한 것은 을사조약으로 애국계몽사상이 본격화된 것이 계기가 되었다. 이 운동은 국권회복을 위해 실력을 양성하고자 한 자강운동이었으나 또 다른 일면에서는 외세 의존을 강화하는 함정에 빠져 있었다.

이 운동을 추진하는 데 원동력이 된 사상은 약육강식, 생존경쟁, 적자생존, 우승열패 등으로 표어가 되다시피한 사회진화론이었다. 이는 원래 제국주의를 합리화하는 이론으로 유효성을 발휘했으나 스스로 자강화自強化하는 이론으로서 피억압국인 중국이 이를 수용하자 조선에도 영향을 미치게 되었고, 당시 전성기를 구가했다. 그러나 '경쟁에 따른 진보'를 내용으로 하는 사회진화론의 수용형태에는 진보중시와 경쟁중시라는 두 가지 길이 있었고, 전자 쪽이 좀 더 일반적이었다.[2] 사회진화론을 진보중시적으로 이해한 이들은 서구문명의 세계사적 파급을 낙관시하는 근대문명 지상주의적 견지에 서 있었기 때문에 많건 적건 '만국공법[國際法]'에 기대를 표명했다. 이는 서구문명만 보편적인 것으로 보는 시각과 함께, 정치와 도덕을 연속시키는 전통적 사유의 견지에서 보면 조금도 기이할 것 없는 당연한 인식이었다. 그 결과, 서구에 대한 기대가 높아졌을 뿐아니라, 있어서는 안 될 일이었지만 침략 당사자로 아시아에서 최초로 근대화를 추진한 일본에 대한 기대감을 높이게 되었다.[3] 그리고 '친일주의'의 견지에서 일본을 맹주로 하는 '동양주의'=아시아주의를 표방하였고, 대일 타협적인 동맹론·보호론·합방론이 대두되는 데 이르렀다. 이는 그 야말로 일본제국주의 비판이라는 시각을 결여한 사상이었다고밖에 말할 수 없다.[4]

1부 | 근대 전환기 동아시아 지식인의 사유

조선의 국가주의는 이와 같은 대외의존적 성향이나 '동양주의'의 논조가 폭을 넓혀가는 분위기에 대응하는 과정에서 겨우 그 모습을 드러내게 되었다. 이는 당연히 도의道義에 대한 어떠한 결별을 전제하게 되는데, 그 대표적 인물로 박은식朴殷植(1859~1925)과 신채호申采浩(1880~1936)를 들 수 있다. 그러나 이 글에서 거론할 인물은 그들이 아니다. 그들 정도로 철저할 수는 없었으나, 오히려 그렇기 때문에 주목해야만 할 인물로 이기李沂(1848~1909)가 있다. 그는 도의에 대한 신념을 무의식적으로 최후까지 완전히 방기하지 않은 채 국가주의를 정립하려 한 인물이다. 그러한 점에서 박은식과 신채호에 비해 우둔해 보이지만 실은 그들 이상으로 고뇌에 가득 찬 사상적 영위를 해나간 사상가였다고 할 수 있다. 아래에서는 우선 박은식과 신채호의 국가주의를 개관하고, 이어서 이기의 사상을 검토해보고자 한다. 그리고 이들을 아울러 근대 일본의 사상과 비교하는 작업에서 이기의 사상에서 보이는 한국 근대사상의 특질을 밝혀보고자 한다.

²국가주의의 성립: 박은식과 신채호

박은식과 신채호의 사상적 특징은 경쟁중시적인 사회진화론으로서 현실세계와 타협하고 보편적 도의를 비판하여 철저한 국가주의를 정립하려 했다는 점이다. 우선 박은식을 살펴보면, 그는 "이른바 도덕원리와 문명본지와 만국공법과 자유주의를 어찌 야차총리夜叉叢裡(열강)에게 제론하리오"[5]라고 하면서 서구열강의 문명으로서 모습을 비판하였다. 한편 "그렇다 할지라도, 인의도덕이라는 것도 총명한 지혜를 지니고 강건하여 용기 있는 자(열강-인용자)가 모두 가지는 것이다. 우매하고 유약한 자는 아직 이를 가지지 못하였다"[6]라고 하면서, 현실에서는 서구열강에 '인의도덕'=문명이 있다는 모순된 언설을 보였다. 이는 경쟁중시적 사회진화론의 견지에서 보편적 도덕을 바탕으로 현실을 바라볼 때의 문제를 지적하고, "힘이 정의다"라는 강권强權적 사상을 토로한 것이다.

다음으로 신채호에 대해서 이야기하면, 그가 썼는지는 불확실하지만, 아마 그가 썼거나 적어도 어떤 형태로든 집필에 관여한 것이 틀림없는 『대한매일신보大韓每日申報』(1909년 7월 21일) 「세계世界에 유일강권唯一强權」이라는 논설에서 그는 다음과 같이 이야기했다.

> 비스마르크가 말하기를, 국가를 안정하는 자는 피를 흘리는 데서 된다 하였고 복택유길이 말하기를, 만국공법은 대포 한 발보다 못하다고 하였으니 이는 다 강권强權의 진상을 잘 아는 말이다. 강권이 가는 곳에 인의가 무엇이며 도덕이 무엇이뇨. (중략) 인의로 강권에 대적하고자 하는 자는 범의 입에 들어가서 불경을 외는 자이니라.

여기에는 바야흐로 철혈재상 비스마르크Otto Eduard Leopold von Bismarck(1815~1898)와 함께 『통속국권론通俗國權論』에서 "백 권의 만국공법은 몇 문의 대포보다 못하다"라고 한 후쿠자와 유키치福澤諭吉(1835~1901)의 '권도權道'주의가 그대로 긍정적으로 서술되어 있다. 이는 또한 경쟁중시적인 사회진화론의 견지에서, 국제사회의 도리에 따른 지배를 부정함으로써 강권사상을 단적으로 이야기한 것이다.

두 사람이 조선 근대사상사에서 차지하는 위치와 의의는 이중적 의미에서 크다. 첫 번째는 조선에서 최초로 마키아벨리즘Machiavellism과도 통할 법한 후쿠자와 사상을 성립했다는 점이다. 조선 근대 내셔널리즘에서는 긴 시간 정치와 도덕의 연속이 전제되어왔으나 그들은 처음으로 이 둘을 갈라놓았고, 이로써 약육강식의 현실세계를 단지 비판만 하는 것이 아니라 스스로도 '강권'의 신봉자가 되는 것을 정당화할 수 있었다. 국제사회에 '인의', '도덕'을 구하지 않았을 뿐 아니라 스스로도 이를 방기하고 오직 강권을 지니고 강권세계에 진출하려는 민족주의nationalism는 당시까지 조선에는 없던 것이었다. 조금 덧붙이면, 그들은 근대세계가 겸비한 이중성을 함께 수용하지 않는다면 현실세계에 대응할 수 없다고 생각한 것이다. 박은식은 근대세계에서 '보살菩薩'과 '야차夜叉'라는 양면을 보았고,[7] 신채호는 '문명文明'과 '군국軍國'이라는 두 세계의 존재를 지적했다.[8] 그러나 그들은 유교와 부회해서 '보살세계', '문명세계'를 이해하면서도 그러한 과정에 따라 근대세계가 가진 또 하나의 면인 야차세계, 군국세계를 비판하지 않았을 뿐 아니라 보살세계, 문명세계에 대한 일면적 신앙을 가지고 그것이 야차세계, 군국세계를 쫓아내는 과정에 있다고 본 것도 아니었다. 그들은 그야말로 보살세계, 문명세계의 보편주의적 세계와 야차세계, 군국세계라는 특수주의적 세계의 갈라질 수 없는 관계에서 근대세계가 성립되었다는 것을 숙지했기 때문에 스스로도 강권=권도의 소유자가 되어야만 한다고 주장한 것이다.

박은식과 신채호가 한국 근대사상사에서 점하는 두 번째 중요한 위치와 의의는 이전에 있었던 어떤 사상보다도 국수주의國粹主義를 고취하였다는 것이다. 그들은 '국수' 이외에도 대한정신, 대한혼大韓魂(박은식) 혹은 대아大我, 국민의 혼(신채호)이라는 표현을 사용하였고 이의 보전과 불멸을 이야기했다. 그들의 국가주의는 이 국수주의와 결합해 좀 더 지상화至上化되어 조선 고대의 영광된 역사, 그중에서도 단군조선과 고구려의 역사에 대한 칭송이 대조선주의를 주창하는 기초가 되었다. 보호국 처지라는 조선의 실질적 망국 상황에서 국수주의나 대조선주의를 주장한 것이 그 후 민족운동을 고무하였다는 점에서 그것은 실로 의의가 크다고 할 수 있다.[9]

그러나 그들이 어느 정도 일본제국주의에 대한 대항과 비판을 의식하였다고 할지라도 강권으로 강권을 부수고자 하는 논리는 약자의 논리로 받아들여지지 못하였고, 제국주의 비판의 논리가 부족했다고 할 수밖에 없다. 이 때문에 국권회복운동 논리로 조만간 대체되어야만 했다. 그러나 무단정치에서 나아가 문화정치로 전환한 일본 식민지 지배의 강권성과 그것의 심화라는 현실 속에서 이미 강권을 주장하는 것은 받아들여질 수 없게 되었다. 따라서 엄혹한 현실세계에서 정치와 도덕이 분리되는 상황을 지켜보면서도 원래 이상주의적인 대동사상을 가지고 있던 박은식은 윌슨Thomas Woodrow Wilson(1856~1924)의 민족자결선언에 기대를 걸고, 제1차 세계대전 후 국제사회에서 정치와 도덕이 연속되는 시대가 올 것이라고 인정하기에 이르렀다. 이는 도덕적 낙관론의 성격을 짙게 띠고 있던 박은식과 신채호가 등장하기 이전의 민족주의가 회복된 것과 같았다.

그리고 여기에는 심각한 우민관愚民觀도 작용했다.[10]

한편, 현실세계에서는 모든 보편적 도의를 부정하면서도 관념세계에서는 절대적 도덕=유교이념을 인정한 신채호는 '민중의 도덕'에서 보편주의적 가치를 발견하여 무정부주의로 돌아섰고, 이로써 반제국주의 투쟁을 수행하고자 했다. 그러나 여기서도 또한 보편주의적 세계관=도의에 대한 회귀를 확인할 수 있다.[11] 이상과 같이 박은식과 신채호는 조선에서 국가주의와 국수주의를 성립하였다는 점에서 획기적인 사상적 경지를 열었다고 할 수 있다. 하지만 결국 현실세계에서도 도의의 보편성을 구하기에 이르렀고, 이는 조선에서 정치와 도덕을 연속시키려는 주자학적 사유가 얼마나 강했는지 보여준다고 할 수 있다.

3 도의에 대한 확신: 이기의 사상 ①

"근래 백 년, 열방列邦의 변變은 생각하건대 이미 극한에 와 있다. 작은 것은 큰 것에 먹히고, 약한 것은 강한 것에 병탄되는 일이 만연해 있다"[12]라고 한 것에서 알 수 있듯이, 이기의 세계사 인식은 당시로서는 당연한 것, 어쩔 수 없는 약육강식의 시대를 인정하는 것이었다. 이기의 열강, 그중에서도 일본과 러시아에 대한 경계심은 "오늘날 나라의 형세를 돌아보면 정말이지 유감이다. 일본에 병합되지 않는다고 한다면, 반드시 러시아에 먹힌다. 이것이 나의 고뇌하는 바이다"[13]라는 말과 같이 매우 강하였다.

그렇다면 일본과 러시아의 침략 위협은 어찌해야 제거할 수 있을까?

이에 대한 이기의 대답은 꽤나 단순명쾌하다. 러시아인이 동쪽을 경략하고자 하는 의지를 다져왔다는 것은 세상이 모두 아는 일이었으며, 일본인의 교활함도 점점 심해지고 있었다. 그러나 이 문제는 일본과 러시아의 그름을 서구 각국에 호소하여 '만국공법'의 재정에 위임한다면 해결되며, 만약 일본과 러시아의 그름이 인정되지 않을 때는 2,000만 인민이 일치단결하여 동북 지역의 해변에 피와 뼈를 흩뿌릴 뿐이라고 하였다.[14] 다만 그는 2,000만 인민의 죽음은 피할 수 있으리라고 보았다. 그에 따르면 "지금 천하 각국의 약소·대소가 함께 유지되는 것은 약소한 것이 구태여 강대한 것에 예를 잃지 않고, 강대한 것도 또한 구태여 약소한 것에 예를 잃지 않았기 때문이"며, 이는 만국공법이 있기 때문이라고 하였다.[15] 그는 만국공법은 현실에서 효력을 발휘하며, 어떤 나라도 무시할 수 없는 것이라고 하였다. 이는 박규수朴珪壽(1807~1876)나 김윤식金允植(1835~1922), 유길준兪吉濬(1856~1914) 등의 전통적 소국주의사상을 계승한 것이었다.[16] 이 때문에 "지금 우리나라는 약하며 민은 가난하므로 일본인이 두려워할 바는 아니다. 그러나 일본인은 천하의 공법, 양국의 약장約章만은 두려워하고 있다"[17]는 인식이 성립하게 되었다.

그는 1903년 「일패론日覇論」이라는 제목의 논설을 『황성신문』(9월 19일)에 투고하여 동양에 패覇를 외치고, 조선 침략의 강도를 높이는 일본의 고립화를 예언하였으나, 이는 앞에서 이야기한 바와 같은 만국공법관을 전제한 것이었다. 그리고 이는 서두에서 언급한 전통적인 낙관적 도덕관을 전제로 만국공법을 스스로에게 유리하게 해석한, 당시의 일반적이라고도 할 수 있는 사조에서 이기도 자유롭지 않았다는 것을 의미한다. 실제로 그는 어느 정도 일본을 비난하면서도 다른 한편으로는 일본에 대한 기대를 표명하였다. 그는 "지금 오주五洲가 서로 통하여 열방列邦이 교류하며 그 형세는 강한 것에도 약한 것에도 편향되어서는 안 되므로, 동아를 연합하여 황인종을 부식하는 것은 즉 일본인의 대의이며 또한 더없는 계책이라 할 것이다"라면서 일본을 맹주로 하는 아시아주의를 칭양하였다. 또한 "일본 조정의 대신인 고노에, 이토 등의 여러 공은 모두 시대를 아는 군자로 불리고 있다"면서 이토 히로부미伊藤博文(1841~1909)뿐만 아니라 대외강경론자였던 고노에 아쓰마로近衛篤麿(1863~1904)조차 양식이 있는 인물로 평가하였다. [18]

요컨대 이기가 일본에 대한 예사롭지 않은 위기의식을 느끼고 그 침략성을 충분히 인정했다는 사실은 분명하다. 그러나 전통적인 낙관주의를 쉽게 버리지는 못했다. 그러므로 국제여론을 아군으로 보고, 이쪽이 성의와 이성을 가지고 접하기만 한다면 상대도 양식을 가지고 이쪽을 대할 것으로 생각했다. 그는 동지인 나인영羅寅永(1863~1916)과 오기호吳基鎬(1863~1916), 홍필주洪弼周 등과 함께 그 가능성을 탐지하려고 1904년 9월 일본행을 결행하기에 이른다. 아시아의 대의를 배신하려는 일본을 비판하면서 양심을 일깨우기 위해 천황과 이토에게 소원을 보내기도 했지만 이는 당연하게도 허무하게 끝나고 말았다. 그가 일본에 머물던 11월 7일 결국 을사조약이 강요된 것이다. 이리하여 도의는 철저히 패배하게 되었다. 만국공법도 국제여론도 일본을 고립시키기는커녕 도리어 조선을 고립화로 몰아붙였고, 이기의 예상은 완전히 공론空論이었다는 것이 밝혀졌다.

이기는 귀국한 뒤 때마침 전개되던 애국계몽운동에 적극적으로 참여하였다. 이 시기 이기는 도쿄에서의 소원활동이 허무하게 끝났는데도 여전히 도의의 패배를 인정하지 않았다. 그는 『대한자강회월보大韓自强會月報』 창간호(1906년 7월) 서序에서, 교육과 식산흥업, 인재등용 등으로 국부강화를 꾀해야 한다면서 애국계몽운동의 일반적 정신을 고취한 후 다음과 같이 말하였다.

> 지금 세계 문명열국이 감시하고 있는데, 그 누가 군대가 강하다고 하여 마음껏 다른 나라를 침략할 수 있을 것인가. (중략) 나라가 작다고 할지라도 스스로 두려워하지 않고, 가난하다고 할지라도 스스로 얕봐서는 안 된다. 다만 정의의 여하를 살필 뿐이다. 나라가 이미 정의를 지키고 상하가 협력한다면, 군대를 기르고 무예를 단련하지 않더라도 열강과 대치할 수 있다.

이 글에서는 유교적 사유에서 쉽사리 벗어날 수 없었던 전통적 지식인의 집요하기까지 한 낙관적 도의관을 알아차릴 수 있다. 이기에게 도의와 정의는 단순한 이상이 아니라 가혹한 세계의 현실 속에 있기에 더욱 끊임없이 빛나야만 하는 틀림없는 광명이었다.

4 도의와 결별: 이기의 사상 ②

이기와 달리 그의 동지인 나인영이나 오기호 등의 패배감은 상당히 컸다.

두 사람은 1906년 10월에도 일본으로 건너갔지만 아무 성과도 없이 연말에 귀국하였다. 이때 나인영은 오기호에게 "국세는 이같이 비참한 지경으로 추락했다. 외국 사람에게 의지해서는 안 된다. 천하의 공론은 기다려서는 안 된다. 오늘날의 계책은 우선 우리 안의 병부터 고치지 않으면 안 된다"[19]라고 말하면서 비관적인 세계사 인식을 보였다. 그리고 1907년 3월 25일, 일본의 압력에 굴복한 정부대신 암살을 기도하기에 이른다. 이기도 이 사건에 휘말려 같은 해 10월까지 진도에 유배되었다.

이기의 세계사 인식은 이 사건에 휘말리는 과정에서 비로소 변화할 조짐을 보였다고 생각된다. 이기는 정부대신 암살미수사건이 있던 날 발행된 『대한자강회월보』 제9호에 「호고병好古病」이라는 흥미로운 글을 게재하였다. 여기서 그는 당시까지의 자기 사상을 부정하는 것 같은 비관적인 사상세계를 전개했다.

> 세상의 학자들 중 옛것을 좋아하는 병을 가진 자가 많다. 정치도덕을 논할 때마다 반드시 당우唐虞를 이야기하지만, 나로서는 그러한 고도古道가 지금의 세상에 행해지리라고는 생각되지 않는다. 애당초 어떻게 고도를 빌려 지금의 세상에 자과自誇하는 것이 가능하다는 것일까. 요즘 세상에 행해질 것이라 생각한다면 이는 지극히 어리석은 사람이다. 지금 세상에 자과하려고 한다면 이는 큰 사기꾼이다. 나는 전부터 한마디 말로 이를 논파하려고 하였으나, 우유곡사迂儒曲士의 비방만을 두려워하여 숨기고 말하지 않은 지가 십수 년이 되었다. 이제 일이 급해졌고 시세가 임박하였으므로 한마디 직설을 하지 않을 수 없게 되었다.

이기는 일찍이 요순시대를 서구정치 형태에 부회하여 공화제라고 한 적이 있다.[20] 따라서 위의 내용은 자신의 언설을 분명히 배신한 것이다. "우유곡사迂儒曲士의 비방만을 두려워하여 숨기고 말하지 않은 지가 십수 년"이라 했으나, 예를 들어 '옛것을 좋아하는' 것에 의문을 느꼈다고 할지라도, 실은 자기 자신도 '우유곡사'의 한 사람이었음이 틀림없다. 이기는 도적이 십수 명 침입하여 재산과 부인을 약탈하려 했을 때의 일을 예로 들면서 '의로서 이를 깨우치는' 것이 완전히 무의미하다고 이야기했다. 그들의 행위에 대해서는 "주방에 가서 식칼을 찾고, 방에서 나와 나무 몽둥이를 찾아서 재빨리 달려가 가족을 구할 뿐"이라고 했다. 힘에는 힘으로 대항할 뿐이라는 것이다. 그는 바야흐로 현실의 세계정치가 도의나 정의로는 결코 조처할 수 없다는 점을 확실히 인식하는 데 이르렀다. 말하자면 그는 정치와 도덕을 분리함으로써 정치를 발견했다고 할 수 있는데, 이는 비유적 표현이자 박은식이나 신채호가 달성한 것과 같은 마키아벨리즘을 기초로 한 듯한 국가주의의 성립을 선포한 것이기도 했다.

이처럼 이기는 1907년, 인생의 끝자락인 59세에 비로소 국가주의자로 입각하였다고 할 수 있다. 그리고 그는 세상을 떠나기 전 2년이 채 못 되는 기간에 국가주의적 사상의 윤곽을 만들었다. 유배에서 풀려나 서울에 돌아온 그는 1907년 7월에 설립된 호남학회에 교육부장으로 초빙되었다. 이와 동시에 다음 해 6월에 창간된 『호남학보湖南學報』 편집인 겸 발행인으로서 집필활동을 활발히 해나가면서 이러한 사상을 세상에 발표하고 반응을 기다렸다.

이기는 우선 자강사상을 전개하면서 다음과 같이 이야기했다.[21]

지금 태서泰西 열강이 천하를 호시虎視하는 것은 거함대포를 가지고 있기 때문이다. 만약 대항하고자 한다면 반드시 동등한 수준의 기계가 있어야만 한다. 이를 위해서는 공학을 강구하지 않으면 안 된다. 만일 제조하려고 한다면 반드시 금곡金穀으로 비용을 대지 않으면 안 된다. 이를 위해서는 농상학農商學을 강구하지 않으면 안 된다. 만약 공급하고자 한다면 반드시 부민富民의 정치가 없어서는 안 된다. 이를 위해서는 사학士學을 강구하지 않으면 안 된다.

여기서 그는 애국계몽운동의 전형적 자강사상을 보이기는 했지만 이미 '만국공법', 도의나 정의, 신의 등은 이야기하지 않았다는 점에서 일반적인 애국계몽운동에서 벗어나고 있었다고 볼 수 있다. 게다가 이 자강사상은 전통적이며 왕도론적인 면에서 비약하여 이미 패도적인, 문자 그대로 부국강병론으로 질적 전환을 이루었다는 점이 주목된다. 이기는, 현재는 정법시대政法時代이며, "그 시대를 이해하고 그 시대를 행하는 자는 반드시 강해져 생존하며, 그 시대를 이해하지 못하여 그 시대를 행하지 못하는 자는 약해져 망한다"라고 함으로써 부강화를 전제로 한 '정법'=입헌군주제나 공화제의 채용이 불가피하다고 하였다.[22] 그러한 한편으로 다음과 같이 굴절된 일본관을 드러내면서 패도론을 제창했다.[23]

우선 일본인이 일어나서 입헌군주제를 행하고, 10~20년에 마침내 유구와 대만을 획득하고, 여순을 점령하고 만주를 개척하여 세력은 매일같이 뻗어나가는데, 우리들은 오히려 주수株守를 즐기고 겸제拑制에 만족하고 있다.

너무도 슬픈 일이 아닌가.

이기에게 아시아의 대의를 배신한 일본은 이미 비판 대상도 기대 대상도 아니었다. 서구정치의 양과 음인 민주정치와 침략주의를 통째로 도입한 일본은, 예를 들어 속내는 그들을 증오해야만 할 대상으로 느끼더라도, 선악을 넘어 모범으로 삼아야 할 대상이 되었던 것이다. 여기서 침략주의는 합리화되고, 양과 음의 면을 같이 가지고 있는 서구정치를 통째로 도입하고자 하지 않았던 조선의 어리석음만 한탄하게 되었다. 이는 그야말로 배타적인 국가의 논리를 지상화至上化하여 성립하는 국가주의를 구체적으로 천명한 것이었다.

그러나 도의관이 코페르니쿠스적 전환을 했다고 할지라도 국가야말로 도의의 실체라고 본 이기의 이른바 국가=도의관에는 불안정성이 함께했음에 주목할 필요가 있다. 그는 오로지 구지식인을 대상으로 국가사상을 고취하면서 신학문과 신교육의 중요성을 설파한[24] 유명한 논설에서 다음과 같이 말했다.

무릇 이른바 도의라는 것은 공익을 가리키며, 공리功利란 사계私計를 가리킨다. 그러나 천하에는 도의의 이름을 빌린 사계도 있고, 공리의 뜻을 사용하여 공익을 행하는 자도 있다. 이러한 점을 파악하고 있어야만 한다. 여러분이 만약 반드시 국가에 공을 세우지 않고, 생민生民을 이롭게 하지 않고, 그리고서 도의를 행한다고 한다면 나는 그러한 학문이 무슨 학문인지 모르겠다.

이기는 여기서 일종의 공리주의를 전개하면서, 제 한 몸에 머무르는 도의를 비판하고 도의와 공익을 분리하였다. 또 정치와 도덕을 분리하는 데 다다른 사유방식의 전환을 확인할 수 있다. 그러나 그러한 관점에서 도의를 국가에 종속시키려는 한편으로 생민에 종속시키려고도 하였다. 분명 국가의 공功에 귀결하는 것을 도의라고 했다는 점에서 국가=도의관을 알아차릴 수는 있다. 그러나 국가를 넘어선 보편적 실재인 생민의 이익에 귀결하지 않는 도의는 의미가 없다고 한 점에서 생민=도의관도 확인할 수 있으며, 그렇기에 국가=도의관은 불안정에서 벗어나지 못한 것이다. 이 때문에 그는 "여러분이 민들이 평등한 사람이라는 것을 인정하지 않는다면 천하도 또한 나의 한韓을 평등한 나라로서 인정하지 않을 것"[25]이라고도 하면서, 인민평등론을 부연하여 소국 처지에서 국가평등론을 전개하였다. 이는 낙관적인 세계사 인식으로 회귀한 언설이라고 할 수 있다.

5 나카에 조민과 비교

이상과 같은 이기의 사상은 박은식이나 신채호와 같이 예를 들면 마키아벨리즘과 통하는 듯한 국가주의 양상을 보였다고 할지라도, 전통적인 낙관적 세계사 인식이나 소국주의사상을 완전히 떨어내지는 못했다고 할 수 있다. 그의 사상은 결국 도의로 회귀한 박은식이나 신채호 이상으로 조선적인 각인이 찍혀 있었다고도 볼 수 있다. 그러나 그가 얼마나 조선적인지는 결국 다른 나라의 사상과 비교하면서 논해야만 한다. 따라서 마지막으로 근대 일본의 사상과 비교해보고자 한다.

여기서 비교 대상으로 삼고자 하는 사람은 나카에 조민中江兆民(1847~1901)이다. 그는 메이지 일본에서 서구근대사상을 잘 이해한 사람이면서도 도의에 구애된 사상가로, '동양의 루소'라는 호칭으로 유명하였을 뿐만 아니라 그가 제창한 소국주의에서 조선의 사상가와 유사성을 찾을 수 있기 때문이다.

부국을 우선하며 강병을 그 뒤에 두고 도의를 높이 내세우며 굳이 소국주의라는 도를 관철해야만 한다고 주장한『자유신문自由新聞』(1882년 8월 12일, 15일, 17일) 논설「논외교論外交」는 일본 근대사상사에서 주옥이자 백미일지도 모른다. 대국지향적 민족주의가 일반적이었던 메이지 일본의 사상계에서, 나카에의 사상이 드문 것이었음은 틀림없다. 일본의 아시아주의라는 것도 그 실체는 일본을 맹주로 하는 대국주의나 일본원리주의와 표리관계에 있었다.[26]

그러나 기묘하게도 나카에는 이 논설을 발표하고 얼마 지나지 않아 국권주의적 움직임에 참여하게 된다. 1884년에는 국권확장을 목적으로 한 동양학관東洋學館 설립에 참가하였고, 1885년 1월에는 조선에서 벌어진 개화파의 갑신정변 실패를 계기로 도쿄에서 대청강경론을 고취하기 위해 전개된 지사운동회志士運動會에 참여하였다. 이는 예를 들어 주권적으로는 중국의 문명화를 꾀한 것이기도 했고 혹은 압살되어가는 자유민권운동의 타개책을 대외강경론에서 구하여 번벌정부藩閥政府와의 대결에 승부를 걸어보려는 것이었다. 그렇다고 할지라도 나카에는 너무나 빨리 주저앉았다. 이는 그가 원래 바라마지 않았던 도의에서 전락해가는 첫 번째 발걸음이 아니었을까. 그가 만년에 국민당을 결성(1897)하여 청일전쟁을 찬양하거나 대러시아 강경외교를 주장한 국민동맹회에 참가(1900)하기도 한 행동의 의미 역시 무겁게 받아들여야만 한다. 필자는 이러한 그의 전환을 단순히 상황주의적으로 보지 않고 그의 사상의 구조적 형태에 당초부터 문제가 가라앉아 있었던 것으로 생각한다.

즉, 나카에는 분명히 「논외교」에서 "소국이 스스로를 믿고 독립을 보전하는 계책은 달리 있는 것이 아니다. 신의를 굳게 지키고 움직이지 않는 것. 도의가 있다면 대국이라 할지라도 두려워할 필요가 없다"라고 하면서, 도의와 신의를 소국의 무기로 삼아야 한다고 논하였다. 그러나 이어서 "소국이라고 할지라도 업신여기지 말 것"이라고 한 데서도 알 수 있듯이, 그는 자국이 소국이라는 것을 반드시 전제하지는 않았다. 1888년에 쓴 논설에서 그는 "(일본은) 가난하기는 정말 가난하지만 작다고는 할 수 없다"라면서, "벨기에白耳義·스위스瑞西를 보면 당당한 하나의 큰 나라"[27]라고 하였다. 대체로 그는 목적으로서 부국과 어쩔 수 없는 강병을 분리했지만 "무릇 강한 것을 귀하게 여기고 약한 것을 천하게 여기는 것. 사람인 이상 이를 비정하다고 할 수 없다"라고 한 것에서 보이듯이 「논외교」에서는 강병화에 절대적으로 반대한 것은 아니다. 단지 부국을 소홀히 하면서 도의에서 발하지 않은 강병책에 반대한 데 지나지 않는다. 그렇다, 이 정도로도 제국주의에 대한 반정립(안티테제)을 보여주는 당당한 국가구상이기는 하다. 그러나 스스로 소국이 아니라는 것을 전제로 한 경우, 강병화에 대한 용인은 군사대국화로 가는 길을 열게 되는 것이기도 하다. 이러한 사상은 처음부터 소국임을 전제로 하는 한국의 소국주의와는 대략 차이가 있는 것으로 보아야만 한다.

이상과 같이 나카에의 소국주의에는 당초부터 논리적 모순이 있었다고 할 수 있다. 그렇다면 이는 어떤 요인에 규정되어 있었을까. 필자는 나카에가 아무리 큰 소리로 도의를 부르짖어도 도의를 국가 위에 안정적으로 자리 잡게 하는 것이 불가능했기 때문이라고 생각한다. 1890년의 글에서 그는 "사람이 목적이고, 국가가 수단이다. 국가 속에서 사람은 실로 원소이며, 세계 속에서 국가는 실로 원소이다"[28]라고 하였다. 이는 국가가 개인을 위해 존재한다는 의연한 민권사상을 드러낸 것이 틀림없다. 그러나 세계의 문맥에서 보면, 국가야말로 원소이며 목적이라는 점을 표명한 것이라고도 할 수 있다. 이는 후쿠자와가 "국가의 독립은 목적이며, 국민의 문명은 이를 목적에 도달하게 하는 기술이다"라고 하면서, 문명은 수단이며 국가가 목적이라고 한 것과 거의 같다. 나카에에게는 국내정치에서 인권을 보증하는 것은 분명히 도의였다. 그러나 세계정치에서는 국권을 보증하는 것이 도의이다. 국가를 넘어선 곳에 도의는 존재하지 않았다. 이는 "여러분이 민들이 평등한 사람이라는 것을 인정하지 않는다면 천하도 또한 나의 한韓을 평등한 나라로서 인정하지 않을 것"이라고 한 이기와 닮은 언설이다. 그러나 이기에게는 국민개념과는 이질적인 '생민'이라는, 국가를 넘어선 보편적 실재가 전제되어 있었다는 점을 상기하기 바란다.

여기서 나카에가 원래 가지고 있던 도의관을 문제 삼지 않을 수 없는데, 1880년 단계에서 이미 그는 다음과 같이 말했다.[29]

무릇 이利가 의義에서 나온다면, 일신一身에 머문다고 해도 또한 공公이라, 아직 반드시 널리 사람들에게 퍼지지 않은 것이다. 만약 의에서 나오지 않았다면, 이가 널리 사람들에게 퍼진다 할지라도 이는 사私로서, 때로 사람에게 해를 끼치게 된다.

이는 이기의 '일부벽파론一斧劈破論'에 보이는 공리론과 비교할 만한 언사이다. 그러나 나카에는 이기와 달리 당시 일본에서 절대적 영향력을 과시하던 공리주의功利主義를 비판하였다. 이익이 널리 퍼지는 경우를 '공리公利'라고 하고, 그렇지 않을 경우를 '사리私利'라고 하는 데 대해 다른 의견을 주창한 것이다. 여기서 도의는 공리라는 결과로 이어지는지에 한정하지 않고 일신에 머무르는 도의도 존재한다고 하였는데, 나카에에게 중요한 문제는 행위가 처음 일어나는 순간 도의의 불가피성이었다. 행위가 처음 일어나는 순간에 도의가 존재하는지 문제 삼지 않는 공리주의는 "그 연원은 실로 사리에서 발생한다. 공을 빌려 사람들을 속이고 스스로 속일 뿐"이라며 엄하게 비판하였다.

이 언사에 대해, 구질서에서 해방되는 데에는 힘이 되었지만 민중의 자율적 질서형성에는 무력하였기에 천황제 국가의 지배원리에 저항력으로 작용하지 못한 공리주의에 대한 비판으로 높이 평가받아야 한다는 견해가 있다.[30] 그러나 그러한 평가는 약간 단락적이라고 생각된다. 도의는 일신에 머무르는 경우도 있다. 그렇다면 이 경우는 공이라고 할 수 있을지라도, 실질적으로는 '사리'라는 결과로 이어진다는 것을 의미한다. 공리주의가 본질적으로 지니는 사리의 존재를 비판하면서도, 역설적으로 결과로 따라오는 사리를 긍정하였다는 점에서, 나카에와 공리주의자를 외견상 구별하기는 어렵다. 구별할 수 있다고 한다면 논리 차이에 지나지 않는다고도 할 수 있다. 사리도 도의적일 수 있다고 하는 견해는 도의를 판단하는 척도가 '사' 이외에 존재하지 않는 것이 되기에 도의에 대한 주권적 해석을 만들어내지 않을 수 없을 것이다.

이와 같은 도의관이야말로 나카에가 국가를 넘어서 좀 더 보편적인 도의관을 추구하는 것을 주저하게 만든 요인이었다고 생각된다. 세계정치 속에서 그 원소인 국가의 사리도 도의의 주권적 해석에 따라 쉽게 승인되는 일도 있을 것이다. 나카에가 보편적 원리=도의의 관점에서 현실을 비판하였으므로 서구문명을 상대화할 수 있었다는 견해가 있다.[31] 그러나 과연 나카에의 도의는 국가를 넘어섰을까. 필자가 보기에 나카에의 도의는 국가 속으로 서서히 감금당하는 운명을 더듬어간 것처럼 생각된다. 그의 소국주의가 아시아 연대와 같은 형태로 확산되지 못하고 '자기중심적 내지 폐쇄적 성격'을 가질 수밖에 없었던 것은 이미 지적한 바와 같이 그의 근대주의적 견지에서 나온 문명적 우월의식 때문이었음이 분명하다.[32] 그러나 그의 국가관을 규정하는 도의관도 또한 그것 못지않게 그가 지닌 소국주의의 문제성을 해명할 때 중요한 시각이 될 것이다. 아니 오히려 독선화의 위험성을 잉태한 그의 도의관이 근대주의의 받침으로 먼저 존재했기에 문명적 우월의식 역시 태어날 수밖에 없었다. 이러한 도의관은 도의의 소재를 일반화한 이기와 다른 것이었음은 물론, 한국 근대사상에서는 쉽게 찾을 수 없는 사상이었던 것으로 생각된다.

6 정치와 도덕, 이기의 국가주의

이상에서 서술한 바와 같이, 이기와 나카에의 국가사상은 미묘한 차이를 보인다. 그 차이는 또한 근대 한일사상의 차이라고도 할 수 있는 특징적인 것이다. 이기의 경우 그가 의식하려고 하지 않았는데도 정치와 도덕을 연속시키려는 주자학적 사유의 존재양태가 그의 국가주의를 여전히 규정했다. 그에 비해 누구보다도 도의를 높이 내걸었음이 분명한 나카에의 경우, 도의의 주권성을 긍정하는 사유방식이 작동했을 뿐 아니라 명확한 국가=도의관이 시사되어 있었다.

원래 주자학에서 도의는 천리天理에 따라 객관적으로 실재하며 민의 목소리=천天의 목소리로 발현될 수 있는 것이다. 도의를 말하는 자는 결코 자기 처지를 절대화하여 주관적으로 논할 수 없다. 그러나 근대 일본에서는 그렇지 않았다. 나카에조차도 주관적 도의를 옳다고 보았다면, 근대일본에서는 처음 발생 단계부터 국가주의에 친화성이 있는 사유구조가 있었다는 것이 된다. 막부 말기에 성립된 국체사상國體思想의 영향은 물론이거니와 적어도 근세 일본부터 이어진 일본적 사유의 문제를 논하지 않으면 안 된다.

일찍이 마루야마 마사오丸山眞男(1914~1996)는 소라이학徂徠學을 기점으로 근세 일본 정치사상 속에서 공사公私의 분열을 전제로 한 도덕에서 정치의 자립을 찾았고, 여기서 '자연의 도'에 대한 '작위作爲의 도'를 발견했다. 일본 근세사상에 내재적 발전이라는 이론을 부여한 것이다. 오늘날 이 견해는 실증적으로 파탄이 선고된 상태이다.[33] 그러나 조선의 사상과 대비할 경우, 일본에서는 상대적으로 정치와 도덕의 분리가 진행된 상태였다고 하지 않을 수 없다. 막부 말기의 사상가 요코이 쇼난橫井小楠 (1809~1869)은 주자학자로 자처했으나, 보편주의적 도의론을 전개하는 한편으로 일본 중심의 독선적 국가의식을 가지고 있었다. 그는 일본의 군사대국화를 긍정했을 뿐만 아니라 인의=문명이라는 이름 아래 다른 나라에 대한 '위벌威罰'도 인정하였다.[34)]

필자는 여기서 일본 쪽의 근대사상이 한국보다 내재적으로 진전해 있었다는 이야기를 하려는 것은 아니다. 정치와 도덕의 분리라는 비관적 논리에서 근대사상 형성의 계기를 찾는 것은 서구중심적 논의이다. 조선에서는 정치와 도덕이 분리되지 않았거나 철저하지 않았던 경우는 있었다. 그러나 조선적 사상 문맥 속에서 국가주의를 넘어선 '또 하나의 근대사상'이 형성될 계기가 있었다는 것을 말하고 싶을 뿐이다. 근대 조선에서 부국강병은 일반적으로 자강으로 바꾸어 이야기되었다. 부국강병이나 부강이라는 단어가 그대로 사용되었더라도, 거기에 함의된 내용은 자강이었다. 그리고 자강이란 민본을 기초로 하여 내정과 교화를 충실히 하려는 것으로, 여기에는 패도를 비판하는 왕도적 의미가 담겨 있었다.[35)]

마루야마에게는 다케우치 요시미竹內好(1910~1977)의 '방법으로서의 아시아'에 대하여 '방법으로서의 유럽'과 같은 것이 있었다. 이는 마루야마 나름의 보편주의 탐구방법이기는 했으나 근대주의적 방법이었던 것도 사실이다. 여기에는 결정적으로 아시아나 약자에 대한 시점이 빠져 있었다.[36)] 아시아성과 피억압성을 체현하던 근대 한국사상사는 서구 근대사상이나 일본 근대사상의 아날로지analogy(유추, 유비)로 설명해서는 안

된다. 한국에는 한국 나름의 사상적 문맥이 있었으며, 비록 발현되지는 않았지만 또 하나의 근대사상의 계기가 있었다. 이러한 것들을 밝히려면 비교사적 관심이 불가피하다. 한국 근대사상사의 가능성은 그러한 관심의 향방을 통해서만 전개될 수 있으며, 또한 일본의 근대사상을 동아시아 근대사상의 기축으로 생각하는 것과 같은 독선적 일본 사상사 연구도 그러한 방향성을 통해서만 바로잡힐 것이 틀림없다. (번역: 김경태)

조경달
지바대학 문학부 교수. 조선 근대사·근대 한일비교사상사를 전공했다. 저서로 『異端の民衆反亂―東學と甲午農民戰爭』(岩波書店, 1998. 한국어 번역본, 『이단의 민중반란―동학과 갑오농민전쟁, 그리고 조선민중의 내셔널리즘』 역사비평, 2008), 『朝鮮民衆運動の展開―士の論理と救濟思想』(岩波書店, 2002. 한국어 번역본, 『민중과 유토피아―한국근대민중운동사』(역사비평, 2009), 『植民地期朝鮮の知識人と民衆 : 植民地近代性論批判』(有志舍, 2008. 한국어 번역본, 『식민지기 조선의 지식인과 민중: 식민지 근대성론 비판』 선인, 2012) 등이 있다.

집필경위
이 글은 이미 발표한 「近代日本における道義と國家」(若桑みどり 외 『歷史と眞實』 筑摩書房, 1997)와 「道義は實現されうるか―韓末啓蒙運動家李沂の思想と行動」(林哲 외, 『20世紀を生きた朝鮮人』 大和書房, 1998)을 토대로 작성한 것으로, 2013년 8월 성균관대학교 동아시아학술원 HK연구소에서 개최한 학술대회 '19세기 말~20세기 초 동아시아 전통지식인의 삶과 사상'에서 발표한 것을 수정·보완한 것이다.

19세기 중반 이후 한·중·일 3국의 실학 개념

◎

이경구

1 '실학' 개념 변화의 생명력

실학은 중국에서 성리학이 발흥한 10세기에서 19세기 중반까지 대체로 보통명사, 고유명사 두 층위로 쓰였다. 보통명사로 쓰일 때는 허학虛學·허문虛文의 반대 개념이 되어 진정한 학문이라는 진리성이 강조되었다. 고유명사로 쓰일 때는 맥락에 따라 유학, 경학經學, 도학道學, 성리학, 경세학 등 유학의 다양한 분파 혹은 학문의 지향성을 지칭하였다. 그러나 실학의 의미는 19세기 중반 이후 크게 요동쳤다. 이때 실학 개념은 오랫동안 지속해왔던 유학의 맥락에서 벗어나는 용례가 생겼다는 점에서 이전과 다르고, 다양하게 변주되었다는 점에서 20세기 중반 이후 고정된, 특히 한국에서는 역사용어로 정형화된 것과도 다르다.[1]

이 시기에 실학이 기존의 의미 맥락에서 벗어날 수 있었던 계기는 서양의 학문이다. 좀 더 정확히 말하면 19세기 중반까지 중국이나 일본에서 제한적으로 수용했던 서양 학문과는 차원이 다른, 압도적인 물리력을 동반한 서양학의 충격이었다. 전통적 의미의 실학은 새로운 충격 혹은 그 충격을 빚어낸 서양의 학문을 의식하며 의미 진폭이 확대되었다. 실학에 대한 전통적 용법이 여전히 엄존했지만, 서양 학문이나 실용 학문을 지칭하는 격치학·과학·실업학 등의 실학이 한편에서 생겨났다.

그러나 어느 용례건 간에 '동양과 서양의 대립'이라는 새로 구축된 환경을 의식하며 발화하였다. '진실' 혹은 '현실'이라는 의미를 안고 있는 실학은 자기 학문이나 사유를 정당화하는 데 적합한 개념이었다. 이와 관련하여 양극단에 존재한 상대방을 배척하는 일방 논리를 제외한다면, 우리는 실학을 매개로 서양과 동양을 절충하려는 사고가 이 시기에 생겨났음을 주목해볼 수 있다. 그 사고의 얼개는, 동양은 고대에 융성했고 중세에는 쇠퇴했으나 현재는 서양이 오히려 동양 고대의 핵심정신을 계승했으며, 따라서 서양 학문을 수용하면 바로 '잃어버린 우리'를 복원할 수 있다는 것이었다. 이 같은 논리에서 고대의 이상적 학문이었고 중세 이후 우리가 잃어버렸으며, 저들(서양)이 현재 융성함을 자랑하게 만든 학문정신이 바로 실학이었다. 다시 말해 실학은 소환된 고대 정신이자 현재에 진행되는 개혁, 서양문물 수용의 정당성을 확보하는 개념이었다.

따라서 19세기 중반 이후 실학을 둘러싼 담론은 근대 동아시아 개념의 역사에서 이채로운 위치에 있다. 서양학 수용과 개념 번역에 몰두하는 와중에, 수용을 위한 전통의 재구성과 동서양의 차이를 넘어선 새 보편 개념의 구상을 보여주었기 때문이다.

한편 이 시기는 실학 개념의 의미 변용을 잘 보여준다는 점에서도 흥미롭다. 실학이 시기마다 독특한 담론틀과 결합했으며, 심지어 현재에도 그 정체성에 대한 논쟁이 진행되는 데에는 실학이라는 개념이 지닌 중층성 혹은 의미 상충이라는 독특한 특성이 작용하기 때문이다. 실학은 '진실한 학문', '실천적 학문', '실제적이거나 실용적인 학문'으로 정의가 가능하였다. 마치 영어에서 real 혹은 realism이 '난해하고 불안정한 이중 의미'를 지녀서 '실재하는 것'이면서도 '바탕에 놓인 진리 또는 특성' 등으로도 쓰일 수 있기에 자유로운 유희가 얼마든지 가능한 것과도 흡사하다.[2] 이것은 성리학이나 근대의 개혁적 유학에서도 종종 확인할 수 있다.[3]

진실, 실천, 현실성으로 의미를 확장할 수 있는 실학은 과거의 의미를 현재의 매 시간대에서 재규정하는 유연한 개념이 되었다. 19세기 중반 이후 역시 마찬가지였다. 사실 오랜 시간 진실, 실천, 실용과 관련한 유학 정신을 일컫는 표어로 기능했던 것은 '실학'이라기보다는 '실사구시實事求是, 경세치용經世致用, 이용후생利用厚生'이었다. 주지하다시피 실사구시는 진실과 실증의 강조로, 경세치용은 실천이나 개혁의 강조로, 이용후생은 실용과 실리의 강조로 주로 쓰였다. 그런데 19세기 중반 이후 서양의 학문을 실학이라고 규정한 경우를 제외한다면, 실학에 대한 다수 규정은 기존의 실사구시, 경세치용, 이용후생의 지향을 실학과 결합하여 새로운 미래를 구상하는 일이기도 했다. 실학은 전통적인 개혁 구호와 결합하여 '현재를 위한 과거의 개념'이 되었다.

그 한편에서는 실학의 의미 상충적 성향이 표면화될 수도 있었다. 실용의 의미를 지닌 실학을 '실업학'으로 규정하여, 사물 너머의 진리를 사고하는 성리학, 구학舊學 혹은 인문학 전반을 비판하는 일도 가능했다. 이 경우에도 맥락에 따라 실업학 외에 서양 과학, 분과학 등이 지칭될 수 있었다. '진리 대 실용'의 구도가 '인문학 대 실용학'의 대립으로 전화하는 것이다. 이 같은 경향은 일본 그리고 20세기 초 일제강점기에 일본의 영향을 받은 한국의 실학 사례에서 주목할 만한 현상이다.

2 19세기 후반 한국의 실학 개념과 새로운 계보

조선에서 오랫동안 쓰인 '실학=유학, 경학'과 같은 용법은 19세기 중반에도 여전하였다. 중인 지식인으로 조선의 광범위한 개혁을 구상했던 최성환崔瑆煥(1813~1891) 역시 1858년(철종 9)에 1차 완성한 『고문비략 顧問備略』에서 실학을 경학, 강경講經으로 사용하는 전래 용법을 그대로 따랐다.

학교를 설립하면 반드시 도덕이 높은 이를 선발하여 학관學官으로 삼고 실학하는 선비들을 오게 하여 밤낮으로 정학正學을 강명한다. (중략) 과거에서

사부詞賦를 중시하고 실학을 경시하자 세상에서 경학을 숭상하지 않게 되었고 그 때문에 독서하고 도道를 강구하는 선비가 없게 되었다.[4]

그러나 실학의 용법은 1880년대 초 개화파 인사들이 극적으로 변화시킨다. 그 실마리는 『한성순보漢城旬報』에서 찾을 수 있다. 1884년 3월 27일 『한성순보』에서는, 정조대 이후 제기되었던 '이용후생'을 앞세워 서학을 수용하자는 논리[5]와는 다른, 새로운 개념으로 바뀐 실학을 내세워 서학을 수용하자고 주장하였다.

중국의 문명이 서양보다 앞선 것은 4,000년 전이었다. 요순삼대의 교화는 시의時宜를 따라 백성과 국가를 편안함에 올려놓았다. (중략) (이후 점점) 허문을 숭상하고 실학을 일삼지 않았다. (중략) 저 서양 각 나라는 격치의 학문을 강마하며 조화의 근원을 궁구하고 추리하여 기물을 만들고 부국하였다. (중략) 아아, 전일에 실학을 일삼지 않고 허문을 헛되이 숭상하여 해야 할 바를 모르고 착오하여 모욕을 받거나 병탄되었다. (중략) 동양의 물산과 인구가 많음에도 구주보다 부강하지 못해 모욕을 당한 것은 어째서인가. 저들은 실학을 하고 우리는 허문을 숭상했기 때문이다. (중략) 오로지 실사구시하여 일신하면 수십 년 후에는 반드시 서국을 능가할 것이다. 이른바 실학이란 격치의 한 단서이다. (중략) 그러나 혹자는 동양인이 서학을 익히는 것을 일러 '오랑캐의 장점을 활용하여 중화를 바꾸는 것(用夷變夏)'이라 하여 혐오한다. (중략) 대저 천산격치天算格致의 여러 학문은 천하의 공학公學이며 서양인들의 사학私學이 아니다. 천산은 상고에 거슬러 올라가며 격치는 『대학』에 명백하다.

그러나 후세에 이를 강마하지 않았는데 저 서양인이 그 일단을 얻어 정심으로 공부하여 기기의 교묘함과 부강의 효험을 얻었다. (중략) 때문에 나는 천산 격치를 천하의 공학이요 서학이 아니고 당금에 절용한 학문이고 이단좌도에 비할 바가 아니라고 말한다.[6]

『한성순보』의 논리에서 주목할 맥락은 세 가지다. 첫째, 동양의 역사관을 '고대 이상─중세 쇠퇴─현재의 분발과 미래 부흥'으로 설정했다. 여기서 실학은 동양 고대의 정신을 담지한 학문 혹은 학문의 지향이 되었다. 고대의 이상으로 이용, 경세, 실사 등을 포괄한 실학은 따라서 중세 유학의 숭문주의 비판, 서양 학문 수용 등을 주장하는 바탕이 되었다.

둘째, 새로운 보편을 설정했다. 보편을 상징하는 또 다른 용어는 공학公學인데, 실학은 학문의 진리성에서 공학과 동의어이다. 다만 실학은 동양의 허학을 부정하고 서학을 긍정한다는 운동적 측면을 지녔다.

셋째, 격치학에 대한 해석이다. 격치학은 '격물치지'로도, '사이언스'의 번역어로도 볼 수 있다. 이 기사에서 격치는 사이언스의 번역어이지만 이를 『대학』의 격물치지로 무리하게 뜻을 맞추었다. 이것은 동양의 이상을 부정하지 않으면서 서양 과학을 수용, 융합하려는 의식의 발로이다. 그 점에서 동서의 장단을 취사하는 성격이라고 볼 수 있다. 이처럼 근래 실학이 쇠퇴하고 오히려 서양에서 실학을 실행한다는 논리는 20세기 초에도 종종 쓰였다.[7]

동서취사적 담론은 학문에 대한 명확한 정의 없이 모호하게 뒤섞는 약점이 있었지만, 바로 그 점 때문에 동양을 위주로 서양을 포섭하거나 그

반대의 경우 모두 가능하게 하였다. 대표적 동도서기론자인 신기선申箕善(1851~1909)은 『유학경위儒學經緯』에서 실학을 무학誣學에 대비하는 전통 용법으로 전개하고, 유럽은 정밀하고 편리함을 추구하는 '이용후생의 술術'에 능하다고 하여[8] 동양의 학(실학)에 서양의 술(이용후생지술)이 포섭되는 논리를 주장하였다. 한편 『독립신문』에서는 "세계가 학문과 기술을 다루는데 유독 우리나라는 그렇지 못하므로 학업에 힘써 허문을 숭상하는 습속을 버리고 서양인들의 궁리격치하는 방법을 취하자"라고 주장하였다.[9] 여기서는 반대로 서양의 제반 사회과학, 각종 실용학문과 전문학문, 자연과학 등의 분과학문이 '궁리격치'라는 동양 학문의 근본정신의 대변자로 표현되었다.

서양의 학문이 격치학, 공학, 실학의 지위를 차지하는 한편에서는 유학을 옹호하는 견해도 있었다. 광무개혁 시기 고종이 내린 조서 중 하나는 다음과 같다.

> 우리나라의 종교는 공자의 도가 아닌가? (중략) 어찌하여 근래에는 세상 기풍이 날로 저하되어 내가 등극한 처음에는 입으로만 외우는 학문을 숭상하고 심신을 닦는 공부는 등한히 하고 허문을 숭상하고 실학에는 어둡더니, 지금은 모두 그 경문마저 폐하고 강하지 않아 학교에서는 경 읽는 소리가 사라지고 경서는 책상에서 사라졌다. (중략) 짐이 동궁과 더불어 장차 일국의 유교 종주가 되어 공자의 도를 높이고 열성조의 뜻을 이을 것이다.[10]

고종은 '허문을 숭상하고 실학에 어둡다'는 현실비판적 담론을 '문장학

[詞章]을 반대하는 경학'으로 치환했다. 이 같은 용법은 문장과 경학으로 관리를 선발하던 과거제 실시 때의 '경학=실학'이라는 전통적 담론에 기댄 것이었다. 그러나 과거제가 이미 소멸된 상황에서 이 같은 용법은 힘을 얻기 힘들었고, 사실 이 조서의 초점도 국교로서 유교에 맞추어져 있었다. 따라서 이 같은 용법은 20세기 초반 황실과 유교의 권위가 쇠락하면서 거의 보이지 않게 되었다.

이후 실학의 용법은 신문물의 수용이 주체적 태도, 예컨대 유교와 조화를 이루어야 한다는 의미로 혹은 대부분 개화를 지지하는 용법으로 쓰였다. 예컨대 『황성신문』에서는 "서양이 비록 정전井田은 없었지만 서양의 교육은 동양의 삼대에 육덕六德·육예六藝·육행六行을 실교실학實敎實學하였던 것과 범위가 같다"[11]라고 하였다. 국교인 유학을 근간으로 한 실학 교육을 구상한 고종과 달리 서양의 교육 체계를 실학으로 내세운 것이다. 비슷한 시기 『매일신문』에서는 "개화는 때를 헤아려 편리하도록 실상에 힘써 백성으로 행하게 해야 하는 것인데, 개화의 실상을 모르고 너도나도 개화 두 글자에만 급급하는 개화는 나라를 병들게 하니, 참 개화는 개화 실학에 힘쓰는 것이다"[12]라고 하여 주체적인 문물 수용을 실학으로 정의하였다. 신채호가 "유교를 확장하고자 하면 유교의 진리를 확장하여 허위虛僞를 버리고 실학을 힘쓰며 소강小康을 버리고 대동大同을 힘쓰자"[13]라고 하여 유학과 신문물의 조화를 촉구한 것도 같은 맥락이었다.

한편 서양의 국가 교육 체계를 수용하면서 실업과 관련한 전문 분과 학문들을 실학으로 정의하는 흐름 역시 생겨났다. 이 같은 용례는 '국교=유학=실학'의 위계를 세운 고종은 물론, 서양 수용을 주장한 이들이 실학을 진리·보편을 담지한 공학公學·격치학格致學 등의 고급 학문 범주로 설정한 흐름과는 다른 현실·실용의 차원이었다. 그것은 서양의 분과 학문의 도입과 더불어 예견된 일이기도 했다. 예컨대 1894년의 교육조령에서 "교육의 방도는 허명과 실용을 분별한다"[14]라고 하여 허문과 실용의 논리가 사용되었는데, 이것은 '허문 대 실학'의 오랜 논리와 다르지 않았다.

이후 실학은 1899년의 「학교관제學校官制」와 「상공학교관제商工學校官制」, 1900년의 「광무학교관제礦務學校官制」, 1904년의 「농상공학교관제農商工學校官制」 등 실업교육 제도와 관련한 칙령에서 전문 분과 학문을 가리키는 말로 사용되었다. 일제강점기를 전후한 시기에도 실용 위주의 실학 교육은 여전히 강조되었다.[15]

실학 개념의 변화는 실학을 둘러싼 새로운 담론 지형도 만들어냈다. 유학의 흥성과 (중세의) 쇠퇴 그리고 미래의 부흥, 지리상으로 떨어져 있었던 서양에서 실학을 발견할 수 있다는 미증유의 경험은 실학 담론에 새로운 시간과 공간이 새겨지는 작업을 가능하게 했다. '금인의 실학', '실학시대'와 같은 새 용어도 출현하였다.[16] 이 같은 현상은 현대에 실학을 '조선후기 실학자의 학문'으로 특정화하는 용법과도 달랐다.

3
19세기 후반 중국의 실학 개념

실학을 유학의 이상이나 과거와 관련하여 경학으로 간주하는 용법은 19세기 중후반의 중국에서도 여전하였다. 정관응鄭觀應(1842~1921)은 자신의 개혁서『이언易言』에서 실학을 고대의 이상적인 인재 선발 제도였던 천거 기준으로 사용하거나 경서, 역사와 관련한 과거 공부에 사용하였다.[17] 같은 글에서 서양학을 배우는 자세에는 '실사구시'를 사용하기 때문에 정관응이 실학을 전통적 맥락에서 사용한 것은 더욱 두드러진다. 그런데 정관응의 경우에도 이미 실학은 요동치고 있었다. 정관응이『이언』에서 서양의 대학을 '실학원實學院'으로 번역하였기 때문이다.[18] 이 때문에 실학은 전통적 용법과 함께 서학 전반이나 서학 중에서도 과학을 가리키는 말로 사용될 수 있었다.

물론 중국은 16세기 이래 예수회 선교사들을 통해 서양의 학문을 일정 부분 소화했다. 그러나 19세기 이후는 상황이 판이해졌다. 이전의 서학과 비교할 수 없는, 무엇보다 오감으로 체험한 서양의 기술문명은 중국 지식인들이 자신들의 학문을 근본적으로 재고하는 환경을 조성했다.[19]

새로운 충격을 준 서양의 '사이언스'는 16세기 이래 중국에서 '격치(학)'로 번역되는 일이 많았으나, 이 시기에는 실학이 또한 사이언스의 번역어로도 기능하였다.[20] 외교관으로 활약했던 곽숭도郭嵩燾(1818~1891)는 영국과 프랑스 여행 일기에서 대부분의 서양어를 음차하여 사용했는데, 그중 사이언스를 실학으로도 번역하였다.[21] 동일한 번역어였던 격치와의 차이는 어땠을까. 곽숭도는 영국을 대표하는 옥스퍼드와 케임브리지 대학교에 대해, "옥스퍼드는 고학古學을, 케임브리지는 실학實學을 숭상한다"라고 하였다. 이 같은 용법은 전통학문과 현대의 과학을 실학에 투영한 언급에서도 확인할 수 있다.[22] 여기서 실학에는 과학이면서 금학今學, 신학新學이라는 가치 지향이 더해졌다. 그의 일기에서 종종 '무실務

實'이 강조된 것 또한 그 같은 지향성이 포개어졌음을 짐작할 수 있다.

실학을 '과학+현실지향'으로 쓰는 용법은 이 밖에도 더 확인할 수 있다. 언어학자 노당장盧戇章(1854~1928)은 "나라의 부강은 격치에 달려 있다. (중략) 산학·격치·화학 및 다양한 실학을 힘써 배운다면 어찌 나라가 부강하지 못할까 걱정하겠는가"[23]라고 하여 실학을 국가 부강을 위한 과학 전반으로 사용하였다.

실학에 대한 다양한 용례와 이해의 흐름을 두루 보여주는 인물은 량치차오梁啓超(1873~1929)이다. 량치차오는 1896년에 저술한 「변법통의變法通議: 학교총론」에서 중국의 학문이 부진한 네 가지 사항을 "서양말을 알지 못해 원전을 읽지 못하는 것, 격치의 학문을 등한히 하는 풍조, 많은 선비가 세계로 나아갈 수 없는 여건, 실학을 자유롭게 익힐 수 없는 분위기"로 제시하였다.[24] 여기서 격치의 학문은 '의기를 만들 수 있는 것'으로서 서양 과학을, 실학은 '수군의 경우에는 바다에서 조련하고 광학은 산에 들어가야 하는 것'으로서 체험을 중시하는 실용 실측의 분과학을 말하였다. 한편 이어지는 글에서 실학은 경학에서 제반 분과 학문을 두루 포괄하는 말로도 쓰였다.[25]

1898년 이후 일본 망명 시기 량치차오에게 실학은 서양식 진보에 더욱 근접한 개념이 되었다. 이 시기에 저술한 『음빙실자유서飮氷室自由書』에서 그는 서양의 반개화 혹은 『춘추』의 승평세升平世에 해당하는 시기에는 문학에 치우쳐 실학에 힘쓰는 이가 적다고 했다. 반개화시기에 꽃피지 못한 실학은 이어지는 서양의 문명시대나 『춘추』의 태평에 해당하는 시기에 숭상된 학문으로 보아도 무방하다. 량치차오는 문명이나 태평시대의 학문은 "공허한 소리를 숭상하지 않고 새로운 방법을 개발하며 공업과 상업을 날로 확충하여 사람들을 행복하게 하는" 것이라고 했다.[26] 실학은 허문에 반대하고, 쉼 없는 진보를 가능케 하며, 실용적인 학문이니 사실상 서양 학문이다.

서양의 학문, 특히 과학을 실학으로 쓰는 용법은 이후에도 종종 확인할 수 있다. 1902년에 저술한 「논학술지세력좌우세계論學術之勢力左右世界」에서 량치차오는 코페르니쿠스의 지동설이 서양의 대항해와 미국 문명 건설의 바탕이 되었을 뿐만 아니라, 가톨릭의 허황된 오류(빙공구조지류론憑空構造之謬論)를 깨뜨려 '격치실학'의 근원이 되었다고 하였다.[27] 여기서 눈여겨볼 대목은 량치차오가 사이언스를 의미하는 격치와 실학을 조금 다른 맥락에서 사용하는 점이다. 이어지는 문장에서 그는 코페르니쿠스를 '격치학의 비조鼻祖'라고만 하였다. 말하자면 그는 가톨릭의 오류와 과학의 사실성을 대비할 때는 '격치실학'으로, 비교 없이 과학을 언급할 때는 그냥 격치로 하였다. 이것은 다른 글의 "프랜시스 베이컨이 사물을 관찰하여 실험과 학설의 비조가 된 후에 기존의 공상억측지구습空想臆測之舊習을 쓸어버리고 격치실학이 이내 발흥하게 되었다"[28]라는 서술에서도 확인할 수 있다.

량치차오는 실학을 실용학이나 과학으로 사용했지만 실학이 중국에도 애초 있었다거나 중국도 가능하다는 측면을 잊지 않았다. 그에게도 시세를 무턱대고 따라 하여 서양 학문의 외면만 좇고 중국 학문의 장점을 경시하는 풍조는 강한 비판 대상이었다. 그 같은 태도는 1896년의 「서학서목표西學書目表-후서後序」에 잘 드러나 있다. 여기서 그는 서양 학문을 배우자는 이들 중에 "서양의 학문만이 위대하다고 여기고 중국의 실학을 무용한 학문이라 떠들썩하게 말하면서 스스로 무능을 감추는 유형"과 "서양 글자나 전문 학문은 알지도 못하면서 전통 학문을 폐기하고 겉모양만 서양식으로 꾸미는 유형"이 열 가운데 반을 넘는다고 통렬히 비판하면서 "(스스로 멸시하는 자는) 매판이 되거나 서양 노예가 된다"라고 하였다.[29] 그의 비판에서 초점은 입으로만 서학을 말하고 서학의 실을 체득하지 못하는 이들이었으니, 한국식으로 말하면 '헛개화'에 빠지지 말고 '참 개화 실학'을 하자는 주장일 터였다. 여기에서 중국의 실학이 서양학에 대칭되었는데 그것은 '삼대三代를 법 받고 서양을 수용하는 것이 흥학양재興學養才의 상책'이라는 주장에서도 확인할 수 있다.[30]

$\overset{4}{\text{19세기 후반 일본의 실학 개념}}$

19세기 후반 일본에서 후쿠자와 유키치福澤諭吉(1835~1901)가 『학문의 권유』에서 사이언스의 번역어로 실학을 사용하면서 실학이 유행한 것은 잘 알려진 일이다.

학문이란 그저 어려운 글자를 알고 어려운 고문古文을 읽으며 화가和歌를 즐기고 시를 짓는 등의 실實이 아닌 문학을 말하는 것이 아니다. (중략) (실생활에 어두운 한학자의 학문은) (중략) 실에서 동떨어져서 일상생활에 부합하지 않았기 때문이다. 그러므로 실과 동떨어진 학문은 이차적인 것으로 돌리고 우리

가 열심히 공부해야 할 것은 인간의 일상생활에 도움이 되는 실학サイエンス(사이언스-필자)이다.[31]

후쿠자와에게 실학은 고문, 고급한 문학이 아니라 일상에 유용한 학문, 서양의 학문, 사이언스, 실업학 등을 지칭하였다. 그리고 실용과 서양으로 대표되는 이 개념은 전통적 유교 문명으로부터의 이탈과 형이상학의 반대 풍조를 낳았다. 가토 히로유키加藤弘之(1836~1916)의 논설에서 그같은 분위기를 더 구체적으로 볼 수 있다.

> 논자들은 때로 실업에 직접 효용이 있는 학문을 실학이라 하고, 이와 상반되는 것은 공리공론이라고 한다. 가령 기계의 제조와 광학廣學·전학電學·공정工程 등의 응용과학은 실업에 가장 유익한 것으로 실학이라 한다. 여타 물리학·화학은 순수과학이지만 그것이 응용학문의 기초가 되므로 또한 실학이라 한다. 철학·심리학·사회학[羣學] 등의 경우에는 전적으로 이론을 주로 하고 물질에 의존하지 않으므로, 늘 공리공론이라 비난한다. 이는 실로 그릇된 견해이다. (중략) 이들 무형의 것을 다루는 학과에서는 진리를 밝히는 것이 쉽지 않다. 그러므로 이전에 이것들을 연구한 이들은 주장이 흔히 근거 없고 허무맹랑한 듯하지만, 거기에 함축된 진리는 또한 이미 적지 않다.[32]

가토가 이 글을 쓴 1902년 실학은 이미 서양의 분과 학문, 그중에서도 실업, 실용을 지칭하는 학문으로 확고해졌음을 알 수 있다. 아무리 서양학이라 할지라도 철학, 심리학, 사회학 같은 인문사회 학문은 효용과는 무관한 형이상학으로, 공리공론으로 배척받았던 것이다. 가토 자신은 이를 비판했지만 이 글에서 공학, 과학이 실학으로 유행하는 풍조를 볼 수 있다.

후쿠자와 이래 실학의 붐은 조선에도 매우 인상적이었다. 재일 조선인 유학생이 발간한 『대한흥학보大韓興學報』 논설에는 일본이 선진국이 된 동력은 실리주의 교육과 실학 존중에 있다고 하여 조선에서 실용학을 강조하였다. 특히 후쿠자와를 '실학주의 교육파의 선봉'으로 소개하면서 그로써 실학의 붐이 일어나고 실리주의 교육의 학제가 선도되었다고 강조하였다. 비록 조선 상황은 다르다는 단서를 달긴 했지만, 실학을 존숭하고 역사·지리·법제·경제를 선택하여 공민 교육을 하자고 강조하였다.[33]

그러나 일본에서 실학을 동양의 지식 전통과 결합하려는 노력이 없는 것은 아니었다. 이와쿠라 사절단의 일원으로 1871년에서 1873년까지 서구를 시찰한 구메 구니타케久米邦武(1839~1931)는 1878년에 유명한 『미구회람실기米歐回覽實記』를 출간하였다. 이 방대한 기록에는 비록 실학이란 말이 거의 사용되지 않았지만, '실기'라는 제목에서 보듯이 실측, 실증과 관련한 용어는 수차례 서술되었다. 특히 구메는 동양의 전통적 자산과 서양의 문물을 수차례 비교하였는데 그중 동양의 '고대에 존재했던 실용성'을 '이용후생'으로 드러내고, 그 정신이 중세에 쇠퇴했음을 여러 차례 언급하였다. 대표적 서술은 다음과 같다.

(동양이 서양에 미치지 못하는 것은) 고상한 공리공론으로 세월을 보냈기 때문이다. (중략) 3,000년 전 동양의 생리가 처음 열렸을 때 정덕, 이용, 후생의

길을 왕성하게 하는 것을 정치가의 요령으로 삼고 이것을 구공九功이라 불렀다. 생리가 조금 진보한 후에는 영업의 정신이 사라지고 오행설, 성리론으로 구공은 오리무중에 빠졌다. (중략) 서양, 동양의 개화는 건곤을 다르게 하는 것이 아니므로 후생, 이용의 길에서 어째서 동서에서 차이가 있을 것인가.[34]

구메는 동양의 고대에는 정덕·이용·후생이 정치의 핵심이었고 산업 발달에 기여했는데, 중세 이후 성리학의 철학적 담론이 우세해지자 기술과 산업을 천시하게 되었다고 파악하였다. 동양에도 '원래 있었다'는 논리에서는 서양의 압도적 문물 앞에서 주체적인 거름장치를 세워보려는 구메의 노력이 느껴진다.

실학이 서양학으로 뿌리내리고 실용학이 과도할 정도로 가열되는 한편에서 주체성을 세워보려는 노력은 아마 1910년대 이후 일본이 세계열강의 반열에 오르면서 일본식 동양관의 뿌리를 세우는 데 일조한 듯하다. 특히 구메식의 인식이 '서양과 대등한 일본' 그리고 그 일본이 재구성하는 동양이라는 맥락에도 유용하게 활용되고 조선에도 소개된 사실은 매우 흥미롭다. 그 직접적 흔적은 1917년 일본인이 쓴 『매일신보』 사설이다.

실학주의의 교육은 무엇인가. 이용후생의 학문, 개물성무의 학문이 이것이다. 이제 조선인들이 허학 교육의 질곡에서 벗어나 우리 일본인과 공동생활을 영위하고 충량한 제국의 신민이 되어 문명의 은택에 젖고자 하면 이용후생의 교육을 실시하고 개물성무의 학문을 흥하게 함이 무엇보다 급하다. (중략) 서양인들은 오로지 실학을 힘쓰고 공리를 즐기지 않고 생업을 힘쓰고

(중략) 중국(지나)에서도 상고의 문명은 이용후생의 실학에 기초하였다. 저 이른바 성인이 수화목금토곡을 조화롭게 하고 정덕이용후생의 도를 흥성하게 함을 정치의 핵심으로 하여 이를 구공이라 명한 것이 이것이다. (중략) 그러나 동아제국의 민족은 그 실리실학의 정신을 실지로 응용함을 알지 못하고 오행의 설, 성리의 학에 급급하여 구공을 오리무중에 장사지내어 동아의 문명의 진로가 크게 벌어지는 차이를 생기게 하였다. 이용후생의 학문이 동서가 어찌 그 이치가 다른 것이 있겠는가. (−굵은 부분은 필자)[35]

조선에서 활동한 일본인 저널리스트로 추정되는 필자는 먼저 유교의 충 윤리를 강조하여 조선인을 실업에 종사하게 함으로써 제국의 충량한 신민으로 만들고, 제국 일본이 새 중심이 되어 동양 고대의 이상을 복원하고 동아시아인이 단결하자고 호소하였다.[36]

실학을 다시 활용하는 이 담론은 그 밖에도 몇 가지 연구할 거리를 던져준다. 첫째, 이 사설 일부가 구메의 실기와 거의 흡사하다는 점이다. 구메의 인용문과 위 사설의 굵은 부분이 그것이다. 다만 구메의 경우 실학을 적시하지는 않았으나 후자에서는 이용후생이 실학으로 적시되었다. 비슷한 시기 한국에서 실학의 내용 가운데 하나로 이용후생과 결합하기 시작하는 현상과 매우 유사하다.

둘째, 앞서도 지적했듯이 이것은 다른 맥락에서 담론의 활용이라는 점이다. 1870년대 구메의 서술이 서양 문물을 수용하기 위한 내부 기준의 구축이었다면, 이 사설은 일본 중심으로 재구성되는 대동아를 위한 동양 고대 신화의 활용이었다. 실학이 그 목적을 위해 학문에서 교육을 위한

'주의' 혹은 정책이 되었다는 점이다. 이와 관련하여 구메식 인식이 어느 순간 정형화되어 후대의 일본과 조선에도 전승, 확장되었음도 주목해야 한다.

셋째, 위 사설의 목적인 실용교육 강조는 공리空理를 극단적으로 배격하는 일본의 풍토가 적극적으로 반영되어, 실학 담론의 한 전형을 형성하였다는 점이다. 이와 관련해서 그다음 날 쓰인 연재기사에서는 형식과 공리, 부화한 문학에 빠져 실용학을 강구하지 않는 조선의 교육과 학문 풍토를 최대의 병폐로 보고 이용후생과 실학을 강조하였다.[37]

결론적으로 이 담론은 구메식 논리와 실용 강조의 흐름이 결합된 일본식 실학 논리의 종합판으로 무리는 아닐 듯하다. 그리고 이 같은 실학 교육 논의가 신문을 통해 조선에 이식되고 있음은 매우 시사적이다. 그 담론을 접한 식민지 조선의 지식인들은 어떻게 반응했을까. 이 점은 식민지 조선에서 '실학' 형성에 조선 지식인 안에서의 노력뿐만 아니라 일본식 실학 담론과의 저항·동화 과정이 있음을 시사한다.

5 실학 이후의 '실학'

1930년대 이후 조선의 지식인들은 '실학시대'의 내용을 채워넣는 또 하나의 작업을 진행했다. 그것은 기존에 존재했던 학자·학문 가운데 서양식 근대와 유사하거나 비견할 만한 것을 찾아내 새 계보를 만드는 전통의 재구성이었다. 일제강점기에 한국인이 조선 후기의 개혁사상가들을 새로운 계보로 설정하고 '실학자'를 탄생시킨 일은 잘 알려져 있다. 대표적인 사례가 정약용丁若鏞(1762~1836)이다. 정약용은 1907년에 편찬된 초등교과서 『유년필독幼年必讀』에 '조선 제일의 경제가'로서 '근래의 문명한 학문가와 대략 같다'고 정의되었다.[38] 정약용의 학문을 서양의 근대 학문과 흡사하게 파악하는 인식은 마련되었지만 정약용이 '실학자'로 불리지는 않았다. 1922년에 간행된 장지연張志淵(1864~1921)의 『조선유교연원朝鮮儒敎淵源』에도 유형원柳馨遠(1622~1673), 정약용, 박지원朴趾源(1737~1805) 등은 '경제가'로 유형화되었다. 유형원, 이익李瀷(1681~1763), 정약용 등의 학풍을 실학의 풍으로 명명하고 계보화한 것은 잘 알려져 있다시피 1930년 최남선崔南善(1890~1957)이 『동아일보』에 연재한 『조선역사강화朝鮮歷史講話』 가운데 「문화의 진흥」편에서였다.[39]

이 같은 규정 이후 조선 후기 개혁, 실용의 학풍을 제기했던 학자들을 실학으로 명명하는 사례가 나타나기 시작했다. 1935년에 완성된 『순종실록』의 부록에는 '박규수가 박지원의 실학을 계승했다'고 하였고,[40] 이후 1930년대 후반부터는 기존에 유학자로 분류된 조선 후기 일련의 학자들이 역사적 사실과는 무관하게 '실학자, 실학파'라는 새로운 정체성을 얻었다. 그리고 1960~1970년대 '실학' 개념의 정립과 조선 후기의 내재적 발전론의 연계는 잘 알려진 일이다.

그러나 이 같은 흐름과는 다른 동향에도 주목해야 한다. 앞에서 지적했듯이 '실용적 실학 교육'을 강조하는 논의 역시 있었기 때문이다. 그 흐름은 해방 이후에도 '근대=실업 교육'이라는 구도 속에서 인문학 우위의 학제를 비판하며 실학 교육을 중시해야 한다는 주장으로 연결되었다.[41] 실학과 실업 교육의 이 관계는 앞으로 숙제로 남겨두고자 한다.

중국은 실학 혹은 실학적 정신을 주로 학문이나 학자의 가치 지향과 관련해 언급하였지 역사상 특정 학파로 고정하지는 않았다. 실학을 수차례 언급한 량치차오는 청대 학술의 특징 가운데 실사구시를 과학정신에 연결하고 분업화되어 있다고는 했지만[42] '실학'과 '실학파'를 구축할 의도는 없었다. 한국에서 특정하게 정의되는 '실학자'와 '실학파'의 형성은 1980년대에 들어와 본격화했다고 볼 수 있다.[43]

19세기 후반 실학의 용례가 흡사했던 조선에서 20세기 실학파를 계보화한 것에 비해 중국에는 사례가 없었다는 점은 계속 풀어야 할 과제이다. 필자의 조심스러운 의견을 밝힌다면, 19세기 중반까지 스스로 '실학자'로 규정한 사례가 없고, 실학이 유학에서 서학까지 넘나들 수 있는 '가치지향'을 지닌 운동 개념이라면, 중국에서 실학이 계보화되지 않은 이유를 찾기보다는 차라리 실학 개념을 과거에 투사해 새로운 계보를 창출한 한국의 사례가 문제적이라고 본다. 식민지 상황에서 '비중국/친민족, 비일본/친근대' 지향을 지닌 사상사조의 구축과 독립을 위한 운동성 획득이 한국에서 더 절실했고 그것이 '실학'을 적극적으로 구축하게 만들지 않았을까 생각한다.

다만 중국에서 20세기 중반 이후 고전에 대한 재강조가 나타나고 이것이 새로운 전통과 고전에 대한 강조로 가게 될 경우 한국과 비슷한 경로가 될 수 있고, 그것이 학계 일각에서 '실학'을 중국 근세의 학문정신으로 강조하는 흐름이 아닐까 한다. 물론 그때에도 한국처럼 유학에서 이탈하는 지점을 부각하는 방향이라기보다는 유학의 본래 의미를 강조하는 '원론 회귀형'이나 '신고전적 흐름'을 띨 듯하다.

19세기 중반 이후 유학적 맥락에서 손쉽게 벗어나 실용, 과학의 의미를 극대화하거나 고대 동양의 이상적 이미지를 실학으로 차용하여 새로운 대동아건설에 활용한 일본에서의 실학 개념은 또 다른 유형이다. 유학이 비교적 기반이 약했고, 18세기 후반 난학을 경험한 점이 그 지형을 낳았을 것으로 추측해본다.[44] 그 배경으로 유학을 포함한 중학中學 전체에 대한 대결 구도를 쉽게 조성했을 것이다.

그 같은 경향은 현대 일본에서 마루야마 마사오丸山眞男(1914~1996)가 오규 소라이荻生徂徠(1666~1728)의 고학古學에서 물리의 독립을 발견하고 이를 근대 일본 실학으로 연결하는 구도에도 반영되어 있다. 마루야마에 대한 미나모토 료엔源了圓의 반박과 실학 개념의 재설정 노력이 물론 없는 것은 아니다. 그러나 두 사람 논의의 가부보다 더 커다란 특징은 일본에는 실학이 실용학 강조로 귀결되었을 뿐 현재적 의도에 따라 재구성되어 사회운동화한 '실학'이 없다는 것이다. 이 점이 한국이나 1980년 이후 중국과 분명히 차이나는 현상일 듯한데, 이 또한 추후 과제로 삼고자 한다.

이경구

한림대학교 한림과학원 HK교수. 서울대학교 국사학과를 졸업하고 동 대학원에서 석사·박사 학위를 받았다. 조선 후기 사상사와 정치사를 공부하면서 『조선후기 安東金門 연구』(일지사, 2007), 『17세기 조선 지식인 지도』(푸른역사, 2009), 『조선후기 사상사의 미래를 위하여』(푸른역사, 2013) 등을 출간했다. 지금은 19세기 이전의 개념이 그 이후의 변화에 조응하는 양상을 공부하고 있다.

집필경위

이 글은 이경구, 「19세기말~20세기초 한·중·일 삼국의 실학 개념」(『개념과소통』 15, 2015)을 수정한 것이다

2

전통적 사유의 변화와 지속

④
동학교도의 동학에 대한 이해와 유교

◎

배항섭

1 동학과 동학농민전쟁의 관계

동학농민전쟁을 지칭하는 용어는 '갑오농민전쟁', '1894년 농민전쟁', '동
학농민전쟁', '동학혁명', '동학농민운동', '동학운동' 등 매우 다양하다. 다
양한 용어는 주로 1894년에 일어난 이 사건의 성격을 농민전쟁 혹은 혁
명, 그도 아니면 '운동'으로 볼 것인가 하는 점과 아울러 동학과 농민전쟁
의 관련 여부나 정도에 대한 이해의 차이에서 연유한다. 이와 같이 동학

사상과 농민전쟁의 관계는 1894년에 발발한 이 사건의 성격을 이해하는 데 관건이 되는 문제이기도 하다.

따라서 이와 관련한 연구가 오래전부터 진행되어왔으며, 특히 이른바 '종교적 외피론'이 제기되면서 격렬한 논쟁이 진행된 바 있다.[1] 동학과 농민전쟁의 관계에 대한 기왕의 연구는 크게 ① 동학사상=지도이념론, ② 종교적 외피론, ③ 유기적 관련론, ④ 단절론 등으로 나눌 수 있다.[2] 이 가운데 종교적 외피론과 관련된 연구는 더 진전되지 않은 채 사실상 기각되기에 이르렀다.[3] 이에 반해 동학농민전쟁 100주년을 전후한 시기부터 정창렬·조경달 등이 유기적 관련론의 견지에 선 논리들을 진전해왔지만,[4] 여전히 많은 문제점을 남겨두고 있다.[5] 이 자리에서 자세한 내용을 다룰 수는 없지만, 대표적인 유기적 관련론자인 정창렬과 조경달의 논의를 간단히 살펴보면 다음과 같다.

정창렬이나 조경달은 모두 동학사상 자체가 농민전쟁의 지도이념이 될 수는 없었다고 주장하였다. 그러나 정창렬은 농민들이 자신들의 사회적·계급적 이익과 현실변혁을 위하여 동학을 일정하게 수정하여 수용하게 되었다면서, 수정의 핵심 내용으로 무위이화無爲而化의 부정을 지적하였다. 수정된 동학사상은 농민적 동학사상이라고 할 수 있는데, 이것이 농민전쟁의 사상적 기반이 되었다는 것이다.[6] 조경달은 남접이 재해석한 이단 동학에서는 정통 동학의 내성주의內省主義가 약화되고, 철저하게 '의뢰의 신앙'=타력他力이 설파됨으로써 군자화·신선화가 용이해졌기 때문에 진정한 민중적 지평을 열고 민중을 변혁주체로 파악할 수 있었다고 하였다.[7]

두 사람이 동학사상과 농민전쟁의 내면적·유기적 관련을 주장한 것은, 무엇보다 양자 모두 농민전쟁을 농민들의 일상생활은 물론 민란에 비추어볼 때도 하나의 비약, 곧 '개벽'적 집합행동으로 받아들였기 때문이다. 따라서 이들은 비약을 가능케 한 도약대를 찾고자 했고, 그것을 동학사상에서 구한 것이다. 농민전쟁을 하나의 비약으로 이해한다는 것은, 곧 민중이 지역을 넘어 국가적 모순 속에 자신을 위치시키고 '개벽'을 지향하려면 '세계관의 대전환'이 필요하다는 인식을 전제로 한 것이다.

농민전쟁을 민란과 비교할 때, 규모나 내용 면에서 커다란 차이가 있는 것은 분명하다. 그러나 농민전쟁에서 보이는 농민군의 생각과 행동으로 미루어볼 때, 그러한 차이가 반드시 사상적 비약이 전제되어야만 가능한지, 또 사상적 비약의 도약대가 반드시 동학사상이어야만 했는지는 의문이다. 우선 농민군은 국왕國王을 전혀 부정하지 않았을 뿐만 아니라, 농민군이 제시한 요구조건으로 미루어볼 때 농민군이 '혁명적' 내지 '개벽' 상황을 지향했는지도 회의적이다. "혁명은 현존하는 권력구조, 법, 국가, 심지어 지주의 정당성마저도 부정하지 않는 농민들이 만들어낼 수도 있다"라는 홉스봄Eric Hobsbawm(1917~2012)의 지적도 있듯이[8] 농민전쟁이 '혁명적' 성격을 띠었다 하더라도 그를 위해 반드시 사상적 비약, 곧 세계관의 대전환이 필요한 것은 아닐 것이다.

더구나 동학교도 대부분이 경전의 내용을 이해하고, 나아가 그에 대한 재해석으로 '사상적 비약'을 경험했을 것으로 보기는 어렵다. 농민군 가운데 상당수는 동학교도가 아니었고,[9] 동학교도라 하더라도 농민전쟁이 임박한 시기 혹은 농민전쟁이 시작된 이후 '마당포덕'의 형태로 입도했다는 점을 고려할 때 경전의 내용을 분석해 동학사상과 농민전쟁의 관계에 접근하는 방식에는 근본적인 한계가 있다고 생각한다.[10] 또한 정창렬과 조경달은 민란에서 농민전쟁으로 '비약'하게 된 사상적 기반을 동학사상과의 관련 속에서만 찾음으로써 '비약'의 사상적 기반을 조선시대의 지배이념, 그에 대한 농민들의 인식, 농민들의 생활을 둘러싼 다양한 경험, 그 속에서 형성되어간 의식세계와 관련하여 접근하지 않았다.

확실히 민중에게는 지배엘리트와 구분되는 독자적 문화영역이나 의식세계가 있었으며, 행동의 맥락을 제공하는 독특한 관습이 있었다.[11] 그러나 다른 한편 평민문화는 자기 정의적이거나 외부적 영향에 무관한 것이 아니라, 귀족 통치자의 통제와 강제에 대항하여 수동적으로 형성된다는 톰슨E. P. Thompson(1924~1993)의 주장으로 미루어보더라도 민중이 지배이념이나 체제로부터 자유롭기만 한 것은 아니었다.[12] 따라서 민중의식이나 지향도 민중운동이 발발했던 당시 사회의 지배체제나 이념과 밀접하게 관련되어 있을 수밖에 없었다.

이 점에서 주목되는 것은 역사적 경험 면에서 보이는 조선과 서구 간의 차이점을 근거로 종교적 외피론에 의문을 제기한 기존 연구의 견해들이다. 이들은 서구와 조선은 정치체제 면에서 보이는 중앙집권성과 분권성, 일상생활에서 종교의 의미, 상품경제의 발전 정도 등에서 서로 달랐음을 강조하면서 서구와는 다른 접근이 필요하다는 점을 지적하였다.[13] 이 글에서도 동학농민전쟁이 발발한 조선사회는 이념과 체제 면에서 서구와 달랐다는 점, 동학사상이나 농민군의 생각과 행동 역시 그와 밀접하게 관련되어 있을 수밖에 없었다는 점을 주목하고자 한다. 이를 위해 이 글에서는 동학농민전쟁을 '신의 뜻'에 따라 신의 왕국 건설을 목적으로 하여 이전의 정치, 사회질서와 전혀 다른 '개벽'적 상황을 열어간 서구의 천년왕국운동과 비교하는 방식으로 논의를 전개하고자 한다.

이상과 같은 생각을 토대로 이 글에서는 우선 동학사상의 내용에 대한 분석과 아울러 동학이나 동학교단이 민중에게, 그리고 특히 전봉준 등 농민군 지도부를 구성하게 되는 향촌 지식인들에게 이해되고 수용되는 과정을 유교적 지배이념과 체제라는 점과 관련하여 살펴보고자 한다. 이어 이들의 동학에 대한 인식을 '개벽' 사상으로서의 측면, 생활이나 생존과 관련한 구제 사상으로서의 측면, 그리고 일상생활상의 윤리로서 혹은 그것을 전유한 변혁적 측면 세 분야로 나누어 살펴봄으로써 동학사상과 농민전쟁의 관계를 새롭게 이해하는 계기로 삼고자 한다.

2 '개벽' 사상으로서의 측면

동학 창도 초기부터 조정에서는 동학과 동학교도들에 대해 인심을 현혹하는 서양의 술수를 전습全襲한 것으로 황건적黃巾賊이나 백련교白蓮教처럼 난을 일으킬 가능성이 있는 위험한 집단으로[14] 받아들였다. 유교 지식인들도 마찬가지였다. 1864년 상주의 도남서원에서는 동학에 대해 "천주라는 것은 서양에 의부한 것이고, 부적과 물로 병을 치료하는 것은 황건적의 행위를 도습蹈襲한 것이다"라고 하였다. 또 동학과 교도들에 대해 "술책은 분명 서학인데 근본은 바꾸지 않고 이름만 바꾼" 것, "서양지학지적西洋之學之賊", "동학은 서학의 명목을 다시 이어가는", "무당의 하나로 귀신에게 비는 자들"[15] 혹은 사설邪說[16] 등으로 이해해왔다.[17]

물론 동학경전에는 보기에 따라 황건적이나 백련교도같이 체제 전복을 목표로 하는 위험한 집단으로 인식될 만한 내용이 포함되어 있었다. 예를 들면, "십이제국 괴질운수 다시개벽 아닐런가 태평성세 다시 정해 국태민안할 것이니 개탄지심 두지말고 차차차차 지내스라",[18] "시호시호 이내시호 부재래지 시호로다 만세일지萬世一늡 장부丈夫로서 오만년지 시호로다",[19] "유도 불도 누천년의 운이 역시 다했던가",[20] "아서라 이 세상은 요순지치堯舜之治라도 부족이오 공맹지덕孔孟之德이라도 부족언이라"[21] 등의 표현이 그러하다.

또 동학교도들 가운데도 '개벽'을 추구하는 듯한 언행을 보이는 자들이 있었다. 예를 들면 동학교도 가운데 일부 변혁지향 인물들은 "동학東學이 대천이물代天理物하여 보국안민한다"는 등의 말을 퍼뜨리며[22] 민중을 끌어들였다. 이들에 대해 동학교단에서도 '간민사란자姦民思亂者', '천주를 속이고 도道를 어지럽히는 자'들로 표현하며 비판적 시각으로 바라보다. "동학이 하늘을 대신하여 세상을 다스린다"는 표현에는 국왕을 정점으로 하여 신분적·계서적으로 편제되어 있던 조선왕조의 사회질서와 주자학적 체제 운영 원리를 부정하는 의미가 내포되어 있었다.

실제로 동학에 입도하는 교도들에게는 동학이 '개벽'적 상황을 열어갈 것이라고 기대하는 심리가 적지 않았다. 무장의 손화중포에서 일으킨 선운사 비결탈취 사건 이후 신입교도 급증과 관련하여 묘사한 다음의 기록도 교도들의 개벽상황에 대한 원망願望을 상징적으로 보여준다.

도道 닦는 사람으로서 비록秘錄에 뜻을 두는 것은 도를 위爲해 그리한다는 것보다는 도하는 그 사람의 사상정도思想程度라 할 수 있으며, 또는 그 당시 조선국가朝鮮國家에 백성百姓된 자者의 감정여하感情如何를 잘 엿볼 수가 있는 것이다. 동학東學의 道도는 말부터 '금불문고불문今不聞古不聞 금불비고불비지도今不比古不比之道'라 함과 같이 도를 채 알기도 전에 도 그것이 비록 그것을 꼭 취해 볼 필요必要가 있을까 하는 것은 절대絶對 아닐 것이오, 다만 도에 들기 전前에 그 사람의 심리心理가 먼저 세상世上이 바뀔 것을 바라는 데 있었다 할 것이며, 도에 든 그 마음부터 또한 세상이 크게 바뀐다는 데서 감정感情된 것이라고 할 것이다. 이 일로 말미암아 불같은 지목指目이 일어남에도 불구不拘하고 세상 사람들이 물밀듯이 동학에 들어오는 것도 알 수가 있는 것이다. 도를 타고 온다는 것보다도 비록 그것이 도인道人의 손으로부터 발견發見되었다는 것을 이상異常히 여기는 마음이 먼저 있었던 때문이라 함이 과언過言은 아닐까 한다. 다시 말하면 세상에는 큰 가뭄이 들어 만물萬物이 모두 다 말라 죽으려 할 즈음에 때마침 동학이라는 바람이 불어 구름을 일으키고 단비를 장만하는 기미機微의 속에서 자연自然의 충동衝動으로 그리함인가 한다. (밑줄은 필자)[23]

"도道에 들기 전前에 그 사람의 심리心理가 먼저 세상世上이 바뀔 것을 바라는 데 있었다 할 것이며, 도에 든 그 마음부터 또한 세상이 크게 바뀐다는 데서 감정感情된 것"이라는 말은 세상이 바뀔 것을 기대하는 신입교도들의 심리상태를 보여준다. 이러한 기대 심리는 동학경전에도 반영되어 있었다. 예컨대 「교훈가」에는 "부하고 귀한 사람 이전 시절 빈천이요,

빈하고 천한 사람 오는 시절 부귀로세"라는 구절이 있다.[24] 또 백범 김구金九(1876~1949)가 "상놈 된 원한이 골수에 사무친 나에게 동학에 입도만 하면 차별대우를 철폐한다"는 말이나, "이조의 운수가 다하여 장래 신국가를 건설한다는 말"을 듣고 입도한 사실은 잘 알려져 있다.[25] 농민전쟁당시 농민군의 입도에도 이러한 심리가 크게 작용한 것으로 보인다. 예를 들면, 홍성 지역 어느 양반가의 종들이 동학에 입도한 중요한 이유 가운데 하나가 동학을 믿으면 '상놈이 양반되고, 가난뱅이가 부자 되'는 신분상승 원망이었다.[26] 이러한 분위기는 노먼 콘Norman Cohn(1915~2007)이 서구 중세의 혁명적 천년왕국운동에 대해 묘사한 종말론의 핵심적 환상내용과도 유사하다.

세계는 악에 의해서, 지극히 파괴적인 전제적 권세에 의해서 지배되고 있으며, 더욱이 그 힘은 단순히 인간적인 권세가 아닌 악마적인 권세로 상상된다. 그 권세의 횡포는 점점 더 거세어지고, 따라서 희생자들의 고통은 갈수록 견딜 수 없는 지경에 이르게 된다. 그러다가 돌연 하느님의 거룩한 백성이 봉기하여 그 권세를 전복하게 되는 시기가 온다. 그때에는 택함을 선택받은 성도들, 즉 지금까지는 억압자들의 발굽 아래서 신음하던 거룩한 백성이 온 땅을 다스리는 권세를 부여받을 것이다. (밑줄은 필자)[27]

그러나 앞서 언급했듯이 변혁지향적 교도들이 유포했다는 말, 곧 "동학이 하늘을 대신하여 세상을 다스린다(代天理物)"는 말이 구체적으로 무엇을 말하는지, 얼마나 많은 교도가 거기에 동조했는지는 불명확하다. 다만 당시 민중이 일상생활에서 절실하게 느끼던 불공정, 불평등하고 부정부패한 현실에 대한 인식, 그리고 그러한 현실을 극복하고 싶은 민중의 원망과 동학교리 간에는 공명하는 부분이 적지 않았음은 분명하다. 대표적인 것이 신분해방 내지 상승원망이었다. 동학경전에 나오는 몇 가지 사례를 들어보면, 우선 앞서 언급한 「교훈가」에 나오는 "부하고 귀한 사람 이전 시절 빈천이요, 빈하고 천한 사람 오는 시절 부귀로세"라는 구절이 있다. 또 "입도한 세상사람 그날부터 군자 되어 무위이화 될 것이니 지상신선 네 아니냐",[28] 혹은 "열 세자 지극하면 만권시서 무엇하며 심학心學이라 하였으니 불망기의 하였어라"라고 한 구절,[29] 그리고 "지벌이 무엇이게 군자에 비유하며 문필이 무엇이게 도덕을 의논하노" 등의 표현도 있다.[30] 이러한 경전 내용은 가난하고 신분적 제한 때문에 글공부를 하지 못한 사람들도 심학을 통해 군자=지상신선이 될 수 있음을 가르치고 있다.

또한 당시 지식인들에게도 동학은 계급과 신분의 상하귀천上下貴賤, 노소老少를 구별하지 않는 집단으로 알려져 있었다.[31] 이와 같이 신분평등, 나아가 신분상승을 추구하는 교리는 교도들을 유인하는 중요한 계기로 작용했다. 앞서 언급한 홍성 지역 양반가의 종들이나 백범 김구 역시 동학에서 신분해방의 희망을 보고 입도하였다. 실제로 동학교단에서도 신분차별을 하지 않았기 때문에 노비와 상전이 함께 입도하더라도 서로 경칭을 쓰고 동석할 수 있었다.[32] 농민전쟁 당시에도 신분해방에 대한 희원을 반영하는 농민군의 행동은 많은 자료에서 확인된다.[33]

이러한 사실은 동학교리가 명시하거나 내포하던 평등주의적 요소와 민중의 신분적 평등원망이 합치되고 있었음을 보여준다. 곧, 동학의 경전 내용 가운데는 동학교도나 농민군의 행동과 바로 연결하여 이해할 수 있는 면이 분명히 존재하였음을 의미함과 동시에, 신분문제와 관련된 교리가 민중의 신분상승 및 신분해방 원망을 자극하고 동학교도들을 끌어들이는 데 중요한 요인이 될 수 있었음을 확인해준다. 그러나 그것이 정창렬이나 조경달이 지적하였듯이 농민군들의 사상적 도약대 역할을 하고, 또 그들의 행위를 농민전쟁으로 '비약하게 한 계기가 되었는지는 불분명하다. 이와 관련하여 다음의 자료는 매우 흥미롭다.

> 천생만민天生萬民이로되 각기各其 분수分數가 개유皆有ᄒ니라. 유생儒生과 농민農民의 의식衣食 품수品數가 개시皆是다르니라. 션ᄇᆡᄂ 포목布木이라도 팔구八九승의 가늘게 입고 식기食器가 조금 즉게 죠쳐ᄒ옴이 분슈요, 농민農民으로 일군은 옷도 오륙五六승의 불과ᄒ고 식기食器도 조금 고대高大ᄒ게 ᄒ옴이 각기各其 직분이니 ᄆᆡᄉᆞ를 분수되로 대인待人졉물도 ᄒ련이와 분分수을 선수善守할지어다. 인인人人이 자기自己 분수에 지ᄂᆞ간즉 역是 위기명違其命이니라 교훈ᄒ시더라.[34]

위의 인용문은 농민전쟁이 사실상 종결된 뒤 이곳저곳으로 도피 중이던 최시형崔時亨(1827~1898)이 제자들에게 당부한 내용이다. 이 글만으로 신분제도에 대한 최시형의 인식을 구체적으로 확인할 수 없지만, 적어도 그가 가지고 있던 신분관의 일단을 엿볼 수 있다고 생각한다. 위의 인용문에서 보이듯이 최시형은 선비와 농민 간에는 분수分數의 차이가 있음을 분명하게 지적하였다.

노먼 콘에 따르면 "혁명적 천년왕국운동의 본질은 여타 사회운동과 달리 세상이 완전하게 달라지고 완전하게 구원되는 대격변cataclysm을 기대한다는 데 있었다."[35] 그러나 위의 인용문에서 드러나는 최시형의 신분관에 비추어볼 때 적어도 교단 지도부가 신분해방을 위해 '대격변', 곧 개벽적 상황을 추구한 것으로 보기는 어렵다. 이는 후술할 동학 무위이화無爲而化 사상을 고려할 때 더욱 그러하다. 노먼 콘의 지적처럼 "천년왕국은 시원적 평등주의적 자연적 상태를 의미"하지만, 평등주의적 자연상태에 대한 환상 자체가 곧장 역동적인 사회운동으로 연결되는 것은 아니었다.[36]

동학교도들이나 농민군의 생각과 행동에는 최시형과 달리 신분해방 내지 신분상승에 대한 열망이 드러나 있었다. 그러나 그것이 일상적 투쟁에서 벗어나는 사상적 도약대 역할을 하거나 혹은 혁명적 투쟁으로 곧장 연결된 것은 아니었던 것으로 보인다. 우선 동학 이전부터도 신분상승 원망은 언제나 존재해온 터였다. 예를 들면 신분해방의 지향이나 교리를 지닌 사상은 이미 들어와 있던 천주교나 기독교에도 동학 못지않게 존재했지만, 그러한 사상이 비약적 행동으로 연결된 것은 아니었다. 무엇보다 농민군의 요구조건이나 격문 어디에도 신분해방과 관련된 구체적 요구가 나오지 않는다.

물론 오지영의 『동학사』에 따르면 '집강소' 시기에 농민군들이 내건 「폐정개혁정강政綱」 12개조에도 "천민賤民 등等의 군안軍案은 불지를 사事", "종 문서文書는 불지를 사事", "백정白丁의 머리에 페낭이를 벗기고 갓을 씨울 사事" 등 주로 천민의 신분해방을 요구한 강령이 포함되어 있었다.[37] '집강소' 시기에 실제로 이러한 정강이 내걸렸는지는 의문이 들지만, 농민군들이 신분해방 원망을 가지고 있었고, 조선의 신분질서에 반대하는 행위를 한 것도 사실이다. 그러나 신분 관련 요구가 27개조 「폐정개혁안」 등 농민군이 제시한 것으로 확인되는 '공식적' 요구에 포함되지 않았다는 점은 주목된다.

이 역시 중세 유럽의 천년왕국운동과 확연히 비교되는 점이다. 예컨대 15세기가 시작될 무렵 보헤미아 지방에서 반란을 일으킨 후스John Hus(1370~1415)가 이단자로 처형되었을 때, 당국이 그를 이단으로 규정하게 된 핵심적 근거는 그가 "교황제도는 하느님이 준 것이 아니라 인간이 만든 제도이며, 교회의 참된 수장은 교황이 아니라 그리스도이며, 교황 자격이 없는 교황은 폐위되어야 한다"라고 주장한 점이었다.[38] 1381년 영국의 와트 타일러난Wat Tyler's Rebellion 당시 존 볼John Ball(?~1381)은 "모든 인간은 자유롭고 평등하게 창조되었다"라는 점을 강조하였으며, 그에 앞서 위클리프John Wycliffe(1320~1384)는 1374년 "불의한 자들이 지배권을 장악하는 것은 율법의 제1원칙에 반하며 하느님의 뜻에도 어긋나는 강탈일 뿐"이라고 주장하였다.[39] 이러한 차이는 서양과 조선 간의 신분질서나 그에 대한 인식 차이 등과도 관련이 있겠지만, 천년왕국운동에서는 신의 권위를 바탕으로 하여 교황을 비롯한 모든 사회질서와 세속적 신분을 정면으로 부정하였다는 점에서 동학경전이나 동학농민군의 주장과 크게 대조된다.

3 구제 수단으로서의 측면

최제우崔濟愚(1824~1864)는 동학을 창도할 시기의 대외적 위기의식을 다음과 같이 기록하였다.

서양은 전쟁을 하면 승리하고 공격하면 빼앗아 이루지 못하는 일이 없다. 천하(중국)가 모두 멸망하면 또한(우리나라도) 입술이 없어지는 탄식이 없지 않을 것이니 보국안민輔國安民의 계책을 장차 어떻게 낼까.[40]

최제우는 여기서 "입술이 없어지면 이가 시리게 된다"라는 고사성어를 인용하여 중국을 입술, 조선을 이에 비유하였다. 이어서 서양 열강이 중국과 전쟁에서 연전연승하여 막강한 힘으로 침입해오니, 입술인 중국이 망할 경우 조선이 심각한 위기와 위험에 놓이게 됨을 지적하고 '보국안민輔國安民의 계책'으로써 동학을 창도하였음을 시사하였다. 현실질서를 전면적으로 부정한 것이 아니라 현실질서를 전제한 위에 대외적 위기를 극복하기 위해 보국안민을 추구하였다. 역시 개벽과는 거리가 멀다. 그 대신 그는 일상생활에서 고통받던 민중의 구제를 매우 중요하게 생각하였고, 동학 포교 과정에서도 이 점을 강조하였다.

동학이 민중 구제를 실천하였다는 사실은 동학을 엄혹하게 비판하던 당시 유교 지식인들에게도 잘 알려져 있었다. 동학창도 직후 경상도 상주의 도남서원에서 다른 지역에 돌린 동학 배척 통문通文에서는 동학에 입도하는 사람들의 속성을 다음과 같이 파악하였다.

하나같이 귀천의 차등을 두지 않고 백정과 술장사들이 어울리며, 엷은 휘
장을 치고 남녀가 뒤섞여서 홀아비와 홀어미가 가까이하며, 재화를 좋아하여
유무상자有無相資하니 가난한 사람들이 기뻐한다.[41)

이러한 모습은 농민전쟁 직전 동학 금단을 요청하는 상소를 올린 전사
간前司諫 권봉희權鳳熙의 글에도 잘 나타나 있다.

신은 저 무리들이 날마다 성하고 달마다 번성해진다고 들었는데, 이는 수
령들의 탐욕과 학대가 매우 심해 백성들이 살아갈 수가 없음이며, 그 무리들
속으로 들어가면 돈과 곡식을 주고 너와 내가 없이 행동한다고 합니다. 저들
이 굶주리고 추위에 떨며 마음이 상한 것을 슬퍼하는 것도 이상할 것이 없습
니다.[42)

동학교도들 사이에는 돈과 곡식을 서로 나누어 먹는 일종의 경제적 평
등주의가 실천되고 있었고, 그것이 민중을 동학으로 유인하는 요인 가운
데 하나임을 지적하였다. 실제로 동학교단에서도 최제우가 포교할 당시
부터 가난한 교도와 넉넉한 교도 간에 서로 돕는다는 '유무상자有無相資'
가 강조되었고,[43) 이러한 것은 최시형에게도 이어졌다. 예컨대 최시형은
1893년 11월 삼례집회 직후에도 교도들에게 '유무상자'하여 어려운 시기
를 극복하라는 경통을 내렸다.[44)

실제로 동학에 입도한 사람들 가운데는 이러한 사람들이 많았다. 이는
동학농민전쟁 당시 충청도 덕포(덕산)에서 운량도감으로 활동했던 홍종

식의 사례에서 잘 드러난다. 그는 1894년 2월 8일 이웃인 김병학의 소개로 동학에 입도하였다. "미리부터 동학이란 것을 들어서 알았다"라고 했으나 그가 입도한 이유는 무엇보다 동학에 입도하면 "조화를 부린다는 데에 매우 혹하였"고, 또 "장차 양반이 되고 훌륭한 일을 하고 또한 삼재팔란三災八亂을 면한다"라고 한 데 있었다. 그래서 그는 당장 입도하기로 결심하고 김병학과 함께 집으로 돌아와 그날 저녁으로 이웃 사람 6, 7인과 같이 입도하였다.[45] 또한 그는 당시 입도하는 사람들의 신분계층과 입도 동기를 다음과 같이 회고하였다.

내가 동학에 입도한 지 불과 며칠 만에 전지문지傳知聞知하여 동학의 바람이 사방으로 퍼지는데, 하루에 몇십 명씩 입도를 하곤 하였습니다. 마치 봄 잔디에 불붙듯이 포덕이 어찌도 잘되었는지 불과 1~2삭 안에 서산 일군이 거의 동학화가 되어버렸습니다. 그 까닭은 말할 것도 없이 첫째, 시운이 번복하는 까닭이요, 만민평등을 표방한 까닭입니다. 그래서 재래로 하층계급에서 불평으로 지내던 가난뱅이, 상놈, 백정, 종놈 등 온갖 하층계급은 물밀듯이 다 들어와버렸습니다. 더구나 때마침 전라도 등지에서 동학군이 승승장구한다는 기쁜 소식이 날로 때로 올라와 버리니 누가 기운이 아니 나겠습니까? 그래서 모두 다투어 입도를 하는데 길 가던 자는 우물이나 개천을 향하여 입도식을 하고 산에서 나무 베던 자는 숫돌물을 놓고 다투어 입도를 하였습니다. 하루라도 먼저 하면 하루 더 양반이요, 하루라도 뒤에 하면 하루 더 상놈이라는 생각하에서 어디서나 닥치는 대로 입도부터 하고 보았습니다. 참말 야단법석이었지요. 그런데 이때 제일 인심을 끈 것은 커다란 주의나 목적보다도 또는 조화나 장래 영광보다도 당장의 실익 그것이었습니다. 첫째, 입도만 하면 사인여천이라는 주의하에서 상하귀천 남녀존비 할 것 없이 꼭꼭 맞절을 하며 경어를 쓰며, 서로 존경하는 데서 모두 심열승복이 되었고, 둘째, 죽이고 밥이고 아침이고 저녁이고 도인이면 서로 도와주고 서로 먹으라는 데서 모두 집안 식구같이 일심단결이 되었습니다. 그때야말로 참말 천국천민들이었지요. (밑줄은 필자)[46]

위의 인용문에 따르면 홍종식이 입도한 1894년 2월 이후 서산 일대에서는 많은 사람이 무더기로 동학에 입도하였고, 특히 "가난뱅이, 상놈, 백정, 종놈 등 온갖 하층계급은 물밀듯이 다 들어와버렸습니다"라고 하였다. 또 충청도 홍성 지역 어느 양반가의 종들은 "동학이란 훌륭한 제세안민지도濟世安民之道가 있다대. 그것을 믿으면 상놈이 양반되고, 가난뱅이가 부자되고, 약을 아니 써도 병 잘 낫고, 총구멍에서 물이 나오고 별별 조화가 다 많다대. 우리 그것을 믿세"라고 하며 입도하였다.[47] 모두 재난으로부터 도피, 신분상승, 가난이나 질병으로부터 구제받고 싶은 원망이 입도의 계기가 되었음을 보여준다. 특히 홍종식은 신분상승 원망과 함께 "죽이고 밥이고 아침이고 저녁이고 도인이면 서로 도와주고 서로 먹으라"고 하는, 모두 집안 식구같이 상호 부조하는 교단의 분위기가 매우 중요한 입도 계기가 되었음을 지적하였다. 이러한 모습은 노먼 콘이 "메시아들은 전통적 생활양식이 파괴되고 전통적 가치관에 대한 믿음을 상실한 가난하고 억압받는 자들 속에서 활약하는 경향이 있다"라고 한 점과 상통하는 바가 있다.[48]

그러나 서구의 경우 주변부marginal의 사람들에게는 "자신들의 불만을 담아내거나 요구를 표현할 수 있는 정규적이고 제도적인 수단이 없었다." 그 대신 그들은 자신들을 독자적인 집단으로 묶어줄 예언자를 고대하였다고 한다.[49] 천년왕국운동에서 "예언자들은 신도들에게 단순히 자신들의 생활을 개선하거나 불안으로부터 도피하는 기회만 제공하는 것이 아니라, 무엇보다도 자신들은 하느님이 정하신 막중한 사명을 수행하고 있다는 신념을 제공해주었"다. 또 이를 기반으로 "묵시문학적 환상에 사로잡혀 있을 뿐 아니라 자신들의 절대 무오류성을 확신하는 과격하고 난폭한 새로운 집단이 등장"하여 "자신들을 다른 인간들보다 무한히 우월한 존재라고 생각하고, 자기들이 맡았다고 생각하는 사명 이외의 그 어떠한 것도 인정하지 않"는 상황이 될 때 혁명적 천년왕국운동이 시작되었다.[50]

이 점에서 동학교도들의 입도 목적이 "커다란 주의나 목적보다도 또는 조화나 장래 영광보다도 당장의 실익"에 있었다는 홍종식의 회고는 서양의 혁명적 천년왕국운동과 매우 다른 분위기를 보여준다. 교도들이 입도한 동기는 그 외에도 다양하였다. 동학을 단순한 치병治病이나 불로장생不老長生의 비결로, 피화避禍의 수단 혹은 이산이해移山移海하는 술수術數로, 혹은 배고픔을 면하기 위한 방편으로 여기는 자 등 다양하였다. 특히 '제인질병濟人疾病'은 최제우가 동학을 창도할 때부터 가장 중시한 것이었다. 훗날 천도교 시절에도 제인질병은 "대신사大神師의 원력願力이요. 신神의 계시啓示인 동시에 천도교의 출발점이요 목적점目的點으로", "천도교의 입교강령立敎綱領"인 것으로 이해되었다. 이러한 사정으로 볼 때 대다수 교도의 입도동기는 '개벽'적 상황 혹은 선민의식에 입각한 천년왕국을 향한 열망과는 거리가 멀었다. 그들은 동학으로 '개벽'적 상황이나 그에 준하는 새로운 세상을 추구하기보다는 동학입도를 개인적인 치병이나 불로장생·피화의 방편으로 인식하는 소극적 측면이 강하였다고 생각된다.[51]

또 동학농민전쟁 당시 입도한 교도들은 '묵시문학적 환상'이나 '하느님이 정하신 막중한 사명'에 대한 자각이 아니라, 신분해방을 통한 사회적 평등원망과 유무상자를 통한 경제적 균산주의 원망에 대한 적지 않은 충족감을 지닌 것으로 보인다. 앞서 인용한 글에서 홍종식은 이와 관련하여 그 시기가 '천국천민天國天民', 곧 천국에서 천민처럼 살던 때였던 것으로 기억하였다. 홍종식의 회고로 볼 때 당시 입도하던 대다수 동학교도에게는 조화나 장래의 영광에 대한 희원, 곧 예언적·주술적 요소가 상대적으로 취약했던 것으로 판단된다. 이는 곧 당시 교도들의 해방원망도 천년왕국운동에서와 같이 "악마적인 권세를 전복하게 되는" "하느님의 거룩한 백성의 봉기" 등으로 연결되기 어려웠음을 의미한다.[52] 그보다는 동학이 민중의 현실적 어려움, 일상생활의 어려움을 극복할 수 있는 구제 수단으로 받아들여졌을 가능성이 컸다고 생각한다.

4 생활 윤리 및 변혁의 무기로서의 측면

동학사상과 농민전쟁의 관계라는 면에서 기왕의 연구들이 특히 주목해온 것은 동학경전에서 보이는 '무위이화無爲而化' 사상이다. 김영작은 동학사상이 사회윤리사상의 결여, 도덕지상주의적 편향 등으로 인한 체제구상의 관념성과 정치기능의 공동성空洞性 때문에 "민중을 운동의 에네르기로 전화시키는 지도원리일 수 없었"다고 하였다.[53] 정창렬 역시 동학에서 "인간이 할 수 있고 또 해야 할 일은, 상제의 의지의 조화 즉 무위이화를 확신하고 그 조화를 기원하는 동학 신앙을 두터이하는 것뿐이었"고, "인간의 주체적·실천적 행동을 배제하였기 때문에 그 사회사상은 현실적으로 공동空洞이었다"라고 하였다.[54] 이러한 이해는 동학경전 가운데 다음과 같은 구절에 근거하고 있다.

우리 도道는 무위이화無爲而化라. 그 마음을 지키고 그 기운을 바르게 하고 한울님 성품을 거느리고 한울님의 가르침을 받으면, 자연한 가운데 화해나는 것이요.[55]

무위이화를 어떻게 해석할지에 대해서는 다양한 의견이 있을 수 있지만, 최시형은 체포되기 직전 제자들에게 무위이화와 관련하여 다음과 같이 강조하였다.

선생주先生主께옵셔 기시其時에 의암성사義菴聖師와 구암장과 모모제씨某某諸氏에게 대對ᄒ야 유훈遺訓ᄒᆞᆺ 왈曰 여등汝等은 물勿논 하허사何許事이나 모하시某何時던지 무위이화지리无爲而化之理을 심심사량深深思量ᄒ되 차시사此時事를 염념불망念念不忘할지니라 세상만사世上萬事가 인력人

力으로 못할 사事을 이대천명已待天命이라야 무위이화无爲而化로 감화지리 感化之理가 계신비 나라 부듸 차시此時에 차사此事을 명심부망明心不忘할지 이라 재삼당再三當 부付ᄒ옵시더라.[56]

사실상 현실세계에서 허용되지 않는 일을 인위적으로 무리하게 실현하려 하지 말라는 의미로 읽힌다. 무위이화에 따른 조화를 강조한 이러한 사유는 동학사상이 농민전쟁이라는 변혁운동의 사상적 기반으로 작용하기가 어려웠음을 시사한다. 앞서 언급한 김영작이나 정창렬의 주장도 같은 맥락에서 나온 것이다.

동학경전에서 보이는 개벽 관련 구절로 가장 대표적인 것을 들어보면 다음과 같다.

> 십이제국 괴질운수 다시개벽 아닐런가
> 요순성세 다시와서 국태민안 되지마는
> 기험하다 기험하다 아국운수 기험하다[57]

위의 인용문에 나오는 '개벽'은 주술적·예언자적 지도자와 결합된 '천년왕국적' 요소와는 거리가 멀었다. 오히려 위에서 보이는 '개벽'은 천지가 경동할 만한 말 그대로의 '개벽'적 상황을 묘사했다기보다는 엄습해오는 '십이제국 괴질운수'에 대한 두려움 내지 걱정을 표현하였다. 자구적 이해만으로 경전이 추구하는 세상을 설명하는 것은 한계가 있겠지만, 동학경전에는 위에 제시된 구절 이외의 다른 어디에도 개벽적 상황을 유추

할 만한 구절이 없다. 나아가 농민전쟁 당시 농민군이 제시한 「폐정개혁안」27개조의 핵심 내용도 무명잡세나 과징 등 부세제도의 부조리한 점과 탐관오리들의 수탈에 반대하는 내용이 대부분이었고, 지배 체제나 이념에 대한 전복은커녕, 그것을 크게 거스르는 요구조건도 사실상 없었다. 오히려 동학경전의 가르침에서 중심을 이루는 것은 대체로 평범한 생활 윤리와 관련된 것이었고, 유교의 교리나 규범과 유사한 점이 많았다.

또한 동학경전에는 천년왕국운동과 달리 교단 지도자의 주술적·예언적 권위에 기초한 지배가 억제되어 있다는 특징을 보인다. 물론 동학경전에는 유교를 상대화하는 구절이 들어 있는 등 기성의 권위에 대한 도전적 요소가 적지 않았으며, 농민군의 언행에도 이단적 요소가 있었다.[58] 그러나 동학경전에는 지배이데올로기인 유교에 대한 도전이 거의 없다 할 정도로 체제 비판이 매우 취약하다. "유도 불도 누천년의 운이 역시 다했던가"라는[59] 상대적으로 과격한 표현도 있지만, 다른 데서는 오히려 유교와 '대동이소이大同而小異'하다는 점이 강조되었다.[60] 또 "요순성세 다시 와서 국태민안 되지만은"이라는 구절도[61] 동학이 유교를 배척하지 않았음을 보여준다. 다음과 같은 경전 구절 역시 동학사상이 유학적 가치를 부정하지 않았음을 보여준다.

8세에 입학해서 허다한 만권시서무부통지萬卷詩書無不通知하여내니 생이지지生而知之 방불하다. 10세를 지내나니 총명은 사광司曠이오 지국智局이 비범하고 재기과인才器過人하니 평생에 하는 근심 효박한 이 세상에 군불군君不君 신불신臣不臣과 부불부父不父 자불자子不子를 주야간에 탄식하니

우울한 그 회포는 흉중에 가득하되 아는 사람 전혀 없다.(굵은 글씨는 필자)[62]

이런 점을 전제로 동학이 강조하는 것은 일상생활에서의 윤리적 실천 내지 수양이고 그 방법으로 제시한 것이 '수심정기守心正氣'였다.[63] '수심정기'는 '수심정기修心正氣',[64] '정심수신正心修身'[65] 혹은 '정심수도'로도[66] 표현되었다. '수심정기守心正氣' 혹은 '경천수심敬天守心'은 동학의 교리 가운데서도 핵심이 되는 것으로 1862년 8월 교조 최제우가 최시형에게 도를 전수할 때도 가장 먼저 전한 것이 '수심정기守心正氣'라는 네 글자였다.[67] 또 「수덕문」(『동경대전』)이나 1893년 2월의 「복합상소문」에서도 동학교리의 우수성을 강조하면서 "인의예지仁義禮智는 선성先聖의 소교所敎이오 수심정기守心正氣는 유아唯我의 갱정更定이라" 하여 인의예지라는 덕목을 유교와 공유하였음을 분명히 드러냄과 동시에 '수심정기'가 동학의 핵심 교리임을 강조하였다.[68] 이에 따라 이후 천도교에서도 "수심정기 이 넉 자는 천도교의 어머니이고 스승이다"라고 할 정도로 중시하였으며,[69] 그 의미의 해석에도 많은 관심을 기울였다. 그 가운데 몇 가지를 예시하면 다음과 같다.

일인一人이 심心을 수守하면 일개인一個人에 대한 도道를 성성成하고, 일가一家가 심心을 수守하면 일가에 대한 도를 성하고, 일국一國이 심心을 수守하면 일국에 대한 도道를 성성成하고, 세계世界가 심心을 수守하면 세계에 대한 도道를 성성成하나니 춘회건곤春回乾坤에 만물이 생생生生하고 명재천아命在天我에 일심一心이 명명明明하도다.[70]

(수심정기란) 한울이 주신 마음대로 지키고 한울이 주신 기운대로 정正하자
는 말이다. 그리하여야 교인教人의 자격資格이 있을 뿐 아니라 이 세상으로
하여금 천국天國을 만들 일군이 될 것이다. (중략) 그 심心을 수守치 못하고 그
기氣를 정正치 못한다면 부랑浮浪의 도도徒와 패란悖亂의 자자子를 면免하기 어
려울 것이다. (중략) 범사凡事가 그렇지만 더욱이 천도天道를 행행行하며 천덕
天德을 포포布하여 포덕천하 布德天下 광제창생廣濟蒼生함에 대하여는 그 심心
을 수守하고 그 기氣를 정正치 않고는 도저到底치 못할 것이다.[71]

　　대저大抵 마음을 지키라 함은 천부天賦한 본심本心을 잃지 말라는 말씀이
오 기운을 바르게 하라는 것은 용심처사用心處事를 오직 공정公正하게 하여
서 심화기화心和氣和되게 하라는 말씀일 것입니다.[72]

이와 같이 천도교에서도 "수심정기 이 넉 자는 천도교의 어머니이고 스
승이다"라고 할 정도로 중시하였다. 수심정기守心正氣야말로 인의예지
를 뛰어넘는 새로운 후천시대의 수양법이라는 것을 의미한다는 해석도
있지만,[73] 무엇보다 일상생활에서 실천해나갈 실천적 생활윤리의 성격
을 가지는 것이라 생각되며, 인의예지와 함께 유교적 요소가 다분한 덕목
이었다고 생각한다.

이 점에서 전봉준全琫準(1855~1895)이 동학에 입도한 이유로 밝힌 다
음과 같은 진술은 동학과 농민전쟁의 관계를 이해하는 하나의 단서가 될
수 있다고 생각한다. 전봉준은 "'수심경천守心敬天'이라는 교의教義를 매
우 좋아하였기 때문"에 입도하였다고 밝힌 바 있으며,[74] 체포된 뒤 일본

영사가 취조하는 자리에서는 동학에 입도한 이유를 다음과 같이 밝혔다.

보국안민輔國安民이라는 동학당의 주의 主義에 동감하고 있던바 …… 단지 마음을 바로 한다는 것 때문이라면 물론 동학에 들어갈 필요가 없지만, 동학당의 소위 '경천수심敬天守心'이라는 주의主意에서 생각할 때는 정심正心 외에 '협동일치'의 뜻을 포함하고 있기 때문에 결당結黨하는 것의 중요함을 본다. 마음을 바로 한 자의 일치는 간악한 관리를 없애고 보국안민의 업을 이룰 수 있기 때문이라고 생각한 탓이다.[75)]

천년왕국운동의 경우 예언자들은 "신도들에게 단순히 자신들의 생활을 개선하거나 불안에서 도피하는 기회만 제공하는 것이 아니라 무엇보다도 자신들은 하느님이 정하신 막중한 사명을 수행하고 있다는 신념을 제공해준다"라고 한다.[76)] 위의 인용문으로 볼 때 전봉준이 보국안민을 추구하여 농민전쟁에 뛰어드는 데 중요한 단서가 된 것은 천년왕국운동에서 보이는 예언자들의 예정조화에 대한 설법이 아니라 '수심정기'였던 것으로 여겨진다. 전봉준은 '수심정기' 혹은 '경천수심'으로부터 '협동일치'의 뜻을 읽어내고, 거기로부터 "마음을 바로 한 자들의 일치"로 "간악한 관리를 없애고 보국안민의 업을 이룰 수 있다"는 신념을 획득하였기 때문이다.[77)] 특히 전봉준은 동학에 입도한 이유로 "'수심경천守心敬天'이라는 교의敎義를 매우 좋아했다는 점과 동시에 동학은 수심守心하여 충효로써 본을 삼아 보국안민輔國安民하자는 것"이기 때문에 입도하였다고 밝힌 바 있다.[78)] 전봉준은 '수심경천守心敬天'에 대해 그가 강조한 충효와 마찬가지로 유교적 이념에 근거하여 받아들인 것으로 보인다.

앞서 인용한 '수심정기'에 대한 교단 측의 해석으로 미루어볼 때, '제세안민濟世安民'과 '보국안민輔國安民'의 뜻이 있던 전봉준도 "양심에 부끄러움이 없는 그 마음인 수심守心과 어디를 향하든지 대적이 없고 무엇을 만나든지 굽히지 않는 의기義氣인 정기正氣"에[79] 대해 충분히 동감하였을 것으로 보인다. 경천수심에 대한 전봉준의 이해는 동학경전이나 동학 지도자들이 누누이 강조해온바 수심정기, 경천수심이라는 일상에서 실천해나가야 할 유교적 이념에 기초한 동학의 생활윤리 내지 수양법이 변혁의 무기로 전유되는 모습을 보여주는 단서라고 생각한다. 이는 유교라는 지배이념에 대한 소양이 있던 전봉준 등 농민군 가운데 식자들이 동학경전이나 동학의 가르침을 유교이념이나 유교적 가치라는 맥락에서 혹은 재해석된 유교 정도로 이해하였음을 시사한다.

$\overset{5}{\text{'반란'의 무기가 된 지배이념}}$

이상으로 '경천수심', '수심정기'에 대한 전봉준의 이해를 통해 동학사상과 농민전쟁의 내면적 관련성을 살펴보았다. 이에 대해서는 앞으로도 많은 고민이 필요하지만, 이 문제와 관련하여 우리의 농민전쟁이 체제나 지배이데올로기의 존재형태, 그와 민중의 일상생활의 관계 등의 면에서 서구와 크게 다른 조건을 기반으로 배태되고 발발한 것임을 지적하고 싶다. 철학이나 사회학 분야에서는 동학사상을 유교적 이념에 대한 재해석으로 받아들이거나 동학사상이 유교적 이념을 재해석하는 계기가 되었다는 견해가 일찍부터 제시된 바 있다.[80]

역사학 분야에서도 농민전쟁의 사상적 기반을 유교로 이해하는 연구가 제기된 바 있다. 전봉준이 전통적인 정치사회의 도덕적 질서를 지키기 위해 몸을 바친 철저한 유교엘리트였다는 점 등에 근거하여 그의 목표가 유교적 이상국가를 재현·보존하는 데 있었고, 심지어 '봉건적'·차등적 사회신분 질서를 이상화하였다는 주장이다.[81]

최근의 연구는 이와 달리 농민군이 자신들의 행동을 정당화하는 기반으로 유교이념을 전유하였다는 맥락에서 전개되고 있다. 필자 역시 농민군이 민유방본이나 왕토·왕신사상 등 유교적 이데올로기에 기반을 두어 자신들의 행동을 정당화하였고,[82] 18세기 후반부터 교육경험이 확대되고 신분이 상승됨에 따라 유교적 가치관과 규범이 민중에게도 확산되면서 그것을 내면화해나간 민중이 유교이데올로기, 특히 민본과 인정 이념에 입각하여 지배층의 정사政事를 비판하고 스스로의 힘으로 인정仁政을 회복하려 한 것이 동학농민전쟁이었던 것으로 이해한 바 있다.[83]

유교적 소양을 갖추고 있던 지도부는 일반 농민과 달리 스스로 정치 주체라고 자임했다. 이러한 인식에 근거하여 교단 내의 변혁지향적 세력은 교조신원운동 과정에서 보이듯이 감사는 물론 국왕에게까지 직접 상소하는 집단적 행동을 단행할 수 있었다. 또한 이 과정은 여기에 참여했던 민중이나 이 사실을 전해들은 민중의 의식에 영향을 미쳤을 것이고, 이러한 전 과정이 농민전쟁을 정당화하는 민중의식으로 수렴되었을 것으로 보인다.

농민전쟁 당시 민중은 왕토사상이나 왕민사상 등 유교적 이념에 근거한 사상들을 제시하며 자신들의 행위를 정당화했다. 또 농민군들은 유교이념에 근거한 통치, 지배이념인 민본과 인정을 지배층의 책무, '백성'들이 당연히 누려야 할 '은택'이라는 쪽으로 바꾸어 이해함으로써 그들의 요구와 주장을 정당화하였다.

농민전쟁에는 수많은 동학교도가 참가하였지만 그들이 내건 요구조건이나 격문, 통문류에는 동학사상과 관련된 것이 특이할 정도로 없다시피하다. 오히려 「무장포고문」을 비롯한 농민군의 통문, 격문류는 유교적 언어로 점철되어 있다. 요구조건이나 통문, 격문에 동학과 관련된 내용이 나타나지 않고 오히려 유교적 언어로 점철된 특이한 현상은 지도부나 농민군 대중이 동학을 유교에 대한 재해석 내지 새로운 해석으로 받아들였다는 점과 관련이 있을 것으로 보인다.

물론 이러한 농민군의 인식은 지배이념과 밀접한 관련이 있었지만, 그렇다고 하여 그들의 생각과 행동이 반드시 지배체제와 이념의 자장 안에 갇혀 있었던 것은 아니다. 예컨대 전봉준은 덕망 있는 선비들이 합의법에 입각하여 서로 협의하여 정치를 운영하게 한다는 구상을 가지고 있었다. 물론 이러한 구상이 국왕의 존재를 부정하는 것은 아니었다. 그러나 그것은 국가적 위기를 극복하려면 국왕 대신 국왕의 아버지에게 섭정을 맡겨야 한다는 주장과 마찬가지로 국왕의 지위와 권한을 약화시킬 수밖에 없는 구상이었다.

생존의 위기에서 벗어나려면 무엇보다 민본이념과 인정을 회복해야 한다는 절박한 심정으로 목숨을 건 '반란'의 대열에 뛰어든 동학농민군에게 민본이념과 인정을 회복하려면 그동안 절대적 존재로 인식되던 국왕의 정치적 위상도 약화시킬 수 있다는 의식이 형성되고 있었음을 시사하기 때문이다.

배항섭
성균관대학교 동아시아학술원 HK교수로 재직 중이다. 19세기 민중운동사를 전공했고, 최근의 관심 주제는 19세기 동아시아사에 대한 비교연구를 통해 근대중심주의와 서구중심주의를 넘어 새로운 역사상을 구축하는 데 있다. 대표 논저로『동아시아는 몇시인가?: 동아시아사의 새로운 이해를 찾아서』(너머북스, 2015, 공저),「19세기 민중사연구의 시각과 방법」(성균관대학교출판부, 2015),「서구중심주의와 근대중심주의, 역사인식의 天網인가」(『개념과 소통』14, 2014),「근세 동아시아의 直訴와 정치문화」(『역사비평』117, 2016),「'탈근대론'과 근대중심주의」(『민족문학사연구』62, 2016) 등이 있다.

집필경위
이 글의 초고는 성균관대학교 동아시아학술원 세미나 모임에서 발표한 바 있으며, 그것을 수정·보완하여『조선시대사학보』77(2016)에「1880~90년대 동학의 확산과 동학에 대한 민중의 인식 – 유교 이념과의 관련을 중심으로 –」라는 제목으로 발표하였던 것이다.

근대 전환기 지식인들의 '문명' 인식
- 유인석과 이기

◎

김선희

1
문명, 중화의 문명

중화의 문명 널리 펼쳐 鋪張華夏之文明兮

외진 변방에도 영원히 혜택을 입게 해주오 永衣被於偏荒[1]

계곡 장유張維(1587~1638)가 고대의 기자箕子를 추모하며 지은 시의 일부다. 조선에서 주나라의 문화적 정통성을 보존했다는 평가를 받는 기자를 추모하면서, 계곡은 그 문명의 혜택이 변방의 이적, 조선에까지 비추어지기를 기대했다.

원래 '문명文明'이란『서경書經』「순전舜典」의 "깊고 지혜로우며 문채나고 밝다(濬哲文明)"는 문장에서 보이듯 모종의 상태를 서술하는 형용사적 성격을 갖는다. 근본적으로 유학자들에게 문명이란 현재의 우리가 기대하듯 야만을 극복하고 진보를 향해 국가와 사회가 스스로 개변해나가는, 일종의 공인된 보편적 정점을 향한 도전을 의미하는 것은 아니었다. 이보다는 차라리 예의禮義로 대표되는 도덕적 공동체의 표상이자 이를 실현하기 위한 사회적 조건 혹은 이미 그것이 실현된 상태를 의미했다고 할 수 있다. 성호 이익李瀷(1681~1763)과 다산 정약용丁若鏞(1762~1836)의 다음 문장이 이를 잘 보여준다.

> 우리나라는 예부터 문명한 나라로 일컬어졌으나, 가리키는 곳은 기봉箕封과 열수洌水(한강) 사이에 국한되고 오히려 대령大嶺(조령) 이남에는 미치지 않았다. [2]

> 중국은 문명이 풍속을 이루어 궁벽한 시골이나 멀리 떨어진 외딴곳에 살더라도 성인이 되고 현인賢人이 되는 데 해가 되지 않는다. 그러나 우리나라는 그렇지 못해 도성의 문에서 몇십 리만 벗어나도 무지몽매한 혼돈의 세상이니 더구나 멀리 떨어진 외딴곳이야 말할 것이 있겠는가? [3]

문명을 기준으로 성호는 조선을 둘로 나누며, 다산은 중국과 조선을 나눈다. 이들이 생각하는 문명은 무지몽매한 원시 상태와 달라서 누구라도 자기 수양을 통해 현인이나 성인이 될 수 있는 사회적 조건을 갖춘 곳에 가깝다.

물론 유학자들 사이에서 문명의 의미는 단일하지 않다. 예를 들어 박제가朴齊家(1750~1805)처럼 문명을 당대의 문화적 성취, 즉 물질적 조건을 포함한 사회적 수준 더 나아가 심미적 기준으로 간주하는 경우도 있다. 박제가는 『북학의北學議』에서 북경의 서점가 유리창流璃廠을 방문한 뒤 골동과 서화에 무지한 채 과거시험에만 몰두하고 견문이 조선의 영토를 넘어서지 못하는 조선인이 우아하고 세련된 문명의 세계(文明都雅之域)에서 스스로를 차단시킨다고 말하면서, 유리창의 번성을 경험한 뒤에 중국이 '문명의 숲(中國之爲文明之藪)'임을 알게 되었다고 고백한다.[4] 이 문맥에서 문명은 심미적 취향을 만족시킬 수 있는 문화적 수준을 의미한다고 할 수 있을 것이다.

사회의 도덕적 교화의 수준이건 물질문명과 심미성의 수준이건 조선인이 상상한 문명은 사실 모종의 결과에 대한 표현형에 가깝다. 문명의 실현을 가능하게 한 근본적 동력이 따로 있기 때문이다. 바로 '중화中華'다. 앞서 인용한 시가 보여주듯, '중화의 문명'은 중화가 작동해서 표현된 결과로서 문명이다. 이 시에 따르면 궁벽한 벽지의 이적인 조선은 그 자체로 중화가 아니지만 중화의 결과로서 문명의 혜택을 입을 수는 있는 곳이다.

전통적으로 조선 지식인들에게 '중화'는 단순히 강력한 국가에 대한 기대에 머물지 않으며 우주적 정통성에 토대를 둔 도덕적 질서의 세계를 의미했다. 조선 후기 소중화를 자처했던 이들이 표방하던 정치적 구호 '대명大明' 역시 역사적 실체로서 명나라가 아니라 이념으로 제안된 공간, 표상으로 제안된 세계에 가깝다. 이 이념과 표상의 실질적 내용은 도덕적 이상을 실현할 수 있는 유일한 가능성으로서 '문명'이 실현된 국가라고 할 수 있을 것이다. 그렇다면 조선 지식인들을 움직인 심층적 중화의식은 결과적으로 문명의식, 즉 문명이 실현된 국가를 향한 지적 도전이자 응전의 성격을 띠게 된다.

이처럼 중화와 분리되지 않던 전통적 문명은 서구 근대에 개발된 문명 civilization 개념과 그대로 치환되지 않는다. 서구의 문명 개념은 역사가 보여준 대로 진보와 야만이라는 개념쌍 위에서 작동하는 이념적 표현형이다. 그 자체로 이상적이고 올바른 세계를 의미하는 것으로 보이지만 서구 근대를 모델로 한 정당한 표준이 이미 존재하고, 이 표준화된 길로 나아가는 것이 진보이며, 이를 따르지 못하면 야만에 배치된다는 전제가 작동한다는 점에서 문명에 부여된 이러한 관념은 과도하거나 불균형한 것이다. 특히 문명 개념이 도입될 당시 동아시아인에게는 서양을 중심으로 동아시아의 위상을 구성하는 '배제의 논리'일 뿐 아니라 이미 서양에 비해 뒤떨어진 상황에서 강박적으로 시간과 경쟁하며 미래의 어느 시점에 도달해야 할 원망願望의 기제였다.

친숙한 표현 안에 담긴 낯선 원망의 기제는 동아시아인에게 적어도 두 측면에서 긴장을 불러일으켰다. 하나는 문명 실현의 단위 혹은 주체 문제이고 다른 하나는 시간과의 싸움이다. '문명개화'라는 말이 국가적 위기 상황을 돌파할 시대의 각오이자 전 사회를 향해 발화되는 일부 지식인들의 조급한 독려로 등장하는 20세기 직전까지, 조선인은 스스로 문명에서 배제해본 일이 없으며, 문명을 '미래에 올 어떤 상태'로서 즉 시간성의 차원에서 상상해본 일이 없었다. 조선인에게 늘 문명의 형태는 단일했고 이 단일한 문명 안에 정통적인 중화로서 중국과 소중화로서 조선이 동등한 반열로 자리 잡고 있었다.

2 '문명개화'의 도전

주지하듯 '문명개화'라는 말은 후쿠자와 유키치福澤諭吉(1835~1901)가 『서양사정西洋事情』 외편(1867)에서 civilization의 번역어로 채택한 용어이다.[5] 그는 『문명론지개략文明論之槪略』의 머리말에서 문명론을 '인간의 정신발달에 관한 논의'로 규정한다. 한 사람의 정신이 아니라 세상 모든 사람의 정신 발달을 총체적으로 다룬다는 것이다.[6] 여기서 문명은 좁게는 "인력으로 공공연히 인간의 수요를 증가시키고, 의식주의 허식을 늘려간다"는 뜻으로, 넓게는 "의식주의 안락뿐만 아니라 지智를 연마하고 덕을 갖추어 인간을 고차적 위치에 오르게 한다"는 뜻으로 해석될 수 있다.[7] 다시 말해 문명은 "몸을 안락하게 하는 동시에 마음을 드높이는 것을 말하며 의식을 풍부하게 하는 동시에 인품을 고귀하게 만드는 것"[8]이다. 후쿠자와는 이러한 서구 근대적 진보의 담론과 관념을 '문명'이라는 동아시아 고유의 전통적 표현에 담았던 것이다.

후쿠자와에게 중요한 것은 문명이 '죽은 물건이 아니라 살아 움직이는

것',[9)] 즉 '야만 상태에서 벗어나 점차 진보하는 것'[10)]이며, 이 과정은 '야만
은 반개半開로 향하고 반개는 문명으로 향하며, 그 문명이라는 것도 순간
순간 진보'[11)]해간다는 것이다. 이러한 맥락에서 서구적 '문명'은 동아시아
의 전통적 의미와 달리 시간성의 축에서 작동하게 된다. '진보'는 성취 수
준이나 결과를 의미하는 것이 아니라 시간과 경쟁하며 앞으로 나아가는
과정을 의미하기 때문이다.

전통적인 문명과 또 다른 차이는 서구적 문명의 작동과 운영이 '국가'
를 토대로 한다는 점이다.[12)] 후쿠자와는 문명이 "영어로 civilization이라
하며 라틴어 civitas에서 유래된 것으로 '나라'라는 뜻"이라고 규정하면서
"인간관계가 점차로 달라져서 좋은 방향으로 나아가는 양상을 두고 하는
말이며 야만, 무법의 독립에 반하여 한 나라의 체제를 갖춘다는 뜻이 된
다"고 설명한다.[13)] 이 맥락에서 후쿠자와가 말하는 문명은 '국가 문명', '한
나라의 문명',[14)] '나라의 문명'[15)]으로 확장된다. 즉 문명의 진보는 '국가' 차
원의 문제이자 '국민'의 책무가 되는 것이다.

시간과 경쟁하며 변화해나가는 특정 국가가 이룬 물질적·정신적 수준
으로서 문명은 결국 동아시아 지식인들에게 낯선 관념이었다. 다시 말해
'문명'을 야만에서 벗어나 '진보'해나가는 것으로, 또한 그 진보의 주체를
특정 '국가'로, 진보를 위한 실천을 '국민'의 책무로 인지하는 것은 19세기
조선 지식인들에게 낯선 도전이었다. 이에 비해 조선 지식인들에게 '문
명'은 '중화'의 결과로 이미 과거에 선취된 것으로, 개별 국가 단위를 넘어
선 공동체의 도덕적·문화적 수준을 의미하며,[16)] '문명'을 실현시킬 책무
역시 세상의 모든 사람이나 한 국가의 모든 국민이 아닌 유학을 배운 유학

자―위정자들에게만 부여된 것이기 때문이다.

그러나 낯선 서구적 '문명'의 등장은 아편전쟁, 즉 중영전쟁 이후 본격화된 중국의 추락을 경험한 19세기 중후반 조선 지식인들로 하여금 그간 조선의 문화적 이념이자 국가적 정당성의 지표였던 '중화' 관념을 어떻게 처리할지 고민하도록 추동했다. 전 시대 조선의 조정과 지식인들은 청을 중화로 인정하지 않으며 중국이라는 공간 위에 떠 있던 중화라는 관념을 조선에 이식하여 소중화를 자처함으로써 화맥華脈이 단절 없이 이어졌다는 자각을 정치적·사상적·문화적으로 활용해왔다. 중화의 회복과 유지는 이들의 지도이념이자 사회통합의 구호였다. 그러나 19세기 중반 이후 복잡한 국제정세 속에서 중화의 현실적 소유자였던 청이 중화는커녕 더는 중국으로도 존립할 수 없게 되고, 제국주의 일본의 강점과 서양 문물의 쇄도에 따라 조선 역시 중국이라는 공간에서 분리해 이식한 '이념의 중화'를 더는 자임할 수 없게 되었다. '문명'이 더 이상 '중화의 문명'일 수 없다는 사실에 조선의 유학자들은 동요하지 않을 수 없었다.

또 한 가지 고려할 점은 이 시기 지식인들이 전 시대 지식인들과는 다른 과제를 떠안지 않으면 안 되었다는 것이다. 19세기 중반까지, 다시 말해 아편전쟁과 영프 연합군의 북경 함락 소식을 접하고 충격을 받았던 이규경李圭景(1788~1865), 최한기崔漢綺(1803~1879), 박규수朴珪壽(1807~1877), 윤종의尹宗儀(1805~1886)[17] 같은 전 시대 지식인들도 청의 쇠락과 통상을 요구하는 서양의 군사적 위협을 심중히 인식하고 있었고 그런 상황에서 서양 지식과 기술의 도입 여부를 사상과 실천의 핵심적 논점으로 다루고 있었다. 그러나 일본의 침탈이 본격화되고 국권이 백척간

두에 놓이게 된 19세기 말에서 20세기 초의 근대 전환기 지식인들은 19세기 전반과 달리 오랑캐지만 중화를 표상하던 실체적 국가 청-중국의 실질적 몰락을 경험했다. 상황을 악화시킨 것은 범위와 실체를 확정할 수 없는 모호한 범칭 '서양西洋'이나 '서양 오랑캐[西夷]'가 아니라 영국, 프랑스, 미국처럼 무력으로 압도해오는 개별 '국가'와의 대면이었다. 이에 따라 서양 문물은 이제 더는 이용 가능한 학술적 자원으로서 '서학西學'이 아니라 전통 학문을 '구학舊學'으로 평가절하하게 만드는 '신학新學'으로 바뀌어버렸다. 그리고 무엇보다 이 시기 조선인은 '중화'에도 들지 않고 '문명'으로도 평가하지 않았던 '일본'에 국권을 침탈당하는 역사상 가장 강력한 위협을 경험해야 했다.

이러한 중층적이고 복합적인 요인 앞에서 근대 전환기 지식인들은 전 시대의 이념이었던 '중화 질서', '춘추대일통'을 용도 폐기하고, 조선의 생존을 도모할 강력하고 구체적인 새로운 지도 이념을 산출해야만 했다. 주지하듯 이 시기 시대적 패착을 뚫기 위해 제안된 지도 이념 가운데 하나가 '문명개화'였다. 19세기 말 후쿠자와의 번역과 담론화를 통해 civilization의 번역어로 동아시아 삼국에 제안되고 유통되게 된 '문명'은 곧 동아시아 삼국을 이끄는 시대의 구호가 되었다.

주지하듯 이 시기 조선에서 '문명'이라는 개념은 1881년 유길준兪吉濬(1856~1914)이 사용한 이래 『황성순보皇城旬報』 등을 통해 대중에 유통되면서 일반화되기 시작했다. 1890년대 이후는 위정척사나 개화파 모두 후쿠자와식의 문명 개념을 승인하게 되었고 1900년대 이후에는 『독립신문』 등을 통해 완전히 서구적으로 전치된 문명 개념이 유통되게 되었다.[18]

3
중화와 문명의 분리

이 시기 새로운 문명 개념의 세례를 받은 일군의 지식인들은 일본 지식인들이 세계사적 상황에 발맞추기 위해 선택하고 가공한 개념 '문명개화'를 조선에도 이식하고자 했다. 변화하지 않으면 생존할 수 없다는 위기감 위에 작동하는 '문명개화'는 신문과 같은 매체를 통해 상당한 속도로 조선 지식인들을 설득해나갔다. 이에 따라 '위정척사' 혹은 '수구파'로 불리는 반발 역시 강력하게 대두되었다는 점 역시 주지의 사실이다.

그러나 이 지점에서 간과하기 쉬운 것이 있다. '문명'은 신조어가 아니라 이미 내용과 의미망이 갖추어져 있던 기성의 언어이자 관념이라는 것이다. 앞에서 본 것처럼 전통적 문명은 독자적 개념이 아니라 '중화'의 표현형이거나 중화의 결과에 대한 수사적 표현에 불과했기 때문이다. 그러나 문명개화에서 문명은 사실상 전통적 문명과 기표가 같았을 뿐 다른 세계관에서 작동하던 다른 이념이었다.

전 시대 홍대용洪大容(1731~1783)이나 박지원朴趾源(1737~1805) 같은 이들이 오랑캐 '청'을 감당하기 위해 '중국'과 '중화'를 분리했듯[19] 근대 전환기 지식인들은 서양 문물과 일본을 감당하기 위해 '중화'와 '문명'을 분리하게 된다. 문명을 중화의 결과로 상상하고 규정하던 전 시대와 달리 1880년대 이후 조선에서 기표상의 변화가 없는데도 문명은 이미 다른 이념의 표현형으로 바뀌고 있었다. 이제 중화는 구시대의 낡고 무능한 이념으로 역사의 뒷길로 사라질 운명에 놓이게 되었고, 서구 근대적 관념으로 재구성된 '문명개화'가 '중화의 문명' 관념을 압도하며 시대를 이끄는 구호로 등장한 것이다.

문명개화의 등장은 사실상 문명이 중화에서 분리되어 독립적으로 작동하게 되었다는 것을 의미한다. 문명개화는 과거에 독자적 개념으로 사용되지 않았던 문명을 중화에서 떼어내 독립적 개념으로 사용하면서 그 성격을 분명히 하고 보충하기 위해 그 뒤에 문명을 실현시킬 방법으로서 '개화'라는 일종의 강령을 덧붙인, 다시 말해 이념과 강령을 동시에 담은 복합적 관념이라고 할 수 있다.

19세기 말에 활동한 일군의 유학자는 새로운 문명의 구호에 반응하고 이를 수용함으로써 결과적으로 중화와 문명의 분리를 자명한 요구로 받아들이게 된다. 이에 따라 낯선 세계관과 담론을 담고 있던 civilization의 번역어 문명이 전통적 문명 위에 덮어 쓰이면서 문명은 중화에서 이탈해 새로운 의미망과 지향성을 획득해갔다. 그러나 이 분리는 완전하게 수행될 수 없었다.

전통적 문명과 새로운 문명이 동일한 기표를 나누어 썼기 때문이다. 이 분리와 중첩 안에서 이 시기 지식인들은 문명의 의미와 지향에 대한 각기 다른 상상을 하며 조선의 난관을 극복하고 국권을 회복하고자 했다. 어떤 지식인은 이 분리를 분명하게 인지하고 서구적 문명을 시대적 요구로 설득하고자 했고, 어떤 지식인은 새로운 문명 개념을 인지했음에도 여전히 중화와 분리를 고민하지 않았다. 이런 구도에서 본다면 근대 전환기 지식인들의 선택과 지향은 중화로부터 문명의 독립과 그 분리 이후 지향에 관한 서로 다른 견해의 문제라고 할 수 있을 것이다.

이 글에서는 근대 전환기 지식인들의 사상과 실천 안에서 전 시대와 달리 분리되고 중첩된 문명의 함의와 작동 방식을 살펴보고자 한다. 스스로 의도하지도, 의식하지도 않았지만 결과적으로 '최후'가 된 동시대 유학자, 즉 의암 유인석柳麟錫(1842~1915)과 해학 이기李沂(1848~1909)의 사상과 실천은 문명의 관념이 어떻게 중첩되고 어떤 논리로 나타나는지 보여줄 것이다. 이들은 그 자체로 19세기 말에서 20세기 초 조선 지식장의 혼돈과 교착 그리고 그 속에서 작동하던 이념과 지향을 상징한다. 이들 마지막 유학자들의 선택과 지향은 정인보鄭寅普(1893~1950), 변영만卞榮晩(1889~1954), 최남선崔南善(1890~1957) 등 더는 '유학자'로 분류되지 않는 다음 세대 지식인들, 다시 말해 중화는 물론 전통적 문명에서도 먼 20세기 지식인들과 달랐다.

일반적으로 근대 전환기 지식인들이 보여준 당대의 진단-반성과 미래의 제안-기획은 위정척사와 개화로 양분되어 평가된다. 비슷한 시기에 태어나 활동한 두 사람 역시 일반적으로 근대 전환기의 사상 지형 가운데 각각 대척적 관계로 파악된다. 신해혁명 후 공화제를 채택하는 중국을 상대로 「우주문답宇宙問答」을 쓰며 조선의 국권을 회복하기 위해 중화의 재건을 주창했던 유인석은 이른바 위정척사파로 분류된다. 반면 조선 침탈에 항의하기 위해 도일했다가 양복으로 갈아입고 단발로 귀국한 뒤 신학문을 주장하며 을사오적 암살에 가담했다가 유배를 당하는 등 복잡한 지적 변신을 보여준 이기는 이른바 계몽사상가로 분류된다.

그러나 개화냐 척사냐를 따지는 이분법적 시각으로는 이 시기 지식인들의 태도와 실천에 담긴 복잡성을 포착하고 그 속에 담긴 모종의 지향을 설명하기가 어렵다. 유인석이나 이기 같은 근대 전환기 지식인들에게 요구되었던 것은 중국-조선-서양-일본의 국가 단위의 표층적 차원 아래서 작동하는 민족, 지역, 도덕-문화, 힘-기술의 복합적 기준을 재조정함으로써 조선의 패착을 진단하고 위기 극복 방안을 제안하는 일이었다. 이 복잡성은 이들이 내세운 표면적 구호와 주장이 아니라 이 제안의 배후에서 작동하는 논리와 이념을 분석함으로써 설명될 수 있을 것이다. 이 글은 문명의식의 관점에서 조선의 회복을 위한 주장과 선언의 배후에 담긴 논리와 이념을 살펴보고 그 속에서 문명의 기준과 작동, 효과에 대한 기대가 어떻게 드러나는지 검토하려는 것이다.

그런 맥락에서 후쿠자와가 문명 개념에 담고자 했던 서구 근대적 담론이 무엇이었고 그것이 얼마나 온전히 조선 지식인들에게 이식되었는지는 이 글의 관심사가 아니다. 유인석과 이기는 civilization을 수용한 것이 아니라 전통적 개념인 문명 위에 새로운 의미가 덧씌워진, 복합적이고 중층적인 의미망을 경험한 세대이다. 이 낯선 문명의 기획에 동의했는지와 관계없이, 이들은 본래 유학의 전통에서 작동하던 문명 개념에서 완전히 이탈할 수 없었다. 기의記意는 낯설었지만 영어 civilization이 아닌 전통적인 자기 언어와 개념 '문명'을 사용했다는 점에서 이들은 단순히 서구적 '문명'의 일방적 수용자가 아니라 스스로에게 문명의 책임자, 담당자 자리를 부여할 수 있었다.

'문명' 개념에 대한 이들의 주도권과 능동적 개입은 이들에게 후쿠자와가 제안했던 서양 근대 개념이 온전하게 이식되었는지를 논점에서 배제할 수 있도록 해준다. 이들은 civilization도, 후쿠자와의 개화문명-문명개화도 아닌 자신들의 문명의식을 축으로 삼아 당대 문제 상황, 참고점,

지향점, 새로운 관념과 담론을 운용한 지식장의 주체들이었기 때문이다.

4 최후의 유학자들과 「우주문답」의 질문들

호남의 변변하지 못한 가문에서 독학으로 학문을 익히며 과거 공부를 하던 평범한 선비였다가 단발을 하고 신학문 수용을 강변하는 계몽사상가로 변신했고, 후에 단군교[20]라는 민족종교의 창설에도 가담한 이기의 독특한 지적 편력은 이 시기 조선의 운명처럼 불안정하게 보인다. 1848년(헌종 14년) 전라도 만경의 몰락한 가문에서 태어난 그는 여러 번 과거에 응시했지만 번번이 실패하고 28세에 과거를 결국 포기한다. 가세가 기울자 그는 집을 떠나 이곳저곳을 떠돌며 장사를 하는 등 10여 년을 유력한다.

새로운 돌파구를 찾던 그는 동학농민군이 봉기했다는 소식을 듣고 동학군에 참여하고자 전봉준全琫準(1855~1895)을 만나기도 했으나 지도자 중 한 사람인 김개남金開南(1853~1895)에게 살해 위협을 받고 도망친 뒤 도리어 동학군을 진압하기 위한 향촌자위대를 조직하기도 한다. 후에 의병 토벌에 앞장섰다는 공로로 훈장을 받는 등 도일 전 그의 행적은 극적이기까지 하다. 한편 이기는 1905년 통감부가 설치되어 일본의 국권 침탈이 전면화되자 고종에게 망국의 책임을 묻는 상소를 올리기도 하고, 이토 히로부미伊藤博文(1841~1909)에게 항의서한을 보내기도 한다.

그의 지적 변화에서 본격적 계기가 된 것은 일본 체류 경험이라고 할 수 있다. 이기는 일제의 국권 침탈이 가시화되던 1905년 동료들과 함께 도일하여 3개월간 일왕, 각료들에게 항의서한을 보내고 일본에 망명 중이던 박영효朴泳孝(1861~1939)와 만나는 등 국권회복활동을 벌인다. 이 시기 그는 극적인 심경의 변화를 일으켰던 것으로 보인다. 귀국할 즈음 머리를 자르고 양복을 입기 시작했기 때문이다. 서양식 복장으로 갈아입고 귀국한 뒤 그는 적극적으로 신학 교육을 주장하고 나선다. 이런 배경에서 귀국 후 그는 신학 교육기관인 한성사범학교 교관으로 일하기도 하고 계몽단체 대한자강회에서 일하다가 을사오적 암살미수사건에 연루되어 유배되기도 한다.[21]

전통적인 유학을 배운 선비로서, 나름대로 글재주[22]를 인정받았음에도 뜻과 능력을 펼칠 사회적 장을 얻지 못하고 홀로 떠돌다, 동학군에 가담하려다 실패하고 도리어 자위대를 조직해 동학군을 토벌하는 등 그의 행보는 불안한 조선의 운명처럼 복잡하고 불안정했다. 국권 회복을 위해 도일했다가 돌아온 뒤에는 신학의 열렬한 주창자가 되었는가 하면, 후에는 민족종교 창립에 앞장서는 등 그의 삶에 나타난 사상적 변이 과정은 근대 전환기 조선의 불안정하고 혼란스러운 상황을 그대로 보여주는 듯하다.[23]

이에 비해 유인석의 행보는 일관된 것으로 보인다. 잘 알려져 있듯 유인석은 화서학파의 학맥을 계승한 전통적 유학자이자 1895년 시작된 의병운동을 주도한 대표적 의병장이다. 국권을 강탈당하자 그는 연해주로 이주해 의병대장으로서 의병 활동을 이어갔고, 결국 1915년 이국땅에서 생을 마감한다.[24] 중화를 깔고 앉은 실세인 중국 청나라조차 인정하지 않았던, 국권이 넘어가는 상황에서도 여전히 명의 연호 숭정崇禎[25] 연간에 살고자 했던 송시열宋時烈(1607~1689), 이항로李恒老(1792~1868)의 후예였던 그에게 중화는 중국 자체이자 문명 자체로, 중화와 문명은 결코 분리될 수 없는 것이었다. 같은 맥락에서 유인석에게 조선의 독립 역시 중화와 분리될 수 없는 문제였다.

유인석이 생각하는 중화에 대한 이념과 지향을 담은 글이 바로 「우주문답」이다. 말년인 1912년에 지어진 「우주문답」은 국권을 침탈당한 조선의 미래를 위해 중화를 재건해야 한다는 주장을 문답형식으로 압축한 것으로, 철저한 중화주의에 입각해 당시 조선의 나아갈 길을 제안한 글이다. 유인석이 연해주에서 중화제국의 붕괴를 목도하면서 지은 이 글은 단순한 과거의 소회나 안타까운 한탄이 아니라 분명한 목표와 지향을 담고 있는 논쟁적인 정치적 언설이기도 하다. 당시 공화정을 시행하려는 중국 지배층에게 전하는 정치적 제안이기 때문이다. 이 글에서 유인석은 중국의 공화제 시행을 적극적으로 반대하며 청나라 위정자들을 향해 전통적 화이론에 입각해 진정한 문명으로서 중화의 재건을 촉구하고 있다.

유인석은 「우주문답」에서 우주의 근본적 원리와 가치 그리고 그 원리와 가치를 담은 문명공동체로서 중화를 설명한 뒤 국권 상실의 원인과 문제, 급격히 밀려드는 신법-신학의 요구에 대한 비판과 대응 등을 주로 다룬다. 그는 이 글에서 조선의 현재 상황과 선택에 관한 질문을 구성하고 이에 답변하는 형식으로 자기 사상을 개진한다. 그러나 그의 답변은 거의 모든 문맥에 '중화'와 '천리'와 '오상오륜'을 거론한다는 점에서 상투적이고 원론적이며, 지금 시선으로는 대단히 시대착오적으로 보인다. 오직 중화의 회복과 전통적 방법을 돌이키는 것 외에는 관심을 두지 않기 때문이다.

중화로 되돌리는 방법 역시 대단히 복고적이며 원론적이다. 유인석은 중화제국의 부활을 옛 정치[古治]와 정전井田의 회복에서 기대한다. 그는 옛 정치, 즉 덕에 근거한 정치는 법치라는 말단의 방법과 구분되는 근본적인 정치원리이고 고대에 시행되었던 정전제 역시 정치의 근본이지만 현재는 회복할 길이 없다고 한탄한다.[26] 토지제도란 국가 경영의 기본이고 유형원, 이익, 정약용 등 전대 유학자들 역시 다양한 제안과 구체적 실현 방안을 모색한 중요한 국가적 사안이지만 그 누구도 고대 제도를 그대로 실현할 수 없음을 인지한 현실적 문제이기도 했다.

그러나 유인석은 구체적이거나 현실적인 대안 없이 고대의 제도가 현재 이루어질 수 없음을 한탄하는 선에서 왕도와 왕도의 토대로 정전을 말함으로써 논의를 현실의 맥락에서 분리시켜버리고 만다. 이런 맥락에서 그의 구상은 이념을 넘어 비현실적인 주장에 가깝다는 인상을 주기도 한다.

서양과 대면하는 과정에서 서학이 유입되는 등 다양한 지적 자극과 변화, 이념의 위상 변화를 어떻게 평가할지 판단을 뒤로 미룬다 하더라도, 그의 구상은 조선 후기 지식인들이 어렵게 조금씩 일구어놓은 사상적 변화를 일시에 고대로 되돌려놓을 정도로 원론적이고 복고적이다. 따라서 모든 문제에 대해 오직 중화의 회복만 주창하는 유인석의 '대답'은 사실 그와 동시대 조선 지식인들이 처한 복잡한 국면을 살피는 창으로 한계가 있다. 차라리 「우주문답」은 그의 대답보다는 '질문'에서 파악하는 것이 효과적일지도 모른다. '중화'로 귀결되는 그의 대답은 분명하고 단순하지만 그가 스스로 구성한 질문들은 그 자신이 어떤 혼란과 교착 위에 있는지를 드러낸다는 점에서 시대의 지적·정치적 교착 상황을 포착하는 데 더 효과적인 조망 각도를 제공할 수 있기 때문이다.

결과적으로 「우주문답」은 답 차원이 아니라 문 차원에 시대적 교착이 내재되어 있다고 평가할 수 있다. 이를 확인하기 위해 이 글에서는 「우주문답」의 질문들을 주제에 따라 분류하여 재배치하고자 한다.

I. 중화와 문명, 구법과 신법

1. 중화와 문명에 대하여

1) 중화란 무엇이며 조선이 왜 소중화인가?

2) 사람들이 서양이 문명국이며 문명과 경쟁이 같은 말이라고 하는데 어떻게 생각하는가?

2. 구법을 둘러싼 갈등

1) 일본이 조선을 빼앗고 조선이 일본에 나라를 빼앗기게 된 것은 어떤 연유에서인가?

2) 조선이 개화하는 데 개화인들은 구법으로 나라가 망했다고 여기며 또한 수구인의 허물로 돌리는데 어떻게 생각하는가?

3) 개화하여 깨달았다고 자처하는 사람들이 다른 사람들은 완고한 구습에 젖어 몽매하다고 비판하는데 어떻게 해명해야 하는가?

4) 구법을 행하면 나라가 망한다는 개화파의 주장을 어떻게 생각하는가?

5) 시대가 변해서 서양법을 따르는 것이 대세인데 여전히 옛것을 고수하면 시대착오적인 것이 아닌가?

6) 도덕에만 힘쓰다가 실력을 기르지 못하면 인도와 같이 식민지가 되는 것이 아닌가?

7) 옛 도가 좋으나 실행하지 못하면 나라를 보존할 수 없는데 어떻게 할 것인가?

3. 서양 문물 수용에 대하여

1) 지구설과 서양 역법의 우수성에 대해 어떻게 생각하는가?

2) 서양 문물이 훌륭해서 일본도 그로 인해 성공했는데 중국과 조선은 왜 채택하지 않는가?

3) 외국은 편리하고 긴요한 데 힘쓰는데 조선은 멀고 급하지 않은 일에만 힘쓴다는 의견에 대해 어떻게 생각하는가?

4) 서양 병기가 우수한데 이를 써야 하는가?

5) 서양의 법률은 어떠한 것인가?

Ⅱ. 제도와 실천—교육, 신분, 정치

1. 교육—학교 제도에 대하여

1) 서양 학술을 가르치는 신학교가 중국과 조선에 퍼지는데 이를 어떻게 생각하는가?

2) 중국과 조선에서 여학교가 설립되고 있는데 가능한가?

2. 정치제도에 대하여

1) 민주와 공화 가운데 어떤 정치체를 채택해야 할 것인가?

2) 입헌은 중국의 옛 제도와 같은데 현재 행할 수 있는가?

3. 신분제와 개인의 권리

1) 서양의 방법 중 주가 되는 것이 자유와 평등이라고 하는데 자유와 평
등이란 무엇인가?

2) 귀족을 타파해야 한다는 의견에 대해 어떻게 생각하는가?

다음 절에서는 위와 같이 주제에 따라 분류된 질문을 통해「우주문답」
안에서 '중화'와 '문명'이 어떻게 교착되고 중첩되어 있는지를 살펴볼 것이
다. 그리고 이 질문을 이기의 사상에도 적용해보고자 한다. 이기 역시 동
일한 문제와 맞닥뜨리기 때문이다. 같은 시대를 살았던 유인석의 질문은
이기의 질문이기도 하다. 더 나아가 답변의 차이에도 불구하고,「우주문
답」에 구성된 질문들은 유인석 개인의 질문이 아니라 시대의 질문, 즉 국
권을 잃은 조선 지식인들의 공통된 질문이라고 할 수 있을 것이다.

5
문명'들'의 중첩

앞에서 보듯 문명과 관련해「우주문답」의 질문들은 크게 두 가지로 분류
할 수 있다. 하나는 중화와 문명에 대한 거시담론과 이로부터 구법과 신
법 중 어떤 방법을 쓸 것인가 하는 원론적 문제, 그리고 다른 하나는 그에
따른 실질적 제도개혁의 문제다. 특히 Ⅰ-2의 구법에 대한 인식과 Ⅰ-3
의 서양 문물 수용에 관한 질문은 수가 많고 중복되는 내용이 많다는 점에

서 그가 어떤 문제에 가장 심각하게 도전받았는지 알 수 있다.

그는 Ⅰ-1 중화의 문명에 대한 답변에서 거시적으로 원론적인 중화 담론을 설파하지만 실질적으로 그가 감당해야 했던 문제의식은 국권 침탈의 원인과 해결책에 대한 지식인들 간의 갈등에 대해 자신의 신념이 담긴 정답을 제안하는 것이었다. 이기 역시 유사한 질문들의 목록을 들고 답변을 구상한다. 이들 모두에게 전제가 되었던 것은 '중화'와 '문명'의 처리 문제였을 것이다. 이기의 지적 변신은 중화와 문명의 분리에서 출발한다. 이기는 중화와 문명을 분리할 뿐 아니라 청나라와 중국도 분리한다. 그는 중국이라는 오랜 호칭을 버리고 폄하적 효과를 가진 '지나支那'라는 일본식 용어로 표기하며 중국의 교만과 교육의 잘못으로 조선의 정신을 잃었다고 주장한다.

> 지나 사람들은 교만하고 대국으로 자처하기를 고래부터 그러하였다. 역사책에 우리나라를 동이로 표기했으니 그러한 책을 읽은 자는 어릴 때부터 지나가 있는 것만 알 뿐 우리나라는 알지 못하다가 조국의 정신까지 잃어 결국 오늘과 같이 비참한 지경에 떨어지게 되었으니 그 연유가 이미 오래되었다.[27]

이기는 조선이 명을 존숭하고 중화를 숭상해온 것이 당쟁과 같은 정치적 상황에서 자신들의 입지와 정당성을 확보하기 위한 정치 전략에 불과했다는 점을 날카롭게 지적한다.

삼학사의 척화의 글과 송문정의 북벌의 의론에 '대명大明' 두 글자를 첫머리에 사용하는 것은 국민의 마음을 자극하여 국권을 회복하려는 것이지 명과 청의 사이에서 선택하려는 것이 아니다. (중략) 대명의리를 조작하여 당쟁에서 자신들의 세력을 조장하는 데 이용하고자 하였으니 한심한 일이다.[28]

이기에게 중국은 이제 더는 중화는 물론 중국도 아닌 '지나'에 불과하며, 조선으로 하여금 현재 상태에 이르게 만든 원흉일 뿐이다. 이기는 '우리나라가 불행히 지나와 가까이 있어 예악 제도를 모두 수입해온 것이므로 소중화라 칭한다'[29]라고 말하며 소중화라 칭하게 된 역사적 과정을 '불행不幸'하다고 표현한다. 이기는 중국과 중화를 분리하는 정도가 아니라 중국과 중화를 용도폐기하고자 한다. 이에 비해 유인석에게 중화는 영원한 현재형으로, 조선의 존립 근거이자 이유이기도 하다.

이른바 중화의 명맥[華脈]은 복희 황제, 요순 문무 등이 제왕 노릇을 하며 이어온 것이며 또한 공자, 증자, 자사, 맹자, 정자, 주자 등의 성현이 이어온 것이고 우리나라에서는 대대로 성스러운 선왕들과 많은 선정이 이어온 것이다. 천지는 이를 위하여 마음을 썼고 백성들은 이를 위하여 목숨을 다해 이어왔다.[30]

조선은 화맥의 유일한 계승자로 우주에서 유일한 소중화 문명이다.

우리 태조 강헌대왕이 대명국 홍무 연간에 창업하시어 중화를 써서 나라를

이루시고 소중화 문명을 여신 지가 유구하다.[31]

중국이 중화이고 우리가 소중화인 것은 두 가지 이유 때문이다. 하나는 지리적으로 중심에 있다는 것이고 다른 하나는 우주적 진리, 즉 도덕적 도리에 나아갈 수 있는 유일한 능력을 가졌다는 것이다.

> 중국은 국가들의 정중앙에 있어 그 행하는 바가 위로 통달한다. 위로 통달한다는 것은 도리에 통달한다는 것이다. 외국은 국가들 중 변두리에 치우쳐 있으므로 그 행하는 바가 아래로 통달한다. 아래로 통달한다는 것은 형기에 통달한다는 것이다. 상달은 중국의 장기이고 하달은 외국의 장기이다.[32]

이 맥락에서 중국-중화는 관념의 중심성과 지리적 중심이 중첩되어 있는 복합적 관념이다. 그는 지리적 중심과 이념의 중심을 구분하지 않는다. 유인석은 홍대용 등 전 시대 지식인들이 수용했던 지구설도 인정하지 않기 때문에 그에게 중국이 지리적 중심이라는 사실은 만고불변의 원리였다. 이 맥락에서 유인석이 말하는 '중국'은 근대 국가적 관념으로 포착된 청나라를 넘어선 일종의 보편적 중화세계를 의미한다.

> 하늘이 사람을 낳음에 사람이 금수와 달라 부득불 예의제도가 있어야 하니 예의제도란 곧 천도가 밝게 드러나 사람됨을 이루는 것이다. 반드시 한 사람으로 하늘을 계승하고 도를 세움으로써 백성이 성립하는 것이니 하늘의 마음 씀이 지극하다. 중화 제왕은 복희·신농·요순 이래로 예의제도로써 천하를

다스려 예의제도가 천하에 있게 되었다. 여러 차례 굴신성쇠하다가 끝내는 중원이 쇠락하게 된즉 오직 우리나라에만 있게 되어 우리나라가 마침내 천하 예의의 종주국이 되었다.[33]

예의제도를 갖춘 국가라면 '중화'의 반열에 들 수 있다는 점에서 중화－중국은 실질적 국가가 아니라 국가 단위를 상회하는 초국가적 문화공동체의 이념이기도 하다. 심지어 유인석은 그동안 오랑캐라 부르며 인정하지 않던 '청'을 '중국'으로 표현하기도 한다. 「우주문답」이 당대의 중국, 즉 공화정을 시행하려는 청나라 집권층에 대한 통렬한 권고의 글이라는 점에서 「우주문답」에 등장하는 '중국'은 국권을 보유한 개별 국가 청나라를 지칭한다. 사실 유인석은 연해주에 오기 전에 철저한 위정척사적 관점에서 명나라 연호를 써야 한다고 주장한 인물이다.[34] 그러나 신해혁명 후 공화제를 시행하려는 청의 몰락을 목전에 두고 유인석은 청을 오랑캐로 부르는 대신 '중국'으로 호명하며 동아시아에서 대제국 청의 역할을 호소하고 권고한다.

대개 중국은 세계의 대종大宗이며 천지의 유일한 중심이다. 중국이 서면 세계가 안정되어 천지가 이루어지고 중국이 엎어지면 세계가 어지러워져 천지가 허물어진다. 중국은 스스로 신중해야 한다.[35]

유인석이 국권을 상실한 당시 상황에서 중화와 중국을 주창하는 이유는 중국－중화만이 진정한 문명이기 때문이다.

중국은 천지가 개벽한 이래로 문명이 이루어진 지가 이미 오래다. (중략) 성
인과 철인이 그 규정을 따라 윤상예악과 제도문물, 도덕경술이 혁혁하게 빛
났으니 이것이 상달로 인하여 중국이 되는 까닭이다.[36]

유인석이 말하는 문명이란 상달, 즉 윤상예악倫常禮樂과 제도문물制度
文物, 도덕경술道德經術을 의미한다. 더 나아가 그는 이를 이루기 위한 조
건으로 제왕대통帝王大統, 성현종교聖賢宗敎, 윤상정도倫常正道, 의발중
제衣髮重制를 든다.[37] 제왕의 통치는 상달을 세우는 것이고 성현의 가르
침은 상달이 나오는 곳이며 윤리와 올바른 도리는 상달을 유지하는 것이
고 복식과 머리 모양은 상달이 드러나는 바라고 한다.[38] 이처럼 유인석은
중화와 문명을 연결하고 중국과 조선을 연결한다는 점에서 전통적 문명
의 관점에 서 있다. 그러나 다음의 질문은 「우주문답」에 전통적 문명 외에
다른 문명이 중첩되어 있음을 알 수 있다.

사람들은 모두 서양이 문명이라고 여긴다. 지금 시대에는 경쟁과 문명을
병칭하니 그 말이 어떠한가(問曰, 人皆以西洋爲文明, 以今時代, 幷稱競爭文明,
其言何如).

이 시기 어떤 사람들은 중화에서 문명을 분리해 서양에 연결한다. 더
나아가 이때 문명은 '경쟁'과 병칭됨으로써 전통적 문맥을 완전히 이탈해
버린다. 이 질문에 담겨 있는 문명은 앞에서 유인석이 강변했던 오상오
륜, 예의제도, 도덕경륜이 아닌 국가 간 힘의 추구와 그의 결과를 의미한

다. 질문을 구성한 유인석은 이미 전통적 문명 관념 외에 또 다른 문명 관념이 사람들을 움직이기 시작했음을 잘 알고 있었던 것이다.

그러나 이 질문에 대해 유인석은 무슨 말인지 모르겠으며 질문이 되기도 부족하고 대답을 하기에도 부족하다고 일축한다. 이 문맥에서 그는 '상달' 즉 오상오륜만을 문명으로 보아야 하며(中國之古明於五常五倫) 서양에서 말하는 문명은 '온갖 기술과 기교의 극(其言文明, 爲其有百技千巧之臻其極)으로 진미와 사치스러운 의복, 큰 집과 강력한 병기 등의 일에 불과하다(不過濟珍食侈衣壯居强兵等事也)'는 원론적 답변을 한다. 그러나 여기서 유인석은 나름의 전략을 구사한다. 문명을 이원화하는 것이다.

중국은 오상오륜, 즉 도덕성 창달에 바탕을 둔 상달의 문명이고 서양은 온갖 기교에 밝은 하달의 문명에 불과하다고 봄으로써 서양 역시 낮은 수준이지만 문명으로 인정한다. 이 맥락에서 그는 중화와 문명의 분리를 어느 정도 인정하는 셈이다. 그러나 유인석은 문명에 '경쟁'의 관념이 담기는 것은 인정하지 않는다. 경쟁과 문명이 상반되는 극과 극의 관념이라는 것이다.

> 경쟁을 문명으로 여긴다면 당우삼대의 훌륭한 통치시대는 문명이 아니며 춘추전국의 경쟁시대는 문명이란 말인가? 경쟁과 문명은 서로 상반되는 극인데 어떻게 서로 혼란스럽게 병칭한다는 것인가?[39]

그에게 경쟁은 혼란을 일으키는 분쟁 정도의 의미였던 것으로 보인다. 당시 경쟁과 문명이 병칭되었다는 것은 문명이 '국가' 간의 대결 양상으로 전환되었음을 의미한다. 이 점은 이기가 잘 보여준다. 이기는 '새로운 세계의 경쟁 중 나란히 서고자 한다면(以是而欲并立於新世界競爭之中)'[40] 신견문, 신사상을 익혀 신민이 되지 않으면 안 된다고 말한다.

이 맥락에서 이 시기 문명과 함께 논의되던 경쟁이 단순히 개인 간의 경쟁이나 다툼이 아니라 국가 간의 경쟁임을 알 수 있다. 이기는 「최익현전崔益鉉傳」에서 "(국가에 충성하고 사람을 사랑하는 성과 신의를 지키고 의리를 밝히는) 도는 비록 개화하여 경쟁하는 여러 나라도 이를 버리고는 세계 가운데 자립할 수 없다(抑雖開化競爭之列國, 舍此恐亦無以自立於世界之間矣)"[41]는 최익현의 말을 전한다. 이기 역시 경쟁을 국가 간의 일로 인식했음을 알 수 있다.

앞에서 살펴보았듯 후쿠자와가 근대적 문명 civilization의 아시아적 적용태로 제안한 '문명'은 분명 국가 단위의 문제였다. 후쿠자와는 한 국가, 모든 국민의 정신적·물질적 발전을 '문명'으로 부르며 국가들을 야만, 반개, 문명으로 분류함으로써 국가 간의 경쟁을 당연한 것으로 파악한다. 유인석과 이기 역시 '경쟁'이라는 말을 명시함으로써 문명이 모종의 결과를 향한 국가 간 상호 경쟁의 결과임을 인지하고 있었음을 보여준다.

그러나 사실상 중화—문명의 구도 안에서는 독립적인 근대국가의 관념이 분명하게 드러나기 어렵다. 중화는 특정 국가가 실현할 수는 있지만 궁극적으로는 국가 단위가 아닌 도덕적 공동체를 의미하기 때문이다. 서론에서 이익과 정약용, 박제가의 문장이 보여주었듯, 조선 유학자들에게 문명 역시 국가 단위에 한정되지 않는 개념이었다. 특정 국가나 특정 지역의 문화적 수준을 의미했을지언정 반드시 외부와 독립적인 개별 국가 단위로 작동하는 것은 아니었다. 그러나 유인석과 이기는 동시대 지식인들과 함께 문명을 반드시 국가 단위로 파악해야 하는 시대적 요구 앞에 서게 된 것이다.

중화와 문명을 완전히 분리하지 않은 유인석은 이 시대적 요구를 망국의 원인을 찾는 과정에 담았다. 그는 구법에 대한 질문들인 I −2 구법에 관한 질문들에 답하면서 조선이 '문명'이었음에도 나라를 빼앗긴 원인이 모두 서법西法 때문이라고 말한다.

> 서법에서 비롯된 것이다. 서법이 없었다면 일본이 어떻게 나라를 빼앗았겠는가. 서법이 아니면 조선이 어떤 연유로 나라를 빼앗겼겠는가. 조선이 나라를 잃은 것은 먼저 외국 일을 알았던 자들로부터 시작되었다.[42]

유인석은 나라가 망한 것은 모두 서양 문물에서 비롯된 일이라고 말한다. 그에게 '개화'는 망국을 초래한 원흉이다.

> 비록 구법으로 나라가 망했다고 하나 나라가 망한 것은 개화가 행해진 후에 일어난 일이다. 개화를 한다고 말하면서 그들이 한 일은 국모를 시해하고 군부를 폐하며 윤리강상을 어그러뜨리고 법과 기강을 무너뜨려 나라를 팔아 나라가 망하는 데 이르렀으니 만일 구법 때문에 나라가 망한다 하더라도 어찌 개화가 나라를 망하게 하는 것보다 심하겠는가.[43]

이에 비해 이기는 '옛것', 즉 과거의 도로는 현재의 문제를 풀 수 없다고 못 박는다.

　　세상의 학자들 가운데 옛것을 좋아하는 부류가 많아 매양 정치 도덕을 논
할 때 반드시 당우를 칭하지만 나는 그들이 장차 과거의 도를 가지고 지금의
세상에 행할 수 있을지, 아니면 혹 과거의 도를 빌려 지금 세상에 스스로 과시
하려는 것인지 모르겠다. 지금 세상에서 행할 수 있다고 여긴다면 지극히 어
리석은 사람일 것이요 지금 세상에 스스로 과시할 수 있다고 여긴다면 크게
속이는 사람일 것이다.[44]

　이런 맥락에서 이기는 개화에 조선 패망의 원인을 돌리는 태도를 경계
한다. 기본적으로 그는 완고, 즉 수구와 개화를 이분법적으로 나누는 데
반대한다.

　　서양인들이 아시아에 드나든 이래로 완고와 개화의 설이 성행하였다. 두
가지 설이 결정되지 않은 채 수십 년이 되었다. 지금 내가 보니 모두 지극한
이론이 아니다. 무릇 천하의 일은 이치로서 처리해야 하며 기로써 다투어서
는 안 된다. 옛 성인들은 반드시 피아彼我를 하나로 보았다. 그러므로 황제 요
순 이래 예악형정에 따른 것과 바꾼 것이 매우 많았으나 공자는 은나라는 하
나라의 예를 인순했으니 그 손익을 알 수 있고 주나라는 은나라의 예를 인순
했으니 그 손익을 알 수 있다고 하였다. 만일 시무를 맡은 자로 하여금 그 의를
따라 제도를 덜고 보태게 한다면 나는 완고가 반드시 개화가 아닌 것은 아니
며, 개화가 반드시 완고가 아닌 것은 아닐 것이니 또한 어찌하여 분분히 따지

겠는가.[45]

이기는 개화와 수구를 양시양비적으로 파악하는 것으로 보인다. 그러나 여기서 핵심은 개화와 수구의 실질적 의미다. 이기는 완고-수구를 전대의 법을 그대로 따르는 '인순'으로, 개화를 시대의 필요에 따라 덜고 더하는 '손익'으로 생각한다. 이 시기 밀려들던 '개화'의 요구가 단순히 제도의 변화를 의미하지 않음을 냉철하게 파악하지 않은 것이다. 그러나 그는 이 지점에서 독자적인 제안을 한다.

> (식민지로 전락한 폴란드, 이집트, 인도, 안남의 경우) 이를 일러 나라를 멸망시키는 신법이라고 한다. 나라를 멸망시키는 자들이 이미 신법을 사용했다면 나라를 회복하는 자 역시 마땅히 신법을 사용해야 하니 그 이치가 매우 분명하다. 그러나 오히려 장차 옛것을 지키는 데 자처하면서 신법을 도모할 생각을 하지 않는다.[46]

이기도 신법, 즉 서양 문물과 제도를 들여오려는 조급한 태도가 나라를 멸망시켰다는 말을 부정하지 않는다. 그러나 이기의 인식은 여기서 한 발 더 나아간다. 신법으로 망했다 하더라도 국권을 회복하기 위해서는 또한 이 신법을 사용해야 한다는 것이다. 유인석도 이기도 구법의 한계와 신법의 요구를 인정한다. 그러나 두 사람은 망국의 원인에 대한 진단을 넘어 대안을 마련하는 지점에서 갈린다. 이 대답은 I-3 서양 문물 수용에 관한 질문 항목을 통해 제시된다.

<u>6</u> 신견문, 신사상, 신학의 도전

유인석은 중국이 단순히 문화적·도덕적 수준 때문이 아니라 세계의 지리적 중심이 된다고 설파하는 대목에 지구설에 대한 질문을 배치한다. 이에 대한 대답을 살펴보면, 유인석은 과학적 지식의 수준이 낮거나 관심이 없었던 듯 보인다. 그는 이미 박지원, 홍대용, 김석문金錫文(1658~1735)과 같은 전 시대 지식인들 사이에서 폭넓게 인정받았던 지구설에 관한 질문에 이치에 닿지 않아 허망하고 번거롭다고 일축해버린다.[47]

서양 역법의 우수성 등을 묻는 질문 역시 서양 기술은 하달의 형기에 불과한 것으로 성현 도덕의 나라인 중국에서 도덕이 극대화된 것과는 다르다며 폄하한다. 다른 질문에 대해서도 일관되게 서양 기술이 뛰어난 것 역시 하달의 형기(西人極於下達形氣也)로 공장기예工匠技藝의 말단에 불과하다고 잘라 말한다. 일본이 서양법을 써서 부강한 듯 보이지만 내실이 없어 허약하다는 것이다.[48] 유인석은 서양의 발달을 한시적이거나 제한적인 것으로 끌어내린다. 그에게 진정한 세계는 눈에 보이는 형기의 차원이 아니라 보이지 않는 도리의 차원에 존재하기 때문이다.

이에 비해 이기의 인식은 유인석보다 현실적이다. 이기는 "지금 태서 열강들이 능히 천하를 호령할 수 있는 것은 거함과 대포가 있기 때문"[49]이라며 서양이 보유한 힘이 형기, 즉 서양 문물에서 비롯된 것임을 분명하게 인식한다. 중요한 것은 조선의 선택이다. 이기는 서양과 대등한 힘을 가지려면 같은 기기를 가져야 한다고 말한다. 이를 위해 신학문을 배우지 않을 수 없다는 것이다.

진실로 (서양에) 대항하고자 한다면 반드시 동등한 기기가 있어야 한다. 이
때문에 공학을 배우지 않을 수 없다. 진실로 (기기를) 제조하고자 한다면 반드
시 조정에 비용이 있어야 하니 이 때문에 농학과 상학을 배우지 않을 수 없다.
진실로 공급하고자 한다면 반드시 부민정치가 있어야 하니 이 때문에 사학土
學(정치학과 법률학)을 배우지 않을 수 없다. 배우지 않을 수 없는 학문으로 배
우지 않을 수 없는 때를 만난 것이니 그러므로 구구절절 제군자들에게 바라
는 것이다. 내가 어찌 그만둘 수 있겠는가.[50]

이 지점에서 구법이냐 신법이냐는 문제는 필연적으로 '무엇을 가르칠
것인가'의 교육문제로 연결될 수밖에 없다. 「우주문답」 역시 I −4의 교육
에 관한 문답을 제시한다. 유인석에게도 교육은 중요한 문제였다.

인재를 양성하는 것은 국가의 큰 책무이자 장기적 계획이다. 예의염치로
써 인도하고 효제충신으로 펼치게 하며 성현의 학문으로 바탕을 삼게 하여
각기 그 강상의 도를 닦아 덕을 이루고 재능을 통달하게 하면 대소가 각각 성
취하여 국가의 무한한 수요가 될 것이니 이것이 곧 나라를 보존하는 기틀이
될 것이다.[51]

문제는 예의염치, 효제충신을 아는 국가의 동량으로 키우기 위해 구체
적으로 무엇을 어떻게 가르칠 것인가 하는 점이다. 유인석은 인륜을 밝혀
야 학교라고 할 수 있다(明人倫, 可曰學校)고 생각한다. 학교에서 배워야
할 것은 부자유친, 군신유의, 부부유별, 장유유서, 붕우유신의 오륜도리

를 구하여 다하게 하는 것(學校明人親父子義君臣別夫婦序長幼信朋友之五倫道理而求盡者也)이다. 바로 이 점에 서양식 신학교를 도입할 수 없는 이유가 있다.

서양인들의 학교에 어찌 부자유친·군신유의·부부유별·장유유서·붕우유신의 오륜도리가 있겠는가. 형기상의 일을 구하여 욕심을 채울 뿐이다.[52]

유인석은 조선에서 향교와 성현 제사가 사라지면서 자신이 배우고 익힌 학문이 '구학舊學'으로 밀려나는 상황을 보았다고 술회한다.[53] 그러나 왜를 배우면 왜같이 되고 서양을 배우면 서양같이 되기(學倭化倭, 學洋化洋) 때문에 조선에서 신학교를 세우는 일은 비용을 낭비하고 인물을 망치게 하는 일에 불과하다고 본다.[54] 이런 상황에서 여학교는 더 말할 것이 없을 것이다. 유인석은 "여학교라는 것이 천지를 본받지 않은, 금수만도 못한(爲是所謂女學校, 則不得不日不肖天地, 不若禽獸者人也)" 것이라며 극단적으로 반대한다. 여자들이 자유, 평등을 배우면 부모, 시부모, 자식을 망칠 뿐이라고 경고한다. 그러나 연해주에서 이 글을 쓰고 있던 유인석이 꿈꿀 수 있던 것은 "성스러운 영웅이 일어나 일시에 남녀학교를 없애버리고 옛 도를 회복하여 사람들로 하여금 삼대의 융성한 때를 보도록 하는 것"[55] 뿐이었을 것이다.

이기 역시 유인석과 마찬가지로 국권 회복의 토대는 교육이고 '문명'의 도래는 교육에 달려 있다고 본다.

근일 우리 대한의 급선무는 교육을 우선하지 않을 수 없다. 교육에는 세 가지 종류가 있다. 하나는 가정교육으로 부모의 언행이 그것이다. 두 번째는 학교교육으로 문자와 정치와 법이 그것이다. 세 번째는 사회교육으로 신문과 잡지가 그것이다. (중략) 무릇 동서양의 이른바 일등 국가들은 모두 이로부터 문명을 불러왔고 또한 이로부터 부강을 이루어냈다.[56]

이기는 현재 강성한 국가들은 모두 세 가지 교육을 실시해 문명을 이루었고 부강을 얻었다고 생각한다. 그러나 교육의 내용과 방법은 유인석과 반대방향으로 향한다. 먼저 그는 구학문을 버려야 한다고 주장한다. 그는 "예전의 선왕이 백성을 가르친 것은 진실로 새로운 방법이 없었으니 반드시 썩어 문드러지는 데 이르러 쓸 수 없는 것이다"[57]라고 말하며 구학문의 폐단으로 사대주의와 한문의 어려움, 문호 구별의 폐단을 들면서 다음과 같이 말한다.

다만 이 구학문은 대부분 진한 후 전제정치에서 나온 것으로 그러므로 백성들을 흩어지게 하기에 족하고 백성들로 하여금 취합하게 하기에 부족하다. 결단코 금일 행할 수 있는 것이 아니다.[58]

이기는 구학이 아니라 신학에 희망을 건다. 그는 신학 가운데 자연히 세상을 경영하고 계획하고 도모하는 방법이 있어 경세제민할 수 있다(至於新學之中, 自有經綸籌策, 可以經世濟民)고 생각한다. 이기는 신학의 효용과 결과에 의문을 품은 사람들을 설득하기 위해 "근래 세계 각국에서는 신학문, 신지식을 익히는데(至於近代世界各國新學問新知識) 이를 시행하지 않는다면 결국 다른 사람에게 예속되어 노예가 되어버릴 것"이라고 강변하는 한편, 시무로서 신학 도입의 정당성을 「대학」의 체계에서 끌어온다.

> 「대학」의 교육은 다른 것이 아니니 장차 그 소학 중학 시절에 밝히지 못한 덕을 밝히는 것이며 명덕의 뜻은 다른 것이 아니니 장차 백성을 새롭게 하는 것이다. 신민의 일은 다른 일이 아니니 장차 지극한 선에 머무는 것이다. 대개 신민은 대학의 제일의가 된다.[59]

이기는 신학에 유가 경전에서 강조하던 변화와 혁신의 관념을 덧입히고자 한다.

> 이는 곧 『상서』에서 이른바 '옛날에 물든 나쁜 풍속을 모두 새롭게 한다'는 것과 『모시』에 이른바 주나라는 비록 오래된 나라이나 그 명이 '오직 새롭다'는 것과 『논어』의 이른바 '옛것을 익히고 새로운 것을 안다'는 것과 「대학」의 이른바 '날로 새롭고 또한 날로 새롭다'는 뜻에 서로 어그러짐이 없는 것이 아니겠는가.[60]

이기는 「대학」의 핵심이 신민에게 있다고 보면서 새로운 방법(新之之術), 즉 신견문과 신사상을 통해 신민이 되지 않는다면 조선 사람은 고려나 신라 때 사람과 다를 바가 없어(故國朝之民, 猶高麗之民也. 高麗之民,

猶新羅三韓之民也) 결코 신세계의 경쟁 중 나란히 서고자 해도 불가능하다고(以是而欲幷立於新世界競爭之中, 吾知其決不可得也) 말한다. 그에게 경쟁에서 나란히 서는 방법은 신견문, 신사상을 익혀 새로워지는 길뿐이다. 이기는 그러한 실례를 서양에서 본다. "서양의 교과서는 매번 수 년 후 다시 고치고 선별하므로 백성의 이목이 신견문이 아님이 없고 심지가 신사상이 아님이 없다."[61] 그리고 이 신견문, 신사상을 담고 있는 것이 바로 서양의 학제들이다.

> 다행히 근일 신학이 나와 각종 교과가 모두 갖추어지지 않음이 없게 되었다. 예를 들어 정치학과 법률학은 선비의 학문이며 농상학과 종식학은 농민의 학문이다. 상무학, 경제학은 상인의 학문이며 광학, 성학, 중학, 화학, 기기학은 공인의 학문이다. 가정학, 국가학, 병학은 또한 사농공상의 공통 학문이다. 처음에 가르칠 때는 비록 문명국의 백성이라 해도 역시 반드시 강제로 행하였다.[62]

「대학」의 신新을 시대의 사명으로 이해한 그는 신견문, 신사상을 가르치는 서양이 진정한 「대학」의 도를 얻었다고 말하기에 이른다.

> 대포를 만드는 데 예전에는 앞문을 썼지만 지금은 뒷문을 쓰고 전선을 설치하는 데 예전에는 유선을 썼지만 지금은 무선을 쓴다. (중략) 그러므로 진정한 「대학」의 도를 지나는 잃었고 서양이 얻었다.[63]

이기는 신학의 도입을 주장했지만 신학과 구학을 완전히 다른 것으로 생각하지는 않았다. "(신학은) 실제로 구학과 명칭이 비록 다를지라도 그 의리는 본래 같은 것이니 판연히 두 가지 사물이 되는 것이 아니다."[64] 그 것은 '신학이라는 별다른 것이 아니니 곧 시무'[65]이기 때문이다. 이 맥락에서 이기는 신학이 곧 시무라고 말하고 이 시무를 때에 따른 올바른 변화로 여기는 듯하다. 그러나 맥락을 통해 보면 이는 궁극적으로 과거에 있었던 훌륭한 제도를 현재에 재현하는 것에 불과하다.[66] 그는 신학을 주장하며 신학의 학제들을 언급했지만 사실상 그 본질과 구조에 대한 깊은 이해 없이 자기 틀에 끼워 맞춘 것에 지나지 않는다. 신학은 당장의 실용성과 효용성의 차원에서 요청된 것으로, 그에게는 서양 학제의 실질적 내용과 함의, 방법에 관한 구체적 정보도, 실현 방안도 없었다.

그런 의미에서 그의 신학은 시간적으로 '미래'에 있지 않으며 차라리 과거에 있다. 이기가 생각하는 문명은 후쿠자와나 유길준이 말하는 문명과 달리 야만에서 반개로, 반개에서 문명으로 상호 경쟁하며 진보해나가는 것이 아니라 과거에 이미 실현된 문명을 현재에 다시 회복하는 것이었다. 그는 유인석이 그랬듯 올바른 표준을 과거에서 찾는다. 학제와 교과목은 달라졌어도 교육 목표는 바뀌지 않았기 때문이다.

> **어려서는 가정에서 부자·부부의 윤리와 효제충신의 덕을 익혀 이로부터 서고, 소년이 되어서는 학교에서 수신제가 치국평천하의 도와 성명·기화의 이치를 익혀 이로부터 밝히며 장성해서는 사회에서 천하 성패의 세와 인물 성쇠의 기미를 익혀 이로부터 드러낸다.**[67]

이기에게 문명은 현재를 부정하고 자신을 혁신해 찾아올 미래가 아니라 과거의 가치를 현재 상황에 맞게 조정해줄 실질적 능력에 가깝다. 신학을 반대한 유인석과 한목소리가 되는 것도 바로 이 때문이다. 그에게 문명은 시간과 경쟁하는 방식으로 획득하는 것이면서 동시에 옛 도를 담고 있는 현재의 힘이기도 했다. 그의 문명 안에도 여전히 중화의 그림자가 드리워져 있는 것이다. 일본을 경유한 문명이 조선에 찾아왔지만, 이 시기 지식인들의 문명의식은 국가에 담기지도, 국가를 넘어서지도 못한 채 또한 미래로도, 과거로도 가지 못한 채 다양한 층위로 중첩되어 있었다.

7
봉인된 미래와의 절연

서양에서 출발해 후쿠자와와 유길준을 경유해 조선에 유입된 '문명개화'는 이미 한참 뒤떨어졌다는 자책과 과거와 절연해 이제껏 없던 것을 만들어야 한다는 강박을 불러오는 조급한 독려의 사회적 구호로 작동했다. 그러나 서구 근대적 문명이 틈입해오기 전까지, 조선 지식인들은 '문명'을 상상할 때 단 한 번도 시간과 다투어본 적이 없었다. 문명은 이미 고대에 성왕들이 선취한 것이기 때문이다. 전통적 세계관과 관념 안에서 문명은 항상 과거의 일이며, 온전한 시간은 단순히 아래로 흐르는 것이 아니라 거슬러 올라가야 하는 것이기도 했다. 문명은 영원한 시간성 안에 봉인된 올바르고 이상적인 세계의 지표였다. '문명개화'가 전통적 문명을 덮어쓰기 전까지 조선 유학자들에게 필요한 것은 과거와 격차를 줄이기 위한 현재의 반성과 회복뿐이었다. 서구 문명의 상상이 자신에게 없는 것을 만들어내야 한다는 점에서 '부재'의 강박과 자책을 끌어온다면, 전통적 문명의 상상은 자신에게 본래 있던 것으로 향하는 '회복'의 노력과 각성을 불러일으키는 것이었다.

회복은 언제나 과거를 현재로 소환하는 지향성을 가지고 있다. 물론 이기는 문명의 성취를 구舊로부터 신新으로 향하는 역정으로 설정함으로써 문명에 미래라는 시간성을 도입하는 것처럼 보이기도 한다. 이에 비해 중화제국의 재건만이 동아시아의 평화와 조선의 국권을 보장할 수 있다고 주장한 유인석은 중화를 단순히 이념이 아니라 조선의 안위까지 책임질 중화제국의 공간적 현실태로 고정하고자 한다. 그는 여전히 중화와 문명을 등가로 상상하며 전통적 문명 개념을 강화하고자 한다. 유인석에게 중화는 시간을 초월하는 초역사적 보편성이며, 중화의 실현 역시 근대적 국가가 아니라 중화공동체의 문제가 된다.

유인석은 새로운 문명의 조건, 시간과 국가 모두를 부정한 것이다. 이들은 다른 지향으로 향한 듯 보인다. 그러나 유인석과 이기도 여전히 전통적 문명 관념을 넘어서지 않았다. 유인석의 선택이 의도적이고 의식적인 것이라면 이기는 스스로 간파하지 못했을 뿐 결과는 크게 다르지 않을 것이다.

이기는 새로운 문명의 실현이 과거와 절연을 요구하는 시간과의 경쟁이라는 사실을 감지했음에도 서구적 문명의 지향이 당대 사회구조와 체제에 대한 전면적 파괴를 동반한다는 사실을 날카롭게 감지하지 못하고 당대의 서구 제도를 원용하여 과거 이념을 실현하는 데 사용하고자 한다.

그에게 구와 신의 관계는 신의 제도와 문물의 장점을 구의 이념 안에 이식하거나, 중화와 같은 부정적 요소를 제거한 뒤 남은 도덕적 세계, 즉 구에 신을 본 보강재로 사용하는 부분적 교체 혹은 보완을 의미했다. 그 결과 이기가 상상한 문명 역시 유인석의 문명만큼이나 「대학」의 8조목을 실현하는, 영원히 이념의 과거를 반복하는 순환적 회복운동에 가까웠다고 할 수 있다.

이들의 사상과 실천이 담고 있는 문명의 중첩은 다른 측면에서도 확인할 수 있다. 유인석과 이기가 만난 망국의 시대는 지식인들로 하여금 전 시대보다 훨씬 강력한 열망과 지향으로 '국가'를 힘의 단위로 상상하도록 요청받았다. 동시대 지식인들과 마찬가지로 유인석 역시 힘이 충돌하는 복잡한 국제정세 속에서 중국, 조선 그리고 중화세계에 속하지 않던 오랑캐 일본까지 모두 호명하며 '조선'의 존립과 위기의 돌파를 모색하고자 한다.

> 지금 동양에 다른 누가 있겠는가. 단지 중국과 조선과 일본이 있을 뿐이다. 삼국은 마땅히 서로 사랑하고 걱정해야 하며 서로 권면하고 서로 도와 하나가 되어 조화를 이루어야 하는 상황이다. 애석하게도 그럴 수 없어서 서로 쳐부수고 패망시키니 본래 지극히 고립되고 위태로운 가운데 또한 고립과 위태로움을 재촉한다.[68]

그러나 그는 그 힘의 원천을 '중화'로서 '중국'에 둠으로써 지향과 방법 사이에 충돌과 유격을 발생시키고 있다.

2부 | 연동하는 동아시아

동양 삼국이 이와 같이 하나가 되고 강해져서 중국이 종주가 된다면 중국은 비단 삼국의 종주일 뿐 아니라 실로 세계의 종주가 될 것이다. 이렇게 종주가 되면 명분이 바르게 되고 세력이 설 수 있어 한때의 강약과 계교로 할 수 없을 것이다.……. 진실로 이와 같다면 서양은 반드시 스스로 물러서려고 생각할 것이니 동양은 자연히 영원히 설 수 있다.[69]

유인석이 설정한 중화는 특정 국가나 민족을 초월하는 보편 문명의 성격을 담고 있었다. 이런 구도 속에서 보편적 도덕-문화 공동체의 상상과 개별적 이해관계로 구체적 목표를 실현해야 하는 '문명'의 단위로서 국가의 책략이 서로 부응하지 않는다. 결과적으로 유인석이 말하는 '동양' 역시 사실상 한·중·일이라는 세 근대국가의 국제적 연대라기보다는 문화적 동질성을 공유하는 중화문화권 구성원 간의 이념적 연대와 상호 보호라는 일종의 관념태에 가까워진다. 그의 소환은 주체와 수용자가 모호한 관념적 호명에 지나지 않으며 이 속에서 누가 무엇을 어떻게 해야 하는지에 대한 구체적이고 실천적인 대답을 찾기는 쉽지 않다. 중화와 뒤섞인 문명 위에 서구 근대적 문명의 관념을 담은 '신학', '신학교', '경쟁', '서법' 등의 개념을 중첩하는 과정에서 중국 중심의 유일한 문명의 이념적 상상은 조선이 맞닥뜨린 문제를 실제 상황에 맞게 분절하고 예각화하는 것을 막았던 것이다.

이기의 호소 역시 주체와 발신자, 수신자가 모호한 공허한 독백이 될 운명에 놓여 있었다. 그는 조선의 패착을 뚫을 이념으로 새로운 학문, 새 제도 실현을 부르짖었지만 그가 신학문과 신사상 수용의 토대에 전제한 것은 구시대의 언어와 관념이었다. 그는 여전히 「대학」에서 변화의 정당성을 찾았고, 개인의 수신 노력을 통한 치국평천하 관념에 교육의 지향을 세우고자 하였다.

이들의 사상과 실천이 시대착오적이었다거나 결과적으로 무력했다는 것은 이 글이 담고자 하는 결론이 아니다. 이들은 전승받은 문명 개념과 유입된 문명 개념이 섞여들어 발생한 중첩적 공간에서 조선의 미래를 향해 모종의 돌파구를 찾고자 고군분투한 시대적 사명감의 소유자들이었다. 이들은 두 문명이 만든 교착을 날카롭게 간파하지 못했다. 그러나 '중화'를 버렸는가, 아닌가로 그들의 '근대성'을 시험하고 더 나아가 이를 통해 그들의 사상을 평가하는 것은 결과론적 관점에 불과할 수도 있다. 이들에게 중화는 상대화할 수 있는 타자가 아니라 구체적인 역사의 기억을 넘어서는 보편 문명에 대한 신념이었다. 유인석은 중화를 택했고 이기는 중화를 버린 듯 보이지만 궁극적으로 이들은 실체적 국가 중국이 아닌 중화의 이념 안에 담긴 도덕적 문명 세계의 이상에서 조금도 물러서지 않았다는 점에서 결국 같은 축 위에서 다른 방향으로 작동했다고 할 수 있다.

위정척사나 개화가 아니라 문명의식의 작동 차원에서 본다면 이들의 사상적 궤적은 같은 축 위에서 도는 다른 무늬의 원처럼 보인다. 이들의 사상과 실천이 어떤 부분에서는 반대 방향으로 나아가는 것 같지만 어떤 부분에서는 합치하기도 한다는 점에서 극단적인 반대 방향에 배치되는 것이 아니라 같은 축 위에서 서로 다른 궤적을 그리는 것이다. 그것은 아마도 이들이 구상한 문명이 중화를 종점으로 삼건 서양을 정상으로 삼건 결과적으로는 '유학자'들이 꿈꾼 '문명국가 조선'의 미래였기 때문일 것이다.

김선희

이화여자대학교 인문과학원 HK연구교수. 동서비교철학과 한국 유학을 전공했으며 근대 동서양의
사상적 접촉과 변용에 대해 연구하는 한편 한국 근대 지식장의 변동에 관한 연구를 진행하고 있다.
『마테오 리치와 주희 그리고 정약용』(심산, 2012) 등의 저서와 『하빈 신후담의 돈와서학변』(사람의 무
늬, 2014) 등의 역서, 「격물궁리지학, 격치지학, 격치학 그리고 과학–서양 과학에 대한 동아시아의
지적 도전과 곤경」 「예와 자연법: 크리스티안 볼프의 유교 이해를 중심으로」 「근대 문헌의 公刊과
근대적 호명–근대 계몽기 지적 公認의 변화」 등의 논문을 썼다.

집필경위

이 글은 2007년 정부(교육과학기술부)의 재원으로 한국연구재단의 지원을 받아 수행된 연구 결과물
이다(NRF-2007-361-AL0015). 2015년 9월 18일(금) 성균관대학교 동아시아학술원의 '장기 19세기
의 동아시아' 모임에서 발표한 바 있으며 『온지논총』 43권(2015)에 게재되었다.

분기인가 수렴인가? - 첸무와 푸스녠을 통해 본 민국시대 중국 학술사회의 풍경

◎

문명기

1 민국시대 '학술사회'를 이해하는 방식

이 글은 민국시대 학술사회의 계보에서 흔히 '전통파'로 분류되는 첸무錢穆(1895~1990)가 행한 경사經史 연구의 학술사적 맥락, 그리고 1920~1930년대 중국의 주류 학술권력이었던 '신파', 특히 푸스녠傅斯年(1896~1950)과 첸무가[1] 민국시대 학술사회[2]의 형성 과정에서 보여준 일단의 학술사적 특징을 파악하는 것을 기본 목적으로 한다. 민국시대, 특히 5·4신문화운동 이래 중일전쟁 발발(1937) 이전까지 중국 학술사회의 다양한 면모에 대해서는 이미 적지 않은 연구가 나와 있는 형편이어서 기왕의 연구들을 요령 있게 흡수하면 민국시대 학술사회의 형성과정이나 각 학파의 계보 및 학파 사이의 이합집산에 대해 다양하고 풍부한 이해를 도모할 수 있는 것도 사실이다.[3] 그런데도 필자가 민국시대 학술사회 형성과정에 새롭게 접근해보려는 생각을 하게 된 것은 기존 연구에서 드러나는 일정한 경향에 약간의 문제의식을 갖게 되었기 때문이다.

기존 연구는 대부분 민국시대 학술사회 내에 존재했던 다양한 학파에 주로 수렴 측면보다는 분기 측면에서 접근하고 있다. 즉 민국시대 학술사회의 전체 구도를 대략 보수주의·자유주의·급진주의 세 학파의 정립鼎立으로 볼 수 있다면, 이들 학파 간/내의 차이·대립·분기 측면에 대해서는 소상한 반면 각 학파의 대립·분기를 넘어 존재했던 공통분모 측면은 다소 소홀하게 다루어왔다고 생각된다. 예컨대 이 글에서 다루려는 첸무와 주류 학술권력의 관계에 관해서도 양자의 이합을 함께 다루면서도 그 무게중심은 여전히 '이(=분기)'의 측면에 두었다.[4]

하지만 민국시대 중국 학술사회가 (그 완성도에 관해서는 이론의 여지가 있겠지만) 말 그대로 학술사회로서 성립하게 해주는 나름의 '객관적' 표준을 수립함으로써, 여타 사회 부문(주로 정치)으로부터 독립을 주장함과 동시에 독립적 영역으로서 존재의의를 그 내부에서부터 확충해나가려 했던 측면도 분명히 있었을 터이다. 물론 1930년대 이후 중일전쟁과 내전 그리고 (대륙과 대만 공히) 정치가 학술을 압도한 당국체제黨國體制의 수립으로 미약하게나마 형성된 학술사회의 추형雛型이 온전히 뿌리내리기는 쉽지 않았지만, 1920~1930년대에 그 실마리를 보인 학술사회의 존재양태를 분기가 아닌 수렴 측면에서 접근하는 것은 그 자체로도 의미 있는 일일뿐더러 당대의 중국 학술사회를 이해하는 데도 일정한 의미가 있을 것으로 판단된다.

이러한 문제의식을 바탕으로 이 글에서는 민국시대 학술사회에서 (전통파 위주의 비주류에서 신파 위주의 주류학계로 편입한 후 다시 주류학계와 결별을 경험했다는 점에서) 독특한 위치를 차지하는 첸무의 사례를 들어 민국시대 학술사회의 도달점과 그 의미를 짚어보고자 한다. 이를 위해 우선기존의 관련 연구를 활용하여 첸무의 경사 연구가 가지는 학술사적 맥락을 짚어보고, 이어서 첸무와 당시 주류 학술권력이었던 '신파', 특히 푸스녠과의 이합 문제를 첸무 만년의 회고록인『사우잡억師友雜憶』[5]이나 기타 관련 자료를 보며 재구성해보고자 한다. 나아가 첸무와 푸스녠의 결별로 상징되는 신파와 전통파 대립의 이면에서 형성되어간, 학술에 관한 '객관적 표준'의 문제를 검토하고, 아울러 민국시대 학술사회 형성의 역사가 학술사회 '중건重建'을 지향하는 당대 중국 학술사회에 어떤 의미가 있었는지 타진해보고자 한다.

2 첸무의 경·사 연구: 학술사적 맥락[6]

첸무의 학문적 출발점은『유향흠부자연보劉向歆父子年譜』(이하『연보』로 줄임)였다.[7]『연보』는 주로『한서漢書』에 근거하여 강유웨이康有爲

(1858~1927)의 『신학위경고新學僞經考』의 오류를 바로잡기 위해 쓴 논문으로, 연보라는 형식을 빌려 유향·유흠 및 왕망王莽의 활동과 전한 후기부터 신新에 이르기까지 학풍의 경향과 정치제도의 변천을 비교·분석함으로써 유향·유흠이 고문경古文經을 위조했다는 캉유웨이 이래의 주장을 반박하는 내용이다.[8] 첸무가 유향·유흠을 복권하려 했던 것은 『신학위경고』가 고문경학에 가한 정치적·이론적 공격에 기인한다.

주지하듯이 캉유웨이는 변법운동을 이론적으로 정당화하기 위해 고문경학을 공격했다. 전한 말 왕망이 신을 건국하고 고문경학을 중시한 이래 후한에 이르기까지 고문경학의 지위는 정점에 올랐다. 물론 송대에 이학理學에 자리를 내주기는 했지만 청대에 들어서 고증학의 성행과 함께 고문경학은 재차 전성기를 맞았다. 고문경학에서는 주공의 지위가 공자보다 높았으므로 무술변법을 (공자의) 탁고개제託古改制 주장으로 정당화하려던 캉유웨이에게 고문경학의 주도적 지위를 허무는 것은 자연스러운 논리적 귀결이었다.[9] 이 때문에 첸무의 캉유웨이 비판도 여기에 집중되었다. 첸무는 캉유웨이의 『좌전』 비판에 대해서도 여러 논거를 들어 철저하게 반박함으로써[10] 캉유웨이의 논거를 부정했다.[11] 아울러 『신학위경고』의 주된 논거 중 하나인 전한의 금·고문 논쟁의 존재 여부에 대해서도 다양한 근거를 제시하며 금문과 고문이 대립했다는 주장을 반박했다.[12]

이러한 첸무의 캉유웨이 비판은 나름의 성과를 거두었다. 청말민초 이래 중국 학계의 주류로 올라선 금문경학 존숭의 주요 근거를 첸무가 해소한 것이다.[13] 실제로 민국 초년 '의고학疑古學'의 핵심 인물 첸쉬안퉁錢玄同[14]·구제강顧頡剛(1893~1981) 등은 금문학과 고문학을 구분하지 않는다고 선언하긴 했지만 여전히 금문학의 영향에서 벗어나지 못하고 있었다. 예컨대 구제강은 첸쉬안퉁과 만났을 때 경학에 대한 '신앙'의 태도를 버리고 '이성'의 태도를 깨닫게 되었다고 했지만,[15] 1930년 6월 『청화학보淸華學報』에 발표한 「오덕종시설하적정치화역사五德終始說下的政治和歷史」는 의고학파의 '동지'였던 후스에게서조차 "캉유웨이·추이스崔適의 설을 묵수하고 있으니 실로 이해할 수 없다"는 평가를 들을 만큼 여전히 금문경학에 경도되어 있었다.[16] 청말 금문학파가 1930년 전후의 중국 학술계에도 여전히 영향을 미치고 있었음을 간취할 수 있는데, 이러한 상황에서 역사적 사실에 근거한 경전 존재의 확인(이른바 '이사증경以史證經')과 이를 통한 금문학 비판은 학술적으로 의미가 작지 않았다. 첸무가 캉유웨이를 정조준했던 것도 이러한 이유에서였다.[17]

하지만 첸무의 목적이 금문학을 비판해 고문경학을 추숭하는 것에 있는 것은 아니었다.[18] 첸무는 1931년에 출판되었지만 초고는 『연보』에 앞서 완성한 『국학개론國學槪論』에[19] 수록된 「공자여육경孔子與六經」에서 고문경학에도 비평을 가했다. 고문학파가 줄곧 믿어온 육경의 존재에 대해 첸무는 공자의 시대에 이미 『예禮』·『악樂』은 존재하지 않았다고 보았다.[20] 또한 『주례』의 성립연대에 대해서도 고문학파는 주공이 지었다고 주장했지만 첸무는 전국시대 말기의 작품이므로 결코 주공의 저작일 리가 없다고 비판했다.[21]

이를 통해 볼 때 첸무는 5·4 이래 의고 풍조 아래에서도 여전히 지속되던 금·고문의 대립에서 어느 일방의 견해만 대변하지 않았다. 이러한 첸무의 상고사에 대한 접근방식은 "실제 사실을 열거하면 헛된 학설은 저절로 소멸되고", 그 결과 "경학이라는 새장에서 벗어나 고인의 진태眞態를 발현할 수 있다"는 첸무의 소신이 반영된 결과였다.[22] 또 그 결과 맹목적으로 금·고문경학의 어느 일방에 알게 모르게 경도되어 있던 당시 학계의 편향을 시정하는 효과도 가져왔다.[23]

첸무의 두 번째 대표작인 『선진제자계년先秦諸子繫年』(이하 『계년』으로 줄임) 역시 캉유웨이(특히 『공자개제고』)를 정조준하여 공자와 육경의 관계, 그리고 전한의 경전 전승과 공문孔門의 관계에 관한 새로운 주장을 제기했다.[24] 하지만 『계년』은 제목에서 알 수 있듯이 대부분 선진 제자학 연구에 할애되었다. 따라서 『계년』을 저술한 또 하나의 목적은 선진 제자와 연관된 문제를 분석해 특히 후스의 상고사에 대한 관점에 도전하는 것이기도 했다.

제자학 방면에서 후스의 주된 견해는 노자의 연대가 공자에 앞선다 ('노재공전老在孔前')는 점, 따라서 노자의 학설이 선진 제자학의 원류라고 주장하는 것이었다. 후스는 1917년 「선진제자지진화론先秦諸子之進化論」이라는 강연에서 선진제자 학설은 모두 노자의 '자연진화론'에서 비롯되었고, 노자의 학설이야말로 중국 학술사상의 핵심이라는 주장을 폈다.[25] 이후 『중국철학사대강』(1919)에서는 자료를 확충하여 자신의 주장을 보강했다. 다만 후스는 노자(사람)와 『노자』(저서)를 구별하지 않고, 노자가 『노자』의 작자이며 노자의 나이가 공자보다 많으므로 『노자』의 성서 연대는 당연히 춘추시대일 것이라고 추론했다.[26] 중국 전통 학술사상의 원류를 '당연히' 공자라고 간주하던 당시에 후스의 '노재공전'이라는 주장은 파격 그 자체였고 당연히 많은 논란을 일으켰다. 량치차오梁啓超

(1873~1929)가 1923년 북경대학교 철학과에서 행한 강연 「평호적지『중국철학사대강』評胡適之『中國哲學史大綱』」에서 『노자』는 전국 말기의 작품이라는 반론을 제기한 이래 노자의 생몰연대와 『노자』의 성서 연대를 둘러싸고 열띤 논쟁이 벌어졌다.[27] 이러한 노자와 공자의 선후 문제에 자극을 받아 쓴 것이 바로 『계년』이었다. 따라서 『계년』이 후스를 정조준하였다는 점은 비교적 분명해 보인다.[28]

챈무의 후스 비판에서 핵심은 두 가지였다. 하나는 노자와 『노자』에 대한 문제였고, 다른 하나는 선진 제자와 유가의 관련 문제였다. 챈무는 1923년에 작성한 「관어노자성서연대지일종고찰關於老子成書年代之一種考察」에서 『노자』는 전국 말기의 작품이라고 단언했고, 1932년에 쓴 「재론노자성서연대再論老子成書年代」에서도 같은 주장을 되풀이했다. 챈무가 논증에 활용한 것은 노자사상의 내재적 맥락을 파악하는 방식이었다. 예컨대 『노자』의 핵심사상인 '도道'를 『논어』와 『묵자』, 『장자』에 등장하는 도 개념과 대조하여, 『노자』에 사용된 도의 함의가 여타 저작의 그것에 비해 훨씬 복잡·심오하므로 『노자』의 성서 연대가 뒤늦을 수밖에 없다는 것이었다.[29]

후스 비판의 또 하나의 핵심은 선진제자의 원류 문제였는데, '노재공전'에 근거하여 노자야말로 선진 제자학의 원류라고 주장한 후스에 챈무는 반대했다. 즉 "선진 학술은 유가와 묵가뿐이었다. 묵가는 유가에서 발원했고 나머지 학파는 모두 유·묵에서 파생된 것이다. 법가는 유가에서 발원했고, 도가는 묵가에서 발원했다. 농가는 묵가·도가의 부산물이고, 음양가는 유가·도가의 파생물이다. 명가名家는 묵가의 후예이고, 소설가 역시 명가의 별종이다"라는 것이다.[30] 이 주장은 선진 제자학에 대한 첸무의 관점을 압축적으로 보여준다. 즉 선진 제자학은 유가와 묵가 계열로 나뉘고 묵가가 유가에서 발원했으므로 결국 유가가 선진 제자학의 원류라는 것이다.

첸무의 신파에 대한 도전은 후스의 이학반동설理學反動說 비판으로 이어진다. 후스는 '노재공전' 외에도 이학반동설을 주장했는데, 이는 명말청초 중국 학술의 '새로운 기운(=고증학)'은 송명이학에 대한 반동에서 비롯된 것이라는 주장이다. 따라서 중국 근세철학은 이학시대理學時代(1050~1600)와 반이학시대反理學時代(1600~1930)로 나눌 수 있으며, 대표적인 반이학 사상가는 고염무顧炎武·안원顔元·대진戴震·오치휘吳稚輝 등이라는 것이다.[31] 후스의 이학반동설은 국고정리를 통해 중국의 전통 속에서 과학정신을 찾아내고 그럼으로써 '민주·과학'이라는 신문화운동의 목표를 중국 전통사상 안에서 정당화하려는 시도였다.[32]

이에 대해 첸무는 『중국근삼백년학술사中國近三百年學術史』(1937, 이하 『학술사』로 줄임)에서 정면으로 반박하고 나섰다.[33] 청대의 '한송지쟁漢宋之爭'은 청초 '정주육왕지쟁程朱陸王之爭'의 연장선상에 있고, 청대 한학가들의 학파 대립으로 심화된 것일 뿐 송학의 지리支離·공담空談에 대한 청대 한학가의 혐오에서 기인한 것이 아니라고 반박했다. 아울러 청대의 '한송지쟁'은 건륭·가경 연간에 발생했지 후스가 주장하는 것처럼 명말청초에 발생하지 않았다는 것이다. 그뿐만 아니라 청대의 한학은 송학에 대한 반동으로 탄생한 것이 아니며, 한학과 송학은 '일맥상통'의 관계에 있었다는 것이다.[34]

좀 더 구체적으로 보면, 첸무는 고염무·황종희 등 명말청초 대표적 유자의 학술사상에서 하나의 공통점, 즉 경세명도經世明道 정신을 발견할 수 있다고 주장하면서, 이 특징은 명말 동림파東林派가 주장한 의론정치議論政治에서 발원한 것이고, 동림파의 의론정치는 학술과 정치를 결합하자는 송유宋儒의 주장에서 발원한 것이라고 주장했다. 다시 말해 송유와 동림파 그리고 청초 유로들 간에는 경세명도로 연결되는 사상적 연속성·일관성이 발견된다는 것이다.[35] 학술과 정치를 일체화하는 송유의 '우량한 전통'이야말로 청대 고증학의 중요한 원천이었으나 청대 후기로 갈수록 이 정신이 사라졌을 뿐이라고 진단했다.[36]

이상의 논의를 간략히 정리해보면, 첸무는 그의 출세작이라고 할 수 있는 『연보』에서는 의고 사조의 사상적 원류로서 1930년대 초까지 그 영향력을 잃지 않은 금문학적 경향을 '이사증경以史證經'의 방식으로 비판했고, 『계년』과 『학술사』에서는 선진 제자학의 원류를 도가에서 찾으려는 후스 등의 노재공전·이학반동 등의 주장을 '이사증자以史證子'의 방식으로 비판함으로써 반전통/주류 학계에 적어도 학술적으로는 강력한 반론을 전개했다. 바로 이 점 때문에 첸무를 전통파로 부르는 것이 정당화될 것이다. 다만 주목할 점은 첸무가 캉유웨이나 후스를 비판할 때 사용한 방식이 바로 신파가 강조했던 과학적 방법, 즉 철저한 고증이었다는 점이다. 유년시절부터 축적한 중국 고전에 대한 풍부한 지식에 기초한 세밀한 논증을 들어 캉유웨이의 『신학위경고』와 『공자개제고』, 후스의 『중국철학사대강』과 『대동원적철학戴東原的哲學』 등의 결론을 뒤집는 방식이었다.

캉유웨이의 금문경학 창도는 그 정치적 의도에 상관없이 20세기 초 중국 지식인 사회에 의고 풍조를 일으켰고, 이는 청말에 수입된 사회진화론과 결합되어 량치차오의 '신사학'을 낳았다. 또 량치차오가 역사연구의 종지라고 주장한 '진화의 역사'는 후스가 역사연구에 '과학적 방법'을 도입하는 것으로 이어졌다.[37] 이 때문에 후스가 미국 유학을 마치고 귀국한 이후 중국 학계의 의고 사조는 회의의 제기에서 회의의 실증으로 변화했다.[38] 후스가 주도한 국고정리운동은 이 과학정신을 추구·제창하는 것이 주된 목적이었다. 다만 후스 또한 '고학'의 부흥을 강하게 희망했다. 이 때문에 후스는 과학적 방법에 근거한 국고정리를 통해 중국문화에도 과학정신이 풍부하게 존재했음을 발견하려 애썼다. 자신이 주도한 이 신문화운동을 즐겨 문예부흥이라 불렀던 것도[39] 후스의 이러한 희망을 반영한 것이다.

이러한 맥락을 볼 때 구제강이 첸무를 연경대학교 및 북경대학교의 교수로 추천한 것은(후술) 결코 우연이 아니었다. 첸무 역시 후스 등 의고학파의 연구 내용과 방향에는 비판적이었지만, 그들의 '방법'에는 이의를 제기하지 않았다. 예컨대 첸무는 후스·구제강·첸쉬안퉁의 의고에 대해 "건립한 지 얼마 되지 않았지만, 진부한 학설을 파기하고 구전舊傳을 공박하는 데는 확실히 견지가 있다"고 했을 뿐 아니라 후스의 이른바 '역사적 태도genetic method'도 높이 평가한 바 있다.[40] 즉 적어도 『계년』과 『연보』를 저술할 당시 첸무는 의고학파가 주장한 '과학적 방법'의 틀에서 벗어나지 않았고, 따라서 의고학파와 첸무 간에는 일종의 상호보완적 관계가 성립했다고 할 수 있다.[41] 하지만 내용과 방향에서 대립점 또한 비교적 분명했으니, 이는 결국 시간이 지나면서 첸무와 '신파'의 결별을 낳는 학술적 측면에서의 원인을 제공했다.

3 통通·전專과 경세經世·구진求眞: 첸무와 푸스녠의 분기

첸무의 이력에서 알 수 있듯이, 첸무 학술 생애에 나타난 특징 중 하나는 대학교육을 받은 적도 없고 해외유학 경험도 전무하다는 점이다. 이는 신파의 학술적 접근에 날카로운 대립각을 세운 학형파뿐만 아니라 천인커陳寅恪·왕궈웨이王國維 등 전통파로 분류되던 학인들 중에도 서구유학 경험자가 적지 않았음을 감안하면[42] 이채롭다고 할 수 있다.[43] 그런데도 첸무가 신파 중심 주류 학술사회의 일원이 될 수 있었던 것은 전술한 것처럼 후스·푸스녠 등에게 인정받은 그의 방법론에 있었다. 일차적으로 구제강의 추천을 받기는 했지만, 첸무가 북경대학교 사학과 교수로 임용될 당시 문학원장이 후스, 사학과 주임(대리)이 푸스녠이었음을 고려한다면, 후스·푸스녠·첸무 간에는 첸무의 학문 수준과 방법론에 대한 일종의 공감대가 있었던 것 같다.[44]

하지만 전술한 학문 방법론(=考據), 그리고 상고사의 중건이라는 대의를 공유했음에도 첸무와 신파 간의 차이점도 점차 분명해지면서 양자의 대립도 발생하게 된다. 우선 양자의 대립은 '박통博通'과 '전정專精'의 문제를 둘러싸고 발생했다. 1931년 만주사변을 계기로 북경의 학자들이 북평도서관에서 '서생은 어떻게 보국報國할 수 있는가'의 문제를 가지고 회의를 했는데, 푸스녠 주도 아래 민족의식을 고취할 수 있는 중국통사를 편찬하기로 결정되었고, 남경국민정부 교육부는 대학에 '중국통사' 과목을 개설하도록 지시했다.[45] 문제는 '중국통사'의 강의방식이었다. 푸스녠은 평소 지론에 근거하여 (북경대학교 내외를 포괄하는) 15명의 중국사 전문가가 각각 전공 분야를 분담하여 강의하는 방식을 주장했는데, 이 주장은 '중국통사' 개설 첫해에 관철되었다. 푸스녠의 지론이란, 단대사·전제연구專題研究 중심의 이른바 '좁고 깊게 연구하는' 방식이었다.

하지만 첸무 역시 그의 평소 지론에 근거하여 푸스녠이 주장한 강의방식에 공개적으로 반대했다. 첸무도 그 일부를 담당한 '중국통사' 강의시간에 첸무는 "우리의 통사 과목은 실제로는 전혀 '통通'하지 못하고 있다"면서 바로 앞의 수업에서 무슨 내용을 강의했는지도 모르고, 바로 뒤의 수업에서 무슨 내용을 강의할지도 모르니, 강의 내용의 시비를 떠나 강의와 강의 간에 '관통'하는 것이 없다는 것이었다.[46] 이후 전반부를 첸무가 담당하고 후반부를 천인커가 담당하는 방식도 논의되는 등 혼선이 빚어진 끝에 결국 1933년부터는 첸무 혼자서 해당 과목을 담당하는 것으로 결말을 맺었다.

하지만 위의 일화는 단순한 강의방식의 차이를 드러낸 데 그치지 않고, 단대사 및 전제연구를 강조해온 푸스녠의 학문적 견해와 통사 및 '회통'을 우선시한 첸무의 역사연구 방법론이 충돌한 결과이기도 했다. 푸스녠은 중국 학술의 낙후와 '민덕民德의 타락' 간에는 밀접한 연관성이 있다는 신문화운동 이래의 사고에 기초하여 영국·독일 유학에서 돌아온 후 1929년 2월 구제강과 함께 만든 『중산대학어언역사연구소연보』의 서문에서

"진지眞知를 추구하는 정신으로 중국에 하나의 학술사회를 건설"할 것을 천명했고, 이는 학술의 (보급보다는) 제고의 강조로 이어지게 된다.[47] 이는 전문적이지 못하고 고만고만한 '박학博學'보다는 특정한 시대와 특정한 문제에 관해 일차자료를 최대한 활용하면서도 창견을 갖춘 전문적 학술논문의 요구로 이어졌고, 중국 전통학문이 '통'을 중시하는 것과는 상반되게 '전專'의 강조로 연결되었다. 이 때문에 통사보다는 단대사의 연구를 강조한 푸스녠의 주장이 때로는 중앙연구원 역사어언연구소(이하 사어소로 줄임) 소속 젊은 학자들의 불만을 사기도 했지만,[48] 단대사와 전제연구는 사어소를 상징하는 단어로 변모해갔다.

반면 중국 역사학의 회통의 전통을 중시한 첸무는 기본적으로 '통通을 우선하고 전專을 뒤에 하자'는 입장이었다. 이 때문에 첸무는 "역사 연구자는 우선 큰 흐름의 이해에 힘써 전체 시기의 다양한 방면에 주의를 기울여야지, 특정한 시기의 특정한 문제에 정력을 모두 쏟아 부어서는 안 되"며, 따라서 우선적으로 "통사로 입문하여 각 부문의 역사를 두루 공부함으로써 특별히 선택할 것을 스스로 알게 된 연후에야 비로소 회통하게 되고 조리가 서게 되어 큰 오류가 없게 된다. 통사를 할 줄 알게 된 후에 전문가가 되어야 어느 한쪽에 치우쳐 불통不通하게 되는 폐단이 없어진다"고 보았다.[49]

이러한 양자의 대립은 첸무가 항전 기간에 서남연합대학교 재직 중 출간한 『국사대강國史大綱』(특히 「인론引論」)에서[50] 푸스녠 중심의 신파를 '과학고정파科學考訂派'로 규정하고 맹비난하면서 회복하기 힘든 상황으로 빠져들게 된다. 첸무는 청말민초 이래 역사학계의 지형도를 다음과 같이 규정했다.

　　전통기송파傳統記誦派는 암송을 주로 하는데 전장제도에 능하며 과거의
행적에 대해 박식하다. 과학고정파는 과학적 방법으로 고유한 문화나 학술
을 정리한다는 조류를 계승하여 성립되었다. 이 두 학파가 역사를 다루는 방
법은 한결같이 사료에 편중되어 있어 체계적이지 못하고 무의미하여, 책 속
의 지식이 되어버리고 당면한 현실에는 전혀 관여하지 못한다. (중략) 오직 혁
신선전파革新宣傳派만이 의미와 체계를 갖추었고, 역사연구가 현실과 합치
되도록 노력했으며, 전체적인 역사를 파악하려 하였다. 또한 그들은 자기 민
족·국가의 과거의 문화적 성취에 대한 평가에 주의를 기울였다. 하지만 이들
은 지식을 구하기에 급급하여 사료를 검토하는 데는 등한시했다. (중략) 따라
서 (이상적인 역사 연구는) 전통기송파와 과학고정파가 행하는 공부에서 출발
하여 혁신선전파가 추구하는 목적에 이르러야 한다. [51]

　　이는 중일전쟁이라는 민족적 위기상황에 직면하여 첸무 자신의 소신
인 '학술경세'를 천명한 것이기도 했지만, [52] 동시에 첸무와 '과학고정파'
의 대표격인 푸스녠과 사실상 결별을 선언한 것이기도 했다. 『국사대강』
「인론」에 대해서는 당시 다양한 반응이 있었는데, 우선 후스의 북경대학
교 동료이자 절친인 마오쯔수이毛子水는 「인론」에 대해 공개적으로 부정
적인 평가를 내린 반면, 천인커는 장치윈張其昀(학형파의 일원으로 1920년
대 『사지학보史地學報』와 1940년대 『사상여시대思想與時代』 편집)에게 최근
신문에 '대문장大文章(첸무의 「인론」―필자)'이 발표되었으니 필히 일독해

야 한다고 했다.[53] 이 밖에 원이둬聞一多는 신문지상에서 첸무를 "어둡고 완고하며 명민하지 못하다"고 공개적으로 비난하기도 했다.[54]

그렇다면 푸스녠의 반응은 어땠을까. 위에 언급한 장치원의 전언에 따르면 당시 중경에 있던 푸스녠은 「인론」에 대해 "나는 예전부터 첸모 씨의 글은 한 글자도 보지 않는다"라고 했고, 또 "첸무는 걸핏하면 서구(문화)를 언급하지만, 첸무의 서구에 대한 지식은 모두 『동방잡지』나 읽고서 얻은 것일 뿐"이라는 것이었다.[55] 이것이 현재까지 필자가 파악하는 한 「인론」에 대한 푸스녠 반응의 전부인데, 이는 몇 년 전 사어소에 외빈이 올 때마다 첸무도 초빙하여 『연보』와 『계년』의 저자'라고 소개하던 태도와는 상반된 것이다.[56]

푸스녠의 반응에서 첸무의 『국사대강』 출판에 즈음하여 이미 첸무와 푸스녠의 관계는 학술적 차원을 넘어 감정적 대립 단계로까지 나아갔음을 간취할 수 있지만, 이러한 대립의 근저에 놓여 있는 '학술'의 존재의의에 대한 양자의 차이도 대충 볼 수 없다. 1920년대 초 국고정리운동이 전개될 당시 푸스녠은 「모자수「국고화과학적정신식어毛子水「國故和科學的精神識語」에서 "국고 연구에는 두 가지 태도가 있다. 하나는 정리국고整理國故이고 다른 하나는 추모국고追慕國故이다"라고 전제한 후 "정리국고는 내가 가장 존경하는 태도이다. 우리 중국의 이왕의 학술·정치·사회 등의 재료를 연구해 계통 있는 사물로 만드는 것은 중국 학계에 도움이 될 뿐 아니라 '세계의' 과학에도 도움이 될 것이다. 중국은 유장한 역사문화를 보유한 민족이므로 중화의 국고는 '세계의' 인류학·고고학·사회학·언어학 등의 재료 방면에서 중요한 부분을 점한다. 중화 국고의 정리에 기초하여 '세계의' 학계에 작은 부분이나마 기여할 수도 있다"라고 했다. 또한 "국고를 추모하는 것은 이성을 잊고 자기를 잊는 일로서 그 우둔함이 이를 데 없으며," "국고는 재료일 뿐이지 무슨 주의가 아니다"라고 하여 국고의 가치를 재료의 차원으로 '격하'했다.[57]

20세기 초반 유행하기 시작한 (대상의 과학적·객관적 탐구 또는 세계에 대한 합리적 이해라는 의미에서) 학술이라는 개념 아래에서 학술의 목적은 지식의 탐구와 증진이었고, 과거의 모든 전적·문헌은 연구 또는 탐구 대상으로 변화하면서 '학술'에는 '경세'나 '응세應世'가 개입할 여지가 없어져 버렸다. 결국 학술은 탈응용화·탈가치화·탈도덕화·탈심성화하는 특질을 갖게 된 것이다. 이러한 민초 이래의 학술 개념은 전통 사대부의 그것과 양립하기 힘들었고, '송명의리宋明義理'를 '청학고거'에 우선하고 '학술경세'를 견지한 첸무[58] 역시 가치판단의 배제와 '학문을 위한 학문'을 지향한 푸스녠 등의 '과학고정파'를 용납할 여지는 거의 없었다.

이러한 양자의 대립은 1949년 국민정부가 대만으로 퇴각함에 따라 푸스녠이 대만으로, 첸무가 홍콩으로 옮긴 이후에도 지속되었다. 양자의 대립에는 학술적 차원의 문제 외에도 전술한 감정상 문제나[59] 신파의 주류 학술권력으로서 지위가 1949년 이후에도 (대만에서) 강고하게 유지되어 온 것에 대한 첸무의 불만이 개입되었을 가능성도 농후하지만,[60] 어쨌든 1930년대 초 첸무가 북경학계의 주류에 편입된 이래 양자 관계는 잠깐의 밀월기간을 제외하고는 (특히 '중국통사' 과목 개설 문제를 계기로) 장기간 대립과 반목으로 점철되었다고 보는 것이 타당할 것이다. 그렇다면 첸무와 푸스녠의 이합은 그저 민국시대 신파와 전통파를 비롯한 학파 상호 간의 대립·배척의 역사만 남겼을까.

4 게임의 규칙: 학술적 표준의 숙성과 학술사회의 수렴

우선 첸무가 강조해마지 않았던 '경세'에서 두 사람의 문장에 나타난 것과
는 상반된 행보가 눈에 띈다. 첸무는 『국사대강』에서 민족사에 대한 '온정
과 경의'를 강조하고, 또 중국의 역대 정치가 사인정치의 '우량한 전통'을
계승해왔다고 파악하면서도[61] 정작 본인은 경세에 상대적으로 소극적이
었다. 항전 중 여러 차례 장제스蔣介石의 부름에 응하거나 국민정부 교육
부·중앙훈련단 등의 강연에는 적극적으로 응하면서도[62] 직접적인 정치
참여에는 신중했다.[63] 반면 언필칭 모든 여타 가치(특히 정치)로부터 독립
된 학술사회의 수립을[64] 말하던 푸스녠은 오히려 중요한 정치 현안에 적
극적으로 발언하고 행동하면서 자기 견해에 일견 반하는 모습을 여러 차
례 보였다. 예컨대 만주사변 직후 만주는 본래 중국 영토가 아니라는 일
본 쪽의 주장에 대응하기 위해 『동북사강東北史綱』을 편찬한 것이나,[65] 항
전 기간 국민참정회 의원으로서 (장제스의 인척인) 쿵샹시孔祥熙·쑹쯔원
宋子文의 부정부패를 공개석상에서 비판해 '푸대포傅大砲'란 별명을 얻은
것 등은 푸스녠의 '문면'이나 '언설'에 나타난 주장, 즉 여타 부문으로부터
학술의 독립이라는 주장을 무색하게 한다.[66]

이뿐만 아니라 민족사에 대한 '온정과 경의'를 강조한 첸무 못지않게 푸
스녠 또한 '중국본위' 문화의식이 뼛속까지 밴 인물이었다. 그는 『성자애

城子崖』서문에서 "서양인들이 중국사를 연구하는 것을 보면 가장 주의를 기울이는 부분은 한적漢籍 중에서도 중외관계中外關係이다. 고전적인 여행기를 몇 권 보고 나서 그들이 드러내는 것은 '절반만 중국적인(半漢)' 것들이다. 우리는 이러한 작업의 중요성을 인정한다. 이러한 작업들이 완료되고 나면 중국사를 보는 시각에는 상당한 변화가 있을 것이다. 하지만 우리는 동시에 중국사의 중요 문제들은 '전부가 중국적인(全漢)' 것들이고, 이러한 문제들이 (중외관계보다) 훨씬 많을 뿐만 아니라 중국 역사학 재건의 골간이 된다는 것도 자각해야 한다"라고 말하였다.[67]

그리고 푸스녠은 이 이념을 실천하기 위해 본인이 판단하기에 가장 자격을 갖춘 천인커에게 전공을 송대사로 바꾸기를 요청하면서, "유학생 중에는 박문博聞하면서 사학史學에 뜻을 두었고 또 비평 능력도 갖춘 자가 드뭅니다. (중략) 당대사의 주요 주제들은 모두 외국과 뒤섞여 있어서 연구하려면 서양의 것과 뒤섞이지 않을 수 없습니다. 그리고 명청사는 사료가 연해煙海와도 같이 많습니다. 송대사야말로 비교적 순수한 '중국' 학문이고 사료도 이미 상당히 도태되어 그렇게 많지 않습니다. 이 때문에 10년의 노력이면 큰 성취를 이룰 수 있고, 5년이면 작은 성취를 이룰 수 있고, 3년이면 논문은 쓸 수 있는 정도가 될 겁니다"라고 했다.[68] 세계 학계에 통용되는 '보편성'을 획득해 동방학(=중국학)의 정통을 중국에 되가져오겠다는 발상인데, 이는 첸무가 중국 역사의 개별성[新異性]으로 민족문화와 민족사를 현창하려 한 것과 방식은 다르지만 그 (민족주의적 목표의 추구라는) 발상은 다르지 않다. 이 글의 논지와 관련해서 보면 수준 높은 학술사회의 수립이라는 과제 역시 서구 학술사회를 강하게 의식한 결과이기도 한 셈인데, 이러한 측면에서도 첸무와 푸스녠 사이에는 분기 측면과 함께 수렴 측면 또한 분명히 있었다고 생각한다.

또한 두 사람은 통·전 문제에 관해 일관되게 상반된 견해를 취한 것도 아니다. 오히려 두 사람은 역사가의 이상으로서 통·전의 겸수兼修를 지향했다고 보는 편이 맞을 것이다. 첸무는 푸스녠이 "중국 역사학에서 실로 하나의 새로운 지향을 품고 있었던 것 같다. 다만 그 지향을 이루기 위해 갖춰야 할 체제가 너무 컸고 또 본인이 지나치게 바빠 전력을 다할 수 없어 당초 소망하던 바에 부합할 수 없었고, 결국에는 자신이 말한 바를 온전히 이룰 수 없었다"라고 평가하고서, "그는 단대사를 우선해야 한다고 할 뿐 통사를 해야 한다고 주장하지 않았다. 실제로도 그의 저술은 선진 이전에 머물렀고, 평소에도 그 범위를 넘어서지 않았다"라고 지적했다.[69]

하지만 푸스녠의 대표작인 『성명고훈변증性命古訓辨證』은 통계학적 방법과 언어학적 관점으로 사상사에 접근한, 당시로서는 새로운 국면을 연 저작으로 평가받는다. 즉 청대 완원阮元의 『성명고훈性命古訓』은 대진의 학문전통을 이어받아 기본적으로 선유의 고의만을 추구한 데 반해, 푸스녠은 완원의 책에 '발전·변동'의 관점이 결핍되어 있다고 비판하고서 성性과 명命 개념의 역사적 변천을 면밀하게 추적했다. 구체적으로 푸스녠은 갑골문과 금문金文, 나아가 선진 문헌에 등장하는 성과 명 두 자에 대한 통계를 내고, 훈고학에서의 음운고거 방식을 활용하여 성과 명의 자의字意를 확정한 후 성·명이 공자·맹자·순자·묵자 등에게 어떻게 사용되었는지를 밝혔다. 그리고 전한에서 송·원 유학의 성·명 이론을 분석하고 나서 송원 이학이 전대 유학 발전의 결과이자 집대성임을 밝혀냈다.[70] 이는 '고의'의 추구에만 그친 것이 아니라 성·명 개념의 발전과정을 해명함으로써 청대 학자가 보지 못한 부분을 간취해낸, 당시로서는 획기적인 저작이었다.[71] 이 때문에 푸스녠은 청대 고증학의 대가 대진이 "한대 유가의 저작을 말살했고, 또 정주程朱의 학설을 모른 채로 공자의 주장에만 근거하여 부연했을 뿐"이라고 평가할 수 있었다. 그가 구사한 방식은 '이소견대以小見大', 즉 미시적인 고증으로 시작해서, 상고에서 송원에 이르는 유학과 제자백가를 포괄하는 사상 발전의 역사를 거시적으로 재구성한 것이다. 이는 곧 첸무의 푸스녠 비판이 일면적이었음을 말해주는 것이다.

그뿐만 아니라 푸스녠이 "근대의 역사학은 단지 사료학일 뿐"이라고 주장했다고 해서,[72] 실제로 번거롭고 지루한 고증과 사료비판을 역사학의 본령이라고 생각했는지도 의문이다. 1931년 4월 푸스녠이 왕셴탕王獻唐에게 보낸 편지의 다음 내용은 일반적으로 상상하는 푸스녠이 했을 법한 발언은 아니다. "저는 최근 1,000년래의 실학이 양송兩宋과 명청 교체기에 빛났다고 생각합니다. 양송은 논외로 하고 명 중기 이후 초굉焦竑·주모율朱謀㙔·방밀方密 등이 실학의 기풍을 사실상 열었습니다. 기풍을 여는 자는 박博할 수 있으나 정精할 수 없습니다. (중략) (하지만) 이들이 없었다면 고염무와 염약거 등이 어찌 일찍부터 박학樸學에 종사할 수 있었겠습니까. 대체로 풍기를 여는 자는 큰 힘을 기울이기 마련이지만 오류 역시 많은 법이고, 후인들은 하나하나의 작은 일에 집착하여 현명한지 그렇지 못한지를 평가하지만 오히려 그(=前人)의 전체 입장은 잊어버리게 되니, 이는 후학의 잘못입니다. 고염무 등의 학문은 매우 엄격했지만, 동시에 범위 또한 크게 축소시켰습니다."[73] 즉 건가 연간의 '박학'을 대표로 하는 청대 학술에 대해 특정한 주제를 정밀하게 연구하긴 했지만 '전체 입장'을 잊어버려 '큰 주제'가 없다는 의외의 평가를 내린 것이다. 그뿐만 아니라 고증에서도 '멍청한 고증'과 '총명한 고증'을 구분하고 사료 간의 내재적 연관성을 추구하는 총명한 고증을 강조하였는데, 이는 푸스녠이 강조한 것이 역사연구에서 "실재적인 공부를 행하고 의미 없는 변론을 행하지 말 것"이며, "마음을 비우고 사실을 정리해야지 주관에 가득 차서 자기 견해로만 치달아서는 안 된다"는 점이었음을 잘 보여준다.[74]

반면 통사를 강조한 쳰무 역시 일련의 초기 저작(『연보』·『계년』 및 『학술사』)은 '의리'를 담으면서도 동시에 '고거'에도 뛰어난 연구였음은 부인할 수 없다.[75] 이 때문에 쳰무를 '완고하고 영민하지 못하다'고 공개적으로 비난한 원이둬조차 『고전신의古典新義』를 집필할 때 '신선神仙'이나 '초사楚辭' 개념의 고증에서는 쳰무의 『계년』을 여러 차례 참고했다.[76] 이뿐만 아니라 통·전 문제에 대한 '공식적' 입장과 달리 만년에는 '선통후전先通後專'에서 이통어전以通馭專'의 입장으로 한 발 물러섰다. 즉 근대적 학문체계를 도입한 이래 학문분과의 세분화·전문화 추세를 거스를 수 없는 상황에서 '통'의 전통만을 과도하게 강조하여 중국 역사에 대한 '총체적' 인식을 갖춘 후에 재차 '전문가'의 길을 걷는 것은 연구자의 시간·정력·재능을 고려할 때 사실상 쉽지 않은 일임을 인정한 것이다.[77]

이상을 간략히 정리하면, 구진·경세의 문제에서 쳰무·푸스녠 두 사람은 평소 주장과는 상반된 행보를 보였고, 통·전의 문제에서도 궁극적으로는 '총명한 고증(푸스녠)'과 '고거와 의리의 통일(쳰무)'을 강조했다. 다시 말해 실제로는 통·전의 겸수라는 방향으로 수렴되었던 것이다. 이는 문면에 드러난 주장만으로 두 사람의 분기만 강조해서는 곤란하다는 점을 잘 말해줌과 동시에, 1930년대 북경을 중심으로 한 학술사회에서는 학술의 지향점이 '의리의 발현'이든 '상고사의 회의와 중건'이든 간에 최소한 '고거'를 통한 주장이어야 한다는 일종의 공감대는 성립해 있었음을 암시한다.

첸무의『계년』 출판과 관련한 다음의 일화 역시 당시 북경 학술사회에 성립한 공감대와 관련하여 시사하는 바가 없지 않은 것 같다.『계년』은 1935년 상무인서관에서 출판되었는데, 실은 그전에 펑유란의『중국철학사』와 마찬가지로 '청화총서'로 출간할 수 있도록 구제강의 추천으로 심사에 붙여진 일이 있다. 당시 심사자 3명은 천인커·펑유란·왕궈웨이였고, 천인커가『계년』을 접한 것도 바로 이 심사자 자격으로서였다. 결국 '체재를 바꾸어야 한다'는 펑유란의 반대로『계년』은 '청화총서'가 되지 못했다.[78] 하지만 천인커의『계년』에 대한 평가는 펑유란과 사뭇 달랐다. "1934년 5월 16일 청화대학교 사학과 대학원생 야오웨이위안姚薇元의 구술시험이 있었다. 끝난 후 모두 천인커의 집에 갔다. 천인커는 첸무의『계년』이 지극히 정밀하면서도 깔끔하다고 말했다. 오로지『계년』에 근거하여『사기』의 오류를 바로잡을 수 있었으니, 곱씹을 만한 부분이 대단히 많다. 존경할 만하다"라는 것이었다.[79] 결국『계년』은 상무인서관에서 출판되었고, 이후 중국 고대사와 고대철학 연구에서 빠질 수 없는 중요한 참고문헌으로서 학계에 명함을 내밀 수 있었다.

요컨대 연구자 개인의 사사로운 친소나 은원이 학술적 평가에 개입되는 '관행'이 없지는 않았지만, 적어도 어느 특정한 학파나 '학벌'이 학술적 평가를 독점하지는 않았고, 아울러 친소·은원과는 다른 차원에서 학술적 가치를 판단할 수 있는 '객관적' 표준은 성립되어 있었던 것이 아닐까. 이에 대해 고사변 논쟁을 분석한 한 연구자는 고사변 논쟁의 양측이 찬성·반대의 견해 차이에도 불구하고 증거의 추구라는 동일한 게임의 규칙을 준수했다고 보았고,[80] 첸무 역시 그 자신이『국사대강』출판 이후 비판해마지 않았던 '과학고정파'가 설정한 학문적 방법론만큼은 (적어도『국사대강』출판 이전까지는) 충실히 유지한 것이다.[81] 그랬기에 첸무의 논적이었던 후스도 그의 일기에서 첸무의『연보』를 '일대저작'이라고 인정하고,[82] 첸무 스스로도 만년의 회고에서 1930년대 중국 학술계에는 학술적 가치의 높고 낮음에 관해 이미 하나의 객관적 표준이 숙성되었음을 인정한 것이 아닐까.[83]

그리고 그러한 표준 성립에는 북경대학교를 중심으로 한 학술사회의 폭넓은 저변 역시 적지 않은 역할을 했음을 첸무가 전하는 다음 일화가 잘 보여주는 것 같다. 앞에서 얘기한 대로 노공선후 문제에 관하여 첸무와 후스의 견해는 완전히 달랐다. 이 때문에 동료였던 첸무와 후스는 이 문제에 관해 여러 차례 얼굴을 맞대고 토론했고, 결국 첸무는 후스에게서 "당시 당신의『연보』가 출간되기 전이어서 금문학파의 주장에 현혹되어『좌전』을 신뢰하지 않았다. 이는 당시의 내 오류였다"라는 '자백'을 받아냈다.[84] 이후 후스는『설유신편說儒新篇』이라는 새로운 글을 발표했지만 여전히 자설을 포기하지는 않았다. 후스의 유가와 관련한 일련의 주장은 당연히 첸무의 주장과 배치되었다. 그리고 강의 시간에 한 학생에게서 양자의 차이에 관한 질문을 받은 첸무는 자신과 후스 학설의 차이를 상세히 알려주었다. 그 내용은 한 학생의 알선으로 천진『익세보』부간副刊에 게재되었는데, 후스는 첸무의 글을 보고 크게 언짢아했으나 (논문 발표 등의) 공개적 형태로 반박하지는 않았다는 것이다.[85]

이 일화는 (학설의 우열을 떠나) 서로 견해를 달리하는 학설이 신문·잡지와 강의로 자유롭게 토론되고, 또 그 내용이 지속적으로 (북경대학교 학생이라는) 일정한 수준을 갖춘 '학술대중'의 검증을 거쳐야 했던, 북경대학교를 중심으로 한 북경 학술사회의 풍경을 생생하게 묘사하고 있다. 이 때문에 첸무는 "북경대학교 재직 당시 강의실에 들어갈 때마다 마치 변론장에 등단하는 것 같았다. 노공선후 문제는 단지 하나의 사례에 불과했다"라고 말할 정도로 중압감을 느꼈지만,[86] 학술적 근거에 기초한 토론과 반론이 반복되는 과정을 거쳐 숙성된 학술사회의 학문적 표준은 (적어도 1930년대 중국 학술사회 내에서는) 신파와 전통파의 분기를 넘어선 하나의 엄정하고도 실재적인 원칙으로 작동하였다고 할 수 있지 않을까.[87]

5 민국시대 학술사회의 수렴과 그 의미

이 글은 민국시대 학술사회의 다양한 분기와 대립 속에서도 그 저변에는 (후스의 '증거를 가지고 오라!'에 단적으로 표현된) 증거의 추구 또는 고증에 근거한 주장이라는 의미에서의 수렴이라는 흐름이 존재했을 것이라는 가정 아래 전통파 첸무와 신파 푸스녠의 이합을 소재로 하여 민국시대 학술사회 존재양태의 한 측면을 살펴보려 했다. 이상의 소론을 토대로 하여 민국시대에 일단 그 추형이나마 성립한 것으로 판단되는 학술사회의 존재가 가지는 역사적 의미를 다소나마 부연해둘 필요를 느낀다. 5·4신문화운동 이래 전개된 여러 차례의 논전과 학술운동 그리고 학술 종사자 개개인의 각고의 노력 끝에 그 추형이나마 형성된 민국시대 중국의 학술사회는 1931년 만주사변으로 시작된 일본의 중국 침략과 결정적으로는 1937년 노구교사건의 발발로 그 근간이 흔들리게 된다.[88] 학술사회의 성립·발전이라는 각도에서 보더라도 중일전쟁의 승리를 중국사회가 왜 '참승慘勝'이라 부르는지를 새삼 확인할 수 있지만, 그 이후 학술사회의 운명도 순탄하지만은 않았다. 정치가 학술을 압도한 당국체제의 수립은 양안의 대치에 따른 인적·물적 분산과 결합하여[89] 중국 대륙에서의 학술사회 재건을 늦추거나 크게 훼손했다.

일단 한 번 훼손된 학술사회가 재건되는 데는 물리적 시간은 물론이고 인적·물적 자원과 심리적 위축·가치의 전도 등 막대한 사회적 대가를 지불해야 한다는 점은 문화대혁명의 후과를 떠올리면 쉽게 알 수 있기도 하지만, 정치가 학술을 압도했던 과거를 성찰하고 좀 더 완정한 학술사회의 성립을 지향하는 분위기가 감지되는 현재,[90] (본인들이 의식했건 의식하지 않았건) 첸무와 푸스녠을 비롯한 민국시대 학인들의 학술사회 수립을 향한 지난한 역정은 대륙 또는 대만에서 학술사회에 모종의 위기가 발생할 때 환기될 수 있는 역사적 자원으로서 의미를 가질 정도는 되었던 것 같다. 그런 의미에서 본다면 첸무에게서 환기해야 할 역사적 기억의 목록에는 그저 민족사에 대한 '온정과 경의'만이 아니라[91] '고거를 통한 의리의 발현' 또는 '의리와 고거의 통일'이라는[92] 학문적 엄정함도 포함되어야 할 것이고, 푸스녠에 대해서는 '근대의 역사학은 단지 사료학일 뿐'이라는 언급에만 주목한 단장취의식의 비판에 머무를 것이 아니라 '총명한 고증'을 강조하고 수준 높은 학술사회를 수립해 '과학적 동방학의 정통을 중국에' 세우려 했던[93] 그의 지향에 대한 적확한 이해가 선행되어야 하지 않을까.

문명기
서울대학교 동양사학과를 졸업했고 국민대학교 국사학과 교수로 재직하고 있다. 저서로는 『식민지라는 물음』(소명출판, 2014, 공저), 『대만을 보는 눈: 한국·대만, 공생의 길을 찾아서』(창비, 2012, 공저) 등이 있고 역서로는 『잠 못 이루는 제국: 1750년 이후의 중국과 세계』(까치글방, 2014), 『식민지시대 대만은 발전했는가: 쌀과 설탕의 상극, 1895~1945』(일조각, 2008) 등이 있다. 논문으로는 「왜 帝國主義下の朝鮮」은 없었는가: 야나이하라 타다오의 식민(정책)론과 대만·조선」(『사총』 85, 2015), 「일제하 대만·조선 공의(公醫)제도 비교연구」(『의사학』 23-2, 2014), 「대만·조선의 '식민지근대'의 격차: 경찰 부문의 비교를 통하여」(『중국근현대사연구』 59, 2013), 「1880년대 한성개잔을 둘러싼 한·중 갈등과 그 의미」(『중앙사론』 33집, 2010) 등이 있다.

집필경위
이 글은 2010년 성균관대학교 동아시아학술원이 개최한 국제학술대회 '동아시아 근대 아카데미즘의 형성과 국가권력'에서 발표했으며, 『중국근현대사연구』 46집, 2010에 실었다.

19세기 전반 일본 지식인의 국체와 도 관념 – 요코이 쇼난과 요시다 쇼인 비교

◎

스다 쓰토무

1 깊이를 더해가는 요코이 쇼난 연구와 방향을 잃은 요시다 쇼인 상像

요코이 쇼난橫井小楠(1809~1869)에 대해서는 상세한 선행연구가 있고,[1] 그의 사상에 대한 연구도 충분히 있다.[2] 요코이는 1809년 히고 구마모토 번사의 아들로 태어나 1839년 에도에서 유학한 뒤 구마모토번 유학학파 중 실학당實學黨의 중심인물이 되었다. 하지만 구마모토번에서는 중용 되지 않았으며 시습관時習館(번교)의 보수적 주류파인 학교당學校黨과는 대립하였다. 1858년, 요코이는 후쿠이번주 마츠다이라 요시나가松平慶永에게 요청하여 번정藩政의 고문이 된 뒤 후쿠이번의 번정 개혁을 지도하였다. 하지만 개국을 통한 교역론을 주장했기 때문에 존왕양이尊王攘夷파에게 적대시되었다. 메이지유신 정부에 참여했으나 1869년 광신적인 존양파에게 살해되고 말았다.

요시다 쇼인吉田松陰(1830~1859)에 대한 평가는 현재 방향을 잃었다. 다나카 아키라田中彰(1928~2011)는 요시다 쇼인 상像이 일본의 근대화 과정에서 정치적으로 각광을 받으면서 만들어졌다는 점을 논증하였다. 도쿠토미 소호德富蘇峰(1863~1957)는 **개정판**(필자 강조, 이하 같다)『요시다 쇼인吉田松陰』(민유사, 1908)에서 제국주의자로서 요시다 상을 창조하였다는 점을 중시했다.[3]

나는 도쿠토미가 **초판본**『요시다 쇼인』(민유사, 1893) 첫머리에서 요시다가 요코이에게 보낸 자필 편지를 게시하고 요시다가 요코이의 '호흡과 접하며 생장하였다는 점을 잊어서는 안 될 것'이라고 서술한 것에 문제가 있다고 생각한다. 요시다 상이 방향을 잃은 것은 도쿠토미가 의도적으로 요시다가 요코이에게서 영향을 받은 '동류同類' 사상가인 듯한 이미지를 만들어낸 데서 비롯했기 때문이다.

요코이와 요시다는 각각『해국도지海國圖志』를 읽고 영향을 받았다. 아편전쟁에서 패배한 뒤 위기감을 느낀 청나라의 위원魏源(1794~1856)은 다양한 외국의 정보를 수집할 필요성을 느끼고 1842년『해국도지』를 집필했다. 이 저작에는 서양 여러 나라의 정치체제, 문화 특질까지도 상세히 서술되어 있다. 『해국도지』는 1851년 일본에 전해졌고, 1854년 쿠제

야마토노카미久世大和守의 가신 나카야마 덴에몬中山傳右衛門이 교정한 『해국도지묵리가주부海國圖志墨利加洲部』로 간행되었다. 1856년 요코이는 이 책을 읽고 『국시삼론國是三論』을 집필하였다고 알려져 있다. 1856년 요코이가 「무라타 미사부로村田巳三郎에게 보낸 서간」[4]에는 분명 『해국도지』라는 단어가 나온다. 한편, 요시다는 1855년에 『해국도지』를 읽은 것으로 확인되었다.[5]

요코이와 요시다가 『해국도지』를 읽었다는 것을 전제로―요코이는 1856년, 요시다는 1855년―두 사람의 사상과 행동이 바뀌는 과정을 고찰하고자 한다.

2 1856년 이전 요코이의 '유도·무도'론

1853년 6월에는 페리Matthew Calbraith Perry(1794~1858)가 우라가에, 7월에는 푸차친Yevfimy Putyatin(1804~1883)이 나가사키에 각각 내항했다. 막부는 카와지 토시아키라川路聖謨를 러시아 사절 응접 담당으로 임명해 나가사키에 파견했다. 이 소식을 들은 요코이는 이전부터 알고 있던 카와지에게 헌정하려고 『이로응접대의夷虜應接大意』[6]를 집필했다. 요코이는 『이로응접대의』에서 일본은 인의仁義를 중시하는 나라이며, "무릇 우리 나라가 외이外夷를 대하는 국시國是는, 유도有道한 나라는 통신을 허락하고 무도無道한 나라는 거절하는 두 가지가 있을 뿐"이라고 했다.

이와 같이 요코이는 '외이'라는 말을 사용했으나 이는 아주 드문 일이며, 서양에 한정하지 않고 여러 외국을 통칭해 만국萬國이라고 표현하였다. 이와 같은 발상은 미토학水戶學뿐만 아니라 당시 많은 지식인의 단순한 언설구조와 거리를 둔 요코이만의 독자적인 것이었다. 그렇다고 해도 마루야마 마사오丸山眞男(1914~1996)가 이야기한 바와 같이 이 단계에서 요코이가 "화이관념에서 실질적으로 벗어났다"[7]고 평가할지는 별개 문제다. 이에 대해서는 뒤에 다시 다루겠다.

요코이는 만국의 기준을 유도이냐 무도이냐에 따라 준별하였다. 그리고 일본은 어쨌든 쇄국을 하지 않는다는 점을 만국에 명확하게 제시하고 군사력을 동원해 일본을 압박하는 미국을 질책해야 하며, '무체무도無體無道'한 나라와는 통신과 통상을 하지 말아야 할 뿐 아니라 미국이 군사를 일으킨다면 싸워야 한다고 했다.

요코이의 대응책은 아주 명확했다. 그는 일본의 선제공격을 언급한 것이 아니라 어디까지나 상대국이 군사를 일으켰을 때만 싸워야 한다고 했다. 여기서 중요한 점은 그가 '신의信義'에 입각한 대화로 문제를 해결해야 한다는 유학자다운 태도를 보였다는 것이다. 이것이 요코이의 대응책이었다. 그가 이러한 견해를 갖게 된 기반에는 어떤 사상이 있었을까.

요코이는 '무체'의 극단에 '신의', '인의'라는 관념이 자리하게 하고, 이들 관념을 만국에 공통하는 보편적 가치인 '도道'로 제기하였다. 그리고 상대국의 '무체'한 행위에 대해 사과를 받아내고 대화의 장을 만들어내는 것이 '대의'의 길이라고 했다. 또 대의를 통한다면 상대국은 일본을 이해할 것이고 '신의'에 따른 통신과 통상을 요청해올 것이라고 하였다. 이와 같은 이상주의적인 보편적 가치기준은 유학儒學에서 찾을 수 있는데, 물론 서양에는 이러한 발상이나 개념이 없다. 즉, 요코이의 사상에는 일본만이 '유도', '인의'의 나라라는 자국 우위의 발상이 밑바탕에 흐른다는 사실을 놓치면 안 된다.

『의조선국왕서擬朝鮮國王書』[8]에는 조선을 언급한 대목이 있는데, 이는 요코이로서는 예외적인 일이다. 요코이는 도요토미 히데요시豊臣秀吉(1536~1598)의 조선 침략을 조선에 참화를 가져온 행위라며 비판적으로 보았다. 그리고 일본과 이웃 나라 조선은 '한 집안과 같으(一家の如し)'므로 '인호隣好'에 따른 외교를 전개해야 한다고 하였다. 후술하는 바와 같이 요코이는 조선의 유학자 이황李滉(1501~1570)을 존경했다. 요코이의 조선에 대한 언설은 패권이나 무력행사를 혐오하고 문文을 동경하던 유학자다운 것이었다고 할 수 있다. 일반적인 근세인(위정자·지식인·민중)의 조선관은 '무위'의 나라 일본에 패해 굴복한 유약한 나라라는 것이었고, 19세기에 들어서자 지식인들은 조선을 무시하기 시작했다.[9] 요코이의 조선관은 이에 비하면 특이했다고 할 수 있다.

3
1856년 이후 요코이, '강병론'으로 전환

요코이는 『해국도지』를 읽은 후인 1860년 『국시삼론』을 집필했다. 요코이는 여기서 미국은 물론 영국을 비롯한 서양의 여러 나라를 평가했다. 미국이나 영국은 공공화평公共和平을 내세우고 인풍仁風과 민정民情에 기반을 둔 정치를 하며, 서양의 많은 나라가 학교는 물론, 병원·유치원·농아원 등을 세워 민중을 위한 정치를 한다는 것이었다. 이는 분명『해국도지』의 영향을 받은 것이다.『해국도지』를 분석하고 저자 위원의 사상을 고찰한 토마 세이타藤間生大는 위원이 서양을 '부러워했다'는 점을 통찰하였는데,[10] 이 같은 평가는 요코이에게도 적용된다. 요코이 사상에는 세습되지 않는 대통령제나 합의(의회제) 같은 서양의 정치 시스템을 최상으로 여기는 의식이 생겨나고 있었다. 그 밑바탕에는 유학적 민본주의 사상이 있었다고 할 수 있다.

선행연구에서는『국시삼론』을 '동아시아적 공공公共'을 향한 고찰 가능성으로 과대평가하였는데,[11] 나는 요코이가 '국시' 중 하나로 '강병론'을 꼽은 것에 주목하려 한다. 요코이는 사방이 바다로 둘러싸인 영국은 일본과 매우 비슷하므로 일본도 영국과 같이 해군 육성에 힘을 쏟아야 한다고 논했다. 그리고 부국강병을 달성한다면 일본은 외국의 멸시를 받지 않아도 될 것이라고까지 단언했다.

『해국도지』를 읽은 요코이는 '강병'론에 도달했다. 그렇다면 이전에 요코이가 주창한 '도道'라는 유학적 보편성의 문제인 '유도·무도'론은 어떻게 되었을까? 조경달은 요코이의 '도의道義' 집착을 평가하면서도 요코이 사상에는 '일본 중심의 독선적 국가의식'의 뿌리가 강하게 자리 잡고 있었음을 간파하였다.[12] 요코이가 배운 히고타이야 학파(오츠카 타이야大塚退野 이래의 학통)는 조선 유학, 그중에서도 이황 주자학의 영향을 크게 받아 '도'를 추구하는 학풍을 지니고 있었다. 그러나『해국도지』를 읽고 보편적 가치의 대상을 서양적 '부국', '강병'으로 전향한 점을 보면, 요코이가 이해한 '도'의 실태가 유교적·초국가적인 것이 아니라 일본이라는 틀에서 벗어나지 못한 것이 아닐까 싶다. 비토 마사히데尾藤正英와 와타나베 히로시渡邊浩가 일본의 유학 부적합설을 이야기하고 마에다 쓰토무前田勉가 '무위武威'라는 일본형 화이의식에 수용된 일본 유학의 특이성을 논한 바와 같이,[13] 이는 대체로 요코이를 포함한 모든 일본 유학의 왜곡된 형태에 문제가 있었다고 할 수 있다.

그렇다면『국시삼론』에서 요코이는 '유도·무도'론에서 '강병'론으로 사상을 180도 바꾼[14] 것이 아니라 서구문물의 전래와 충격Western Impact에 대한 대응책을 바꾼 것뿐으로, 요코이 사상은 변한 것이 없다는 점을 알 수 있다. 요코이에게 '도'가 보편적 가치라면 '강병'도 똑같이 보편적 가치다. 본래의 유교사상에서라면 이러한 발상은 생겨날 리 없다.

19세기 광신적 존왕양이론이 등장했는데도 요코이는 냉정을 유지했고 시야가 폭넓었던 것이 사실이다. 그렇기 때문에 좀 더 뿌리 깊게 근세의 일본적 문제를 지녔다고 할 수 있다. 요코이가 조선 유학을 흠모하고 이황을 존경했더라도 매우 간단히 '도'에서 '강병'으로 보편적 가치를 전환한 것은 그야말로 문제다. 앞에서 이야기한 마루야마가 요코이를 평가한 지 60여 년이 지난 뒤 일본 근세사 연구의 성과에 따라 언급한 바와 같은 일본형 유학의 특수성이 해명되었고, 일본형 화이의식이라는 '무위'에 기반을 둔 일본 우위 심성이 발견되었다. 이러한 시각에서 보면 요코이 사상의 밑바탕에는 일본형 화이의식이 일관되게 흘렀다고 이해할 수 있을 것이다.

요코이는 대응책을 '강병'으로 전환한 것을 '도'에서 벗어난 패覇라고 의식하지 않았다. 따라서 그가 과연 이황이 중시한 '경敬' 사상을 제대로 이해했는지 의문을 품지 않을 수 없다. 물론 요코이 마음속에서는 다른 나라에 군사력을 행사한다는 것은 '무도'한 일이며 '강병'과 '무도'는 같지 않았다. 그러나 '강병론'에서 요코이는 중국과 같이 군사력이 약하면 서양의 침략을 받게 된다는 방위론을 전개한 후 무역은 해군력을 동반하며 경우에 따라서는 침략도 행사한다고 논하였다.

보편적 가치를 추구한 사상가 요코이의 이 같은 대응이야말로 다수가 무사였던 19세기 일본 지식인의 양태가 수렴된 것이라고 할 수 있다.

4 1855년 이전 요시다, '군신상하일체君臣上下一體'론 제기

요시다는 1830년 하기번의 하급 번사 스기 가문의 둘째아들로 태어나 하기번 병학사범 요시다 가문의 양자가 되었다. 요시다는 21세 때인 1850년 여름에 나가사키 히라도로 유학을 떠나 시야를 서양 포술로 넓혔다. 1851년에 에도로 유학한 요시다는 학문을 배우기 위해 여러 인물을 방문하였고 최종적으로 서양식 군학자 사쿠마 쇼잔佐久間象山에게 입문하였다. 병학자兵學者인 요시다에게 이 선택은 이치에 맞는 일이었다. 요시다는 사쿠마에게 사상이나 정치적 가르침을 구하지 않았다. 같은 해 요시다는 미야베 테조宮部鼎藏(구마모토번사) 등과 함께 일본 동북지방으로 유학을 떠났다. 도중에 미토에서 아이자와 세시사이會澤正志齋, 후지타 유코쿠藤田幽谷 등을 방문해 며칠 머물렀다.

『동북유일기東北遊日記』에는 러시아의 위협에 대해 긴박하게 기술하지 않았다. 따라서 '만세의 근심', '국가위급'이라는 그의 대외인식, 즉 위기의식은 페리가 내항한 이후 급격히 형성되었다고 볼 수 있다.

1853년 정월, 요시다는 번의 허가를 얻어 교토를 여행했으며 병학자로서 수행을 계속하였다. 6월 3일, 페리가 우라가로 들어왔다는 소식을 들은 요시다는 다음 날 급히 우라가로 가서 직접 흑선黑船를 보았다. 이 경험이 병학자 요시다의 이후 삶을 결정지었다. 미국에 대한 군사적 공포, 나아가 막부의 대응에 위기감을 느낀 요시다는 같은 해 8월, 나가사키번에 의견서『장급사언將及私言』[15]을 제출하였다.

요시다는 『장급사언』에서 미국이 군사력을 배경으로 개국을 요구한 것이야말로 '만세의 근심'이며 '국가위급' 상황이라고 했다. 또 막부가 미국의 '경멸모만輕蔑侮慢'을 가볍게 보고 '국체를 굽혀 화의를 맺고자' 하는데, 이러한 대응은 '실로 한심한 일'이라고 단언했다. 이어서 페리가 내년에 다시 내항한다면 전투가 벌어질 것이라면서 이에 대한 방위를 논하였다.

요시다는 여기서 '국체'라는 용어를 사용했다. 그러나 미국과 전쟁을 피하려 그들의 요구를 거부할 수 없었던 막부의 대응이 왜 '국체를 굽힌 것'이 되는지는 설명하지 않았다. 애초에 왜 미국의 요구를 거부해야 하는지에 대한 의견도 밝히지 않았다. 또한 미국(페리)의 어떤 태도가 '경멸모만'인지도 언급하지 않았다. 『장급사언』 서두에서는 서양의 접근이 지금 시작된 것은 아니라고 서술했다. 요시다는 외이外夷, 즉 서양이 일본에 내항하는 것이 무례한 일이라는 인식 —존왕양이파 사이에서 공통된 언설—을 자명한 것으로 이야기했을 뿐이다. 요코이가 미국의 '무체', '무도'를 자세히 설명하고 그 때문에 미국의 요구를 거절해야 한다고 논한 것과는 크게 다르다.

『장급사언』은 병학자 요시다의 '무비武備'론, 방위론으로 집필되었다. 여기서 평가할 만한 것은 전술론이나 군사기술론적 측면이 아니라 미국이 초래한 '만세의 근심', '국가위급' 상황은 봉건적 할거割據 상태에서는 타개할 수 없다는 논리를 형성했다는 점이다. 이 의견서의 본질은 방위를 하려면 조슈번이 중심이 되어 센다이·아이즈·카가·에치젠·오와리·사츠마 등 신판 다이묘·도자마 다이묘 구분 없이 영지를 소유한 다이묘가 합의해 해군을 일으켜야만 한다는 것으로, '군신상하일체君臣上下一體'의 구체적 형태를 논했다는 점이다. 이는 이른바 일군만민론一君萬民論의 시초라고도 할 수 있으나 이 시기 요시다에게 그러한 자각은 없었다.

요시다는 '국체'라는 용어를 사용했지만, 그 내실이 무엇이냐는 문제에는 접근하지 않았다. 『장급사언』은 번주에게 바치는 정치의견서로 작성되어 군신상하일체론을 전개하였다. 이 개념을 설명하는 데 '국체'라는 키워드가 필수였을 것이다. 그럼에도 '국체'가 무엇인지는 전혀 설명하지 않았다. 1853년 24세의 병학자였던 요시다에게는 '국체'를 내면화하는 데 필요했던 일본 역사에 관한 교양이 부족했던 것이 아닐까. 요시다는 '무비', 즉 방위를 위해 무엇이 유효할지 한 가지 점만 의식했고, 그 때문에 영지가 있는 다이묘 간 합의를 제기한 것이다. 그러나 그 근원에 있는 군신상하일체론이 막부를 상대화하는 위험성을 지닌 일군만민론에 이르게 된다는 사실은 인식하지 못했다. 더구나 군신상하일체를 실현하려면 그에 결집하기 위한 장치—그것이야말로 지켜야만 할 '국체'겠으나—가 필요하다는 인식은 전혀 하지 못했다.

1854년 3월, 미국으로 가려다 실패한 요시다는 막부에 자수했고, 에도 덴마초의 감옥에 갇혔다가 막부의 재결을 거쳐 하기의 노야마감옥에서 보내게 된다. 그리고 다음 해까지 약 1년간 요시다는 형에게서 많은 서적을 입수한 뒤 맹렬한 속도로 읽었다. 이 과정에서 요시다는 『야산옥독서기野山獄讀書記』라는 독서록을 남겼다. 여기서 가장 빈번히 등장하는 것이 『일본외사日本外史』, 『본조통감本朝通鑑』, 『해국도지』다. 이 단계에서 요시다는 병학 이외의 폭넓은 교양, 역사인식 등을 체득했다. 아마 '국체' 인식의 심화를 의식한 것이리라.

5 1855년 이후 요시다, 지켜야만 할 '국체' 발견

이 시기 요시다는 노야마감옥에서 스기 가문으로 옮겨 유폐생활을 계속했다. 그리고 쇼카손주쿠에서 학생들을 가르쳤는데, 구사카 겐즈이久坂玄瑞, 다카스기 신사쿠高杉晋作, 이리에 스기조入江杉藏, 노무라 와사쿠野村和作 등에게 큰 영향을 주었다. 이 시기는 또한 1858년 6월의 일미수호통상조약(미일수호통상조약)을 결정적 전환기로 볼 수 있다. 요시다는 노야마감옥에 갇힌 때부터 스기 가문에 유폐되어 있는 동안(1855~1856) 감옥에 같이 갇혀 있던 사람들이나 친척들에게 『맹자』를 강의했다. 이후 이 강의를 기반으로 『강맹여화講孟余話』[16]라는 책을 만들었다. 요시다의 『맹자』 연구와 강의는 텍스트를 엄밀하게 독해하면서 진행된 것이 아니라 페리 내항 후 위기상황을 타파하려고『맹자』의 언설을 응용한다는 방식이었다. 아래에서는『강맹여화』를 중심으로 요시다의 언설과 행동을 분석하겠다.

요시다는 콜럼버스Christopher Columbus(1451~1506)와 나폴레옹 Napoléon Bonaparte(1769~1821)을 호걸로 평가했다.『해국도지』를 읽은 뒤에도 요시다의 관심은 서양의 국제國制가 아니라 호걸로서 개인에게 있었다. 29세의 요시다는 그러한 인물의 사상이나 사회적 영향력보다는 다분히 그들의 영웅적 행위에 흥미가 있었던 듯하다. 이는 요시다의 일관된 지향성이었다고 할 수 있다.

요시다는 1858년 4월 중순 저술한「대책일도對策一道」[17]에서, 미국은 통상을 이용해 일본 백성을 유도하고 나아가 크리스천 교회인 '천주교당'을 세워 일본의 크리스천 금지령을 폐지하며, 상관商館를 세워 일본 백성을 사역하게 될 것이라고 했다. 요시다는 천주교(크리스트교)를 적대시했으나 천주교의 무엇이 위험한지와 크리스트교의 교의 혹은 관습은 무엇인지는 고찰하지 않았다. 야소耶蘇라고 호칭하지는 않았으나 크리스트교를 단순히 혐오하고 폐절하고자 하는 심성은『해국도지』등 특별한 해외정보를 입수할 수 없었던 서민, 예를 들면 동북지방의 농민 간노 하치로菅野八郎[18]의 서양 인식과 같았다.

또한「대책일도 부론對策一道 附論」[19]에서는 미국은 모략, 일본은 성誠이라는 이항대립의 견해를 보였다. 요코이가『해국도지』를 읽기 전 이야기했던 미국=무도, 일본=유도와 유사한 것이다. 다만 요시다는 여기에서 비약하여 모략의 나라 미국은 두려워할 필요가 없다는 근거 없는 낙관론을 전개했는데, 요시다답다고 할 수 있다.

『강맹여화』에 '도'를 언급한 부분도 흥미롭다. 요코이가 보편적 가치기준으로 삼은 도라는 개념을 요시다는 어떻게 인식했을까? 요시다에게 도의 실천은 황국·번의 '체體', 즉 형태를 알고 이를 전제로 각각 사회적 역할을 다하는 것이었다. 그의 이해 틀에서 도는 각각 국가의 정치적 틀이나 사농공상이라는 신분·직업에 규정된 개별적·구체적인 것이 되고 다양한 방향성을 가지게 된다. 요시다는 도란 '천하공공天下公共의 도'로 같은 것[同]이 된다고도 했다. 요코이와 같이 요시다도 도를 공공으로 인식하였다는 점은 흥미로우나 요시다가 도를 이해하는 초점이 흔들렸다는 것을 알 수 있다. 요시다는 유학자도 아니었고 사유思惟하는 인간도 아니었다. 따라서 자신은 이 흔들림에 괘념치 않았다. 도에 대비하여 국체는 일국의 체이며 '독獨'이 된다고 한 부분이 중요할 뿐이었다. 요시다는 도를 '동同'이라는 보편적 가치로 보는 한편, 국체를 '독'이라는 유일한 존재로 보고 이를 가장 중시해야 한다고 하였다. 요시다는 도에서 보편성을 느끼면서도 가치를 끄집어내지는 않은 것이다.

요시다는 1856년 집필한 『무교전서강록武教全書講録』[20]에서 '신주神州', 즉 일본에는 일본의 체體가 있고 이국에는 이국의 체가 있다고도 하였다. 유학자인 요코이가 대외관의 중심에 보편성을 두었던 데 비해 특수성·독자성에 기운 요시다는 서양에도 독자적인 정치체제·사회·문화, 즉 '체'가 있다고는 했지만 이를 이해하고 존중하려는 의지는 없었다. 서양은 어디까지나 이적, 외이였다. 그가 체의 존재형태를 『해국도지』에서 찾아내 평가한 흔적은 보이지 않는다.

요코이는 도라는 관념에서 민본주의라는 보편적 가치를 찾아냈기에 미국의 대통령제나 영국의 의회제도를 평가할 수 있었고, 대외관을 비약적으로 성장시킬 수 있었다. 그러나 일본 국체의 '독'만 평가하려고 한 요시다에게 서양은 잡티와 같은 존재일 뿐이었다.

요시다의 관점에서 볼 때 일본은 신들, 그중에서도 '이자나기伊弉諾·이자나미노미코토伊弉冉尊'가 창조했고 '천하의 주인인 황조 아마테라스 오미카미皇祖天照大神'가 나와 만만대를 이어 전해진 나라이며, '국토산천초목인민國土山川草木人民'은 모두 '황조이래보수호皇祖以來保守護'되어온 나라다. 따라서 일본에서 천하는 한 사람의 천하, 즉 천조天朝의 것이다. 요시다는 '계도진毛唐人(외국인을 비하하는 용어. 이 시기에는 서양인을 지칭하는 말로 쓰였다―옮긴이)의 나라를 흉내내' "천하는 한 사람의 천하가 아니며 천하의 천하이다" 따위의 말을 해서는 국체를 망각하고 말 것이라고 했다.

요시다는 『맹자』를 강의하면서 지켜야 할 국체를 발견하고 독자적 국체론을 구축했다. 그 결과 요시다는 『강맹여화』에서 서양뿐만 아니라 중국·유학·동양의 학지學知·사상을 모두 부정하는 데 이르렀다.

요시다는 자신있게 집필한 『강맹여화』를 메이린칸의 각토學頭를 지냈으며 조슈번을 대표하는 주자학자 야마가타 타이카山縣太華에게 바치고 의견을 구했다. 그러나 요시다는 야마가타에게서 통렬한 비판을 받게 된다(『강맹여화 부록』[21]). 이때 요시다는 27세, 야마가타는 75세였다.

이번에는 국체론·천하론 부분에 한정해 야마가타의 비판을 검토하겠다. 야마가타는 도란 '나와 남의 차이가 없고 우리나라와 다른 나라의 구별이 없는' 것이라면서 요시다의 개별적이고 다양한 도론을 비판하였다. 나아가 요시다가 특별히 사용하던 이적이라는 용어를 두고, 이적이란 '중국에 복속한 사외四外의 나라'를 중국이 호칭할 때 사용하는 단어로, 현재 일본에 복속된 외국이 없는 이상 일본이 이런 어휘를 사용하는 것은 잘못이며, 더구나 해외의 나라도 이러한 점에서 보면 같은 사람의 세계가 아니냐고 하였다. 직접적으로는 요시다를 나무랐지만, 유학적 교양이 깊었던 야마가타는 존왕양이파가 자주 사용한 이적이라는 어휘와 그 속에 내포된 심성을 불쾌하게 생각했던 것이다. 야마가타는 이어서 요시다의 '천하'론을 비판했다. 먼저 야마가타는 "지금의 제후는 천조의 신하인가, 쇼군의 가신인가"라는 요시다의 질문에 "막부의 신하라는 것은 말할 필요도 없는 것"이라고 했다. 또 제후는 막부로부터 지위를 얻는다는 등 11개 항목을 거론하여 논증하면서, 토지는 미나모토노 요리토모源賴朝 이래 무장 가문에 전해지는 것이자 각 무장이 실력으로 유지·확대해온 것으로 천자에게서 받은 것이 아니라고 하였다. 야마가타는 미나모토노 이래 무사 가문이 천하를 다스리는데, 이는 "천자가 천하를 다스릴 수 없기 때문에 대신 다스리는 이가 있기 때문이다. 이는 천지자연의 이치이다"라면서 '천하는 한 사람의 천하가 아니며, 따라서 천하의 천하이다'라는 논리가 옳다고 설명했다.

요시다는 노야마감옥에서 교양을 쌓았고 『강맹여화』에서 독자적인 국체론·천하론을 만들었는데, 이 논리를 야마가타가 하나하나 깨뜨린 것이다. 요시다는 이를 자각했으며 일본이 서양에 멸망해버릴 것이라는 위기 상황을 논리가 아니라 행동으로 타개할 수밖에 없다고 깊이 깨달았다.

하지만 이러한 위기의식은 논리화 과정에서 비로소 보편화된다. 요시다는 그 방법을 찾는 데 실패했다. 요시다는 행동해야 한다는 각오를 다졌으나 유폐되어 있던 그에게 자유는 없었다. 1856년 이후 요시다는 쇼카손주쿠를 주재하였고 일시적으로 많은 문인이 그를 방문하기도 하였으나 항상 고독해했고 고민했다. 그리고 1857년, 요시다는 '광狂'에 이르게 된다.

요시다는 스기 가문(마츠모토 무라松本村)에 유폐 중인 1857년 6월, 막부가 일미수호통상조약(미일수호통상조약)을 체결하였다는 사실을 알게 되었다. 그러자 요시다는 갑자기 격해져 로주老中 암살까지 기도했다. 11월, 요시다를 위험하게 본 스후 마사노스케周布政之助가 요시다를 다시 노야마감옥에 가두었다. 1859년 5월, 요시다는 에도로 이감되어 덴마초감옥에 수감되었고, 10월 27일 사형판결이 내려졌다.

1858년에서 다음 해까지 요시다는 논리를 버리고 '광'의 직접 행동, 즉 민초를 궐기시켜 막부를 타도하라는 초망굴기草莽屈起로 향하게 된다. 그러나 다카스기, 구사카 등이 그를 떠나면서 그는 결정적으로 고립상태에 놓이게 되었다. 다카스기, 구사카는 요시다의 위기의식, 즉 로주 암살이라는 직접 행동을 공유할 수 없었던 것이다.

이 시기에 요시다가 느낀 위기의식을 요시다가 죽은 뒤 그의 문인이 편찬한 『무오유실문고戊午幽室文稿』[22](『전집』 제4권)를 검토하며 복원해보겠다.

1858년 9월경, 교토에 있던 구사카는 오하라 시게토미大原重德(존양파 공경尊攘派公卿)에게 접근하였다. 구사카는 오하라가 쓸 만한 인재에게서 의견을 듣고 싶다는 말을 여러 번 했다고 요시다에게 전했다. 그러자 요시다는 오하라에게 보이려고 「시세론時勢論」[23)]을 집필하였다. 요시다는 이 글 서두에서, 도쿠가와 가문이 세이다이쇼군征夷大將軍에 오른 이래 막부가 행한 대외관계는 모두 실패했다고 하였다. 특히 요 몇 해 사이 미국과의 문제는 심각하게 잘못되었는데, 이것이 '조약조인에 이르러 더욱 심해질 것'이라면서 막부의 일미수호통상조약 조인은 천자의 명령[勅諚]에 위배된다고 하였다. 이 의견서에서 가장 중요한 부분은, 이대로는 서양 열강이 일본 국내에 아편을 들여오고 '천주교'도 들여올 것이라고 서술한 곳이다. 요시다가 서양과 교역을 기부하는 논거가 아편과 크리스트교에 있었다는 사실이 명확히 드러난 것이다.

일미수호통상조약이 체결된 뒤 요시다의 위기의식은 '미국의 무례에 굴복한 일본의 국위가 땅에 떨어졌다' 같은 관념적인 것에서, '천자의 명령'을 어기고 제후의 반대를 무시한 막부의 사의私意와 서양이 가지고 들어온 아편과 '천주교' 때문에 일본은 서양의 속국이 되어버린다는 절박한 것으로 변했다. 그의 머릿속에서는 내우內憂, 사의私意로 형상화된 막부와 외환外患, 아편·천주교 등이 결합되었다. 그러나 이 역시 당시 존양파의 특징적 언설이며 독자성은 없다. 『해국도지』를 읽었다 할지라도 요시다에게는 요코이와 같이 천주교를 분석하려는 생각은 없었다.

여기서부터 요시다의 '광'은 격화된다. 막부의 사의가 대외위기를 불러들였다는 요시다의 의식은 결국 막부를 부정하는 데에 이르게 된다. 그 골자는 다음 두 가지이며 이는 요시다의 일관된 주장이 되었다.

① '천자의 명령에 위배'한 일미수호통상조약을 조인하였다.

② '외이'의 요구에 굴복해 개국해버린 막부에 '웅략雄略'은 없다.

요시다는 '웅략'을 잃어버린 막부에 의해 신주의 국위가 땅에 떨어졌다면서, 국위를 회복하려면 대함大艦을 건조해 연습하고 해외에 진출하여 조선·만주와 청나라에 통상을 요구해야 한다고 보았다. 그리고 광동, 자카타라咬吧(자카르타의 옛 호칭), 희망봉, 오스트레일리아 등에 진출해 관館을 설치한 뒤 장사將士를 배치하고 이를 통해 교역의 이익을 얻는다면 '국위를 분흥奮興'하게 될 것이며 '국체'를 잃을 일은 없다고 하였다. 또 '부국강병의 대책'을 세워 청나라, 조선, 인도 등 가까이 있는 나라에 진출해야만 한다고 서술하였다.

이와 같이 요시다의 위기의식은 부국강병론에 도달했는데, 이는 요코이 대외관의 결론과 같다. 다만, 요시다는 해외에 장사, 즉 군대를 주둔해야 한다고까지 단언했다.

1858년 스스로 '광부狂夫'가 된 요시다는 막부를 비판하는 데에서 더 나아가 로주 암살까지 기도했다. 그러나 이 시기 막부는 아직 강대한 권력으로 존재했고, 요시다의 문인들은 누구도 막부를 쓰러뜨리려는 생각을 하지 않았다. 다카스기, 구사카 등은 요시다의 '광'을 따라가지 못하고 요시다에게서 떨어져나갔으며, 요시다의 학통은 붕괴 직전이 되었다.

부국강병론 속에서 요시다는 대외진출을 위한 창끝을 조선에 겨누었다. 이 시기 요시다의 조선 의식은 어땠는지 간단히 살펴본다.

1858년, 요시다는 「구사카 겐즈이에게 보내는 서간」[24]에서 "흑룡강,

에조(홋카이도 지역—옮긴이)는 본 번에서 멀지만 죽도竹島, 조선, 북경 근방이야말로 본 번에서 매우 가깝다"라고 했다. 같은 해 「가쓰라 코고로桂小五郎에게 보낸 서간」(『전집』 제8권)[25]에서는 조슈번의 죽도 개간을 시사하면서, "조선·만주를 노린다면 죽도는 제일의 발판이 될 것이다"라고 했다. 요시다는 죽도(울릉도) 점령이라는 형태로 조선침공론을 구체화했다. 이 조선침공론이 공표되지 않고 가쓰라와 구사카와의 서간에서만 드러났다는 점에 주목하고 싶다. 조선침공론은 앞에서 서술한 바와 같이 일본의 국위가 붕괴되었다는 격정에서 토로된 것으로, 다분히 선동적이었다. 스승 요시다의 조선침공론에 가쓰라와 구사카는 전혀 반응하지 않았다.

요시다의 조선침공론은 학통이 흩어질지도 모른다는 위기 상황에서 형성되어 사적 서신에서 제기되었다.[26] 요시다는 일미수호통상조약을 체결해 '무위'가 붕괴되는 계기를 만든 막부를 견제하고 현상을 타개하기 위한 존재인 초망草莽라는 주체를 만들어내는 것을 목표로 조선침공론을 내놓은 것이다. 서양 포술까지 배운 요시다는 일본의 군사력이 서양에 절대로 대적할 수 없다는 현실에 공포심을 느꼈다. 병학자인 요시다의 '무위'에 대한 절대적 자신감—많은 근세인에게 공통되는 인식—은 서양 앞에서 무너져버렸다. 요시다는 '신주神州'의 '국위'를 회복한다는 서구문물의 전래와 충격에 대한 대응책에 정통성을 주고 국체를 옹호하는 주체, 즉 초망을 창출하기 위해 나약하고 무력이 열등한 조선을 공격하라고 한 것이다. 이것이 요시다 조선침공론의 본질이다.

<u>6</u> 요코이와 요시다의 '무위^{武威}' 심성에서 나온 부국강병

요코이와 비교하는 과정에서 요시다는 사상가가 아니라 기술자 유형의 행동형 지식인이었다는 점을 알게 되었다. 요시다도 이를 자각했다.

사색과 비판의 길을 버린 국가주의자 도쿠토미는 요시다가 요코이의 영향을 받았다고 믿고 싶었던 것 같으나 그것은 불가능한 일이다. 요시다는 많은 선배에게서 지식을 흡수하였으며, 실학자적 정치사상가인 요코이와는 정말 다른 유형이었다. 『해국도지』를 읽은 요코이는 크리스트교를 이해하려고 했다. 그러나 그것은 인도주의에 공감했기 때문이 아니라 사람들을 정신적으로 통합할 가능성을 크리스트교에서 찾아냈기 때문이다.[27] 그러나 '신주神州' 일본의 독자성에 집착한 요시다에게는 이러한 발상이 없었다. 요시다는 가마쿠라 막부 이전 머나먼 고대 단계의 일본도 무위의 나라였다고 강조했다.[28] 국체는 철두철미하게 무위를 통해 확고해졌다는 것이다. 요시다가 지키고자 한 국체론은 완성되었다. 이것이야말로 '군신일체'론(일군만민론)의 정신적 중심이었다. 그리고 요시다는 '무위를 항상 해외에 휘두르는' 것이야말로 신주 일본의 '웅략'으로 이어진다는 발상으로 부국강병론에 이르렀다.

한편, 보편적 가치를 추구한 요코이의 서구문물의 전래와 충격에 따른 대응책도 부국강병책에 도달했다. 행동하는 인간 요시다, 사상가 요코이는 함께 부국강병론에 이르렀다. 둘에게 공통된 것은 무위의 심성이었다.

사상가 요코이의 경우, 일본에는 좌표축에 해당하는 사상적 전통이 형성되지 않았다[29]는 점을 문제로 삼는 것도 가능하다. 그러나 나는 요코이에게 일본형 화이의식 그리고 보편성의 연원에 있었던 일본 우위의 발상과 같은 사상이 일관했다는 점을 문제로 삼고 싶다.

요시다의 위기의식을 순화한 행동은 이후 구사카나 다카스기의 행동으로 이어져 메이지유신에 도달했으며 국가의 독립도 지켰다. 요코이적 전환은 이후 후쿠자와 유키치福澤諭吉(1835~1901)로 이어졌으며, 메이지시대 일본은 근대화에 성공해 국민국가를 이루었다. 이 같은 역사적 사실은 요시다와 요코이가 이끌어낸 커다란 성과이다.

그러나 제국 일본으로 이어진 부국강병의 번영은 고작 80년 정도밖에 가지 않았고, 서양형 패권주의와 '문명일원관文明一元觀'[30]의 포로가 된 일본이 자신이 속해 있는 동아시아에 가져온 참화는 너무도 크다. (번역: 김경태)

스다 쓰토무須田努
메이지대학 정보커뮤니케이션학부 교수로 전공은 사회문화사, 민중사상사, 이문화커뮤니케이션사이다. 메이지대학 문화부를 졸업한 후 와세다대학 대학원 문학연구과 박사학위를 취득했다. 국민국가형성기의 사회문화와 민중사상, 폭력의 사회사, 한일 간의 이문화異文化 교류사를 연구 중이며, 주요 저서로 『「悪党」の一九世紀』, 『暴力の地平を超えて』, 『イコンの崩壊まで』, 『幕末の世直し』 등이 있다.

집필경위
이 글은 2013년 8월 성균관대학교 동아시아학술원 HK연구소에서 개최한 학술대회 '19세기 말~20세기 초 동아시아 전통지식인의 삶과 사상'에서 발표한 글을 수정·보완한 것이다.

유학적 관점에서 본 나카무라 마사나오의 문명론

◎

이새봄

1
'메이지 계몽사상'이라는 틀

근대 일본사상사/정치사상사의 대표적 연구자인 마루야마 마사오丸山眞
男(1914~1996)는 초기 연구에서 주자학이 도쿠가와德川시대의 체제 이
데올로기로 작동했다고 주장했다.[1] 사상가로서 마루야마는 주자학을 부
정적으로 평가했는데, 주자학이 현실의 봉건적 위계질서를 자연적 질서
로 설명하면서 이를 받아들이게 한다고 보았기 때문이다. 그의 사상사 연

구는 도쿠가와에서 메이지 전반의 사상가들 중 주자학이라는 체제 이데 올로기에서 벗어나 서구식 근대로 향하는 인물들에 집중되어왔다. 그는 주자학적 사유의 극복과 근대적·서양적 사유의 전개 가능성이야말로 17세기에서 19세기 말에 걸친 일본 정치사상사의 최대 과제라고 생각한 것이다. 이러한 맥락을 바탕으로 마루야마가 가장 집중적으로 연구한 인물은 후쿠자와 유키치福澤諭吉(1835~1901)이다. 마루야마는 자신의 문제의식을 후쿠자와에게 투영했고, 유학을 배격한 형태의 '문명'론을 전개한 후쿠자와를 높이 평가했다.

후쿠자와에 대한 높은 평가는 마루야마에 한정된 현상이 아니다. 일본의 전후 마루야마와 동시대를 산 다른 연구자들 역시 설령 주자학적 소양에 기반을 둔 사상가들을 연구 대상으로 삼더라도 그들이 어떻게 낡은 주자학적 틀에서 벗어날 수 있었는지에 주로 관심을 가졌다.[2] 이때 후쿠자와가 참여했던 메이지 초기의 메이로쿠샤明六社 회원들 역시 같은 맥락에서 주목받는다. 이들을 총칭하여 흔히 '메이지 계몽사상가明治啓蒙思想家'라고 부르는데, 여기서 계몽이라는 개념 또한 후대 관점에서 제시된 임의적 가치기준이라고 볼 수 있다. 고전 한문에서 계몽이라는 단어자체의 전고는 찾을 수 없다. 이는 영어의 enlightenment나 프랑스어의 illumination 등의 번역어로서 메이지기에 정착한 개념으로 오늘날 널리사용되지만, '메이지 계몽사상'이라고 이야기할 때 이에 대한 명확한 정의가 내려진 바는 없다.[3] 대부분의 기존 연구에서는 대개 서구(특히 프랑스)의 18세기 계몽사상을 염두에 두고, 이와 비교하여 그들의 사상이 얼마나 계몽적이었는지 혹은 근대적이었는지를 문제 삼았다.[4] 후쿠자와는 계몽사상의 관점에서도 가장 압도적인 존재감을 보여주는 사상가로 꼽힌다.

그러나 비토 마사히데尾藤正英를 시작으로, 1980년대 이후 와타나베 히로시渡辺浩와 같은 연구자가 사무라이의 세습 신분제 사회였던 도쿠가와 체제에서 조선이나 청에서와 같이 주자학이 체제 교학으로 작동할 수 없었음을 지적한 이후[5] 연구 상황은 근본적으로 변화했다. 그 후 도쿠가와 시대의 유학에 대한 일반적 견해는 초기 마루야마의 주장과는 반대로, 말기로 갈수록 성행했다는 설이 주류를 차지하게 되었다. 특히 18세기 말에 이르러 도쿠가와 정부의 직할학교인 쇼헤이코(昌平黌 혹은 昌平坂學問所)가 설립되고, 이곳에서 주자학을 정학正學으로 인정하였다는 사실이 전국적으로 주자학 중심 교육이 성행하게 된 최대 요인이 되었다.[6] 그리하여 19세기 중후반, 즉 막부 말기부터 메이지 초기까지 유학 교육은 일본 역사상 가장 번성했다는 평가가 서서히 자리 잡게 되었고, 이에 따라 이 시기의 유학을 새로운 관점에서 바라보는 연구 경향이 생겼다.[7] 즉, 유학儒學과 양학洋學을 전통과 근대로 보는 과거의 이분법적 구도에서 벗어나 각각이 지닌 역사적 맥락을 중시한 당대의 언어로써 해당 시기를 파악하고자 한 것이다. 이러한 연구들은 '계몽'이라는 말이 당대에는 사용되지도 않았고 당시 사상가들이 의식하지도 않았다는 사실을 지적하고,[8] 이로써 당대의 사상적 맥락을 무시한 채 양학 우위의 사상사 연구가 진행되어왔음을 비판한다.

이 글에서 다루는 나카무라 마사나오中村正直(호는 敬宇, 1832~1891)에 대한 기존의 연구 역시 그를 '메이지 계몽사상가'로 그리는 데 특히 주력해왔다. 유학과 양학을 전통과 근대로 보는 이분법적 구도에서 벗어난 비교적 최근의 연구들도 계몽인지 아닌지를 잣대로 그의 사상을 평가하려는 경향에서는 벗어나지 못했다.[9] 그러나 이러한 연구들은 텍스트의 내재적 의미와 해당 텍스트가 쓰인 역사적 맥락이 아닌 후대의 평가 기준을 사용함으로써 나카무라 자신이 처했던 시대적 문맥 속에서의 당면과제나 문제의식이 무엇인지를 밝혀내지 못했다. 이 글에서는 나카무라의 사상을 '계몽'이나 '근대'라는 기준이 아닌, 평생 그의 사상의 근거가 된 유학을 축으로 살펴보고자 한다. 특히 그가 주장한 '문명개화文明開化'의 내용이 무엇이었고, 그것이 유학적 논의와 어떠한 관계에 있었는지에 주목한다.

2 문명 이해의 바탕

나카무라는 메이지유신 이전까지 쇼헤이코의 오쥬샤御儒者(昌平黌 최고지위의 유학자)였다. 그러나 그는 막부 말기에 스스로 지원하여 영국으로 유학을 떠났고(1866), 귀국 후 스마일즈Samuel Smiles의 *Self-Help*(1859, 이하 『자조론』)와 밀John Stuart Mill(1806~1873)의 *On Liberty*(1859, 이하 『자유론』)를 각각 『서국입지편西國立志編』(1870~1871)과 『자유지리自由之理』(1872)라는 제목으로 번역하여 메이지 초기 서양 이해에 중대한 역할을 하는 등 독특한 경력을 쌓았다. 특히 『서국입지편』[10]은 초간 목판본만으로도 10만 부가 팔렸고, 활판본과 이본을 합하면 100만 부 이상이 팔린 당대 최고의 베스트셀러 중 하나였다. 그의 사상에서 유학이 차지하는 비중은 컸지만, 위와 같은 경력들로 유학은 그 기저에 있다는 정도로만 파악되었고, 유신 이후의 근대적이고 계몽적인 측면을 부각하는 방향으로 연구가 진행되어왔다. 그리고 그에게서 보이는 수많은 유학적 특징은 전근대적이고 계몽사상으로서 불완전함을 보여주는 요소로 여겨졌기에 특별히 연구 대상으로 고려되지 않았다. 철저하게 유학을 비판하고 배제하는 형태로 일본이 지향해야 할 서구적 '문명'론을 전개한 후쿠자와에 반해,[11] 자신의 학문적·사상적 근거였던 유학을 고수하며 서양의 기독교/철학이 갖는 공통성을 찾아내는 것으로써 일본의 '문명'화를 향한 길을 모색한 나카무라에 대한 평가가 낮은 이유가 바로 여기에 있다.[12]

그러나 나카무라가 애초에 서양의 '문명' 개념에 공감하고 그것을 자신의 목표로 쉽게 받아들일 수 있었던 까닭은 유학의 가르침이 도쿠가와시대 후반의 지식인들에게 공유되어 있었기 때문이다. 예를 들어, 18세기 후반 이후 난학자들의 서양 소개서(모리시마 주료森島中良의『홍모잡화紅毛雜話』(1787)나 가쓰라가와 호슈桂川甫周의『북사문략北槎聞略』(1794) 등)에는 서구의 병원, 고아원, 구빈원이나 여러 장애자를 위한 시설의 존재를 특별히 언급하였다. 그들은 이러한 시설들을 '인仁'의 제도화로 본 것이다. 여기에는 그 이전부터 중국에서 건너온 서양 소개서(대표적으로는 알레니Giulio Aleni의『직방외기職方外紀』)를 통해 전해 들어온 배경이 있었다. 또한 의회제나 공화정에 대해서도 '공公'의 실현이라는 인식이 있었다. 이 역시『해국도지海國圖志』(1849)나『영환지략瀛環志畧』(1848) 등 19세기 청의 책으로 알려진 것이었다. 특히 미국의 대통령제가 '사私'를 부정한 요순의 선양에 비견되는 일로, 워싱턴George Washington은 중화 고대의 성인에 버금가는 인물로 그려졌다(와타나베 가잔渡辺崋山,『서양사정서

西洋事情書』(1839), 고가도안古賀侗庵, 「은감론殷鑑論」 등).

유학자 나카무라 역시 영국으로 유학하기 이전에 이미 이와 같은 서양에 대한 지식을 접했고, 유학의 관점에서 서양을 보았을 때 지적 흥미나 주체적 관심이 생겼던 것으로 이해해야 한다. 또한 그렇기 때문에 영국 유학생단에 감독자로라도 참여하여 서양의 과학/군사, 기술 같은 형이하학이 아닌 형이상학(혹은 성령지학性靈之學)을 제대로 공부하고 싶다는 바람을 품게 되었다.[13] 귀국 후 그는 영국에 대한 인상을 다음과 같이 회고했다.

처음에는 변방의 섬나라라 하여 작고도 [머나먼] 월상越裳 정도로 알았으나, 뜻밖에 규모가 크고 창성하였다. 진신眞神을 삼가 받들고, 기강이 바르며, 덕과 선을 권장하고 간악함을 막으며 환과고독鰥寡孤獨, 맹아와 광인을 의료로 구활하는 조례가 매우 자세하다. 그 백성은 활발하고 준엄하고 웅장하고 참을성 있고 근면하며, 억세고 사나워 떨치고 일어난다. 이치를 연구하고 깊이 탐구하여 숨겨져 있는 것을 찾아내고 실험을 숭상하며 아주 작은 것을 분석한다. 사람들이 대학자 베이컨을 흠앙하고 뉴턴의 인력은 스스로 어두운 곳에서 빛을 낸다. 호걸들이 몸을 일으켜 일어나 새로이 태고를 열어 각자 만든 것을 자랑하니 누가 따라 하는 것을 즐거워하지 않으랴. 건물은 크고 화려하며 우뚝하게 높이 솟았고 시가지는 사방으로 통하고 재화는 가득 찼다. 아름다운 사람들이 길에 가득하고 마차는 빈번히 다니니 이와 같은 부강함을 우주에서 누가 비기랴.[14]

그가 영국의 실제 모습이 뜻밖에 크고 창성함에 놀란 이유는 그의 사전 인식이 어려서 읽은 『해국도지』의 영국 풍속에 기인했기 때문이다. 『해국도지』에 따르면 영국이 '탐욕스럽고 사나우며 사치를 숭상하고 술을 즐기며 오직 기예에만 뛰어난' 나라로 그려져 있었기 때문이라고 한다. 그러나 실제 영국은 그렇지 않았다. 그의 선학들이 그랬듯 나카무라도 그곳의 복지제도에(그는 직접 병원과 고아원, 맹인학교 등을 견학했다) 감동했다. 훗날 그는 일본 최초의 맹인학교를 설립하였고, 여학교 설립에도 깊이 관여하는 등 몸소 인仁의 제도를 실천하려고 힘썼다.

3. 문명의 내용: '인민'의 '품행' 향상

메이지 초기의 일본사회를 휩쓴 '문명文明'이라는 말은 물론 한문 고전에 그 전고가 있는 어휘였으나 서양의 civilization의 번역어로 새롭게 정착한 단어였다. '문명', '개화문명', '문명개화' 등 다양한 표현이 쓰이는데, 그 뜻에 대해 당시의 메이로쿠샤 지식인인 니시무라 시게키西村茂樹는 "문명개화란 영어로 시빌라이제이션이라는 말의 번역어이다. 중국인은 이 말을 번역하여 '예의禮儀로 나아간다'라고 하고, 우리나라의 속된 표현으로 풀이한다면 '사람의 성품[人柄]이 좋아진다'라는 말이다"라고 설명했다.[15] '문명개화'는 번역어이지만, 단순히 서양화를 의미하지 않았다.[16] 그것은 유학적 지식으로 치환이 가능한 이상적 상태를 뜻했다.

나카무라는 '문명개화'의 실현은 무엇보다도 그 나라의 일반 백성, 즉 민民(혹은 인민人民)에게 달려 있다고 생각했다. 그도 다른 메이로쿠샤 지식인들과 마찬가지로 문명개화란 군사력이나 경제적 우수함과 같은 물질적 차원의 문제가 아니라 인민의 품성과 직결된 문화적·정신적 태도의 문제라고 파악했다. 여기에는 스마일즈의 『자조론』의 영향이 결정적이었다. 예를 들어 나카무라는 스마일즈의 civilization에 대한 설명을 다음과 같이 이해했다.

> 널리 고금을 살펴 과거의 업적들을 생각해보니 나라의 우열강약은 그 인민의 품행에 관계된 바가 크고 국정과 관계되는 바는 적다. 나라[邦國]란 단지 인민 개개인[人民各自一箇]이 모여서 이룬 총칭을 뜻하는바, 소위 개화문명이란 것은 다름 아닌 그 나라의 인민 남녀노소가 각자의 품행을 올바르게 하고, 직업에 충실하고 기예를 갈고닦아 개선하는 것이 모여서 개화문명이 되는 것을 의미한다.[17]

『서국입지편』에서 '인민'이란 '농민'만이 아니라 사농공상 모두를 가리키는 개념이다.[18] 특별히 이러한 부연 설명이 필요했던 이유는 유신 이전까지 인이나 민이 지칭하는 대상은 대부분 농민과 초닌町人으로 피치자를 뜻했지만, 그 이후 인민은 피치자와 통치자라는 구분 없이, 한 국가의 구성원 모두를 총칭하는 개념으로 사용되었기 때문이다. 그러나 이는 당시에 익숙한 용법이 아니었다.

나라nation의 개념이란 개개의 인민이 모여서 이룬 총합이기에 '우열강약the worth and strength'에 대한 판단은 '국정institutions'보다는 '인민의 품행the character of its men'에 크게 좌우된다. 이 때문에 한 나라의 '개화문명 civilization'이란 그 구성원인 인민이 향상심을 갖고 각자 '품행'을 올바르게 하며, 맡은 바 직분을 다하고자 노력하고, 기예를 갈고닦는 데personal improvement에서 비롯된다는 논리가 성립한다. 다시 말해, 제도보다는 구성원의 수양이 더 중요하다는 것이다. 나카무라는 "나라의 힘이나, 나라의 농공업이 번창하는 것이나, 나라의 문화창명文化昌明이라는 것은 모두 인민 개인의 품행과 관계된 것"이기에, "법률이나 제도 같은 것은 특히 인민의 품행이 점점 생장하여 형태를 갖추는 것과 같다"[19]라는 말로 스마일즈의 논의를 번역하면서 이에 크게 공감하였다.

이러한 공감의 바탕에는 스마일즈가 "It may be of comparatively little consequence how a man is governed from without, whilst everything depends upon how he governed himself from within"[20]이라고 하며 인간 내면으로부터의 다스림을 중시했다는 사실이 있다. 나카무라는 이를 "인간만사란 사람들이 내면으로부터 스스로 다스리고, 스스로 주인이 되는 것과 관계가 있다"라고 번역하는데, 인간의 내면 수양이 '인간만사'로 연결되고, 나아가 나라의 치평까지 보장한다는 논리는 주자학의 수신제가치국평천하의 논리와 일맥상통한다. 그리고 이는 스마일즈가 말하는 문명론과 기본적으로 일치한다고 할 수 있다.

그렇다면 '품행'이란 무엇일까? 원문의 품행character에 대한 설명을 나카무라는 "좋은 품행이란 인성이 발현하여 좋은 형상을 갖춘 것이다. 또한 각자가 갖추고 있는 천명과 일치하는 바이다"라고 풀이했다.[21] "도덕적 규율이 개인에게 형상화된 것"이라는 원문을 그는 "각자가 갖추고 있는 천명과 일치하는바"로 이해하고, 도덕적 규율moral order은 자연스럽게 '천명'으로 번역했다. 결국 '좋은 품행'이란 각자에게 주어진 천명과 일치하는 바를 실천하여 얻는 경지인 것이다. "Every man is bound to aim at the possession of a good character as one of the highest objects of life"를 "대저 사람은 그 품행을 갈고닦아 선인군자善人君子가 되고자 생각하고, 고상한 뜻을 세워야 한다"라고 번역한 나카무라와 원저자 사이에는, 품행의 향상이야말로 인간이라면 누구나 지향해야 하는 목표라는 공통의 생각이 자리 잡고 있었다. [22]

여기서 주목해야 할 점은 나카무라가 공감할 수 있었던 바탕에는 유학적 신념이 있었고, [23] 스마일즈의 품행론은 프로테스탄티즘에 기초했다는 사실이다. 그가 인간 생활의 모든 방면, 즉 개인의 언행이나 한 집안의 규율 혹은 사회질서와 그 공적 제도가 행해지기 위한 토대는 자유의지에 대한 확실한 믿음이라고 말할 때, [24] 여기에는 인간의 성선설과 신에게서 부여받은 자유의지라는 대전제가 바탕에 있었다. 나카무라는 스마일즈의 문장을 다음과 같이 해석했다.

> 생각건대 사람이 뜻을 세우고 행동을 제어하는 일은 그 자신의 천량시비天良是非의 마음에 따르면 되는 것으로 타인에게서 강압과 구속을 받을 이유란 없다. 시험 삼아 생각해보라. 일신의 언행, 일가의 규제, 교제交際의 차례질서, 일국의 정법, 이 모든 것은 모두 무엇에 의해서 완전한 선을 이루겠는가. 사람들이 스스로 주인이 되어 선악을 선택하기 때문이다. [25]

외부의 강제가 아닌 내면의 목소리에 따라 스스로 주인이 되는 것은 주자학에서 지향하는 '자주', '자치'의 내용이기도 했다. 인간의 본성은 선하다는 전제가 있기에 내면의 목소리(천량시비天良是非의 마음)에 귀 기울이는 행위가 올바른 방향으로 나아감을 의미하는 것이다.

이상의 내용을 종합해볼 때, 품행 향상이 목표로 하는 인간상이란 '천명'에 충실하고, 외부의 강제가 아닌 스스로 주인이고자 하는 주자학의 군자상과 일치한다. 『자조론』마지막 장의 제목인 'Character—the True Gentleman'을 "품행을 논함, 즉 진정한 군자를 논함(品行ヲ論ズ, 卽チ眞正ノ君子ヲ論ズ)"으로 번역했다는 사실은, 나카무라가 『자조론』의 본질을 유학, 특히 주자학에서 이야기하는 인격적 완성을 향한 수양론과 근본적으로 일치한다고 생각했음을 보여주는 대목이다.

품행을 향상하려고 노력한다는 것은 나아가야 할 특정한 방향이 정해져 있음을 뜻한다. 결국 이는 도덕의 문제인 것이다. 그렇다면 사람들은 무엇을 향해 나아가야 하고, 구체적으로는 어떠한 가르침에 따라야 할까? 문명은 도덕적 가치의 문제와 불가분의 관계에 있다. 나카무라는 서양인들이 문명관에 대해, 유학생활과 서양의 형이상학을 학습하며 자세히 살폈다. 그리하여 얻은 결론이 바로 서양인들의 '천', '신'에 대한 신앙심이었다. 앞서 언급한 영국에 대한 회고에서도 볼 수 있듯이, 서양의 백성들이 '진신眞神'을 삼가 받든다는 사실은 도덕적으로 더 나은 삶을 살고자 하는 의지를 가능케 하는 근원이라고 그는 생각했다.

나카무라가 기독교(프로테스탄트)에 주목하게 된 데에는 영국 유학을 통한 경험, 『자조론』과의 만남에 기인하는 바가 컸다. 그리고 이러한 경험이 긍정적으로 작용할 수 있었던 바탕에는 주자학적 수양론이 있었다. 여기서 주자학적 수양론이란 「대학大學」의 팔조목이 지향하는 수기치인修己治人의 자세로 자신을 도덕적으로 수양해 이상적 통치를 행한다는 정치적 실천의 기본 태도를 뜻한다. 그렇기 때문에 그는 제도 개혁만으로 사회 개선이 성취되리라고는 생각하지 않았다. 어떤 조직이건 사회건 그것을 구성하는 개개인의 노력이 선행되어야만 개선이 가능하다고 본 그는, 예를 들어 메이지 초기의 최대 논쟁거리 중 하나였던 민선의원民選議院 설립 문제를 두고 다음과 같이 말했다.

무진(유신이 있었던 해) 이래, 어일신御一新이라고 할 때의 신이란 무슨 뜻이었는가. 막정의 낡음[舊]을 버리고 왕정의 새로움[新]을 펼친다는 뜻이다. 그러나 정체의 일신이라는 것은 말뿐이고, 인민을 일신한 것은 아니었다. 정체란 물을 담는 그릇과 같고, 인민은 물과 같다. [물이란] 원형의 그릇에 넣으면 원형이 되고, 방형 그릇에 넣으면 방형이 되는 것이다. 그릇이 바뀌어 [물의] 모양이 바뀌더라도 물의 성질은 달라진 바가 없는 것이다. 무진 이후에 인민을 담는 그릇은 옛날보다 좋은 모양이 되었지만, 인민은 여전히 원래[舊]의 인민이다. (중략) 이 인민의 성질을 바꾸어 선량한 심정, 고상한 품행으로 변화시키고자 한다면 단지 정체를 개혁하는 것만으로는 그 효과가 전혀 없을 것이다. 단지 둥근 것이 육각이 되고 팔각이 될 뿐, 그 안의 성질은 바뀌지 않을 것이다. 그렇기 때문에 정체를 개혁하기보다는 오히려 인민의 성질을 변화시켜 이윽고 능히 구염舊染을 버리고 하루를 새롭게 하고 또 하루를 새롭게 하게 되기를 바라야 한다.[26]

메이지 초기에 유신은 흔히 어일신이라고 불렸다. 나카무라는 당시 어일신에 대해 모두가 이야기하지만, 그것은 단지 '정체'의 신구 교대가 행해진 것에 불과하다고 보며, 그 정체를 구성하는 '인민' 자체가 새롭게 거듭난 것은 아니라고 말하였다. 정체는 '그릇'이고 인민은 '물'이라는 관계로 놓고 본다면, 유신 이래의 일본은 단지 그릇의 모양이 변했을 뿐, 그 내용물은 원래대로이다. 그렇기 때문에 이를 두고 '일신'이라고 할 수는 없는 것이다. 인민의 성질이 변화하여 새롭게 거듭나지 않는 한, 진정한 의미의 일신은 아직 성취된 것이라 볼 수 없다는 것이 그의 생각이었다. 물론 여기서 "하루를 새롭게 하고 또 새롭게" 한다는 것은 「대학」의 '일일신日日新 우일신又日新'에서 유래했다.

그렇다고 해서 나카무라가 민선의원의 역할을 무시하거나 경시하였다는 것은 아니다. 다만 정치 변혁의 근본은 인심의 변화이지 제도의 변화가 아니라는 것이 그의 견해의 핵심이었다.

> 민선의원이 민심을 일신하는 데 일조한다는 것은 본래 논할 필요도 없는 일이다. 다만 여기서 두 군데 착안해야 할 점이 있는 것이다. 민선의원을 창립하여 여기에 의거해 인민이 어느 정도 정치권력을 위로부터 나누어 얻는다 하더라도 (그들이) 여전히 종래의 인민이라면, 정사의 형체가 조금 변한 것일 뿐, 인민의 성질을 개조한 주된 효과는 없을 것이다. 그렇다면 인민의 성질을 개조하려면 어떻게 해야 할까. 이는 대략 두 부분으로 나뉜다. 예술이 있고 교법敎法이 있다. 이 두 가지는 수레의 두 바퀴, 새의 두 날개와 같은 것이다.[27]

인민의 성질을 개조해야만 어일신은 진정한 일신일 수 있다. '정사의 형체'를 바꾸는 것만으로는 메이지 일본이 새로운 사회로 변혁하는 데 성공했다고 말할 수 없다는 것이 그의 주장의 요지이다. 원래『대학장구大學章句』에서 '신'의 해석은 사람이 마음을 씻어내어 악을 제거하는 일로, 마치 몸을 씻어 때를 벗기는 일에 비유한다.[28] '일일신 우일신'은 한시도 쉬지 않는 수양 과정을 의미하는데, 나카무라는 이러한 주희의 해석에 기반하여 어일신, 즉 유신이란 어떠해야만 하는지를 설명하였다. 그가 생각하는 일신의 이상과 현실 속 유신의 변혁 사이에는 상당한 괴리가 있었던 것이다.

4 품행의 기원: 천과 교법의 관계

『서국입지편』의 서문에는 누군가가 그에게 왜 서양의 병서를 번역하지 않고 이 책을 번역했는지 묻자 이에 대답하는 구절이 등장한다. 이 질문에는 서양의 강력한 군사력에 맞설 수 있으려면 군사기술을 배워야 하지 않겠냐는 생각, 즉 품행론이 무슨 도움이 될 것인가 하는 의구심이 내포되어 있다. 이에 나카무라는 "당신은 강한 병력이 있으면 나라가 여기에 의지해 치안을 이룬다고 생각하는가? 그리고 서양의 강력함이 병력에 의한 것이라 생각하는가?"라고 반문한다. 물론 질문자 생각이 잘못된 것이라는 뜻이다. 그는 서양이 강한 이유는 "인민이 독실하게 천도를 믿기" 때문이고, 이를 토대로 "인민이 자주지권自主之權을 가졌기 때문"이며, 자주

2부 | 연동하는 동아시아

적 인민에 의해서 "관대한 정치와 공정한 법(政寬法公)"이 행해지기 때문에 나라가 평온하게 다스려지는 것이라 대답했다.[29] 서양 인민들의 천도(영어의 God를 지칭함)를 향한 '신'이 나라의 평안과 힘의 원천이라는 논리이다. 나카무라가 말하는 '강함'은 군사력과는 별개로 '치'의 안정, 국가 통합의 견고함의 정도를 가리키는 것이다.

그는 막부 말기에 이미 도로 "나라 안이 잘 다스려진 상황(內治)"이야말로 당연히 그래야 하는 이치로써 '국체'[30]를 의미한다고 말하며, 그러한 상황이야말로 강한 나라를 뜻하는 것으로 풀이했다. 그리고 이미 당시에도 인민이 잘 통합된 상태를 '내치內治'로 정의하며, 서양의 나라들이 내치를 이룰 수 있는 원인을 기독교에서 찾았다. 비록 일본에서 기독교를 금지하였다 하더라도 그것이 실질적으로 나라의 안정과 평화를 가져다준다면, 그것이 본질적으로 유학의 도에 합치되는 것임을 인정해야 한다는 논리이다.

다만 유신 이전에는 통치의 안정이 일부의 통치 엘리트에 의한 것이라 생각하고, 무사계급의 '(유)학자'로서 실천을 강조했다면, 이후에는 인민 전체의 '품행' 향상을 과제로 생각하게 되었다는 것이라는 차이점이 존재한다.[31] 유신을 전후로 한 차이는 메이지 원년(1868)의 '경천애인설敬天愛人說'이나 이듬해 작성한 『청질소문請質所聞』과 같은 자료에서 가장 잘 드러난다. 이러한 문장들에서 그는 '천' 아래에서 인간의 평등성을 강조하며, 세습신분제가 더는 존재하지 않는 새로운 일본의 질서가 평등에 기초했음을 명확히 했다. 서구의 '부강'은 인민 한 사람 한 사람의 수양을 통한 품행 향상을 기반으로 이룬 개화문명의 결과인 것이다. 그리고 이 과정에서 나카무라는 서양에서 인민 전체의 품행 향상이라는 과제의 가장 근본적인 부분을 서양의 '교법', 즉 기독교가 해결하였음을 깨달았다. 스마일즈의 『자조론』은 이러한 깨달음을 강력하게 뒷받침해주었다.

서양의 문명개화가 기독교에 의거하였다면, 일본의 인민도 기독교 신앙을 가져야만 할까?[32] 이 문제에 대해서는 메이지 초기 지식인들이 고민을 많이 했다.[33] 메이지유신 이후 6년째가 되던 해에야 도쿠가와 초기 이래 시행되었던(메이지 정부는 기독교에 대해서는 전 정부의 정책을 이어받았다) 철저한 금교禁教 정책을 해제하는 것으로, 소극적인 기독교 인정 정책을 펼쳤다.

나카무라는 기독교 포교를 인정해야 한다는 주장을 매우 급진적으로 펼친 인물 중 하나이다. 그 일환으로 메이지 4년(1871)에는 자신이 '양인'으로 분扮해, 천황에게서 세례를 받고 일본에서 기독교를 인정할 것을 권하는 익명의 투서를 한문과 영문으로 작성해 이듬해 신문에 게재했다.[34] 천황에게 올리는 상서 형식의 이 글에서 그는 자신이 일본에서 기독교 포교를 인정하고 더욱 추진할 것을 주장하며, 천황이 직접 세례받기를 권했다.

서양의 나라를 다스리는 아름다움, 문예의 뛰어남, 기계의 정교함같이 귀국에서 흠모하는 바는 모두 곁가지입니다. 귀국에서 혐오하는 서양의 교법(기독교-인용자)이 그 본류입니다. 지금 귀국에서는 그 말류를 좋아하고 본류를 미워하니 가히 의혹됨이 있다고 하겠습니다. (중략) 좋은 나무에는 좋은 과일이 열리고, 나쁜 나무에는 나쁜 열매가 열립니다. 오늘의 개화가 날로 새로워지는 것은 그 과일입니다. 교법이란 것은 나무입니다. 폐하께서 만약 서양의 과일을 좋은 것이라고 생각하신다면, 그 나무가 좋다는 것을 의심하지 마시기를 바랍니다. (중략) 폐하께서 만약 서교를 세우시려고 한다면, 먼저 마땅히 스스로 세례를 받으시고, 스스로 교회의 주인이 되어 백성을 이끌어나가십시오.[35]

'외신外臣'으로부터 황제폐하에게 보내는 제언이라는 형식의 이 상서의 주제를 한마디로 요약한다면, 서양의 '개화일신'을 성취하기 위해서는 곁가지(혹은 조박糟粕)에 지나지 않는 겉으로 드러나는 효과만 받아들여서는 안 되고, 그것들을 가능하게 하는 근원적인 서국의 교법, 즉 기독교를 받아들여야만 한다는 것이었다. 천황에게 직접 세례를 받고 교회의 수장으로서 나라를 이끌 것을 제안하는 부분에서는 영국 국교회를 염두에 두고 있음을 알 수 있다. 이러한 나카무라의 발언은 나가사키의 우라카미에서 기독교도를 탄압한 여운이 채 가시지 않았고, 일본의 기독교 금교령이 해제되기 전의 일이었다.

나카무라 인생에서 천황을 향한 이와 같은 요구는 전무후무했다. 그렇기 때문에 이 논설만을 근거로 그가 천황의 세례의 구체적 실현을 요구하며 현실적 정치 과제로 삼았다고 여기는 것은 지나친 해석이 될 것이다. 다만 여기서 군주에 의한 백성 교화라는 전통적 유학의 논리에 입각하여 인민의 품행 향상을 꾀한다는 점에서, 천황을 수단으로 삼아 일본 인민의 문명개화라는 목적을 달성하고자 하는 그의 의도를 읽어낼 수는 있다. 『서국입지편』 초판본의 「논論」에서 나카무라는 한 나라를 마차에 비유하면서, 서국의 군주는 마차의 마부[御者]이고 인민은 '마차에 타는 사람[乘車者]' 혹은 '좋은 말[善馬]'에 해당한다고 말했다. 마부와 마차에 타는 사람의 뜻에 따라 마차를 운전하는 것이 마부의 역할이라는 의미이자 애초에 좋은 말은 마부의 채찍질이나 고삐를 당기는 일 따위의 간섭이 도리어 해가 되듯 인민이 훌륭하면 군주의 간섭이 도리어 나라에 해가 된다는 의미이다.[36] 나카무라는 군주 한 사람이 인민 전체를 좌지우지하는 형식의 정치체제가 문명개화의 실현을 방해한다는 사실에 깊이 공감했던 것이다.

이와 같은 배경을 생각해볼 때, 「의태서인상서擬泰西人上書」에서 나카무라가 중점을 둔 사실은 천황이 세례를 받느냐 마느냐라는 문제라기보다는 당시 일본의 대다수 사람의 서양 문명 이해가 그 근본을 보지 못하고 피상적 현상에 현혹되었다는 점이다. 기독교야말로 서양 문명의 뿌리라고 생각한 그는 여전히 기독교도 박해가 행해지던 당시 일본 상황을 타개하기 위해 자기주장을 극단적으로 펼쳤던 것이다.

주지하다시피, 메이지 10년(1877)을 전후하여 religion의 번역어로 '종교'가 정착하게 될 때까지 '교敎', '교문敎門', '법교法敎', '종지宗旨', '교법敎法' 등 여러 가지 표현이 사용되었다. 나카무라가 사용하는 교법 역시 현대적 어감으로는 종교를 가리키지만, 그에게 가장 중요한 것은 교법의 '교' 부분이다. 유학자인 그에게 교는 『중용』의 첫 구절, "천명을 성이라 한다. 성을 따르는 것을 도라고 한다. 도를 닦는 것을 교라고 한다(天命之謂性, 率性之謂道, 修道之謂敎)" 속의 교 개념이었다. 여기서 교는 도에 다다르기 위해 있는 것이지, 교에 의해서 도에 다다르는 것은 아니다. 천명, 성, 도는 본질적으로 동일하고 그 자체가 추구해야 할 절대적 가치이지만, 교는 그 자체로는 목적이 아닌, 어디까지나 절대 가치에 다다르기 위한 방법이나 수단의 개념인 것이다. 가르침[教]은 상대적인 것으로 나카무라에게 기독교는 그러한 가르침의 하나였고 문명개화civilization는 추구해야 할 절대 가치의 체현이자 목적이었다. 그는 기독교만이 문명개화를 이룩할 수 있는 열쇠라고 생각하지 않았다. 다만 기독교가 다른 가르침들에 비해 문명개화를 이룩하는데 더 효과적이라고 생각했던 것뿐이다.

기독교라는 훌륭한 가르침 덕분에 서양이 문명개화를 실현했다고 파악한 그는 그렇다면 그 가르침 자체도 받아들여야 한다고 주장한 것이었다. '천황의 세례'라는 제안은 그 방법의 일환으로, 자기 의도를 분명히 하기 위한 극단적인 방법이었다고 볼 수 있다. 그리고 메이지 7년(1874), 나카무라 자신도 세례를 받았다. 이후 그는 일본에서 기독교의 위치와 역할에 대한 글을 많이 남겼고, 미국인 선교사 마틴William Martin(중국 이름 정위량丁韙良)이 중국에서 출판한 기독교 교리 설명서 『천도소원天道溯原』(1854)에 훈점訓點을 붙여 일본에서 출간했다. 이 책은 메이지 시기 독자들의 기독교 이해를 결정짓는 데 중요한 역할을 했다.

기독교가 서양 문명의 토대라는 점, 즉 서양에서 도덕이 기독교에 기반한다는 그의 이해는 밀의 『자유론』을 번역하는 데는 약간의 의도적 오역을 범하게 만들기도 했다. 『자유지리自由之理』에서 나카무라는 기독교의 교리 혹은 신의 존재에 기반을 둔 선험적이고 추상적인 가치를 인정하지 않는 밀의 견해를 그대로 전달하지 않았다. 밀의 본문과 달리 나카무라는 인간의 본성이나 도덕과 관련된 어휘에 '천天', '천량天良', '천부天賦', '도의道義' 등의 글자를 붙임으로써 그것이 반드시 천과 연결된 인간의 선성을 전제하도록 했다.[37] 『자유지리』 전체를 통틀어 그가 밀의 논의에 명확하게 '불복不服'을 표시한 유일한 부분이 있는데, 그것은 기독교에 관한 밀의 생각이었다. 기독교의 도덕이 천국에 갈 수 있다는 희망과 지옥에 떨어질 수 있다는 협박으로 사람들을 도덕적 삶으로 이끄는 데에 적합한 동기가 되었고, 이것이 인간의 도덕심에 본질적으로 이기적 성격을 부여했다는 밀의 비판에 대한 부분이다.[38] 여기에 대해 나카무라는, "밀 씨는 정치학을 잘하는 사람이기 때문에 상제의 도학에는 깊지 않다. 이 단락과 같은 부분에 나는 동의할 수 없다"라고 두주頭註에 썼다.[39] 천과 신God을 동일한 대상으로 여긴 그로서는 기독교를 포함한 밀의 종교에 대한 태도에 동의할 수 없었던 것이다.

그렇지만 오늘날의 관점에서 볼 때 나카무라는 크리스천이라고 하기에는 모호한 부분이 있다. 그는 삼위일체설이나 예수의 기적 혹은 천국과 지옥이라는 내세 문제를 '중인이하中人以下'의 사람들로 하여금 신을 믿게 하려고 만들어진 이야기 정도로 받아들이고, 그 자신도 기독교의 삼위일체나 예수에 대해 언급하지 않기 때문이다. 이로써 기존의 일본 기독교 수용의 역사 연구에서는 나카무라에게 관심을 표명하면서도 크리스천으로서 '한계'를 종종 지적해왔다. 그러나 앞의 내용을 토대로 생각해볼 때, 그가 기독교적 관점에서 진정한 크리스천이었는지 아니었는지 논하는 것은 핵심 사안이 아니다. 나카무라에게 기독교는 천과 인간 사이의 올바른 관계를 규정하는 여러 교법 가운데 하나일 뿐이기 때문이다. 결국 그의 종교 이해는 현재의 종교 개념과는 다른 차원에서 파악해야 할 문제라고 말할 수 있다.[40]

오히려 여기서 주목해야 할 점은 그가 유학에서 말하는 천과 기독교의 신God을 동일시했다는 것이 과연 무슨 뜻인가 하는 부분이다. 유학에서 천이란 만물을 생성하고 존재하게끔 하며, 인간의 선한 본성 역시 천으로부터 받은 것으로써 천은 도덕의 근원이다. 그러한 천은 기독교의 신이 세계를 창조하고 인간의 본성을 선하게 만들었다는 점과 확실히 일치했다. 물론 둘 사이에는 수많은 차이가 존재하지만, 근본적으로 양측 모두 성선설을 바탕으로 했다는 부분이 그에게는 중요했다. 선이 전제되지 않는 한 도덕은 성립할 수 없기 때문이다. 그가 보기에 기독교에서 선은 유학에서 선과 근본적으로 합치했기에, 각 가르침이 전제하는 천이나 신의 존재는 동일할 수밖에 없었다. 나카무라는 천이나 신이나 그 보편성을 스스로 전제하기 때문에, 동양과 서양에서 결국 같은 대상을 다른 이름으로 부르는 상황에 지나지 않는 것이라고 생각했다. 구체적인 가르침의 내용에(때때로 그 효율성에서 우위를 의미하기도 하는) 차이는 있을지언정 인간의 본성이 선하다는 보편 전제에서 출발하는 이상, 기독교뿐만 아니라 불교나 일본의 신도神道, 심지어는 우상숭배까지도 그는 용인할 수 있다고 말했다. 반대로 그러한 보편 전제를 저버리는 종교나 가르침을 나카무라는 철저하게 비판했다.[41]

5 일본 유학과 문명

메이지유신 직후 신정부가 정치적 정통성을 증명하고 정권의 안정을 기하는 일은 지상의 과제였다. 이러한 과제는 그들이 내걸었던 제정일치 구호의 실현과 밀접한 관계가 있었다. 그러나 구체적이고 명확한 비전을 제시하지 못했던 제정일치 노선은 정부 안팎에 이를 둘러싼 논쟁을 불러일으키게 되었다.

제정일치 이념을 건 왕정복고가 신도를 신봉하는 국학자들의 기대를 부풀게 하였다는 사실은 잘 알려져 있다. 그러나 국학자들만이 새로운 체제에 기대를 품었던 것은 아니다. 개인의 도덕적 각성을 중시하는 유학자들 역시 왕정복고 아래 새로운 정치체제가 유학이 상정하는 올바른 정치질서를 확립할 것이라는 기대를 걸었다. 정치와 도덕의 일치를 통치의 근본으로 삼는 유학자들에게 체제 교학이 부재하는 도쿠가와의 정치 체제는 이상을 실현하기에는 어려움이 많았다. 그렇기 때문에 천황과 쇼군將軍의 기묘한 공존 체제가 끝나고 하나의 군주가 통치하는 시대가 시작되었다는 것은 유학자들로서는 반길 만한 일이었다. 또한 유신의 정신을 체현하는 '오개조五箇條의 어서문御誓文'[42] 기저에 유학이 있었다는 사실도 그들의 기대에 개연성이 있었음을 보여준다.

유학 교육이 널리 일반화되어 있던, 유신을 전후한 당시 유학자가 아니더라도 유학적 사고의 틀을 이른바 양학자들도 대개 공유했다. 서양의 civilization에 그들이 쉽게 공감할 수 있었던 데에는 그들도 기본적으로 서양의 문명사회를 유학이 그리는 도덕에 입각해 이해한 측면이 컸기 때문이라고 할 수 있을 것이다.

이른바 '계몽사상가'라고 불리는 메이로쿠샤의 지식인들이 전개한 '법교法敎', '교법敎法' 등을 둘러싼 논쟁도 그러한 측면에서 접근할 때 이해하기가 쉬워진다. 그들은 특정한 종교를 옹호하지는 않지만, 인민의 도덕성을 높이는 방법으로 법교, 교법 등이 유효하다는 데에 대개 동의했다. 예를 들어 쓰다 마미치津田眞道는 "아직 이 영역(진정한 문명계)에 도달하지 못한 국민 일반의 화육化育을 육성할 수 있는 방법은 무엇인가. 왈, 법교이다. 법교의 목적은 대개 개화하지 못한(불개화不開化) 인민을 이끌어 선도善道로 나아가게 하는 데에 있다"라고 말했다.[43] 도덕을 유지하기 위해서 종교를 이용한다는 발상이다. 또한 니시 아마네西周 역시 「교문론教門論」[44]과 같은 논설에서 '교문'의 본질을 분석하면서 그것이 어떻게 도덕의 확립과 연결되어 있는지 논의했다. 후쿠자와가 『복옹자전福翁自傳』 말미에 남은 생에 해보고 싶은 일로 꼽은 것은 "불법이든 야소교든 어느 것이라도 좋으니" 이를 이용해서 '민심'을 '화和'하게 만들고 싶다고 밝힌 것도 유사한 맥락에서 나온 말이다. 오늘날 일반적으로 하나의 종교만이 궁극의 진리로 인식되는 것과 달리, 메이지 초기의 지식인들에게 기독교를 포함한 여러 교법은 더 높은 보편성을 담보한 '도'에 다다르기 위한 여러 선택지인 교를 뜻했던 것이다.

나카무라도 기본적으로 이러한 사고방식을 공유했다. 그는 특히 기독교가 일본의 문명개화에 유익하다는 생각을 일관되게 지녔다. 여기에는 기독교에 기초한 서양의 문명개화 사례에 비추어볼 때, 그 가르침의 내용과 제도가 체계적이면서 동시에 유학과 같이 장시간 고난도 학습이 필요하지 않다는 점에서 더 많은 사람의 교화, 즉 품행 향상을 효과적으로 진행할 수 있다는 생각이 작용한 것으로 보인다. 이는 기독교를 통한 도덕적 수양이 원칙적으로 만인에게 유효하지만, 특히 여성에게 기독교 신앙을 가질 것을 추천한다는 부분에서 유추할 수 있는 내용이다.[45] 여성 교화에 유학과 같은 고도의 학문적 수양을 전제하지 않았기에 특히 여성에게 기독교 신앙을 권유한 것이다.

그러나 나카무라는 실제로 기독교 세례를 받고 끊임없이 기독교 교리를 연구했으며, 만년에는 산스크리트어를 배워 불경 공부에도 매진했다. 이 부분이 다른 메이로쿠샤 지식인들의 교법론과 나뉘는 지점이다. 그는 직접 각 교법의 교의 내용을 전력을 다해 연구함으로써 진정한 도, 공자가 말한 보편의 가르침을 추구했다.

이상에서 나카무라의 유학적 사고가 어떻게 서양의 civilization을 이해했는지 살펴보았다. 문명개화의 실현은 인민 개개인의 품행 향상, 즉 도덕성에 그 기초를 두었다고 본 그는 서양사회에서 기독교의 역할에 주목했다. 그리고 유학에서 도덕의 기원인 천과 기독교의 신을 동일한 개념이라고 파악한 나카무라에게 후자는 적극적으로 수용해야 할 대상이었다. 이때 인간의 자유liberty가 도덕의 핵심 조건으로 논의의 중심축이 되는데, 그는 이 또한 천과 인간의 관계론 속에서 풀어나갔다. 나카무라의 자유 이해에 대한 구체적 고찰은 향후 과제로 남겨둔다.

이새봄

연세대학교 정치외교학과를 졸업하고 도쿄대학 총합문화연구과에서 석사·박사 학위를 취득하였다. 일본학술진흥회 특별연구원(DC2), 국민대학교 일본학연구소 전임연구원을 지냈고, 현재 서울대학교 동양사학과 강사이다. 대표 논저로, 「朱子学者阪谷素における理と天皇」(『政治思想研究』, 2010), 「中村敬宇における「学者」の本分論—幕末の昌平黌をめぐって—」(『日本思想史学』, 2013), 「近代日本政治思想史」(ナカニシヤ出版, 2014, 공저), 「나카무라 마사나오의 『西國立志編』 서문에 나타난 보편성 논의」(『동방학지』, 2015) 등이 있다.

집필경위

17세기에서 19세기까지의 유학을 중심으로 한 일본 정치사상사를 연구해오면서 특히 메이지유신을 전후로 활약한 세대의 지식인들에 주목해왔다. 유학의 사고틀을 통해 서구 문명을 이해한 그들의 문제의식이 어떤 것이었는지를 당시 일본이 처해 있던 역사적 맥락 속에서 재구성하는 작업에 집중하고 있다. 이 논문은 2015년 4월에 열린 동양사학회 춘계연구발표회에서 발표한 내용을 수정 보완하여 같은 해 『일본역사연구』 41집에 게재한 바 있다.

3

새로운 사유의 형성과
전유되는 전통

⑨
대한제국 말기 동아시아 전통 한문의 근대적 전유轉有

◎

노관범

1 근대 한문의 발견

오늘날 현대 한국어에서 한문으로 지칭되는 문장들을 조선시대에는 문文
이라고 일컬었다. 조선시대의 문은 대내적으로 조선 사대부 상호 간에 소
통하는 국내적 문어였을 뿐만 아니라 대외적으로 동아시아의 중국, 일본
과 소통하는 국제적 문어였다. 조선의 보편적 문이라는 의미에서는 동문
東文이라 할 수도 있고 동아시아 국가들과 공유한 보편적 문이라는 의미

에서는 동문同文이라 할 수도 있지만, 동문東文과 동문同文 모두 문을 일컫는 상황적 차이에서 발생하는 어휘이므로 문 이외에 별도로 동문東文과 동문同文이 존재한 것은 아니었다.

한국 근대에 들어와 종래의 문이 한문으로 변한 것은 민족주의의 자각으로 국문國文이 형성되는 과정에서 수반된 제도적 현상으로 읽을 수 있다. 한문의 형성이란 '지금 여기'에서 일어나는 국문의 제도적 형성에 비례하여 종래의 문이 여기라는 현지성을 상실한 공간적 타자, 지금이라는 현시성을 상실한 시간적 타자로 주변화되는 것을 의미하였다. 그 결과 한문은 국문과 달리 주체의 글이 아닌 객체의 글이라는 감각, 현재의 글이 아닌 과거의 글이라는 감각이 제고되었다.

그런데 비록 조선시대의 문이 근대에 들어와 한문으로 타자화된 것은 사실이지만 근대 한문의 존재 양태가 반드시 이러한 맥락 위에서 설정되는 것만은 아니다. 중요한 것은 한문도 국문과 마찬가지로 근대적 제도에 진입했다는 사실이다. 갑오개혁 이후 한국사회에서 신교육이 실시되고 신학문이 교수되는 과정에서 한문은 신식학교의 정규 교과목으로 정착되었다. 이에 따라 한문교과 교육을 위하여 다양한 한문교재가 제작되었다. 제도적 관점에서 한문은 근대로부터 배제된 문어가 아니라 근대에 참여한 문어였다. 그렇다면 한문이 국문에 의해 어떻게 타자화되고 있었는가 하는 물음 못지않게 중요한 물음은 한문이 근대에 어떻게 참여하였는가 하는 물음일지 모른다. 논의의 초점을 한문과 국문의 관계에서 한문과 근대의 관계로 옮길 때 '근대 한문'에 관한 새로운 통찰을 얻을 수 있다.

근대 한문의 제도적 존재성과 관련하여 근대 한문에 주목하는 경로는 다양한 시각에서 나올 수 있다. 그것은 이를테면 20세기 한문학의 역사적 위상을 놓고 한문학을 타자화한 근대의 폭력에서 근대 한문학을 구출하여 그 실제 업적을 재조명함으로써 근대 한문학을 적극적으로 재인식할 것을 요청하는 시각으로부터 제기될 수 있다.[1] 근대 한문학의 역사적 실재에 대한 지식을 확대하는 과정에서 근대 한문의 역사적 성격에 대한 이해를 확충할 수 있을 것이다. 아울러 20세기 조선총독부가 식민지 한문 교육으로 한·중·일 삼국의 한문 전통을 융합하고자 한 식민지 언어정책에서 일본제국을 중심으로 한자문화권의 문화통합이 추구되었음을 알아차린 시각[2]도 근대 한문의 역사적 성격의 이해에 중요한 시사점을 던진다. 식민지 조선의 근대 한문이 고립적인 조선 한문으로 존재한 것 이상으로 동아시아 한자문화권의 그것으로 존재했을 가능성을 열어주기 때문이다.[3]

　근대 한문은 한문학을 성취한 문인들의 시선에서 접근할 수도 있고 한문교육 정책을 마련한 당국의 시선에서 접근할 수도 있지만, 한문교과를 교육하기 위해 교재를 집필한 교재 편찬자의 시선에서 접근할 수도 있다. 한문교재는 신식학교에서 교과 교육을 위해 창출된 새로운 문헌이었을 뿐 아니라 사회 변화에 대응하여 한문을 새롭게 구성하려는 시대의식이 투영되어 있기 때문에 근대 한문의 제도적 존재성을 여실히 보여줄 것으로 예상된다. 이를테면 대한제국기 여규형呂圭亨(1848~1921)이 편찬한 『한문학교과서漢文學敎科書』의 출현 배경으로 지적되는 것은, 국문 중심의 언어정책으로 한문이 국문의 도구로 전락하는 현실에서 전통 한문학의 성과를 계승하기 위한 고급 지식인의 양성이다.[4] 아울러 『한문학교과서』가 논변류論辨類 문체의 한문으로 구성된 데는 한문이 과거의 문어가 아니라 대한제국사회에 유용한 실용의 학문이 되어야 한다는 편찬자의 의도가 투영되었다는 지적도 있다.[5] 과거의 전통 한문을 계승하는 동시에 현실의 근대 한문을 창조해야 하는 이중적 과제가 의식되었다는 뜻이다. 휘문의숙에서 편찬한 『대동문수大東文粹』의 경우 한문으로 한국 문화의 정수를 가르치겠다는 의도를 발견할 수 있는데,[6] 중국 한문이 아닌 한국 한문을 가르친다는 민족의식은 대한제국기 한문교재의 주요 집필 동기의 하나로 거론되고 있다.[7]

그러나 이처럼 전통의 계승, 근대의 적응, 민족의 발견 등 다양한 관점에서 한문교재가 제작되었지만, 일본의 한국 지배 아래에서 교재 제작의 자율성은 상당한 제약을 받았다. 대한제국기에 제작된 새로운 한문 교과도서들은 특히 병합 전후 일본의 교과용 도서 검정규정에 따라 탄압을 받았다. 병합 이전까지 이 규정에 따라 인가받은 한문교재는 과거의 명문을 모은 비정치적 도서, 문법 교육을 위한 실용적 도서, 기독교계 학교의 수입 교재에 지나지 않았다. 또 이것들도 병합 이후 탄압을 받아 결국 민족의식과 시대의식을 담은 한문교재들은 모두 말살되었다.[8] 심지어 식민지 조선에서 한문 교육은 조선총독부의 식민지 경영을 위한 지배 정책의 도구로 전락하는 경향까지 있었다.[9]

이 때문에 갑오개혁 이후 제도적으로 근대 한문이 신식 한문교재로 출현한 것은 사실이지만 직접적으로 한국의 민족의식 또는 시대의식을 드러내어 새롭게 창작된 한문 작품이 교재 내용에 반영되기는 쉽지 않았다. 더욱이 장구한 한문학 전통의 영향으로 한문교재에 수록된 작품들은 근대 이전 한국이나 중국의 전통적 문장으로 구성되기 쉬웠다. 따라서 그러한 문장들은 전근대 문의 세계에서 문집 속에 담겨 있거나 근대 한문의 세계에서 교재 속에 담겨 있거나 외관상 같은 작품들이기 때문에 한문교재에 수록된 전통적 문장에서 근대 한문의 성격을 독해하는 것은 어쩌면 거의 불가능한 일일지 모른다. 적어도 순수한 문학작품으로 접근하는 한 근대 한문과 전근대 문 사이의 역사적 격차는 감지되지 않을 수 있다.

그러나 같은 교재라 하더라도 문맥의 변화에 따라 그 의미는 다르게 전달될 수 있다. 한문교재에 수록된 문장은 그것을 선별한 교재 편집자의 의식에 따라 과거의 문장에서 벗어나 현재의 문장으로 진입해 있다. 따라서 편집자 시선을 따라 문장의 의미를 독해할 경우 이와 같은 시간적 현재화 과정에서 과거 원작자의 메시지는 현재 편집자의 메시지로 전유될 수 있다. 또한 개별 문장은 자체적으로 독립적 의미를 갖추었지만, 한문교재 안에서 개별 문장과 개별 문장이 연결되면서 새롭게 관계적 의미를 형성할 수 있는데, 이 경우 관계적 의미는 교재 편집자의 의도가 반영된 교재의 전체적 질서의 일부분이다. 따라서 한문교재에 수록된 옛글들이 개별적으로 어떠한 현재적 의미를 지니며 상호적으로 어떠한 관계적 의미를 지니는지 탐구한다면, 근대 한문 성립사의 시야에서 한문교재의 역사적 위상을 규명하는 데 도움이 될 것으로 본다.

이런 견지에서 이 글에서는 갑오개혁 이후 발행된 한국 한문교재 가운데 박은식朴殷植(1859~1925)이 편찬한 『고등한문독본高等漢文讀本』을 선택하여 이 교재의 작품을 분석해 동아시아 전통 한문의 근대적 전유 양상을 살펴보고자 한다. 이 책은 제목 그대로 고급 한문 교육을 목표로

해서 대개 보통학교 교육용으로 적합했던 대한제국기 일반적인 한문교
재와 차이점이 있고,[10] 시기적으로 대한제국이 멸망한 직후 출현했기 때
문에 국망을 전후한 시기에 유례없이 고양된 시대의식이 유감없이 발휘
되었을 것으로 기대된다. 더구나 교재 편찬자 박은식이 대한제국기의 대
표적 언론인, 문필가, 사상가로서 당대 지성계의 중요 인물이었음은 물
론 스스로 직접 현장에서 한문을 가르친 교육자였기 때문에 대한제국 학
생에게 필요한 최선의 한문이 무엇인지에 대한 투철한 식견과 고민이 있
었을 것으로 생각된다. 이하에서는 전통 한문의 근대적 전유라는 시야에
서『고등한문독본』을 분석해 형성기 한국 근대 한문의 역사적 성격을 논
한다.

2 『고등한문독본』이라는 한문 교과서

박은식이 편찬한『고등한문독본』은 1910년 9월 신문관에서 발행된 한문
교재이다. 책의 편찬 경위를 알려주는 서발序跋이 없이 본문으로만 구성
되어 있다. 논의의 편의를 위해 이 책에 수록된 문장을 나타내면 다음과
같다.

다음 표에서 보듯『고등한문독본』은 전체 작품 35수를 문체별로 나누
어 전체 단원 56과課를 마련한 것으로, 학습자가 1주에 1과씩 쉬지 않고
학습한다면 1년 남짓 되는 기간에 책을 완독할 수 있게 되어 있다. 원칙적
으로 1과 또는 그 이상에 작품 1수를 배치하는 방식을 취했으나 예외적으

〈표〉『고등한문독본』에 수록된 문장 일람[11]

문체	과	제목	저자	키워드	출전	다른 교재 수록
書	1	與晶雙江書	王守仁	良知	『王陽明全集』권2 「答攝文蔚」	
	2	上續				
	3	再續				
	4	答李仲久書	李滉	閒酬酌	『退溪集』권10 第8書	
	5	上續				
	6	與吳仁遠書	李滉	樂	『退溪集』권15	
	7	寄紀鴻手諭	曾國藩	勤儉	未詳	
序	8	鄭圃隱先生詩集序	卞季良	鄭夢周	『春亭集』권5 「圃隱先生詩稿序」	
	9	上續				
	10	鳴原堂論文序	曾國藩		『曾國藩全集』책29 鳴原堂論文「序」	
	11	大同志學會序	梁啓超	志	『淸議報』13, 1899. 3	
	12	上續				
記	13	存齋記	朱熹	存心	『朱子大全』권77	
	14	容春堂記	歸有光	浴沂	『震川集』권15	
	15	陶庵記	歸有光	處窮	『震川集』권17	
	16	咸陽郡學士樓記	朴趾源	崔致遠	『燕巖集』권1	
	17	上續				
說	18	立志說	王守仁	立志	『王陽明全集』권7 「示弟立志說」	『近古文選』
	19	上續				
	20	日本居士重俊字說	金宗直	尙友	『佔畢齋集』권2 「日本國居士重俊字說」	『漢文學敎科書』 『近古文選』
	21	護松說	李珥	家業	『栗谷全書』권14	
	22	上續				
	23	守耕說	歸有光	實	『震川集』권3	『近古文選』
論	24	管仲言宴安論	呂祖謙	宴安	『東萊博議』권2 「管仲言宴安」	
	25	上續				
	26	衛懿公好鶴論	呂祖謙	浮華	『東萊博議』권2 「衛懿公好鶴」	
	27	上續				
	28	讀陳同甫孔明論	金昌協	正義	『農巖集』권25	『漢文學敎科書』 『近古文選』

辨	29	首陽辨	徐命膺	文勝	『保晚齋集』 권11 「首陽山碑」	『漢文學敎科書』
	30	上續				
疏	31	玉堂陳戒箚	李珥	振紀安民	『栗谷全書』 권5	
	32	上續				
	33	再續				
碑文	34	箕子廟碑文	卞季良	箕子	『春亭集』 권12 「箕子廟碑銘」	
	35	上續				
祭文	36	祭退溪李先生文	李珥	李滉	『栗谷全書』 권14	
	37	祭栗谷李先生文	宋翼弼	李珥	『龜峯集』 권3 「祭栗谷文」	
	38	上續				
	39	再續				
	40	三續				
傳	41	溫達傳	金富軾	溫達	『三國史記』 권45	
	42	上續				
原	43	原人	方苞	惡	『望溪集』 권3	『近古文選』
	44	原才	曾國藩	才	『曾國藩全集』 29책 文集	
箴	45	五箴並序 立志箴 居敬箴	曾國藩	立志 居敬 主靜 謹言 有恒	『曾國藩全集』 29책 文集	
	46	上續 主靜箴 謹言箴 有恒箴				
跋	47	題千峰詩藁後	李崇仁	患難	『陶隱集』 권5	『文章指南』 『大東文粹』
贊附銘	48(上)	夫子文章贊	李珥		『栗谷全書』 권14	
	48(下)	思菴琴銘				
雜著	49	示王生國振	王愼中	仁	『遵巖集』 권20	『近古文選』
	50	勉强	曾國藩	勉强	『曾國藩全集』 29책 雜著 「筆記十二篇」	
	51	忠勤	曾國藩	忠勤	『曾國藩全集』 29책 雜著 「筆記十二篇」	
	52	名實解	俞莘煥	大丈夫	未詳	『漢文學敎科書』 『近古文選』
	53	日課四條	曾國藩	愼獨 主敬 求仁 習勞	未詳	
	54	上續				
	55	再續				
	56	三續				

* 출처: 『高等漢文讀本』; 『朴殷植全書』 中, 단국대학교부설 동양학연구소.

로 제48과에는 1과에 작품 2수가 배정되어 있다. 각각의 작품 수량을 문체 순서별로 보면 서書(4), 서序(3), 기記(4), 설說(4), 논論(3), 변辨(2), 소疏(1), 비문碑文(1), 제문祭文(2), 전傳(1), 원原(2), 잠箴(1), 발跋(1), 찬贊(1), 명銘(1), 잡저雜著(5)의 분포를 보이고 있음이 확인된다. 상대적으로 작자의 개성적 성격과 작품의 사상적 성향이 강하게 드러나는 서書, 서序, 기, 설, 논을 중시했음을 알 수 있지만, 전체적으로 보면 특정한 문체에 치우치지 않고 고르게 작품을 선별한 편이다. 이 책에서 취한 단원 순서 방식은 기본적으로 학습자가 익혀야 하는 문체의 중요도를 고려했을 것으로 생각되지만, 처음 학습할 문체로 서書가 선택된 것은 서라는 문체의 중요성과 아울러 서에 선별된 작품으로 박은식이 추구하는 양명학적 도덕정신이 적실하게 표출된 왕수인王守仁의 서간문이 포함되어 있었기 때문이다.

『고등한문독본』에 수록된 작품들의 원작자는 한국인은 김부식金富軾, 이숭인李崇仁, 변계량卞季良, 김종직金宗直, 이황李滉, 이이李珥, 송익필宋翼弼, 김창협金昌協, 서명응徐命膺, 박지원朴趾源, 유신환俞莘煥 등 모두 11명이고, 중국인은 주희朱熹, 여조겸呂祖謙, 왕수인, 귀유광歸有光, 왕신중王愼中, 방포方苞, 증국번曾國藩, 량치차오梁啓超 등 모두 8명이다. 대개 1인 1작품의 원칙을 지켰지만, 1인 2작품 이상도 적지 않다. 이를테면 한국인 작자로는 이이(4), 이황(2), 변계량(2), 중국인 작자로는 증국번(7), 여조겸(2), 왕수인(2), 귀유광(2)이 여기에 해당한다. 이 책에 수록된 작품의 원작자들은 한편으로 한국과 중국의 문학사에서 높이 평가받는 문장가들도 있지만, 다른 한편으로 문학사보다는 철학사에서 높이 평가받는 도학자들도 있기 때문에 작자 선별 기준이 전적으로 문학의 기준에서 마련되지는 않았음을 알 수 있다.

특히 한국인 작자로 이이의 작품이 가장 많이 수록되고 중국인 작자로 증국번의 작품이 가장 많이 수록된 것은 『고등한문독본』을 편찬할 무렵 박은식의 자강사상에 비추어 필연이었다고 하겠다. 박은식의 자강사상은 광무연간에 신지식의 계발과 신학의 발달을 중심으로 하였으나 융희연간에 들어와 신도덕의 수립과 구학의 개량을 중심으로 논점이 변하였다.[12] 신도덕의 수립과 관련하여 박은식은 1909년 3월 『황성신문』지면에 동서양의 철학을 융회하여 신도덕을 수립하겠다는 포부를 밝힌 이래[13] 『서북학회월보』에 차례로 워싱턴의 좌우명, 프랭클린의 좌우명, 증국번의 일과日課, 이이의 자경문自警文을 연재하여 신도덕의 구체적 내용으로 이들 네 사람의 실천적 도덕을 제시하였다.[14] 서양 도덕의 핵심으로 워싱턴과 프랭클린의 작품에 주목하고 동양 도덕의 핵심으로 이이와 증국번의 작품에 주목하였다는 사실에서 『고등한문독본』에서 이이와 증국번이 차지하는 특별한 위치를 가늠할 수 있다.

사실 박은식은 조광조趙光祖와 이황과 이이를 조선성리학의 유종儒宗으로 생각하였고,[15] 이들 세 명의 학문을 요약해 『국조학안國朝學案』을 편찬하려고 할 정도로[16] 이황과 이이에 대한 존모심이 높았다. 일본에서 퇴계학 전통이 면면히 계승되는 것에 자극을 받아 국교國敎 보전을 강조하거나,[17] 최남선崔南善이 이이의 『격몽요결』을 서양 명인들의 격언과 대조하여 제작한 『산수격몽요결刪修擊蒙要訣』을 율곡학의 현대적 부활로 인식할 정도로[18] 이황과 이이의 학문에 대한 국제적 인식, 현대적 인식에 깊은 관심을 기울였다. 아울러 그는 동서양의 학문가 중에서 중국의 증국번과 미국의 프랭클린을 가장 흠모한다고 고백하였고,[19] 청말 증국번, 캉유웨이康有爲, 량치차오, 장젠張謇 네 명을 도덕道德, 경세經世, 구시求時를 겸비한 인물로 높이 평가하는[20] 동시에 참다운 학문가의 계보로 왕수인, 증국번, 캉유웨이 세 사람을 표장하여 유학의 변통을 추구하였다.[21] 따라서 『고등한문독본』에 수록된 작품의 원작자로 이황, 이이, 왕수인, 증국번, 량치차오가 포함되고, 특히 이이와 증국번이 가장 중시된 것은 박은식의 이와 같은 자강사상의 맥락에서 이해할 일이다.

　그러나 박은식은 대한제국사회의 사상가이기에 앞서 조선시대의 유학자이기도 하였다. 박은식은 신사상을 형성하기 전에 경화학계京華學界에서 홍승운洪承運을 통해 노론 낙학洛學의 문학을 전수받았고, 관서학계關西學界에서 박문일朴文一을 통해 화서학파華西學派의 도학을 전수받았으며, 김택영金澤榮과 어울리며 박지원의 문집을 출판하는 문화운동에도 참여하였다.[22] 따라서 『고등한문독본』에 수록된 원작자의 선별 기준으로 조선 말기 유학자로서 박은식이 취한 학문적 식견과 문학적 취향을 고려할 필요가 있다. 먼저 『고등한문독본』에 김부식의 작품이 선별된 것은 김택영이 편찬한 『여한구가문초麗韓九家文抄』에 김부식이 구가의 한 사람으로 선별된 것에 영향을 받은 듯하고, 박지원의 작품이 수록된 것은 그가 김택영의 『연암집燕巖集』 간행 사업에 동참하여 『연암집』의 평문評文까지 지을 정도로 박지원 문학에 공감했기 때문인 듯하다.[23] 또한, 『고등한문독본』에 김창협 작품이 수록된 것은 그가 기본적으로 조선 후기 율곡학파 가운데 김창협을 중심으로 하는 낙학을 존중했기 때문으로 보이며,[24] 동일한 맥락에서 철종대 낙학의 대표적 학자인 유신환의 작품이 『고등한문독본』에 선별되었다고 생각된다.

박은식의 학문적 계보는 낙학에 입지해 있었고, 특히 홍석주洪奭周의 학문을 가학으로 계승한 홍승운을 스승으로 삼아 홍석주의 가학을, 이를 테면 홍석주의『속사략익전續史略翼箋』을 직접 학습하였기 때문에, 홍석주를 포함한 순조 연간 경화학계 주자학에 상당한 소양이 있었을 것이다. 19세기 경화학계 주자학은 홍석주·김매순金邁淳 이래 청대 동성파桐城派의 고문론을 수용해왔는데, 동성파는 '한구문장韓歐文章, 정주학문程朱學問'의 기조와 '한유韓愈—구양수歐陽脩—귀유광—방포'의 문통을 중심으로 하였다.[25] 동성파는 의리義理와 고거考據와 사장詞章을 겸비한 포괄적 주자학을 지향하였는데, 방포가 시작하여 요내姚鼐가 문파로 완성하였고, 청말에는 증국번, 왕선겸王先謙 등에 의해 호남성에서 번영을 누렸다.[26] 그렇게 볼 때『고등한문독본』에 귀유광, 방포, 증국번의 작품이 수록된 것은 박은식이 경화학계에서 동성파의 고문론을 접하고 그 학문적 지향에 공감한 결과로 보인다. 아울러 청대 동성파와 더불어 박은식의 문장관에 영향을 미친 유파로 명대 당송파唐宋派를 상정할 수 있다.『고등한문독본』에는 왕신중의 작품이 수록되어 있는데, 왕신중은 당순지唐順之, 귀유광, 모곤茅坤 등과 더불어 명대 당송파의 대표적 작가로 알려져 있다. 명대 의고파擬古派의 고문 작법에 맞서 고문의 모델을 진한秦漢이 아니라 당송에서 구한 당송파의 고문은 특히 모곤의『당송팔대가문초唐宋八大家文抄』의 조선 유입으로 상당한 문학적 영향력이 있었다.[27] 그렇기에 사마천司馬遷을 문장의 전범으로 삼아 구양수와 귀유광의 문장을 으뜸으로 평가했던 박은식의 문학적 식견[28]은 문학적 지향이 서로 다르지 않은 명대 당송파와 청대 동성파의 문학관을 배경으로 형성된 것으로 보인다.

이처럼 박은식은 경화학계 주자학을 배경으로 명대 당송파의 고문과 청대 동성파의 고문을 흡수하였는데, 이는 그가 문학과 도학을 분리하여 전적으로 문학을 위한 문학을 추구하거나 도학을 위한 도학을 추구하는 경직된 태도가 아니라 문학과 도학을 결합하여 '유문입도由文入道'를 추구하는 유연한 태도를 취했음을 의미한다. 그렇게 볼 때『고등한문독본』에 주희와 왕수인의 작품이 나란히 실린 것을 주자학 대 양명학이라는 문호지견門戶之見에서 기이하게 볼 일은 아니다. 조선시대 유학 전통에서 주희가 도학 종장으로 존숭되었음은 물론이지만 왕수인 역시 문학적 기준에서는 극찬을 들었던 인물이다.[29] 따라서 박은식은 유학자로서 각각 도학과 문학의 관점에서 주희와 왕수인의 작품을 병행하여 평가하는 유연한 시각을 지닐 수 있었다고 생각된다.

오히려 중요한 것은 주희와 왕수인의 작품을 병거했다는 사실 자체보다 주희와 왕수인의 작품에 접근하는 현실적 감각이다. 박은식은 관서지방에서 실천적인 심학心學 공부에 착수한 이래 줄곧 구방심求放心 공부를 중단하지 않았고, 이와 같은 수양론적 관심에서 주자학의 존심存心 공부를 중시하여 주희의「존재기存齋記」를 선별하였다. 주희의「존재기」는 격물치지格物致知를 방기하고 존심에 용력하는 양명학에 친화적인 문헌으로 의심받아 엄격한 주·왕 분별을 원하는 도학자에게는 주자학의 전형성에 미달한 주희 초년의 불충분한 작품으로 간주되기도 하였다.[30] 그럼에도 박은식은 주·왕 분별의 도학사적 맥락을 초탈하여 스스로 얻은 실천적 수양론의 견지에서「존재기」를 부각한 것이다. 왕수인의 경우 박은식은『전습록傳習錄』중권에 수록된「답섭문울서答聶文蔚書」를 선별했는데, 이 작품은 19세기 후반 박규수朴珪壽 그룹의 후진인 김창희金昌熙가 편찬한 중국 고문 선집『사품집선四品集選』에 왕수인의 명문으로 선별되었을 정도로 문학적 가치를 인정받고 있었다.[31] 그러나 이 작품에 대한 박은식의 본원적 관심사는 후술하겠지만 한국사회에서 구국의 주체에게 필요한 수양론의 정립에서 마련되었고, 작품의 문학적 성취 못지않게 사상적 지향이 중시되었다고 할 수 있다.

한 가지 특기할 점이 있다면『동래박의』에 있는 여조겸의 역사 소품이 두 수나『고등한문독본』에 수록된 사실이다. 현재 박은식이 개인적으로 여조겸의 사학을 중시했거나 박은식의 학문적 배경에서 여조겸의 사학이 특별한 위치를 점했다는 자료를 발견하기는 어렵다. 그 대신 박은식이 주필로 활동했던『서북학회월보』에는 중등 한문 과정으로『동래박의』를 선택하여 누정 기문이나 고인 잡설에 빠진 인습적 한문 교육을 극복하자는 이승교李承喬의 논설[32]이 있는데, 이것이『고등한문독본』의 편집에 영향을 미친 듯하다.

이 논설은 일진회一進會의 '합방合邦' 청원으로 한국사회가 정치적으로 동요하던 시점에 작성되었는데, 이에 따르면『동래박의』는 문체가 어렵지 않으면서 역사 평설에 뛰어나 대한제국에 시급하게 필요한 '의사義士' 양성에 크게 기여할 것이라 기대되었다. 특히『동래박의』가 책으로 보면 송대의 구학舊學이지만 글로 보면 천고의 신학新學이라고 평하였는데, 이는 전통 한문을 근대적으로 전유하여 한국의 현실을 해결할 새로운 사상을 창조하기를 희망하는 마음의 표출이었고, 박은식 역시 이와 같은 마음을 공유한 결과『동래박의』에 수록된 작품을 선별한 셈이다.

3 『고등한문독본』의 당대적 사유

1) 국망의 역사적 성찰

(1) 국망의 원인

『고등한문독본』은 한국의 미래 세력인 청년층이 국망國亡의 현실을 자각하고 인격을 수양하여 구국의 주체로 성장하기를 바라는 마음에서 발간되었다. 저자의 의도를 직접 볼 수 있는 글이 이 책에 담겨 있지는 않지만 이 책에 수록된 옛글들의 내용을 전체적으로 일별하면 국망을 성찰하고 극복할 주체를 수립하고 주체의 인격을 수양하는 문제에 집중되어 있음을 알 수 있다. 문예적 측면에서 옛글의 아름다움을 감상할 목적이 아니라 사상적 측면에서 옛글의 교훈을 깨달을 목적으로 이 책에 접근할 경우 이 책은 단순히 독본이 아니라 그 이상의 사상서가 되기에 충분하다. 이 책에 수록된 옛글은 어디까지나 '옛날 거기'를 말하는 것이지만 실제 한국의 교육 현장에서는 얼마든지 '지금 여기'를 가리키는 것으로 전유될 수 있었기 때문이다. 따라서 '지금 여기'의 현재성과 현지성의 시각에서 이 책을 독해할 때 이 책의 사상적 성격이 분명하게 드러날 것이다.

이와 같은 견지에서『고등한문독본』을 볼 때 가장 두드러진 현재성과 현지성은 국망이라는 시간성, 망국이라는 공간성이다. 이 책은 국망의 문제에 지속적으로 관심을 쏟았고 국망과 관련 있는 옛글들을 적극적으로 선별하였다. 선별된 작품들 중에는 송대에 사학으로 저명했던 여조겸의 소품이 두 편 있는데, 모두 직접적으로 국망의 원인을 논하는 사론이라는 점에서 각별히 의미가 있다.

먼저 제26과, 제27과에 실린 「위의공호학론衛懿公好鶴論」을 보자.[33] 위 의공의 학 이야기는 위 의공이 학을 몹시 좋아해서 학을 길러 관작과 봉록을 주고 수레에 태워 대부처럼 행세하게 하면서 황음무도荒淫無道한 정치를 베풀다 북적北狄의 침입을 받아 결국 나라의 멸망을 자초했다는 것으로, 일반적으로 군주의 완물상지玩物喪志를 가리키는 고사로 알려져 있다. 그런데 여조겸의 이 글은 위 의공에서 그가 기른 학으로 초점을 바꾸어 새로운 각도에서 위의 국망을 논의하였다. 위나라의 멸망은 위 의공의 실정에 일차적 책임이 있지만 사실은 위 의공이 기른 학이 국가의 환난 앞에서 무용지물이었다는 사실도 중요한 문제로 검토되어야 한다는 내용이다. 그는 중국 역사에서 황건적黃巾賊의 봉기가 있었던 한의 조정, 오호五胡의 침입이 있었던 진晉의 조정에는 논의가 뛰어나고 풍채가 고상한 사람들이 많았지만 국가의 환난에 직면해서는 모두가 쓸모없는 '위 의공의 학'에 지나지 않았다고 보았다.[34] 선우후락先憂後樂의 책임의식을 지녔던 송대의 사대부답게 여조겸은 국사에 쓸모없는 부화浮華한 사士에게 국망의 책임을 물은 것이다.

여조겸이 제기한 '위 의공의 학', 곧 쓸모없는 '부화한 사'는 대한제국의 망국을 배경으로 유림사회를 향한 비판이라는 맥락에서 새로운 함의를 형성한다. 박은식은 『한국통사韓國痛史』에서 조선 도학의 폐단을 통언痛言하며 그 '숭허유실崇虛遺實'을 지적한 바 있다. 곧 정政, 법法, 병兵, 농農, 공工, 상商 등 실용의 학문을 공리라고 배척하고 연구하지 않아 사는 실재實才가 부족하고 민民은 실업實業에 태만하고 국國은 실력實力이 없어서 그 결과 한국이 천하에서 지극히 빈약한 나라가 되었다는 것이다.[35] 따라서 박은식은 조선 도학의 실용 배척을 국망의 원인으로 간주하고 여조겸의 위의 사론을 독본에 선별하여 한국 청년에게 읽히고자 했다는 것을 알 수 있다.

그런데 사실은 국망을 맞이하여 구학을 하는 유교 지식인은 물론 신학을 하는 신지식인들도 '위 의공의 학'에서 자유로울 수는 없었다. 이미 국망 이전에도 신식학교에서 교수되는 신학에 대하여 피상적 공론만 제공할 뿐 깊고 절실한 실리實理를 제시하지 못해 애국사상을 효과적으로 고취하지 못하였으며, 그것이 이론만 고상하게 보고 실지 사물은 천근하게 보아왔던 '허虛'라고 하는 오랜 사고방식 때문이라는 비판[36]이 제기되는 형국이었다. 그렇게 볼 때 박은식은 구학의 부화를 국망의 원인으로 반성할 뿐만 아니라 신학의 부화에도 동일한 문제를 제기하기 위해 여조겸의 「위의공호학론」을 독본에 수록했다고 보아야 할 것이다.

다음으로 제24과, 제25과에 실린 「관중언연안론管仲言宴安論」을 보자. 이 글에서는 관중이 제 환공에게 "연안은 짐독鴆毒이니 품어서는 안 된다"라고 말한 고사를 이용하여 연안의 참혹한 해악을 총체적으로 통론하였다. 즉 연안은 지기志氣를 상하게 하고 공업功業을 폐하게 하고 세월을 허비하게 할 뿐만 아니라 종국적으로 욕망을 방종하다 악에 휩쓸리게 하고 환난을 잊다가 화에 빠뜨리게 하여 결국 '살신멸국殺身滅國'을 초래한다는 것이다.[37] 다만 동일한 연안이라 하더라도 중인衆人의 연안은 백앙百殃과 우환으로 가득한 반면, 군자의 연안은 자강불식自强不息과 심광체반心廣體胖의 경지 때문에 태산같이 편안하다고 하여 양자를 구별하였는데, 문제의 대상이 중인의 연안임을 밝혔다.[38]

박은식은 여조겸의 연안론을 중시하여 『고등한문독본』에 이를 넣었을 뿐만 아니라 스스로 『한국통사』를 지어 고금에 걸쳐 연안에 중독되어 패망하지 않은 나라가 없는데 한국 역시 연안에 중독되었다며 국망의 원인을 직접적으로 연안에서 찾았다.[39] 특히 대한제국의 멸망에 관한 총론적인 사론史論을 작성하면서 매관매직과 음사황연淫社荒宴으로 태평만세에 즐겁게 자족한 국왕 이하 지배층의 망국적인 연안 풍조를 비판하였고, 대한제국 인민에게 확산된 투안고식偸安姑息, 인순태타因循怠惰의 총체적 구습도 연안의 연장에서 보았다.[40] 이처럼 『고등한문독본』에 수록된 여조겸의 글 두 편의 키워드라 할 부화와 연안이 『한국통사』에 들어와 대한제국이 쇠망한 원인으로 직접 거론되는 것이 특징적이다. 이는 박은식이 『고등한문독본』을 편찬하면서 이미 국망 문제를 부화와 연안의 관점에서 통절히 인식하였고, 그와 같은 인식 아래 여조겸의 사론을 선별하였음을 의미하는 것이라 하겠다.

아울러 이 책 제21과와 제22과에 실린 이이의 「호송설護松說」도 국망의 원인을 성찰하도록 인도하는 역할을 하는 글이다. 이 글은 외관상 소나무를 잘 가꾸어 지키자는 삼림 보호 주장으로 비칠 수도 있고, 실제 1910년대 한문교과서에서는 이 글을 식민지 행정문서와 연결해 조선총독부 실업정책의 도구로 이용하기도 했지만,[41] 사실 핵심 내용은 선인이 가꾼 소나무를 후손이 어떻게 잘 지켜나갈 것인가 하는 가물家物의 보존 혹은 가업家業의 보존을 논하는 것이다. 소나무를 심어 수십 년 기다려 반듯한 나무가 되었지만 도끼로 베면 하루아침에 모두 없어지고 마는 것처럼 선조가 오랫동안 고생해서 이룩한 가업도 양심이 없는 금수 같은 후손이 나오면 한 해도 되지 않아 금방 망가진다는 사실에 유념하자는 것이다.[42] 이이는 가家를 말했지만 대한의 멸망을 전후한 시기에 그것은 국國으로 전유된다. 어렵게 창업한 국가도 양심이 없는 금수 같은 후손이 나오면 금방 멸망할 수 있다는 교훈처럼 들린다. 『고등한문독본』은 이이의 '호송' 정신에 비추어 대한제국 국망 과정에서 일진회와 같은 친일단체가 합방을 청원했던 '매국賣國' 행위를 돌아본 셈이다.

(2) 국망기의 위인들

『고등한문독본』은 한국의 국망을 성찰하면서 국망 원인을 성찰했을 뿐만 아니라 국망기를 살았던 역사상의 위인들에 시선을 집중하였다. 이 책에는 기자, 백이·숙제, 제갈량, 최치원, 정몽주 등 한중 양국의 역사적 인물에 관한 소품들이 수록되어 있다. 그런데 공교롭게 이들 인물은 모두 자국의 국망을 경험했거나 대면했다는 공통점이 있어서 이 책이 처음부터 망국민으로 살아갈 식민지 조선의 청년들에게 역사적 귀감이 될 국망기 위인들을 주목하여 관련된 소품들을 선별한 것은 아니었을까 하는 생각이 든다.

먼저 기자에 관한 작품이 제34과, 제35과에 실린 「기자묘비문箕子廟碑

文」이다. 이 글은 세종대 기자묘 중수를 기념하여 조선의 유교 문명을 열어준 기자의 업적을 찬양한 비문이다. 지은이 변계량은 기자의 학문을 유학 전통에서 대단히 중요한 '낙서천인지학洛書天人之學'으로 보았고 기자가 주 무왕을 위해 강론한 '홍범구주지도洪範九疇之道'를 조선 세종이 지성으로 융회融會하고 있다고 특기하였다.[43] 기자는 유교 문명의 원류를 자부하는 조선의 문명의식과 직결된 인물이지만, 망국민의 관점에서 기자를 볼 경우 기자는 국망에 좌절하지 않고 조국의 바깥 조선에서 새로운 유교 문명을 일으킨 위인으로 인식될 수 있었을 것이다.

다음으로 백이·숙제에 관한 작품이 제29과, 제30과에 실린 「수양변首陽辨」이다. 이 글은 백이와 숙제가 은거한 수양산이 중국에 있지 않고 조선에 있음을 논변한 것이다. 지은이 서명응은 수양산이 중국에 없는데도 계속 중국에 있다는 문헌이 중국에서 축적된 것을 중국의 문승文勝으로 간주하였다. 백이·숙제가 수양산 아래에서 굶어죽었다고 공자가 처음 언급한 이래 오랜 세월 수양산이 충절의 장소성을 획득해왔는데, 이제 수양산을 중국의 밖이 아니라 중국의 안으로 비정하려는 중국 문헌들 때문에 백이·숙제가 조국에 충절을 지키기 위해 조국을 멸망시킨 주나라를 떠났다는 역사적 진실이 흔들리게 되었고, 특별히 수양산을 언급하며 백이·숙제의 충절을 환기한 공자의 발언까지 진의가 의심받게 되었음을 개탄하였다. 가설적인 지식이 무책임하게 증가하면서 인간사회의 도덕과 연관된 역사적 진실이 은폐되고 성인의 진의도 의심받게 되는 상황, 이것이 바로 서명응이 지적한 문승의 문제점이었다. 이와 달리 백이·숙제의 수양산을 조선의 황해도 수양산으로 비정할 경우 설사 그 역사지리적 실증성은 문헌 부족으로 취약하더라도 백이·숙제의 도덕적 진실과 공자가 밝힌 도덕적 진의가 명백하게 구현될 수 있기에 같은 조건이라면 수양산 재조선설이 수양산 재중국설보다 훨씬 가치 있는 지식이 되는 셈이었다.[44]

그런데 이 문제를 바라보는 박은식의 마음은 서명응의 마음보다 더 특별한 데가 있었을 것이다. 그에게는 백이·숙제가 주나라=인국隣國에 의해 은나라=조국祖國이 멸망한 난세를 산 망국민으로서 조국을 강탈한 인국에 굴종하지 않고 정치적 망명을 감행하여 외국 땅에서 조국에 대한 충절을 지킨 애국자로 비쳤을 것이다. 따라서 나라 잃은 애국자 혹은 애국적 망국민의 역사에서 서장을 장식하는 백이·숙제의 도덕적 진실을 은폐하거나 왜곡하는 '수양산 재중국설'과 같은 화려한 '문승'의 지식은 조국의 독립을 위한 도덕적 실천을 무의미하게 만드는 냉소처럼 느껴졌을 것이다. 그는 이미 양명학적 문명 비판론의 견지에서 지식을 위한 지식생산에 몰두하는 동시대 문승의 폐해를 정면으로 논한 바 있는데,[45] 역시 그러한 시각에서 이 글을 선별한 것으로 보인다.

다음으로 제갈량에 관한 작품이 제28과 「독진동보공명론讀陳同甫孔明論」이다. 이 글에서는 제갈량에 관한 역사 인물평론을 통해 정의와 휼사譎詐 또는 인의와 공리 문제를 성찰하였다. 이 글을 지은 김창협이 의도한 바는 정의에 대한 올바른 관점은 도덕주의적 관점이지 공리주의적 관점이 아니라는 것이다. 곧 제갈량이 사마의司馬懿와 겨루면서 사마의와 달리 지술智術보다 정의를 쓴 일에 대해 진수陳壽는 제갈량이 본디 지술이 부족해서 그랬다고 보았고 진량陳亮은 제갈량이 정의를 지술을 제압할 더 강력한 지술이라고 생각해서 그랬다고 보았는데, 양자는 모두 제갈량의 정의를 지술의 관점에서 보는 공리주의적 문제점이 있었다. 그러나 제갈량은 인의仁義를 빌려 공리를 추구한 인물이 아니요, 대도의 근원을 깨닫고 삼대를 지향한 인물이었다는 것이 김창협의 관점이었다.[46)]

제갈량은 전통적으로 한 제국의 국망기에 한 황실의 후예인 유비를 도와 한 제국을 멸망시킨 위를 향해 북벌을 감행한 충신으로 이해되어왔다. 만일 망국민의 관점에서 제갈량의 행적을 본다면 제갈량의 북벌은 흉사와 공리를 추구하며 한을 멸망시킨 위에 대하여 정의와 인의를 추구하며 한을 회복하려는 복국 운동으로 읽힐 수 있었다. 따라서 사마의와 제갈량의 대결은 한을 멸망시킨 세력과 한을 회복하려는 세력의 대결이었으며, 다시 대한을 멸망시킨 일본 국가권력과 대한을 회복하고자 하는 한국 독립운동의 대결을 상징하는 것으로 전유될 여지가 있었다. 일본이 흉사와 공리로 대한을 멸망시켰지만 한국인은 망국민으로서 더욱 정의와 인의로 무장하여 여기에 맞서야 한다는 신념이 제갈량이라는 역사적 인물의 해석에 투영되어 국망기의 위인으로서 제갈량을 더욱 주목하게 만들었을 것이다.

다음으로 최치원에 관한 작품이 제16과, 제17과 「함양군학사루기咸陽郡學士樓記」이다. 이 글은 함양군 학사루에서 전승되는 최치원에 대한 역사적 기억의 성격을 고찰하여 신라 국망기를 살았던 최치원의 풍모를 상상한 것이다. 지은이 박지원은 최치원의 두 이름 고운孤雲과 학사學士에서 각각 최치원의 최치원과 민중의 최치원을 구별했다. 최치원은 세계의 중심인 당나라에서 입신했으나 당실의 혼란으로 신라로 돌아왔고, 고국

마저 국망으로 치닫자 벼슬을 헌신짝처럼 버리고 기꺼이 고독한 구름이 될 것을 결행하였다. 이것이 고운 최치원이다. 그럼에도 최치원이 외관살이를 했던 함양에서는 끊임없이 최치원을 학사로 기억해왔다. 그가 학사 최치원으로 기억되는 까닭은 화려한 재당 활동이나 개혁적 관료 활동의 영향도 있었겠지만 국망으로 치닫는 신라사회에서 추악한 이욕의 세파에 휩쓸리지 않고 끝내 고운의 지조를 지켜냈기 때문이다. 그리하여 최치원을 그리워하는 시선이 증폭되어 최치원에 대한 민중적 상상력이 고운을 넘어 고운 이전의 학사를 선택한 것이다.[47)]

이 점에서 최치원은 대한제국의 국망에 직면한 지식인, 특히 최치원과 같이 해외의 신문명을 체험하고 조국에 돌아와 조국의 국망에 직면한 신지식인들의 인생관에 중요한 시사점이 될 수 있다. 국망기에 처하여 고운의 자유로움과 자재로움을 결단함으로써 내파하는 구체제의 정치적 이욕에 끝까지 집착하는 어리석음에서 벗어나는 용기를 얻을 수 있기 때문이다. 국망기의 정치학에서 볼 때 고운이라는 상징성은 정치적 세간을 초월한 일반적인 탈속성의 성격에 가깝다기보다 그 이상의 어떤 정치적 메시지를 함축한 것이었다. 신지식인이 고운이라는 포지션을 확보한다고 했을 때, 그것은 정치권력에서 정치적으로 도피하는 것이라기보다 세속적 정치권력에 대해 의연한 자기 정체성을 확보하는 것이 되는 셈이었다. 박은식은 이 글을 독본에 선별하면서 한국의 신지식인이 대한제국의 구권력이든 일본제국의 신권력이든 어떠한 정치권력에도 연계되지 말고 자유자재를 추구하되 그 내면에는 학사로서 자기 정체성을 잃지 말아야 한다는 메시지를 불어넣은 것이다.

끝으로 정몽주에 관한 작품이 제8과, 제9과「정포은선생시집서鄭圃隱先生詩集序」이다. 이는 고려 말 정몽주의 충절과 학문을 기념하는 글이다. 지은이 변계량은 정몽주의 충절에 대하여 정몽주의 일사一死는 인륜과 세교에 관계된 것이 매우 크며, 고려 수백 년 인재를 양성한 풍화의 효과이자 우리 조선 억만년 신자의 강상 수립이라고 극찬하였다.[48] 그런데 고려 말 정몽주의 죽음은 대한제국기 민영환閔泳煥의 죽음을 환기한다. 정몽주가 고려를 위해 수립한 강상은 민영환이 대한을 위해 수립한 강상으로 전유된다.『고등한문독본』은 정몽주의 충절을 찬양하는 글을 수록함으로써 은유적으로 대한제국 국망기에 표출된 민영환의 충절을 돌아보게 만드는 전략적 장치를 구사하였다.

정몽주는 충절은 물론 학문으로도 대한제국의 당대인처럼 호출되고 있다. 변계량은 정몽주의 학문이 신심성정身心性情과 이륜일용彝倫日用과 천지고금의 운변運變과 곤충초목의 명품名品에 모두 관통했고 심지어 고인이 전하지 않은 오묘한 경지를 초연히 홀로 터득했다고 하였다. 이색이 정몽주를 칭찬한 '횡설수설橫說竪說'의 일화도 함께 전하였다.[49] 이는 정몽주의 학문이 박학이었고 독창적이었으며 논리적이었음을 나타낸 것으로, 마치 대한제국사회에 수용된 진보적 신학문의 모습을 연상케 한다. 이 점에서 박은식의『고등한문독본』은『포은집』에 관한 송시열宋時烈의 서문을 수록한 장지연의『대동문수』[50]와 조금 구별된다. 박은식은 17세기 송시열의 관점에서 접근되는 정몽주보다 15세기 변계량의 관점에서 접근되는 정몽주가 대한제국사회의 감수성에 더 가깝다고 판단한 것이다.

2) 국망 극복의 방향

(1) 구국 주체의 수립

위에서 보았듯이 『고등한문독본』은 한중 양국의 전통 한문 작품들을 당대에 전유하여 대한제국의 국망을 성찰하였다. 국망의 원인으로 부화와 연안의 풍조, 그리고 금수 같은 후손을 거론하여 대한제국 국망의 인과론적 인식에 도움을 주고자 하였고, 국망기의 위인으로 기자, 백이·숙제, 제갈량, 최치원, 정몽주 등을 선별하여 이들에 관한 작품에서 자연스럽게 국망을 살아가는 후인의 귀감을 구하도록 하였다. 그러나 『고등한문독본』은 단지 국망의 성찰에서 그친 것이 아니라 국망의 극복 방안을 모색하였고, 그것을 무엇보다 구국의 주체를 수립하는 데서 구하였다.

『고등한문독본』에 수록된 작품 중에서 구국의 주체로 주목되는 것이 제41과, 제42과에 실린 「온달전溫達傳」의 주인공 바보 온달과 평강공주이다.[51] 「온달전」의 내용은 고구려 평민 온달이 고구려 평원왕의 딸 평강공주의 도움을 받아 무예를 연마하여 마침내 고구려의 출중한 장군으로 성장하고 평원왕의 명실상부한 사위가 되었다는 것이다. 「온달전」의 그러한 작중 인물과 서사구조는 시대의 벽을 넘어 대한제국의 국망을 맞이한 한국인에게 특정한 메시지를 던진다. 고구려사회가 아닌 대한제국사회를 배경으로 「온달전」이 독해될 경우, 먼저 평강공주는 민간에서 교육사업에 헌신, 신식학교를 설립해 일반 평민을 계몽한 선각자들을 상징하고, 바보 온달은 이들 선각자들의 사회운동을 통해 신학문을 수학하고 한국사회를 구원할 새로운 주역으로 성장하는 일반 평민들을 상징한다. 「온달전」의 서사구조는 평강공주가 귀족이 아닌 바보 온달을 선택하는 단계, 온달이 평강공주의 도움으로 실력을 양성하는 단계, 실력 양성 결과 온달이 국가 주역으로 활약하는 단계로 구성된다. 이와 같은 3단계 구성은 대한제국기 자강운동에 그대로 이입될 수 있다. 대한의 평강공주는 구체제의 귀족들과 연합하기를 거부하고 자기 상대자로 대한의 온달을 선택한다. 대한의 온달은 재래의 구습에 빠져 문명의 신지新知를 접한 일이 없는 '우약愚弱'의 세계에 있다. 대한의 온달은 대한의 평강공주와 만나 비로소 계몽되어 실력 양성의 도정에 오른다. 비록 대한의 온달이 미처 미래의 국가 주역으로 성장하기 전에 대한은 일본에 병합당했지만, 그럼에도 국가 주역을 담당할 미래 세력으로서 이들의 역사적 사명에 변화가 생기는 것은 아니다. 여기서 중요한 것은 국망 극복의 주체로서 온달이 상징하는 세대적 의미이다. 국가 자강을 위해 교육사업에 헌신하는 개혁적인 기성세대, 장년세대가 평강공주로 상징화된다면, 그러한 교육을 받으며 성장하는 신진세대, 청년세대는 온달로 상징화된다. 평강공주 세대와 온달 세대 공히 대한의 구국 주체로 상정되지만, 「온달전」의 주인공이 초반부의 평강공주에서 후반부의 온달로 변화하듯, 궁극적으로 대한의 구국은 온달 세대가 실현할 것이라는 전망이 가능하다. 그러나 그렇다고 온달 세대 단독으로 구국이 달성된다고 보아서는 곤란하며, 평강공주 세대와 온달 세대가 굳건히 결합하여 초심을 변치 않고 실력 양성에 매진한 결과 온달 세대의 성취가 가능해질 것이라고 보는 것이 합당하다.

구국의 주체를 수립하는 과정에서 주목되는 또 다른 작품이 제47과 「제천봉시고후題千峰詩藁後」이다. [52] 이 작품에서는 고려 말 조정에서 추방된 유자 이숭인李崇仁과 세상을 등진 불자 둔우屯雨의 인간관계를 논하였다. 이들의 관계는 족당族黨의 애정이나 향리의 옛정으로 맺어진 것도 아니고 은혜를 베풀어 도움을 주고받은 사정으로 맺어진 것도 아니다. 단지 각자 만난 환난 속에서 상종하다 보니 조금도 거리낌 없이 마음을 터놓고 유대관계를 형성했을 뿐이다. 여기서 중요한 것은 서로 전혀 다른 세계에서 사는 유자와 불자가 유교와 불교의 사상적 차이에도 환난이라는 인생의 공통된 시련 앞에서 신뢰와 유대를 공유할 수 있었다는 사실이다. 이들의 환난은 일차적으로 유자 이숭인과 불자 둔우의 개인사적 맥락에서 이해되어야 할 개별적 환난이겠지만, 그러한 개별적 환난들을 전체적 시점에서 보면 고려 말기 한반도 민족공동체 전체의 환난이라는 관점에서 독해할 수 있다. 국가 쇠망기의 혼란스러운 사회에서 개인에게 부과되는 개별적 환난에 좌절하지 않고 도리어 환난 속에서 사는 타인과 적극적으로 연대하는 것이 환난 극복의 지름길임은 말할 나위가 없을 것이다. 고려 말기 유교와 불교라는 전혀 다른 사상을 지닌 이숭인과 둔우가 환난 속에서 유대를 만들었듯이, 대한제국기 기독교, 천도교, 유교, 불교 등 전혀 다른 사상을 지닌 사람들도 국망이라는 민족적 환난 속에서 서로 유대하여 구국의 주체가 되어야 한다는 당위적 요청이 가능하다. 그런 의미에서 이숭인과 둔우의 결합은 사상의 차이에도 국망이라는 공통된 환난에 함께 대처하는 환난공동체로서 전체 민족의 공동체적 결집의 전망으로 독해된다.

이와 함께 『고등한문독본』에서는 구국의 주체를 상정하는 개념으로 인재를 제시하였다. 제44과 「원재原才」는 인재의 역할을 사회 여론을 주도하는 활동가로 해설한 이색적인 글이다. [53] 이에 따르면 인재는 풍속을 만들어 인심을 움직이는 뛰어난 한두 사람인데, 이들은 사상적으로 인의를 지향할 수도 있고 공리를 지향할 수도 있다. 선왕의 시대에는 이들을 정치적으로 규합, 백성의 교화에 활용하여 유교적 도덕정치를 실현하였지만, 유교정치가 쇠퇴하면서 이들이 점차 정치에서 배제되어 재야로 밀려난 가운데 재지사회 세력과 독자적으로 결합할 가능성이 높아졌다. 여기서 중요한 것은 일단 '인재'가 재지사회 세력과 결합하면 '인재'의 정치적 신념이 사회세력에 확산되어 여론화됨으로써 인재의 이념적 지향성에 따라 사회세력이 정치화되기 쉽다는 사실이다. 따라서 그전에 먼저 재야에서 인재를 선발해 인심을 움직여 유교적 풍속을 만든다는 것이 유교정치 실천의 중요한 관건이 되며, 이 경우 그와 같은 적절한 인재로 요망되는 것이 유교도덕에 투철한 '호의지사好義之士'였다.

「원재」는 청말의 중국적 상황에서 인재의 의미를 풀이한 것이지만, 한말의 한국적 상황에서 그 역사적 의미가 새롭게 생성될 수 있었다. 대한제국 후기 많은 사회단체가 결성되어 국권 회복을 목적으로 교육과 식산의 양대 영역에서 실력 양성을 도모하는 사회운동이 전개되었다. 이 과정에서 사회단체의 지도층을 구성하는 사회 인사들이 자연스럽게 사회운동의 주역으로 부상하였다. 그러나 대한제국 말기 사회 인사들의 개인적 일탈과 사회운동의 도덕적 타락에 대한 위기감이 높아지는 가운데 박은식을 중심으로 사회단체 외부의 재야 유림을 사회운동에 흡수하고 사회단체를 도덕적으로 재무장하려는 노력이 경주되었다. 이 맥락에서 「원재」의 인재는 바로 대한제국의 종래 사회단체 바깥에 있었던 '호의지사'로서 재야 유림을 의미할 수 있었다. 따라서 구국의 주체는 종래의 사회단체 내부에 있던 사회 인사만으로 구성되는 것이 아니라, 사회단체 외부에 있던 이들 재야 유림을 적극적으로 인재에 포함시켜 구성할 수 있었다. 구국의 원동력으로 중요한 것은 대한제국기의 사회운동에 아직 흡수되지 않은 재야의 광범위한 '호의지사'가 구국 대열에 합류하여 인심을 움직이는 것이었기 때문이다.

구국의 주체를 수립하는 문제는 재야의 인재와 같은 지역적 측면에서도 접근할 수 있지만 국제적 측면에서도 접근할 수 있다. 그런 의미에서 제20과 「일본거사중준자설日本居士重俊字說」은 구국 주체의 국제적 성격을 성찰하도록 인도하는 흥미로운 글이다.[54] 이 글은 조선 선비 김종직이 일본 거사 중준重俊에게 세영世英이라는 자를 지어주고 함께 전한 자설字說이다. 김종직은 조선과 일본이 바람도 마소도 서로 미치지 않는 곳이지만, 양자 모두 '동궤同軌', '동문同文', '동륜同倫'의 요소를 공유하는 공통된 천하에 있으므로 중준을 천지간의 벗으로 보고 벗끼리 부르는 자를 짓겠다고 하였다. 중준이 재지가 뛰어나고 '상우尙友'의 뜻이 있으니 상우의 뜻을 미루어 더욱 힘쓰면 한진수당漢晉隋唐의 선비를 능가할 것이라고 격려하였다.

위에서 보듯 이 글은 일차적으로 과거 우정 어린 한일관계의 일단을 제시한 것으로, 동아시아의 보편적 천하 속에서 한일 양국이 공유했던 우정의 전통을 환기하며 향후 한일관계의 미래를 전망하게 하는 글이다. 여기서 중요한 것은 김종직이 중준에게 표하는 우정의 근원에 대한 통찰이다. 김종직은 조선에서 격절성과 동질성의 이중적 성격으로 일본을 감각하였다. 조선과 일본은 개별적 국가의 관점에서 보면 지리적 격절성이 부각되겠지만 보편적인 천하의 관점에서 보면 문화적 동질성이 중시될 수 있다. 그리고 그와 같은 문화적 동질성의 표준적 규약은 동아시아 고전 문화의 생성지로서 중국이 된다. 김종직이 중준에게 『맹자孟子』에 출처를 두는 '상우'를 당부했을 때 그 상우는 곧 동아시아의 보편문화로 조선과 일본이 공유하는 중국의 고전을 의미한다. 따라서 김종직과 중준의 우정으로 상징화되는 15세기 조선과 일본의 국제관계를 한일관계의 미래로 상정한다는 것은, 중국을 중심으로 하는 동아시아 보편 문화 위에 한일관계를 설계한다는 의미를 함축하는 것이라 하겠다.

이 글은 한일관계의 시야에서 김종직과 중준의 우정에 주목할 수도 있지만, 한국사회에서 구국 주체의 수립이라는 각도에서 김종직의 국제적 사고에 주목할 수도 있다. 김종직은 중준이라는 낯선 이국인을 위하여 활달한 마음으로 그를 천지간의 벗이라고 보고 직접 자를 지어주는 적극적인 자세를 보였다. 문화가 동일하고 윤리가 같은 공통된 천하에서 살고 있는 천하인으로서 이처럼 적극적으로 이국인과 사귀는 태도는 외국과 연대하여 한국의 독립을 쟁취해야 할 한국사회의 구국세력에게 반드시 필요한 국제적 덕목이었다고 생각된다. 박은식은 한국의 독립은 안으로 실력을 양성하는 동시에 밖으로 세계적 지식을 갖추어 적극적으로 외국과 통상하는 가운데 궁극적으로 한국을 둘러싼 중국, 러시아, 일본 사이의 세력 균형 위에서 달성될 수 있을 것이라고 보았다.[55] 그래서 한국의 청년이 특히 중국의 청년과 적극적으로 교류하여 한국 독립에 유리한 한중연대의 국제적 환경을 조성하기를 희망하였다.[56] 이런 맥락에서 박은식은 동아시아의 보편 문화로서 중국을 중시하는 감각으로 국제적인 인적 교류망을 구축하는 한국사회의 구국 주체를 체현하는 인물로 김종직을 투시했다고 볼 수 있겠다.

(2) 인생관과 수양론의 정립

지금까지 국망의 현실을 극복하기 위한 구국 주체의 수립이라는 관점에서 『고등한문독본』의 특징적인 작품들을 분석해보았다. 고구려의 온달, 고려의 이숭인, 중국번의 '인재' 그리고 조선의 김종직을 대한제국 사회에 요청되는 구국의 주체를 체현하는 상징으로 간주하고 그와 같은 상징이 함축하는 주체의 성격을 고찰해보았다. 그 결과 구국의 주체로서 온달은 선각자의 신교육을 받아 한국사회의 새로운 주역으로 성장할 평민적 주체, 구국의 주체로서 이숭인은 종교적 신념의 차이에도 서로 공통된 환난을 공유하며 연대해나가는 환난공동체적 주체, 구국의 주체로서 '인재'는 대한제국의 사회운동에 아직 흡수되지 않은 재야의 광범위한 유교적 주체, 구국의 주체로서 김종직은 천하인의 감각으로 이국인과 적극적으로 결교해 연결망을 구축하는 국제적 주체를 의미하는 것임을 알 수 있었다.

그런데 『고등한문독본』에는 구국의 주체를 상징하는 작품들뿐만 아니라 그 주체가 취해야 할 인생관과 수양론의 정립에 관한 작품들도 상당수 수록되어 있다. 『고등한문독본』이 한문교재로서 단순히 도구적 학습서의 성격을 넘어 사상적 교훈서의 성격을 지녔다고 할 때, 그와 같은 성격을 가장 직접적으로 발견할 수 있는 곳이 바로 이와 같은 작품들이다. 『고등한문독본』에서 제시하는 주체의 인생관은 기본적으로 국망의 현실에 흔들림 없이 온갖 역경과 고난 속에서도 자기를 지키고 동포를 구원하는 투철한 자기의식을 중심으로 한다. 그것은 이를테면 제15과「도암기陶庵記」에서 보듯 빈궁하게 지내지만 이를 곤란하게 여기지 않고 도리어 즐겁게 여겨 속세의 진애塵埃가 전혀 없었던 도연명陶淵明의 '처궁處窮'을 모범으로 삼아 각성될 수도 있고,[57] 제23과「수경설守耕說」에서 보듯 천하사天下事가 모두 결국 명名이 되었어도 농사에는 실實이 남아 있으니 실을 추구하겠다는 귀유광의 '수경'을 모범으로 삼아 각성될 수도 있다.[58] 양자 모두 현실에 좌절하지 않고 의연히 자기를 지켜나가는 강인한 인생관의 발로이지만, 특히 후자의 경우 국망의 현실에서 수경한다는 것, 곧 다른 허명을 좇지 않고 농사를 고수한다는 것은 일본의 지배에 굴복하지 않고 실력을 양성하여 미래의 독립을 지향한다는 뜻으로 읽힐 수 있다. 국망으로 국가사가 모두 결국 명이 되었지만 바로 그렇기 때문에 실 추구는 더욱 중요한 인생의 실천으로 강조된 것이다. 그 밖에 현실을 이겨내는 의연한 인생관으로 본원적인 사의식을 거론할 수 있다. 제52과「명실해名實解」에서 보듯 사士는 천하의 바른 자리에 서서 천하의 큰 도를 행하는 천하인이고, 부귀에도 빈천에도 위무에도 동요되지 않는 대장부다.[59] 이와 같은 천하인과 대장부로서의 사의식이 꿋꿋하게 처궁과 수경의 길을 걸어가며 자기를 지키는 원동력을 제공한다고 볼 수 있다.

그러나 주체의 인생관이 단순히 자기를 지키는 문제로 그치는 것은 아니다. 자기를 지키는 문제와 더불어 중요한 것은 자기를 변화시키는 문제이다. 주체가 처한 현실은 비유하자면 안으로 역란逆亂의 발생과 밖으로 도이島夷와 산융山戎의 침략으로 국가의 붕괴와 해체가 예견되는 위기 상황과 방불하고,[60] 이와 같은 절체절명의 상황에서 만약 구습을 인순因循하기만 하고 개혁을 결단하지 않는다면 현실에 좌초하고야 말 것이다.[61] 주체의 인생관으로 요구되는 자기 변화 문제에는 마치 내우외환으로 국가의 위망에 직면한 국왕이 취해야 하는 자기 혁신과 흡사한 긴박함이 서려 있는 것이다.

주체의 자기 변화와 관련하여『고등한문독본』에서 각별히 강조하는 정신은 양명학의 구세주 정신이다. 그것은 만물일체의 원리에 따라 생민의 고통이 불러온 내 몸의 아픔을 자각하는 데서 시작한다. 동포의 고통을 내 아픔으로 자각할 수 있는 것은 나의 고유한 양지良知 때문이다. 이 양지를 치지致知한다면, 곧 치양지致良知를 이룩한다면 동포를 내 몸처럼 보고 나라를 내 집처럼 보아 천하가 다스려질 것이다.[62]

치양지의 세계에서 방관은 있을 수 없다. 왕수인은 백성이 도탄에 빠져 있음을 생각하면 마음이 아파 자기 한계를 돌아보지 않고 백성을 구원할 것을 생각했고, 세상 사람에게 미친 병에 걸린 실성한 사람이라고 배척받았지만 내 몸의 절실한 아픔을 만났는데 남의 비웃음을 따질 겨를이 없었다고 고백했다.[63] 왕수인은 공자도 양지학良知學을 실천한 인물이라고 보았다. 공자를 불신한 사람들이 많았는데도 공자가 잃어버린 자식을 길에서 찾듯이 천하를 주유한 것은 자신을 알아주는 사람을 기대한 것이 아니라 천지만물일체의 인仁에 의해 절로 아픔이 치밀어올라 그만둘 수 없었기 때문이었다는 것이다.[64] 이처럼 왕수인과 왕수인이 해석한 공자는 자기에게 내재한 양지에 의해 자기 몸이 아픈 원인으로 세인의 고통을 발견하고 고통받는 세인을 구원하기 위해 실천적 전도를 수행한 종교적 구세주의 화신으로 그려졌다. 이러한 맥락에서 주체의 자기 변화는 곧 자기 내면의 양지에 귀를 기울여 도덕적 실천의 준거점으로 삼는 것을 의미하였다. 국망의 외부적 고통을 자기의 내면적 아픔으로 체화하고 자기의 내면적 아픔을 국망의 외부적 고통으로 접합하는 자기 변화의 근거가 양지의 발견이었다.[65]

지금까지 『고등한문독본』이 국망의 현실에서 구국의 주체에게 요구되는 인생관으로 국망의 현실에서 자기를 지키고 국망의 현실을 극복하기 위해 자기를 변화하는 실천적 인생관을 제시했음을 밝혔다. 하지만 그것이 주체의 인생관이 국망의 역사적 현실에 대한 대응 차원에서만 수립되어야 한다는 협애한 차원에 머물렀음을 뜻하는 것은 아니다. 인생관을 수립하는 것은 본원적으로 고매한 인격을 도야하기 위한 것이며 인간의 삶에 대한 감성적 통찰을 포함하는 심미적 차원의 문제일 수 있다. 심미적 인생관이란 이를테면 증점曾點의 욕기浴沂 고사에서 보듯 관면패옥冠冕佩玉에 마음을 빼앗기지 말고 '차시此時'에 '차경此景'을 말하는 기상[66]을 지닌 것 혹은 이황의 고백에서 보듯 녹음이 가득한 뜨락에 새들이 지저귀는데 마음 닿는 대로 거니는 즐거움[67]을 아는 것이다. 증점의 기상과 이황의 즐거움은 자연과 접합해 있고 자연과 통일되어 있는 일상에서 이루어지는 인생의 발견에 관한 것이다. 인생은 일상에 내재하며, 일상을 통해서 인생에 핍진하게 접근할 수 있다. 이를테면 여름철에 매미 소리를 듣고 그 맑음에서 여조겸의 풍모를 생각했던 주희의 인생관, 여기에 감흥을 받아 마찬가지로 매미 소리를 듣고 주희와 여조겸의 풍모를 생각했던 이황의 인생관[68]은 인생을 감성적으로 투시하는 심미적 인생관이라 할 것이다.

일상은 인생을 발견하는 심미적 공간인 동시에 단련하는 수양적 공간
이기도 하다. 구국의 주체 역시 생활인으로서 일상에서 끊임없이 자기 수
련을 계속하지 않으면 안 되는 존재라 할 것이다. 『고등한문독본』에는 일
상생활에서 이루어지는 자기 수련의 덕목과 자기 성찰의 교훈이 가득한
작품들이 적지 않게 수록되어 있는데, 특히 증국번의 작품들이 그러하
다. 가령 증국번의 「일과日課」에는 매일 실천해야 할 자기 수련 덕목으로
'신독愼獨', '주경主敬', '구인求仁', '습로習勞' 네 가지가 제시되어 있다. 신
독은 마음을 수련하는 덕목으로 그 결과 심안心安의 효과를 얻을 수 있고,
주경은 몸을 수련하는 덕목으로 그 결과 신강身强의 효과를 얻을 수 있으
며, 구인은 이웃 사랑을 실천하는 덕목으로 그 결과 인열人悅의 효과를 얻
을 수 있고, 습로는 수고롭게 노력하는 덕목으로 그 결과 신흠神欽의 효
과를 얻을 수 있다.[69] 이와 더불어 『고등한문독본』에는 '입지立志', '거경居
敬', '주정主靜', '근언謹言', '유항有恒'의 다섯 가지 수련 덕목을 제시한 증
국번의 「오잠五箴」이 수록되어 있다.[70]

증국번이 지은 「충근忠勤」은 박은식이 한국사회의 병폐를 근본적으
로 치유할 필요성을 느끼고 일찍이 『황성신문』에 그 내용을 소개한 바 있
어서 주의해야 한다. 「충근」의 본래 내용은 충이란 내 마음을 다하는 것이
고 근이란 내 힘을 다하는 것으로, 충으로 난세에 숭상하는 교위巧僞의 습
관을 고칠 수 있고 근으로 말세에 추종하는 투타偸惰의 유폐를 막을 수 있
다는 것이었다.[71] 『황성신문』은 이 내용을 부연하여 증국번이 말한 충실
이 교위의 약이고 근면이 투타의 약인데, 이 충실과 근면으로 한국사회의

위풍偽風을 고치고 타기惰氣를 떨쳐서 대국을 정리할 것을 제안한 것이다.[72] 또한 증국번이 지은 「면강勉强」도 대한제국 후기 수양론의 핵심 덕목과 상통하는 바가 있어 주목된다. 「면강」의 내용은 '면강'이 자신自新의 도정이고 투타의 예방이며, 성현호걸도 대부분 강작彊作을 통해 절예絶詣에 이르렀다고 훈계하는 것이다.[73] 여기서 면강이란 장지연이 자강주의를 설파하며 언급한 자강과 같은 의미인데,[74] 대한제국 말기에 청년학우회에서 인격 양성을 위한 덕육德育의 일환으로 고취한 4대 정신의 하나가 자강이었다.[75] 이처럼 『고등한문독본』에 수록된 증국번의 작품들은 대한제국 후기 황성신문사와 청년학우회에서 중시한 수양론과 일치하거나 상응하는 덕목들을 함유하였다.[76]

그 밖에 『고등한문독본』에는 입지立志,[77] 존심存心[78] 등 다양한 자기 수양 덕목이 보인다. 이 가운데 지志는 만사의 원동력인바,[79] 왕수인에 따르면 주체의 의지에 따라 지식이나 가치를 완전히 자신에게 동화하는 평생의 학문 공부가 입지이다. 말하자면 성현의 파편적 언설들을 주체의 화두로 응집할 수 있는 동화력이 입지인 것이다.[80] 따라서 입지는 구국의 주체가 독립이라는 실천적 키워드를 자신의 삶에 동화해 사상적 화두로 끌고 갈 수 있는지를 판가름하는 중요한 수양 덕목이었다고 하겠다. 사실 대한제국 후기 자조론自助論의 영향 아래 입지는 인간사를 성취하는 의지력으로 주목받아왔다. 즉, 입지는 성공의 종자이자 사업의 원천이라는 평가,[81] 입지는 자조의 시작이며 자강은 자조의 완성이라는 관점[82]이 그것이다. 박은식 역시 입지의 주체 수립에 관심을 기울여 하층민의 입지와 청년층의 입지를 고취하고 있었고,[83] 박은식과 호흡을 함께한 최남선 역시 대한의 소년에게 입지를 촉구하고 있었다.[84] 따라서 『고등한문독본』에 왕수인의 입지설이 수록된 것은 대한제국 후기 형성된 입지에 대한 사상적 관심이 지속된 결과 구국의 주체를 위한 수양론의 덕목으로 선택된 것이라 할 수 있다. 기타 『고등한문독본』에는 공자의 문장을 찬양하는 찬문,[85] 이황과 이이의 삶과 학문을 존경하여 그리워하는 제문이 수록되어 있다.[86] 이는 자기 인생의 사표를 발견하여 진심으로 존경하는 것이 자기 수양의 중요한 관건이라는 관점이 작용한 결과로 보인다.[87]

4 근대 한문의 의미

박은식의 『고등한문독본』은 한국사회에서 동아시아 전통 한문이 당대적으로 사유되는 양상을 고찰하기에 적합한 문헌이다. 한국사회에서 전통 한문은 근대에 들어와 '한문'으로 제도화되기 이전에 자국의 공식적 문어 생활의 중심적 위치에서 한문이 아닌 '문'으로 존재했다. 갑오개혁 이후 일련의 대대적 제도 변화를 거치면서 전통 한문은 한국사회의 공식적 문어의 지위를 상실하였고, 민족주의의 열기 속에 국문 담론의 도전을 받아 쇠퇴하기 시작하였다. 근대 이후 한문의 쇠퇴는 주로 한문과 국문의 관계에서 접근되었고 대개 한문의 타자화에 관심이 두어졌다. 그러나 한문과 국문의 관계에서 한문과 근대의 관계로 시선을 옮길 경우 한문이 근대에 들어와 제도화되는 과정을 통해 적극적으로 근대 한문의 가능성을 모색할 수 있다.

근대 한문의 가능성은 두 가지 관점에서 논할 수 있는데, 근대에 들어와 한국인이 당대의 경험으로 새로운 한문 작품을 생산한 지점에서 근대 한문의 가능성을 논할 수도 있고 근대에 들어와 한국인이 당대의 현실에서 전통적 한문 작품을 재생산한 지점에서 근대 한문의 가능성을 논할 수도 있다. 여기서 재생산의 의미는 전 시대에 이미 생산된 전통 한문 작품들을 당대의 관점에서 선별하거나 종합하는 것을 가리킨다. 이런 식으로 근대에 들어와 재생산된 전통 한문의 메시지는 본래의 코드에서 벗어나 근대의 코드에 의해 재맥락화되어 독자들에게 전달된다. 이때 재맥락화의 기본 문법이 당대적 사유에 지배받고 있음은 물론이다. 우리는 이 지점에서 근대 한문의 한 가지 유형으로 동아시아 전통 한문의 근대적 전유를 말할 수 있다.

한국과 중국의 전통적 한문 작품들로 구성된 박은식의 『고등한문독본』은 전통 한문의 근대적 전유를 입증하기에 유리한 작품이다. 이 작품은 일단 대한제국기에 근대 교과 교육으로 새롭게 제도화된 한문 교육을 위해 만들어진 교육용 책자이다. 대한제국기 한문 교과 교육이라는 명확한 제도적 배경이 근대 한문으로서 이 책의 가치를 높인다. 또한 이 책을 편집한 박은식은 대한제국의 당대적 현실을 투철하게 고민했던 사상가로서 여타 한문교재와 달리 이 책에서는 대한제국기에 생성된 당대적 사유가 상대적으로 깊이 각인되어 있을 것으로 기대할 수 있다. 아울러 이 책은 대한제국기에 발행된 한문교재가 주로 보통학교 교육용에 적합했음과 달리 고급 한문 교육을 추구한 한문교재의 수준이라는 각도에서도 높이 평가된다.

『고등한문독본』에 수록된 작품은 전체 35수이고 수록된 작품들의 원작자는 한국인 11명, 중국인 8명으로 도합 19명인데, 대개 1인 1작품 선별을 원칙으로 하지만 1인 2작품 이상 선별된 경우도 적지 않다. 예를 들어 한국인 작자로는 이이(4수), 이황(2수), 변계량(2수)이, 중국인 작자로는 증국번(7수), 여조겸(2수), 왕수인(2수), 귀유광(2수)이 여기에 해당하는데, 편집자 박은식이 이이와 증국번의 작품에 관심이 많았음을 알 수 있다.

『고등한문독본』에 수록된 한문 작품들의 선별 기준은 조선 말기 유학자로서 박은식이 취한 주자학의 취향과 대한제국기 자강운동을 전개한 사상가로서 박은식이 취한 신사상의 지향이 중첩되어 생성된 것으로 보인다. 박은식은 19세기 경화학계에서 노론 낙학 계열의 주자학을 섭렵하였고, 이를 배경으로 조선의 경우 김창협, 박지원, 유신환 등의 작품을, 중국의 경우 명대 당송파 작가 왕신중, 귀유광의 작품과 청대 동성파 작가 방포, 증국번의 작품을 선별하였다. 동시에 박은식은 대한제국 후기 자강사상을 재정립하는 과정에서 한국사회의 도덕적 재무장을 위한 신도덕新道德 수립에 깊은 관심을 기울였고, 이를 배경으로 조선의 경우 이황과 이이의 작품을, 중국의 경우 왕수인, 증국번, 량치차오의 작품을 선별하였다. 이처럼 이 책에 수록된 전통 한문 작품은 본원적으로 조선의 경화학계 주자학의 지적 풍토에서 시작하여 대한제국기 자강운동의 역사적 국면에 따라 직접적으로 점화된 박은식의 특별한 사상적 기준으로 선별된 것이었다.

『고등한문독본』에 수록된 한문 작품들은 외관상 대한제국과 전혀 무관한 과거의 작품들이지만, 편집자 박은식의 투철한 당대적 사유에 의해 작품의 본래적 의미는 대한제국의 현실이라는 당대적 맥락에서 근대적으로 전유되었다. 이 책을 편집할 무렵 박은식은 대한제국의 국망을 감지하고 있었다. 그는 한국의 국망을 역사적으로 성찰하는 가운데 어째서 국망이 일어나는지 국망의 원인을 탐구하는 한편, 과거에 국망기를 살았던 한국과 중국의 모범적인 위인들의 이야기를 전달하고자 하였다. 이것이 이책에 반영된 박은식의 당대적 사유의 한 가지 내용이다. 아울러 그는 국망을 극복하는 방향을 모색하였는데, 구체적으로 구국의 주체가 누구인지 그리고 어떻게 결집해야 하는지 주체 수립을 추구하는 한편, 그러한 구국의 주체를 위한 인생관과 수양론의 정립에 관한 이야기를 전달하고자 하였다. 이것이 이 책에 반영된 박은식의 당대적 사유의 다른 한 가지 내용이다.

먼저 『고등한문독본』은 국망의 원인을 탐구하였다. 여조겸과 이이의 작품에서 이 사실을 확인할 수 있다. 여조겸은 국망의 원인으로 지식인의 '부화'와 지배층의 '연안'을 논하였고 이이는 선조의 가업을 파괴하는 '금수' 같은 후손을 경계했는데, 이것은 여조겸과 이이의 관점인 동시에 박은식의 관점이었고, 특히 여조겸이 제시한 부화와 연안은 후일 박은식이 집필한 『한국통사』의 중심적 역사의식으로 지속되었다.

다음으로 『고등한문독본』은 국망기의 위인들을 검토하였다. 기자, 백이·숙제, 제갈량, 최치원, 정몽주를 다룬 작품에서 이 사실을 확인할 수 있다. 대한제국 국망의 시점에서 기자는 조국 은의 멸망에 좌절하지 않고 조국의 바깥 조선에서 새로운 유교 문명을 일으킨 위인, 백이·숙제는 조

국 은이 멸망하자 중국의 바깥 수양산에 은거하여 망국민으로 절개를 지
킨 위인, 제갈량은 흉사와 공리로 조국 한을 멸망시킨 위에 맞서 정의와
인의로 조국을 회복하는 북벌을 일으킨 위인, 최치원은 국망으로 치닫는
신라사회에서 추악한 이욕의 세파에 휩쓸리지 않고 끝내 '고운'의 지조를
지켜낸 위인, 정몽주는 대한제국기 민영환의 죽음을 호출하는 고려 말 충
절의 위인으로 해석될 수 있었다.

다음으로 『고등한문독본』은 구국의 주체에 대해 모색하였다. 고구려의
온달, 고려의 이숭인, 청말 중국번이 논한 '인재', 조선의 김종직을 구국
의 주체를 체현하는 상징적 인물로 보았다. 고구려의 온달은 대한제국기
신교육을 받아 한국사회의 새로운 주역으로 성장하는 평민적 주체, 고려
의 이숭인은 종교적 신념의 차이에도 서로 공통된 환난을 공유하며 연대
해나가는 환난공동체적 주체, 중국번이 말한 '인재'는 대한제국의 사회운
동에 아직 흡수되지 않은 재야의 광범위한 유교적 주체, 조선의 김종직은
천하인의 감각으로 이국인과 적극적으로 결교하여 국제적인 연결망을
구축하는 주체를 의미하는 것으로 해석될 수 있었다.

끝으로 『고등한문독본』은 주체의 인생관과 수양론에 대해 모색하였다.
난세에 처하여 주체가 꿋꿋하게 자기를 지키는 인생관으로 도연명의 '처
궁'과 귀유광의 '수경', 그리고 유신환의 '사'의식을 제시하였고, 동시에 현
실을 위해 주체가 적극적으로 자기를 변화시키는 인생관으로 특히 왕수
인의 양지학과 만물일체 정신을 부각하였다. 왕수인은 자기에게 내재한
양지에 따라 자기 몸이 아픈 원인으로 세인의 고통을 발견하고 고통받는
세인을 구원하기 위해 실천적 전도를 수행한 종교적 구세주의의 화신으

로 그려졌다. 이것들은 국망의 현실에서 구국의 주체에게 요구되는 인생관으로 국망의 현실에서 자기를 지키고 국망의 현실을 극복하기 위해 자기를 변화하는 실천적 인생관이라는 특징이 있다. 그러나 주체의 인생관이 반드시 국망의 역사적 현실에 대한 대응 차원에서만 수립되어야 한다는 협애한 인식에 머물렀던 것은 아니고, 고매한 인격을 도야하기 위한 심미적 차원에서 인간의 삶을 감성적으로 통찰하는 인생관의 정립에도 관심을 기울였다. 자연과 통일된 일상에서 인생을 발견하는 증점과 이황의 인생관이 제시된 작품들이 이 책에 수록된 것은 이 때문이다. 그러나 일상은 인생을 통찰하는 심미적 공간인 동시에 인생을 단련하는 수양적 공간이며, 구국의 주체 역시 생활인으로서 일상 속의 부단한 자기 수련이 요구된다. 『고등한문독본』에는 이러한 자기 수련의 덕목들이 적지 않게 수록되어 있는데, 특히 중국번의 작품들이 그러하다. '신독', '주경', '구인', '습로'로 구성된 「일과」나 '입지', '거경', '주정', '근언', '유항'으로 구성된 「오잠」, 그리고 '충'과 '근', '면강' 등에 관한 작품에서 이것을 볼 수 있다. 그 밖에 주희의 '존심'과 왕수인의 '입지' 등도 이러한 덕목에 해당한다. 기타 「고등한문독본」에는 공자의 문장을 찬양하는 찬문과 이황과 이이의 삶과 학문을 존경하고 그리워하는 제문이 수록되어 있는데, 인생의 사표를 발견하여 진심으로 존경하는 것이 자기 수양의 중요한 관건이라는 관점이 작용한 결과로 보인다.

『고등한문독본』에 수록된 작품들을 통해서 편집자 박은식의 당대적 사유를 위와 같이 검출해보았다. 그것은 박은식의 사유인 동시에 박은식의 사유에 따라 근대적으로 전유된 동아시아 전통 한문의 메시지이다. 이 책에 수록된 한국과 중국의 한문 작품들의 본래적 메시지는 결코 대한제국의 국망과 구국의 문제를 상정한 것은 아니었다. 그러나 『고등한문독본』이라는 새로운 문헌에 진입함으로써 그것들은 한국 근대의 역사적 현실에 대응하는 사상적 작품으로 다시 탄생하였다. 전통 한문에서 근대 한문으로 변화한 것이다. 한국 근대에는 『고등한문독본』 이외에도 다양한 한문 문헌이 출현하였다. 향후 그것들을 대상으로 전통 한문의 근대적 전유 양상을 고찰함으로써 근대 한문의 가능성에 대한 인식이 더욱 제고되기를 희망한다. 전통 한문이 근대 한문에 도달하는 제도화 과정에서 파생되는 다양한 변화 양상을 통찰하는 역사학적 논의가 더욱 활성화되기를 희망한다.

노관범
서울대학교 대학원 국사학과를 졸업하고 서울대학교 규장각한국학연구원 HK교수로 재직 중이다. 주요 논저로 『기억의 역전』(소명출판, 2016), 『고전통변』(김영사, 2014), 「한국사상사학의 성찰」(『한국사상사학』 52, 2016), 「근대 한국유학사의 형성」(『한국문화』 74, 2016) 등이 있다.

집필경위
이 글은 「대한제국 말기 동아시아 전통 한문의 근대적 전유」(『한국문화』 64, 2013)를 수정한 것이다. 근대 한문 성립사의 시야에서 한국근대사상사를 새롭게 독해하고자 하였다.

과도기의 형식과 근대성 – 근대계몽기 신문연재소설 『신단공안』과 형식의 계보학

◎

박소현

1 근대성의 형식과 『신단공안』

『신단공안神斷公案』은 개화기 한국의 근대 신문인 『황성신문皇城新聞』 (1898. 9. 5~1910. 9. 14)에 1906년 5월 19일부터 12월 31일까지 무려 총 190회에 걸쳐 연재된 신문연재소설이다. [1] 『신단공안』의 '공안公案'이 명청 시기 중국에서 한때 유행한 통속적 범죄소설 장르를 가리키는 용어이고 『신단공안』도 유교적 판관을 내세워 범죄사건을 해결하는 내용과 형식을 따랐다면, 『신단공안』과 신문이라는 근대매체는 매우 어울리지 않는 한 쌍임이 틀림없다. 사실, 모두 일곱 편으로 구성되어 있는 『신단공안』 중 세 편은 대중적으로 널리 알려진 명판관 포공包公, 즉 포증包拯을 주인 공으로 한 16세기 말의 공안소설 『용도공안龍図公案』에 실린 이야기를 바탕으로 재구성한 것들이다. 어째서 개항 이후 근대적 계몽운동이 한창이던 20세기 초에, 더구나 당시 계몽운동을 선도하던 신문에 유교적 보수주의와 구시대적 사회정의를 앞세운 '구태의연한' 공안 이야기가 등장했을까? '근대 신문과 공안'이라는 이 부조리한 공존이 가능했던 배경을 어떻게 설명할 수 있을까?

'근대 신문과 범죄소설'이라면 으레 탐정소설을 연상하는 우리에게 『신단공안』의 존재는 매우 당황스럽고도 문제적일 수밖에 없다. 근대문학사의 도식에 들어맞지 않는 하나의 예외로 『신단공안』의 존재를 지워버리거나, 그것을 억지로 그 문학사의 도식에 끼워 맞추는 것은 어렵지 않은 일이다. 그러나 이제 우리는 문학사를 '문학의 도살장the slaughterhouse of literature'이라고 부른 프랑코 모레티Franco Moretti의 말에 반발은커녕 솔직히 공감할 수밖에 없지 않은가. 문학사에서 우리에게 고전으로 혹은 명작으로 알려진 작품들은 문학작품 전체 중에서 지극히 적은 부분 —아마도 겨우 0.5퍼센트 혹은 그보다도 더 적은 부분— 을 구성할 뿐이다. 나머지 책들은 '문학사라는 좀 더 폭넓은 개념the larger idea of literary history'에 억눌려 사라져버렸다.[2] 나머지 99.5퍼센트의 '예외'에는 무슨 일이 일어났는가?

우리가 『신단공안』을 단선적인 근대문학사의 모델을 해체할 만한 수많은 예외 중 하나로 받아들인다면, 어떤 하나의 형식이나 패턴을 근대문학의 보편적 모델로 삼는 것이 당시 작자와 독자층이 실제로 선택한 것과는 아무런 관련이 없고 20세기 문학연구자와 비평가들의 관점을 반영한 것일 뿐이라는 사실을 인정한다면, 『신단공안』은 다양한 근대문화의 양상을 좀 더 깊이 있게 이해하는 실마리가 될 수 있을 것이다.

19세기 말 20세기 초에 근대화 과정을 겪은 동아시아사회 전체가 그러했듯이, 문학의 근대화 과정도 결코 단일하지 않았다는 것은 새삼 말할 필요도 없다. 그럼에도 중국과 한국의 근대문학사는 공통적으로 애국계몽사상을 열변하는 '신소설'을 근대문학의 출발점으로 삼고 한결같이 신문이라는 대중매체가 문학의 근대화를 촉진하는 역할을 했다고 평가한다. 그러나 이와 같은 평가는 문학의 근대화 과정이 실제로 우리가 상상하는 것보다 훨씬 더 복잡하고 분열적인 모습을 보였으며, 단일하고도 일방적인 영향관계, 즉 전통의 거부와 서구 문화의 일방적 수용을 반영하지도, 고전소설에서 신소설로, 신소설에서 근대소설로 명확하게 구분되는 단계를 차례차례 밟아 진화하는 과정을 따르지도 않았다는 명백한 사실을 외면하고 있다.

그렇다면 문학사는 문학적 현상을 역사적으로 기술한 것이 아니라 '순수문학'의 이데올로기를 증명하는 소수 걸작을 엉성하게 얽어놓은 가상적 영향관계의 지도에 불과하다는 결론을 내릴 수 있다. 기특하게도 누군가 이 지도의 빈 곳을 채우려는 시도를 하자마자 곧바로 근대문학사의 허구성을 깨닫게 될 것이다. 『신단공안』은 바로 지도에는 나타나지 않지만 실제로는 존재하는 어떤 곳이라고 할 수 있다. 『신단공안』과 같은 장소는 예외적인 하나가 아니라 무수히 많은 예 중 하나이다. 근대의 실제 풍경, 그 현란한 모순의 굴곡을 이해하기 위해 그곳으로 우회하는 것이 무의미 하지만은 않을 것이다.

이미 많은 연구자가 서구 모델을 지나치게 도식적으로 따르는 단선 적 근대문학사의 문제점을 지적했다. 일찍이 데이비드 왕David Der—wei Wang은 만청晩淸 시기에 신문, 잡지와 같은 대중매체를 통해 등장한 수많 은 통속소설에 주목하면서 그 소설들을 가리켜 '억압된 근대성들repressed modernities'의 서사라고 불렀다.[3] 근대성을 복수로 표현한 까닭은 거대 담 론으로 작용한 일원주의적 문학적 근대성Modernity—19세기 서구 리얼리 즘을 모델로 한— 을 전복하고 해체하기 위함이다. 데이비드 왕은 전환기 중국에서 실험되었던 다양한 근대성의 양상을 단순히 전근대적이거나 충분히 근대적이지 않은 것으로 간주하고, 중국 근대문학사를 서구 모델 을 따르는 소수의 정전正典만으로 구성된 단선적 진화의 역사로 환원하 는 태도를 강력하게 비판했다. 단선적인 문학사의 모델 대신 수많은 통속 소설 장르, 즉 이미 루쉰魯迅(1881~1936)이 그의 소설사에서 간략한 비평 과 함께 장르적 구분을 시도했던 협의공안俠義公案, 협사狹邪, 신마神魔, 견책譴責, 과학 판타지, 원앙호접파鴛鴦蝴蝶派 소설 등에 주목하는 '중국 소설의 계보학'을 재구성해야 한다는 것이다. 이런 측면에서 만청 소설에 접근한다면, 우리는 그 텍스트들이 '구닥다리 문학적 과거'의 잔재가 아니 라 근대성 담론 뒤에 도사리고 있는 것이 무엇인지를 항상 상기해주는 존 재임을 깨달을 것이다.[4]

해넌Patrick Hanan도 1902년 량치차오梁啓超(1873~1929)가 '신소설'의

필요성을 역설하기 훨씬 전부터 이미 여러 만청 작가가 창조적이고 실험적인 작업에 착수했다고 주장했다.[5] 그러나 이런 작업이 전통과의 단절, 서구 계몽주의의 수용을 의미하는 것은 아니었다. 오히려 전통의 맥락은 변화를 싫어하는 보수적 독자층과 소통하는 데 중요한 역할을 했다. 따라서 중국어로 번역된 서구 소설들이 일찍이 1873년『영환소기瀛寰瑣記』 같은 잡지에 나타나지만, 우리 기대와 달리 번역 소설들이 대중에게 서구의 과학문명과 계몽사상을 전파하는 역할을 적극적으로 담당한 것처럼 보이지는 않는다.[6] 번역 과정에서 낯선 개념들은 모두 친숙한 문화적 맥락 안에 재배치되거나 그것이 불가능한 경우에는 간단히 삭제되었기 때문이다.

왕과 해년의 지적처럼 신문·잡지라는 근대매체를 통해 새 관념을 전달하는 새로운 글쓰기 양상은 1902년보다 훨씬 전에 나타났지만, 그 변화는 아직 전통과 단절하기는커녕 밀접한 연관성 속에서 모색되었다.[7]『신단공안』도 비슷한 맥락 안에서 이해될 수 있지 않을까?

이 글에서는 근대 신문에서『신단공안』이 지녔던 전통적 맥락과 근대적 맥락, 즉 공안소설과 탐정소설의 맥락을 살펴보고,『신단공안』을 통해 한국적 근대성의 양상을 좀 더 폭넓게 이해하는 실마리를 마련하고자 한다. 그것은 당시 중국 문화가 곧 전통이고, 서구 문화가 곧 근대라는 우리의 고정관념을 깨는 역할을 할 것이다.

2 『신단공안』과 공안 그리고 근대 신문

청천자聽泉子는 말한다. "어두운 방에서 남을 속여도 신의 눈이 번개 치듯 하는 법. 누가 악을 행할 수 있다고 하는가. 심하구나, 악을 행한 화라는 것이! 처음 화는 남에게 미치지만 결국 자신에게 되돌아오나니, 오호라 경계하지 않으랴!"[8] -『신단공안』제7화 70회, 1906. 12. 31

한국문학사에서 1906년은 신소설의 탄생을 알리는 해이다. 그해 여름 『만세보万歲報』에 「혈의누」가, 10월에는 「귀의성」이 연재된 것이다. 그럼에도 『황성신문』에 무려 7개월에 걸쳐 『신단공안』이라는 '공안소설'이 연재되었고, 특히 마지막 제7화 노비 어복손魚福孫의 잔인한 복수극 이야기는 70회에 걸쳐 연재될 만큼 인기를 누렸다. 이런 대중적 인기를 누린 이유가 어디에 있는지, 도대체 『신단공안』은 중국의 공안소설과 얼마나 밀접한 연관성이 있는지 궁금하지 않을 수 없다.

독립된 이야기 일곱 편으로 구성되어 있는 『신단공안』은 확실히 명·청 시기 중국에서 유행한 공안소설과 연관이 있었다. 게다가 신소설과 달리, 당시 신문에 간혹 나타난 한문현토체漢文懸吐体라는 독특한 문체를 사용함으로써 『신단공안』은 주로 고전교육을 받은 보수적 독자층을 겨냥한 것처럼 보인다. 한문현토체는 한문에서 순국문 사용으로 전환하던 과도기에 나타난 전환기적 문체로서 기존의 한문 어순을 그대로 유지했다는 점에서 국문 어순을 따르던 국한문체와는 완전히 구분되는 문체였다.[9] 흥미로운 점이라면, 『신단공안』에서 사용한 한문현토체는 『용도공안』이나 또 다른 중국 소설의 문장을 그대로 베끼거나 약간 변형해 국문 현토를 덧붙인 정도의 문체가 아니라는 것이다. 『신단공안』의 작가는 『용도공안』의 내용만 가져왔을 뿐 전체 문장은 완전한 다시 쓰기를 감행할 정도로 한문에 능수능란했을 뿐만 아니라 한국 독자에게 호소할 수 있는 새로운 문체를 선보였다. 바로 『신단공안』에서 사용된 한문현토체의 독특함을 보여주는 대목이다. 즉, 그것은 신문이라는 근대매체를 통해 등장한 새로운 문체였는데도 주로 구한말 고전 교육을 받은 보수적 지식인 계층과 소통할 수 있는 '과도기적' 문체였던 것이다.

『신단공안』의 문체에 대해서는 뒤에 다시 다루기로 하고, 우선 『신단공안』의 전체 구조부터 살펴보자.

제1화 미인경변일명美人竟抃一命 정남서부재취貞男誓不再娶(총 6회)

제2화 노부낭군유학老父郎君遊学 자비관음탁몽慈悲観音托夢(총 12회)

제3화 자모읍단효녀두慈母泣断孝女頭 악승난도명관수惡僧難逃明官手(총 16회)

제4화 인홍변서봉仁鴻変瑞鳳 낭사승명관浪士勝明官(총 45회)

제5화 요경객설재성간妖経客設斎成奸 능옥리구관초공能獄吏具棺招供(총 21회)

제6화 천사약완동령흉賎私約頑童逞凶 차신어명관착간借神語明官捉奸(총 20회)

제7화 치생원구가장룡궁痴生員駆家葬龍宮 얼노아의루경악몽孼奴児倚楼驚悪夢(총 70회)

제1, 2, 3화는 포공을 주인공으로 하는 『용도공안』의 「아미타불강화阿彌陀佛講和」, 「관음보살탁몽觀音菩薩托夢」, 「삼보전三宝殿」을 차례로 각색한 이야기이며, 제5, 6화는 남송대(1126~1279)에 편찬된 『당음비사棠陰比事』에 실린 소송사건 중 「자산지간子産知姦」과 「이걸매관李傑買棺」을 각색한 이야기이다. 제5, 6화가 모티프를 빌려온 『당음비사』는 만력(1573~1620) 연간 상업적 인쇄소 서방書坊에서 집중적으로 출간된 통속적인 공안 장르 −제목에 '공안'이라는 용어를 분명하게 사용하고 대개 삽화가 실린− 와 약간 거리를 둔 판례사判例史, case history 장르이다.[10] 그러나 많은 공안 이야기가 실제로 『당음비사』와 같은 판례사 장르에서 모티프를 빌린 것을 고려한다면, 제1, 2, 3화와 제5, 6화 사이의 장르적 격차는 그리 크지 않다고 할 수 있다. 사실 이 이야기 다섯 편은 모두 여성을 대상으로 한 강간, 납치, 살인, 간통 등의 '성범죄'를 묘사한, 범죄 이야기 중에서도 가장 선정적인 이야기라는 점에서 유사성을 보인다.

이 밖에 제4화와 제7화는 공안소설과 직접 연관성이 없으며, 딱히 범죄사건의 발생과 해결에 초점을 맞춘다고 볼 수도 없다. 그런데도 이 두 이야기가 전체 『신단공안』의 반 이상을 차지했다는 점에서 주목할 만하다. 제4화는 봉이 김선달 이야기를 각색해 양반 관료층의 부패와 무능을 신랄하게 비판하였는데, 김선달[金仁鴻]이 무능한 판관을 대신해 범죄사건을 해결하는 것은 김선달 이야기의 여러 에피소드 중 하나일 뿐이다. 제7화는 노비 신분에서 벗어나려고 발버둥치는 어복손의 처절한 욕망과 복수극을 그렸다. 70회나 연재된 제7화는 처음에는 어복손이 온갖 기발한 속임수로 주인을 골탕 먹이는 에피소드들이 반복적으로 웃음을 자아내지만, 회를 거듭할수록 어복손의 어두운 욕망이 드러나면서 신분 갈등이 표면화되고, 이야기는 점점 더 음산하고 신랄해진다. 마침내 어복손은 양반층의 무능과 시대착오를 완벽하게 형상화한 인물이라고 할 수 있는 주인 오진사 집안을 집단 자살로 몰아가고, 그의 범죄는 구태의연한 판관의 수사로 밝혀지기보다는 양심의 가책에 시달린 어복손 자신이 폭로한다. 『신단공안』 중에서도 한국문학사 연구와 관련하여 최근까지 크게 주목을 받은 이야기는 바로 제4화와 제7화였다. 이는 『신단공안』이 공안소설이나 한국 범죄소설 장르의 맥락[11] 속에서 이해되고 주목받지 못했음을 의미한다. 물론 제4화와 제7화에 담긴 날카로운 문제의식과 '근대성'의 의미를 부인하려는 것은 아니지만, 이런 의미와 관련해서라면 『신단공안』의 다른 이야기들도 함께 주목받아야 옳다.

그러면 『신단공안』에서 비교적 주목받지 못한 다른 이야기 다섯 편은 어떠한가? 그중에서 원작인 『용도공안』을 충실하게 거의 그대로 베꼈다고 할 수 있는 이야기는 제1화와 제2화뿐이다. 아마도 작가가 『신단공안』 연재를 처음 시작했을 때 의도는 그리 야심찬 것이 아니었는지도 모른다. 강간 살인이라는 비교적 선정적인 범죄사건을 소재로 삼아 유교적 보수주의를 역설한 중국의 범죄소설이 독자의 눈길을 끌지도 모른다는 막연한 기대감이 애초에 작가 의도의 전부였는지도 모른다. 그러나 회를 거듭할수록 작가가 자신감을 가지고 더욱 적극적으로 창작에 몰두한 것은 분명하다. 제1화가 겨우 6회에 그친 것에 비하면 제2화는 12회로 늘어났고, 제3화부터는 횟수만 늘어난 것이 아니다. 작가는 원작의 뼈대만 남겨두었을 뿐 풍부한 문제의식과 시대성을 살로 덧붙였다. 다시 말해서 작가는 시공간적 배경을 과거의 조선으로 설정하여 등장인물들 사이의 관계, 그리고 그들이 벌이는 사건의 양상을 조선사회의 특수한 맥락 속에 재배치하고 독자층의 공감을 불러일으킴으로써 원작과 완전히 구분되는 한국의 근대문화적 의미를 획득하는 데 성공했다.

이러한 특성이 두드러지는 예가 바로 제3화이다. 이야기의 줄거리는 다음과 같다.

> 순조 때 충청도에 살고 있던 최창조라는 선비가 일청이라는 중에게 살해당한 과부 제수씨의 살인범으로 누명을 쓰고 모진 고문을 이기지 못해 거짓 자백을 하는데, 정작 증거물인 피해자의 머리를 찾을 길이 없다. 사건을 서둘러 마무리 짓고자 하는 판관은 창조의 부인 황씨에게 시신의 머리를 찾아오면 남편을 풀어주겠다고 거짓 약속을 하는데, 지극한 효녀인 창조의 딸 혜낭은 어머니에게 자신의 머리를 대신 가지고 가라고 부탁한 후 스스로 목을 매 자살하고 만다. 황씨는 어쩔 수 없이 딸의 죽음을 헛되이하지 않기 위하여 눈물을 머금고 딸의 머리를 잘라 관아에 가지고 가는데, 판관은 기뻐하며 창조를 관찰부로 압송한다. 시신의 머리가 피해자의 머리가 아님을 간파한 관찰사는 황씨에게서 모든 자초지종을 전해듣고, 황씨로 하여금 진범인 일청을 유혹하게 하여 증거물을 확보한 후 진범을 체포하고 사건을 해결한다.

이 사건은 공안으로는 보기 드물게 '1차 살인사건 – 무능한 판관의 오심 – 2차 살인(자살)사건 – 명판관의 재심 – 사건 해결'이라는 복합적 구조를 보여줄 뿐만 아니라 철저하게 미신적 요소가 아닌 객관적 증거에 의

거하여 사건을 해결한다는 점에서 사건 개요만으로도 독자의 흥미를 불러일으킬 만하다.

그런데 제3화의 서두에 원작인 『용도공안』의 「삼보전」에는 매우 간략하기만 한 등장인물들 간의 갈등을 부각함으로써 사건의 개연성을 강화한 점이 눈에 띈다. 원작에는 등장인물의 신분을 '민民', 즉 평민으로 설정한 반면, 개작인 제3화에는 최창조의 신분을 분명히 '사인士人'으로 밝힘으로써 재물에 눈이 어두워 일찍 과부가 되어버린 제수를 돌보지 않은 최창조의 어리석음과 이른바 선비라는 신분에 어울리지 않는 위선을 폭로한다. 그의 우둔함과 무기력함은 실적 올리기에 급급해 권력을 무자비하게 휘두르는 판관의 교활함과 더불어, 딸 혜낭의 무조건적이고 순수한 효의 실천, 즉 이데올로기적 효가 아닌 인간의 천성에서 비롯된 효의 실천과 극명한 대조를 이룬다. 효성이라든지 정절이라는 유교적 가치관을 중시한다는 점에서 이 이야기는 여전히 유교적 보수주의에서 크게 벗어나지 못했다고 할 수 있겠으나, 중요한 것은 이야기 초점이 유교적 가치관의 재현에 있는 것이 아니라 조선 양반사회에 대한 통렬한 비판에 있다는 것이다.

그런데 조선 양반사회에 대한 신랄하다 못해 섬뜩하기까지 한 비판은 제4화와 제7화에서 더욱 심화된다. 「봉이 김선달」과 「꾀쟁이 하인」이라는 구비전승 설화에 바탕을 둔 제4화와 제7화에서 범죄사건의 발생과 관아의 개입은 주요 모티프로서 지위를 잃어버린다. 제4화는 김인홍(김선달)이라는 몰락한 양반의 위악적 기행을 통해 양반사회의 도덕적 허위와 신분제적 모순을 조롱하고 풍자하는 이야기이며, 제7화는 무능하기 짝이 없는 양반 주인을 언제나 기발한 수완으로 기롱하는 노비 어복손이 속량하려고 오진사 일가를 죽음으로 몰아넣는다는 섬뜩한 이야기이다. 제3화에서 그랬듯이 등장인물인 양반을 전혀 동정의 여지가 없는 부정적 인물로 묘사함으로써 스스로 괴멸의 길을 가는 이 '중세적' 인간형을 냉정한 시선으로 바라보았다.

그런데 『신단공안』의 범상치 않은 다시 쓰기는 내용만큼이나 문체의 과도기성에서도 명백하게 나타난다.

① **계항패사씨왈김낭**桂巷稗史氏曰金娘**이 수열**雖烈**이나 초승송경**招僧誦経**이 이복화근**已伏禍根**ᄒ고 혜낭**蕙娘**이 수효**雖孝**나 액두자절**扼頭自絕**이 태근부인**太近不忍**이로다 우재**愚哉**라 이삼랑**李三郎**이여 시칙념사우지의**始則念死友之誼**ᄒ야 경기기옥**輕起其獄**ᄒ고 말칙한효녀지사**末則恨孝女之死**ᄒ야 경지병졸**竟至病卒**ᄒ니 심의**甚矣**라 이삼랑지우야**李三郎之愚也**여 기역불기기의자야**其亦不欺其意者也**로다

청천자왈숙위혜낭지태근부인재聽泉子曰孰謂蕙娘之太近不忍哉**오 부지사가악**不知死可惡**ᄒ고 부지효가모**不知孝可慕**ᄒ고 일시자절**一時自絕**이 순출어본연지천성**洵出於本然之天性**ᄒ니 피기무내행이모외명**彼其無內行而慕外名**ᄒ야 작단수지어일시지경자**斫斷手指於一時之頃者**도 분분연이효정**紛紛然以孝旌**ᄒ거던 황차유년천량**況此幼年天良**으로 위기부이자단기두자재**為其父而自斷其頭者哉**아(제3화16회, 1906. 6. 27)

② **양양양양**孃孃孃孃**아 쾌청아일구화**快聽我一句話**하소셔 황씨도나개화**

黄氏道那箇話**완듸 요청우요청**要聽又要聽**고 아이**我耳**가 본부롱**本不聾**이니**

단여但汝**난 설료**說了**하라 혜낭**蕙娘**이 곡도야야평일**哭道爺爺平日**에 신자**身

子**가 원래불건**原來不健**하야 (중략) 재가안양**在家安養**이라도 유상여차**猶常如

此**어던 기월옥중**幾月獄中**에 하이생활**何以生活**고하며 인복대곡도양양양양**

因復大哭道孃孃孃孃**아 쾌청아일구화**快聽我一句話**하오 황씨노매도구녀**黃氏

怒罵道狗女**아 이일구화**爾一句話**가 시하등기화**是何等奇話**완되 욕언불언**欲言

不言**에 욕설불설**欲說不說**하고 천편**千遍**이나 요청**要聽**하며 만편**萬遍**이나 요

청**要聽**하니 이기유신출귀몰**爾豈有神出鬼没**에 승천입지적계책**升天入地的計

策**하야 가이구여부장사적일명**可以救汝父將死的一命**에 부작옥중고혼마**不作

獄中孤魂麼**아(제3화 12회, 1906. 6. 23)

③ 심내心內에 암암자어도저개건아暗暗自語道這個健児가 목자目子는 여

하저반폭로如何這般暴露며 **비공**鼻孔**은 여하저반조천**如何這般朝天**(발죽)이

며 양검**兩臉**은 여하저반회기**如何這般晦気**(우중춤)며 구야수야각야**口也手也

脚也**가 여하통통지저반가증**如何通通地這般可憎**고 **남경자규**攬鏡自窺**ㅎ 야도

아기시저시배필**我豈是這厮配匹**(평왈연칙시수지배필**評曰然則是誰之配匹**고)이

리오 가한가한**可恨可恨**이로다.(제6화 10회, 1906. 9. 26)[12]

위의 예문에서 먼저 눈에 띄는 것은 신문연재소설의 구어체적 혹은 '현
장 언어'의 생동감을 반영하기라도 하듯 백호체白話体의 수용이 뚜렷하
다는 것이다. 평어評語인 ①이 문언적文言的 요소가 강하다면, 제3화에
서 모녀 황씨와 혜낭의 대화 일부에 해당하는 ②는 백화체가 두드러진다.

심지어 어머니 황씨가 딸에게 욕을 퍼붓는 대목에서 '구녀狗女'라는 표현을 쓴 것은 고문古文도 중국어 백화도 아닌 기발한 한문 표현이 아닌가 싶다. 이런 표현은 『신단공안』 곳곳에서 찾아볼 수 있다. 더 나아가 ③에서는 백화의 사용으로도 구어체적 생동감을 충분히 살릴 수 없다거나 의미가 명확하게 전달되지 않는다고 판단되는 부분에 해당 국문 표현을 괄호 안에 넣어 부기하는 방식을 택했다.

한편 결말에 화자의 평어를 덧붙이는 것은 한국 고소설에서 많이 애용되던 방식이다. 그런데 『신단공안』은 이와 같은 전통을 적극적으로 수용하여 '계항패사씨桂巷稗史氏'와 '청천자聽泉子'라는 서로 처지가 상반되는 화자를 내세워 '이중 평어'를 도입하였을 뿐만 아니라, 문장 사이사이에 '평자評者'의 개입 ─③의 예에서 보듯─ 도 빈번하다. 이와 같이 신문연재소설에서 전통적 화자의 개입을 억제하기는커녕 오히려 극대화한 것도 우리 눈에는 근대매체와 괴리되거나 시대를 역행하는 시대착오적 현상처럼 보이지만, 그 원인은 다름 아닌 『황성신문』의 계몽적 성격에 있다. 즉, 이중 평어 방식은 유생을 중심으로 한 『황성신문』의 보수적 독자층에게 '개화 논리를 설득력 있게 제시하는 중요한 방식'으로 간주할 수 있다는 것이다.[13]

앞에서 언급한 백화의 수용이나 평어의 방식은 원문 『용도공안』에는 거의 나타나지 않는다. 『용도공안』은 백화와 쉬운 문언을 섞어 쓰는 무미건조한 문체를 사용하며, 이야기의 길이도 『신단공안』에 비해 훨씬 짧아서 대화의 생동감을 반영할 여지조차 없다. 따라서 『신단공안』이 신문 연재소설이면서도 매체에 걸맞지 않게 '한문현토'라는 매우 번거롭고 낯선

—결국 국한문체에 밀려 사라진— 문체를 사용한 것처럼 보이지만, 원작인『용도공안』이나 한국 고소설의 전통을 한 차원 넘어선 것은 분명하다. 이처럼『신단공안』에서 꽤 신중하게 시도된 실험이,『신단공안』의 제1, 2화에서 비교적 원작에 충실하던 작가의 소극적 태도가 후반부로 갈수록 적극적이고 대담한 것으로 변한 것을 고려한다면, 성공적이든 아니든 간에 중요한 것은 전통적 형식과 문체가 결코 담아낼 수 없는 급격히 변하는 현실을 반영하려는 시도였다는 것이다.

『신단공안』에서 시도된 문체의 실험과 관련하여 예사롭게 보아 넘길 수 없는 부분이 바로 고소설의 전통 —이는 공안소설의 전통에도 해당된다— 에서는 찾아보기 어려운 살해 장면이라든가, 간통 장면에 대한 자세한 묘사이다. 예를 들면, 제3화에서 악승惡僧 일청이 부인 김씨를 살해하는 장면이라든가, 부친을 구하기 위해 혜낭이 목을 매 자살하고 어머니 황씨가 직접 딸 혜낭의 시신을 칼로 자르는 장면을 살펴보자.

① 휘도향전揮刀向前 이어늘 김씨金氏가 정요일규正要一叫 ᄒ 다가 성미급출声未及出 ᄒ 야 가련연후可憐軟喉가 여승수인如蠅受刃 이라 혈류만방血流滿房 ᄒ 고 두락재지頭落在地 어늘 (제3화 3회, 1906. 6. 12)

② 황씨黃氏 (중략) 지견혜낭只見蕙娘이 쌍안돌출双眼突出 ᄒ 고 설토반촌舌吐半寸 ᄒ 되 양수両手로 긴액항자사료緊扼項子死了 라(제3화 14회, 1906. 6. 25)

고소설 작가라면 살해 장면을 대강 얼버무렸겠지만『신단공안』의 작가는 상당히 자세하게 이 대목을 묘사하는데, 김씨의 연약한 목이 칼날을 받은 '파리'처럼 맥없이 떨어졌다는 둥 흐르는 피가 방안에 가득하다는 둥 표현이 섬뜩하기 그지없다.[14] 심지어 ②의 장면에서는 '눈이 불쑥 튀어나오고 혀는 반쯤 삐져나온' 혜낭의 주검을 묘사할 정도로 거침없다.[15] 이처럼 훼손된 몸에 대한 전근대적 금기를 조금도 꺼리지 않는 대담함을 근대성의 징후로 보는 이들도 있다.[16] 어쨌든 『신단공안』에서 심심치 않게 찾아볼 수 있는 이 '잔혹성'의 서사는 중국 공안소설의 전통에도 이질적인 흥미로운 변화가 아닐 수 없다.

그런데 이처럼 『신단공안』의 문제의식과 실험성을 인정한다 하더라도 아직 해결하지 못한 문제가 남아 있다. 어째서 공안이라는 형식을 택했는가? 조선의 고소설 전통에도 비교적 눈에 잘 띄지 않는 공안을 신문이라는 근대적 대중매체에 소개한 이유는 무엇인가? 이와 같은 물음은 『신단공안』이 신문에 연재되기 전까지 조선에 수입된 공안 텍스트들이 대량으로 유통되어 대중성을 확보한 증거가 불충분하다는 것, 따라서 공안 독자층이 다수 있었다고 볼 근거가 미약하다는 것, 이러한 이유로 한문에 익숙한 『황성신문』 독자층에게도 공안이라는 장르가 꽤 낯설게 다가왔을 가능성이 많았을 것이라는 추론에서 더욱 증폭된다.

만약 『신단공안』의 작가에 대해 좀 더 알 수만 있다면 이 수수께끼의 상당 부분을 해결할 수 있을 것이다. 안타깝게도 『신단공안』의 작가에 대해서는 전혀 알려진 것이 없다. 다만 한어 역관 출신으로 중국어에 능통했던 현채玄采(1856~1925)가 아닐까 하는 조심스러운 추측이 있을 뿐이다.[17] 현채는 아들 현공렴玄公廉과 함께 계몽서와 소설을 비롯한 각종 서적 간행에 주력함으로써 근대 교육의 정착에 크게 공헌한 인물이다.[18] 황성신문사에서 역서를 발간하기도 했던 그의 이력이 그가 『신단공안』의 작가일지도 모른다는 가설을 꽤 그럴듯한 것으로 만들기는 하지만, 현재까지 어떤 구체적 증빙 자료도 발견된 적은 없다. 현채가 『신단공안』의 작가이든 아니든 간에 중요한 것은 『신단공안』의 작가가 중국 소설에 대한 상당한 지식을 갖췄을 뿐만 아니라, 고문과 백화로 작문하는 실력도 뛰어났다는 것이다.

그는 분명히 원작 『용도공안』을 잘 알고 있었다. 우리 예상과 달리, 『용도공안』은 우리나라에 비교적 일찍 소개되었던 것 같다. 판본은 다르지만 포공을 주인공으로 하는 희귀본 『포효숙공신단백가공안연의包孝肅公神斷百家公案演義』(1597)가 현재 서울대학교 규장각에 소장되어 있으며, 1603년 정숙옹주貞淑翁主에게 보낸 선조宣祖(1552~1608)의 편지에서 이 판본이 17세기 초 우리나라에 소개된 일이 확인된다.[19] 이 밖에 명대 판본인 『용도공안』 3종이 국내에 현존한다. 그중에서도 국내 필사본인 『신평용도신단공안新評龍図神斷公案』은 19세기에 쓰인 것으로 추정된다.[20]

『용도공안』 이외의 청대 공안소설로 『시공안施公案』과 『팽공안彭公案』 등 7종과 포공안의 변종으로 '협의공안俠義公案'이라는 더욱 통속적인 장르로 개작된 『삼협오의三俠五義』 시리즈가 무려 16종이 국내에 현존한다.[21] 뛰어난 무예와 정의감을 겸비한 강호의 의협義俠들이 정의로운 명판관 포공을 도와 일련의 심각한 범죄사건을 해결한다는 『삼협오의』 시리즈는 중국의 설화 전통과 결합되어 19세기 말 중국에서 많은 대중적 인기를 누린 소설들 중 하나였다.

한편, 『용도공안』은 100회 중 80회가 『포공연의包公演義』라는 제목으로 순국문으로 번역되기도 했다는 점에서 중국 공안소설 가운데 조선의 엘리트 독자층뿐만 아니라 주로 한글을 사용하는 대중적 독자층에게도 가장 널리 알려진 작품이었을 것이라고 추측해볼 수 있다. 아마도 19세기 초에 완성된 것으로 보이는 한글번역본 『포공연의』는 창덕궁의 낙선재문고樂善齋文庫에 소장되어 있다가 현재는 한국학중앙연구원에 소장되어 있다.[22] 이와 같은 자료에서 우리는 『용도공안』 텍스트가 꽤 일찍부터 우리나라에 유입되었음을 확인할 수 있으며, 대중적 독자층의 형성에는 못 미치지만 다양한 중국 서적을 비교적 손쉽게 구할 수 있었던 소수 부유한 양반층과 역관이라면 공안 또는 협의공안소설에 대하여 이미 잘 알고 있었을 가능성이 많다. 이러한 사실이 『용도공안』을 저본으로 하는 『신단공안』의 출현 경로를 대강이나마 짐작할 수 있게 한다.

그렇다면 『신단공안』과 근대매체인 신문은 어떻게 접목되었는가? 어쩌면 공안이라는 장르가 역사연의歷史演義 소설이나 재자가인류才子佳人類의 로맨스만큼 우리나라에서 큰 반향을 불러일으키지 못했다는 점, 상대적으로 한국 고소설의 전통에서 소외된 장르였다는 사실이 오히려 『신단공안』 작가로 하여금 공안을 신문이라는 새로운 매체에 어울릴 가능성을 지닌 형식으로 주목하게 만들었는지도 모른다. 게다가 범죄소설 장르와 신문이라는 대중매체는 본질적으로 동일한 선정주의sensationalism적 경향이 있다. 일찍이 근대 유럽의 탐정소설detective fiction 장르도 신문이라는 근대매체를 통해 탄생했으며, 근대 중국에서도 기존의 공안이나 협의공안 장르를 '개량'한 새로운 범죄소설을 신문에 발표해 독자의 큰 호응을 얻었다는 것은 결코 우연이 아니다. 만약 신문의 선정주의, 범죄와 신문의 불가분의 관계, 그리고 범죄 폭로를 통한 사회비판의 가능성을 미리 읽어낸 『신단공안』의 작가가 의도적으로 공안이라는 전통적 장르를 선택해 신문이라는 대중매체와 결합하는 실험을 시도했다면, 『신단공안』은 확실히 근대를 지향하는 시점에 나타난 과도기 형식임이 틀림없다.

³ 『신단공안』과 탐정소설

"죽지 않은 것은 구해주고 이미 죽은 것은 그 원한을 풀어주어야 하는 것이 마땅한 일이 아닙니까? 이런 기괴한 사건은 보통 사람을 시켜서는 해결할 수 없습니다. 그러니 부득이 선생께서 셜록 홈스가 되어주십시오."[23] —유악劉鶚

(1857~1909), 『노잔유기老殘遊記』 18회

『신단공안』의 제4화와 제7화의 예에서 보듯이, 『신단공안』이 한국 송사소설이나 송사 모티프를 활용한 구전설화의 전통과 아무런 연관성도 없다고 단언할 수는 없다. 그러나 그럼에도 『신단공안』은 송사소설과 곧바로 연결된다고 보기에는 송사소설과는 다른 이질적 요소를 수없이 가지고 있다. 앞에서 살펴본 것처럼 『신단공안』이라는 텍스트 자체가 이질적인 장르들과 다중언어heteroglossia, 여러 형식을 넘나들며 '근대적 불협화음'을 만들어냈다. 따라서 『신단공안』이 탐정소설과 연결되는 지점은 송사소설과 연결되는 지점만큼이나 모호하고 예외적이다. 『신단공안』의 실험성을 제대로 이해하려면, 이미 데이비드 왕도 지적한 '근대적 불협화음'과 '억압된 근대성'에 주목해야 한다. 여기에서는 『신단공안』의 계보학에서 탐정소설의 맥락을 추적해본다.

탐정소설의 맥락을 추적하려면, 우선 근대 탐정소설 장르의 기원을 살펴볼 필요가 있다. 서구 탐정소설의 역사에서 셜록 홈스 시리즈 같은 근대 탐정소설의 기원을 근대 이전의 범죄소설 장르에서 찾거나 탐정소설의 발전이 당시 실제 경찰제도나 수사과정, 사법절차 등의 성립과 밀접한 연관성이 있을 것이라고 추측하는 것은 물론 불합리한 시도는 아니다. 그러나 이런 평범한 문학사적 접근은 근대 탐정소설이 얼마나 독특한 장르이며, 다른 범죄소설 장르나 실제 사법제도의 근대적 변화와는 매우 모호한 영향관계만 있을 뿐이라는 사실을 확인하는 것으로 만족해야 한다. 에코Umberto Eco(1932~2016)를 비롯한 많은 비평가가 근대 탐정소설의 독특한 서사구조, 이를테면 살인이라는 결과를 그 원인보다 먼저 제시하는 시간의 역전구조, 단서의 제시와 추리구조 등에 주목하는 (탈)구조주의적 분석에 치중했지만, 푸코Michel Foucault(1926~1984) 등의 영향을 반영한 에코 등의 또 다른 연구는 그것을 근대 이성과 과학에 대한 매우 치밀한 문학적 상상으로 보아야 한다고 주장한다.

에코와 긴즈부르그Carlo Ginzburg 등은 셜록 홈스의 모델을 실제 사립탐정 혹은 수사관에서 찾기보다는 퍼스Charles S. Peirce(1839~1914) 같은 수학자, 프로이트Sigmund Freud(1856~1939) 같은 정신분석학자 혹은 근대 미술사가 등에서 찾는다. 그들은 홈스의 추리와 관찰, 분석력이 근대

수학과 논리학, 정신분석학 등이 추구한 과학적 이성의 지평과 맞닿아 있음을 지적했다.[24] 따라서 탐정소설은 근대 이성의 패러다임을 재현한 문학적 형식이며, 이런 관점에서 볼 때 탐정소설 속에서 현실비판의 시각을 찾으려는 시도는 근대 낭만주의 소설에서 그런 비판정신을 찾는 것보다도 훨씬 더 무모하다. 사회정의나 근대 사법제도의 문제에 대한 사실주의적 접근은 아마도 위대한 디킨스Charles Dickens(1812~1870)의 소설에서 충분히 찾을 수 있을 것이다.

한편, 근대 유럽과 아메리카에서 근대 탐정소설이 출현하던 시점에는 코난 도일Arthur Conan Doyle(1859~1930)이나 앨런 포Edgar Allan Poe(1809~1849)의 탐정소설 이외에도 많은 다른 형태의 범죄소설이 공존했다는 사실을 지적할 필요가 있다. 코난 도일이 『셜록 홈스의 모험 Adventures of Sherlock Holmes』을 출판했던 1890년대는 신문·잡지라는 근대매체를 통해 온갖 유사한 형태의 범죄소설이 난립하던 대중소설의 전성기였다. '단서'니 '역전구조'니 하는 특징을 보여주는 미스터리 형식이 아직 정립되지 않은 시기였으며, 따라서 너나 할 것 없이 탐정소설 작가들이 모두 이 형식을 따르지도 않았다. 모레티는 미스터리 규칙을 따르지 않았지만 여전히 다른 대안을 탐색했던 대다수 탐정소설이 모두 사라져 버렸으며, 지금은 완전히 잊혔다고 지적했다.[25] 그것은 그 소설들이 형편없이 쓰였기 때문이 아니라, 단순히 대중의 요구와 변덕스러운 시장의 기호와 일치하지 않았기 때문이다. 탐정소설처럼 꽤 '단순한' 장르조차 그 진화 과정은 단선적 과정과는 거리가 멀다. 그 대신 그것은 수많은 예상치 못한 요인과 그 요인들 사이의 얽히고설킨 관계들에 끊임없이 영향을 받는 역동적 장場에 가깝다.

그렇다면 이 이질적 탐정소설 장르는 언제 동아시아 대중에게 처음으로 소개되었는가? 중국 독자에게 소개된 최초의 서구 탐정소설은 역시 셜록 홈스 이야기였다. 량치차오가 발행한 신문 『시무보時務報』에 1896년부터 1897년까지 셜록 홈스 이야기 네 편이 연재된 것이 그 계기가 된다.[26] 량치차오와 같은 개혁파 지식인들은 서구의 과학지식과 기술, 근대 문화의 대중적 전달매체로서 소설의 대중성과 교육성에 주목했다. 이런 맥락에서 탐정소설은 중국 대중을 위해 번역할 만한 가치가 충분한 장르였다. 우리 관점으로는 서구 탐정소설은 가장 대중적이고 오락적인 장르에 불과하지만, 그리고 어떤 면에서 그런 관점이 아주 틀린 것은 아니지만, 앞에서 언급한 에코와 긴즈부르그 등의 분석을 상기한다면 량치차오 등의 안목이 완전히 시대착오적인 것이었다고 단정할 수는 없을 것이다.

에바 홍Eva Hung에 따르면, 첫째, 탐정소설은 내용과 형식 면에서 모두 매우 새로운 장르였으며, 서구에서도 소위 교육수준이 높은 계층이 광범위하게 많이 읽었던 장르였다.[27] 둘째, 탐정소설은 서구의 근대적 생활양식과 밀접하게 연관된 장르였다. 독자는 소설을 통해서 철도, 전신 등과 같은 근대적 발명, 근대적 문명의 이기들 그리고 근대적 도시 풍경과 자주 만나게 된다. 셋째, 주인공 탐정은 논리적 추리와 절제된 행동을 통해서 거의 해결이 불가능해 보이는 문제를 해결하는데, 탐정의 지적 능력은 전근대적 사고방식을 지닌 중국인 대부분에게 결핍된 것으로서 '근대인'이 되고자 하는 이들에게 확실히 귀감이 되는 것이다. 넷째, 탐정소설은 구성 면에서 매우 치밀한 특성을 보이는데, 이 또한 전통적인 중국 소설에는 부족한 것이다. 게다가 살인 같은 극단적인 범죄를 다루는데도 놀라우리만치 '폭력성'이 거의 없는 대신 여전히 보수적인 도덕적 가치를 존중하는 '미덕'을 보여준다.[28] 홍의 지적대로 탐정소설에 나타난 "쉽게 이해할 수 있는 전통적 도덕관과 당시 경이의 대상이었던 서구의 근대적 기술의 결합은 불가항력적인 매력을 지닌 것으로 여겨졌다."[29]

탐정소설은 '포탐안包探案',[30] '탐안探案', '정탐안偵探案' 등으로 번역되었지만, 그 용어는 일부러 공안소설을 연상시키기 위해 사용된 것은 아니었다. 탐정소설이 번역되어 신문에 연재된 가장 큰 이유는 중국 문학과의 어떤 연계성 때문이 아니라 참신함 때문이었다. 그것은 분명 독자에게 매우 서구적이고 근대적인 형식으로 다가왔으며, 공안을 연상시킬 만한 어떤 공통요소도 없는 것처럼 보였음이 틀림없다. 그러나 아이러니하게도 번역을 거치면서 탐정소설은 '중국적' 색채를 다시 덧입게 되었다. 왜냐하면 탐정소설의 참신함은 중국 대중이 소화해낼 수 있는 한계를 넘어섰기 때문이다. 탐정소설을 진정한 탐정소설로 만드는 특유의 플롯에는 시간의 역전구조, 살인을 '어떻게'가 아니라 '누가' 저질렀는가가 더 중요한 '후던잇whodunit' 구조 그리고 셜록 홈스의 친구 왓슨Watson이 사건을 서술하는 1인칭시점 서술 등이 있다. 그러나 이 같은 플롯은 번역본에서는 독자의 혼란을 우려한 역자에 의해 부지런히 삭제되고 중국 독자에게 낯익은 형태로 대체되었다. 말하자면 복합적인 역전구조는 시간에 따른 순차적 단선구조로, 후던잇 구조는 역시 '어떻게'에 초점을 맞추는 구조로, 그리고 1인칭시점 서술은 3인칭 전지적 작가 시점의 서술로 전환된 것이다.[31] 결과적으로 중국 대중이 탐정소설에서 주목했던 것은 형식이 아니라 내용이었다고 할 수 있다.

그렇다면 기존의 공안소설 장르는 어떻게 탐정소설과 연결(혹은 단절)되는가? 근대계몽기 한국의 상황과 달리 근대 중국에서 공안은 현재적 의미를 상실해서 대중에게서 소외된 '전근대적' 서사 장르가 결코 아니었다. 개항 이후 근대적 대중매체와 소설은 환상적인 조합을 만들어내는데, 진정한 의미의 소설 대중화가 가능해진 것은 이때부터라고 할 수 있다. 1898년 무술정변戊戌政變에서부터 1911년 신해혁명辛亥革命에 이르는 전환기 중국에서 2,000종이 넘는 통속소설이 생산되었는데, 이 소설들은 매우 다양한 양식과 매체를 통해 유통되었다. 200~300만 명에 이르는 것으로 추정되는 대중적 독자층을 대상으로 170개 이상의 출판사가 활동하던 이 시기에 '불특정 다수'를 끌어들이는 강력한 오락성과 대중성을 갖춘 소설 장르는 이들의 관심을 끌기에 충분했다.[32] 이미 1870년대부터 『신보申報』 같은 신문에 정기적으로 소설이 연재되었으며, 1890년대에 새롭게 출현한 오락적 대중매체인 '소보小報(타블로이드)'의 연재소설이 큰 호응을 얻었다. 본격적인 소설 잡지가 등장한 것도 이때부터였는데, 1890년대까지 전문적으로 소설 간행을 취급했던 출판사만도 약 30개에 이르며 1911년까지 적어도 21종의 소설 전문잡지가 발행되었다.

이처럼 다양한 근대매체에 등장한 매우 통속적인 형태의 소설들은 어떤 면에서는 량치차오가 제창한 '소설계小說界 혁명革命'이나 '신소설'의 이데올로기와는 거리가 있었다고 할 수 있다. 이른바 '신소설'에 비교할 수 없을 만큼 압도적인 대중적 인기를 누렸던 통속소설에는 재자가인의 전통적 로맨스를 계승하여 '구소설'의 테두리에서 벗어나지 못한 원앙호접파 소설, 일찍이 루쉰이『중국소설사략中国小説史略』에서 구성이 졸렬하고 천편일률적이라 볼 만한 것이 없고 내용마저도 봉건주의에 대한 순응으로 귀결된다고 비판한 협의공안소설 등이 있었다. 당시 중국의 정치현실을 폭로한다는 비판적 태도의 측면에서 볼 때 원앙호접파, 협의공안 장르들보다 한 단계 위에 위치한 것처럼 보이는 새로운 장르도 출현하였는데, 루쉰은 이 장르를 현실비판적 지향에도 불구하고 지나치게 노골적이고 독자의 기호에 영합한다고 하여 풍자소설과 구분해 '견책소설譴責小説'이라 불렀다. 그러나 루쉰이 비판한 독자의 기호에 영합하는 선정주의 덕분에 견책소설 장르는 엄청난 대중적 인기를 누릴 수 있었다. 이러한 장르들은 모두 구소설의 전통에서 분리되기는커녕 그것을 적극적으로 계승하면서도 새로이 출현한 근대매체와 시대적 요구에 부응하는 '근대성', 즉 데이비드 왕이 말한 억압된 근대성의 모순도 보여준다.[33]

특히, 견책소설 장르는 전통적 협의공안소설과 풍자소설, 당시 새롭게 등장한 장르인 정치소설 그리고 심지어 서구 탐정소설의 영향까지 받아들임으로써 새로운 범죄소설 장르의 경계를 실험했다. 그러나 무엇보다도 이 장르의 출현과 발전에 결정적 영향을 미친 것은 신문과 잡지라는 근대매체였다. 루쉰이 '사대견책소설四大譴責小説'로 언급한 이보가李宝嘉(1867~1906)의『관장현형기官場現形記』(1903~1905), 오욕요吳沃尭(1866~1910)의『이십년목도지괴현상二十年目睹之怪現状』(1906), 유악劉鶚(1857~1909)의『노잔유기老殘遊記』(1904), 증박曾樸(1872~1935)의『얼해화孽海花』(1904)는 모두 신문이나『신소설新小説』,『수상소설繡像小説』,『소설림小説林』등 소설 잡지에 연재된 연재소설이었다. 이 소설들은 최근에 발생한 정치적 사건이나 실제 인물들의 비화를 거의 있는 그대로 재현함으로써 당시 신문의 뉴스 보도와 최신 정보 전달이라는 역할까지 맡았다.[34]

이 중에서 유악의 『노잔유기』는 협의공안소설과 서구 탐정소설, 정치소설 등 서로 엇갈리는 영역의 장르들을 결합함으로써 과도기 형식으로서 장르의 경계를 확장한 실험적 작품이다. 유악도 주인공 라오찬처럼 청년 시절 의학을 공부 −코난 도일을 연상시킨다− 하고 중국을 여행했으며 나중에 양광총독 장지동張之洞(1837~1909)의 막료가 되기도 했는데, 『노잔유기』는 유악 자신의 다양한 경험을 반영함으로써 거의 자전적 소설에 가깝다. 이 소설의 후반부는 라오찬이 열세 명에 달하는 한 집안 사람들이 한꺼번에 괴이하게 죽은 의문의 살인사건에 연루되어 억울하게 범인으로 몰린 여인과 그녀 아버지를 구하기 위해 셜록 홈스 역할을 하는 유명한 이야기에 초점을 맞추었다. 흥미로운 것은 주인공 라오찬이 협의공안소설에 등장하는 전통적 의협과 서구의 탐정 그리고 당시 근대 중국의 보수적인 계몽적 지식인을 결합한 매우 복합적인 인물로 등장한다는 것이다.

이처럼 중국의 근대소설에서 우리는 장르 간 경계를 무색하게 만드는 상호 영향과 패러디, 서구소설과 근대 계몽사상 같은 이질적 요소의 유입 현상을 심심찮게 관찰할 수 있다. 그러면서도 근대 탐정소설과 공안소설 혹은 협의공안소설의 간극은 쉽사리 메우기 어려운 것처럼 보인다. 마치 라오찬이 '중국의 셜록 홈스'에서 죽은 사람들을 소생시키는 '기적의 전도사'로 전락한 것처럼 그 간극을 메우는 것은 여전히 부조리한 일처럼

보인다.[35]

이런 '부조리' 현상을 한국의 근대문학에서도 관찰할 수 있지 않을까? 한국의 근대문학사에서도 송사소설→『신단공안』→신소설→탐정소설로 이어지는 단선적 발전의 도식을 그리려는 시도는 그야말로 부조리하며 불합리하기 짝이 없다. 우리나라에 서구 탐정소설이 소개된 경로를 추적해보면, 송사소설과 탐정소설의 간극을 메우고 연결하는 자리에 『신단공안』을 위치시키는 것이 과연 옳은 일인지 망설이게 된다.

우리나라에 처음으로 서구 탐정소설이 소개된 것이 언제였는지는 확실하지 않다. 다만 이해조李海朝(1869~1927)가 『쌍옥적雙玉笛』(『제국신문』, 1908. 12. 4~1909. 2. 12)을 발표할 때 '정탐소설偵探小說'이란 용어를 사용했으며, 이후 『구의산九疑山』(1912)이라는 '탐정소설'을 발표한 사실이 알려져 있다.[36] 얼마나 많은 서구 탐정소설이 번역 혹은 번안되어 우리나라 독자들 사이에서 읽혔는지는 매우 불확실하지만, 이해조가 정탐소설이란 용어를 사용하면서 『쌍옥적』을 발표하던 즈음 이미 일본어로 번역된 서구 탐정소설이 우리나라에도 소개되어 점차 대중적 인기를 얻었을 가능성을 생각해보지 않을 수 없다. 예를 들면, 『금수회의록禽獸会議録』의 작가 안국선安国善(1878~1926)의 아들 안회남安懷南(1910~?)이 자신의 부친이 코난 도일의 탐정소설을 번안한 적이 있다고 술회한 사실로 미루어볼 때, 당시 인기 작가들이 외국 소설을 번안해 신문에 연재했을 개연성도 많았던 것으로 보인다.[37] 그중에는 물론 탐정소설도 끼어 있었을 것이다. 이처럼 우리나라 탐정소설의 발전은 이해조의 신소설을 필두로 하여, 이후 상당수 탐정소설의 번역, 번안에서 직접 영향을 받았다고 할 수 있다. 그리하여 한때 1930년대 일본에서 탐정소설가로 활동하면서 일본의 대표적 탐정소설가 에도가와 란포江戶川乱歩(1894~1965)를 사사師事하기도 했던 김내성金來成(1909~1957)이 우리나라 탐정소설을 본격적으로 발전시킨 당사자로 여겨진다.[38]

그러나 이해조의『쌍옥적』과『구의산』에 이르기까지 '정탐소설'은 근대적 이성이나 추리기법, 근대적 세계인식을 반영하는 본격적 탐정소설이라고 하기에는 상당히 불충분해 보인다. 그런데도 우리나라의 계몽주의적 작가들은 근대 중국의 작가와 지식인이 그랬듯이 서구 탐정소설을 계몽성과 교훈성을 지닌 근대적 소설로 인식했고, 탐정소설을 번역하여 소개하는 데 적극적이었다.[39]

이처럼 근대 동아시아 탐정소설의 계보학을 재구성하려면 바로 근대성에 대한 다양한 인식과 오류, 해석과 변형이 모두 동시에 존재했다는 사실을 인정해야 한다. 이는『신단공안』이 신문이라는 근대매체와 괴리된다고 여긴 우리의 전제 자체가 오히려 지나친 편견이며 편협한 이해임을 가리킨다. 범죄사건을 다루는 공안은 사회의 부정적 측면을 파헤치는 신문의 기능과 부합하는 측면이 있었으며, 이와 같은 신문의 '나쁜 뉴스'가 독자의 관심을 끌었을 것이다.『신단공안』이 정탐소설을 표방한『쌍옥적』보다 덜 새로운 형식을 차용했는지는 모르지만, 그것은 결코 송사소설과 탐정소설 사이에 위치한 중간적 존재는 아니었다.『신단공안』은 매우 독자적이면서도 효과적인 방식으로 과도기 사회의 병폐를 폭로했으며, 이런 점에서 볼 때『신단공안』의 시대적 의미를 과소평가하기는 어려울 것이다.

⁴ 억압된 근대성의 서사로서『신단공안』

앞에서는 근대계몽기 신문연재소설인『신단공안』을 중국의 공안소설과 만청 시기 범죄소설, 한국과 중국에 소개된 서구 탐정소설 등 다양한 관점에서 살펴보았다. '어째서 탐정소설이 아닌 공안소설인가'라는 물음으로 이 글을 열었지만, 이 글 끝에서 우리는 오히려 '어째서 공안소설이 아닌 탐정소설인가'라는 반문을 제기해야 할 것 같다.

신문과 잡지라는 근대매체가 새로운 문화적 경향을 주도하던 동아시아의 근대사회에서 근대 탐정소설은 근대 계몽사상과 서구 문명을 소개하는 '유익한' 장르로 받아들여졌다. 그러나 수학적 이성과 논리를 문학적으로 재현한 탐정소설의 독특한 서사성은 동아시아 대중에게 있는 그대로 소개되지 않았다. 동아시아에서 문학적 근대화 과정은 결코 서구 근대문학의 모방과는 거리가 멀었다. 실제로는 당시 독자층을 고려하면서 우리 상상을 초월하는 매우 다양한 문학적 가능성이 탐색되고 실험되었으며, '신소설'도 이와 같은 가능성 중 하나에 지나지 않았다. 이 다양한 문학적 가능성의 탐색은 문학사가들의 근대성 담론에 억눌려 오랫동안 그 중요성을 인정받지 못했지만, 데이비드 왕 같은 연구자는 그러한 가능성의 탐색을 '억압된 근대성들'이라 부르며 그 '계보학적' 의의를 인정했다.『신단공안』도 '억압된 근대성'의 서사라는 라벨이 어울리는 문제작으로 주목할 만하다.『신단공안』을 통해서 송사소설에서 중국 공안소설로, 공안소설에서 탐정소설로 발전하는 단선적 맥락을 재구성해보려는 시도는 논리적 모순을 일으킬 뿐이라는 사실을 인정해야 할 것이다. 그 대신 우리는『신단공안』을 통해 근대성의 거대담론에 매몰되어 우리가 보지 못한 다양한 근대성의 양상을 관찰할 수 있을 것이다.

박소현

서울대학교 동양사학과를 졸업하고 서울대학교 중어중문학과에서 석사학위를, 미국 미시건대학교(The University of Michigan)에서 박사학위를 받았다. 현재 성균관대학교 동아시아학술원 HK교수로 있다. 주요 관심 분야는 한·중 비교문학 및 비교문화이며, 최근에는 비교사적 시각에서 동아시아의 법문화를 연구 중이다. 주요 저서로는『중국 근대의 풍경』(그린비, 2008, 공저), 『능지처참』(너머북스, 2010, 번역), 『당음비사』(세창출판사, 2013, 공역)가 있고, 논문으로는 "Law and Literature in Late imperial China and Chosŏn Korea," "Thinking with Chinese Cases: Crime, Law, and Confucian Justice in Korean Case Literature," 「18세기 동아시아의 性(gender) 정치학─『欽欽新書』의 배우자 살해사건을 중심으로」등이 있다.

집필경위

이 글은 2010년『중국문학』63집에 게재되었던 논문을 수정한 것이다.

⑪
19세기 전·중반 사무라이의 정치화와 '학당'-미토번과 사쓰마번을 중심으로

◎

박훈

1 '학당學黨'의 대두

필자는 그동안 19세기 전반에서 막말기幕末期에 이르는 일본의 정치사를 '사대부적 정치문화'의 확산이라는 시각에서 연구한 글들을 발표해왔다.[1] 그리고 '사대부적 정치문화'의 중요한 요소 중 하나인 '학적學的 네트워크'와 그에 기반을 둔 정치조직[學黨]의 대두가 19세기 일본에서 나타난다는 것을 구마모토번熊本藩 '실학당實學黨'의 사례를 들어 검토한 바 있다.[2] 이 글은 미토번水戸藩과 사쓰마번薩摩藩의 사례를 추가로 제시하면서 이 문제에 대해 좀 더 깊은 검토를 행하고자 한 것이다. '사대부적 정치문화'에는 상서의 정치적 활성화, 군주친정의 요구 등 여러 가지 요소가 있으나 '학적 네트워크', '학당'이 형성되는 과정은[3] 본래 군인 또는 서리에 불과한 사무라이들이 '지사志士'를 자처하며(사무라이의 '사화 士化') 정치행동에 나서게 되는 배경을 가장 잘 보여준다는 점에서 더욱 주목할 필요가 있기 때문이다.[4]

생각해보면 수십만의 무사가 엄연히 존재하는 막말기 일본에서 대규모 질서재편이 '전투'가 아니라 '정치'로 결정된 것은 흥미로운 일이다. 가마쿠라 막부의 멸망, 남북조동란, 전국시대에는 대규모 노골적 폭력이 정국의 향배를 결정했다. 물론 막말기에도 전투는 있었다. 그러나 당시 사무라이들은 전투보다는 정치투쟁과 '공의여론公議輿論'의 획득에 열심이었고, 실제로 그것의 성패가 사태전개에 큰 영향을 미쳤다. 이 시기 많은 사무라이는 단순한 군인이 아니라 정치행위에 능란한 사람들이었다. 그들은 상서를 써서 여론을 자기편으로 만들거나 당파를 만들어 권력투쟁에 나서는 등 정치경험을 풍부하게 쌓고 있었다. 이처럼 수많은 사무라이의 정치행위 과정에서 '학적 네트워크'와 '학당'은 매우 중요한 의미가 있다는 것이 필자의 생각이다.

이 글은 구마모토번熊本藩에 이어 이 같은 문제의식을 미토번과 사쓰마번의 사례를 들어 검토해본 것이다. 주지하는 것처럼 미토번은 고산케御三家의 하나로 원래는 막부를 보위해야 했으나 존왕사상을 주창하여 막부와 갈등을 빚으면서 막말기 정치운동의 중심이 된 번이다. 사쓰마번은 도자마外樣의 웅번雄藩으로, 널리 알려진 대로 조슈번長州藩과 더불어 이 시기 정치운동을 이끈 번 중 하나이다. 구마모토번을 연구한 데 이어 관동과 서남 지역을 대표하는 이 두 번의 사례연구가 추가된다면, 사무라이사회에서 '학적 네트워크'의 형성과 그에 기반을 둔 사무라이의 정치화라는 현상에 대한 이해를 좀 더 심화할 수 있을 것이다.

먼저 미토번의 사례에서는 고도칸弘道館을 통해 번교에 대해 검토하고자 한다. 위의 '구마모토 논문'에서는 구마모토번의 번교 지슈칸時習館의 훈도訓導 나카무라 죠사이中村如齋의 학습회[會讀]를 중심으로 번교 내의 '학적 네트워크' 형성을 살펴보았고, 또 번교 교육의 보수성과 비정치성에 불만을 품은 자들이 번교 밖에서 사숙을 중심으로 결집하여 '학당'을 형성해가는 과정을 검토했다. 번교에 대해서는 훈도 나카무라의 학습회에만 집중한 감이 있었는데, 이 글에서는 당시 대표적 번교라 할 수 있는 미토번의 고도칸을 소재로 하여 번교 설립이라는 사태가 사무라이 사회에 주는 의미를 좀 더 넓은 시야에서 살펴본다. 그를 위해 번교 출석자의 실태, 번교 내에서 신분제의 행방, 교원들의 위치와 '학적 네트워크'의 관련성 등을 검토할 것이다. '구마모토 논문'이 번교 '학적 네트워크'의 실례를 제시한 것이라면, 이 글은 그런 '학적 네트워크' 형성의 배경이 되는 요소들을 검토했다고 할 수 있겠다. 사료로는 근래 간행된 『자성현립사관사료총서茨城縣立歷史館史料叢書 3 고도칸사료弘道館史料 I』(茨城縣立歷史館, 2000), 『자성현립사관사료총서 6 고도칸사료 II』(茨城縣立歷史館, 2013)를 주로 이용할 것이다.

다음으로 구마모토번의 '실학당'과 함께 필자가 이 시기 대표적 '학당'

으로 주목하는 사쓰마번의 '근사록당近思錄黨'을 살펴볼 것이다. 당의 이름에 『근사록』이라는 주자학의 대표적 서명이 붙어 있는 데서도 알 수 있듯이, 이 정치그룹의 형성과정은 사무라이사회에 '학적 네트워크'를 기반으로 한 정치세력, 즉 '학당'이 형성되는 모습의 일단을 보여줄 것이라고 생각한다. 필자는 '구마모토 논문'의 제2, 3장에서 사숙 혹은 학습회가 기반이 되어 정치그룹을 형성하는 모습을 검토한 바 있는데, 이 글은 사쓰마번을 통해 또 하나의 사례를 보여주게 될 것이다.

2 미토번 번교 고도칸과 신분제

1) 번교의 설립과 가신단家臣團

고도칸에 대해 서술하기 전에 먼저 번교 설립 상황과 의의를 언급하고자 한다. 지금까지 번교에 대한 연구는 주로 학교사 혹은 교육사 분야에서 이뤄져왔다.[5] 그러나 장기적인 안목에서 볼 때, 대다수 사무라이가 번교라는 학교에 다니게(혹은 다니지 않으면 안 되게) 된 것은 19세기 사무라이사회에 일어난 큰 변화의 하나로 주목해야 할 것이다. 그것은 사무라이들에게 새로운 교제의 장을 제공했고, 그들은 이전과는 다른 형태의 인적 네트워크와 접하게 되었다.

장기간에 걸친 태평시대이기는 했지만 여전히 허리춤에 칼을 차고 있는 사무라이들에게 학교가 꼭 반가운 것만은 아니었을 것이다. 그러나 흥미롭게도 번교 설치라는 거대한 '사회개혁정책'에 사무라이들은 이렇다

할 저항을 하지 않았다. 만약에 조선의 양반이나 청의 신사들을 강제로 고도칸에 다니게 했다면 어떤 결과가 빚어졌을까.

번교에서 배우는 학문, 특히 유학은 무술·불교·신도 그 어느 것보다도 사무라이들에게 정치적 관심을 환기하는 것이었다. 번교를 만든 번 당국의 거듭되는 금지령에도 번교는 당국의 예상을 넘어, 사무라이가 정치화되는 계기를 만들어주었다. 이렇게 보면 18세기 후반부터 전국적으로 번교가 설립되었다는 사실의 정치적 의의에 한층 더 주목할 필요가 있을 것이다.

번교는 단순히 번정의 장식물만은 아니었다. 번 당국은 번교에서의 가신단 교육에 매우 적극적이었다. 번이 번사들의 취학을 강제하고 출석을 점검하는 일도 드물지 않았다. 출석일은 연령과 신분에 따라 차이가 있었고, 경우에 따라서는 기숙을 강제하기도 했다. 주목할 것은 청소년만이 번교에 출석해야 하는 것은 아니었다는 점이다. 많은 번에서는 40세 이하의 자들에게도 출석을 강제 또는 권장했고 역직役職을 맡고 있는 자들도 예외는 아니었다. 덴포기天保期(1829~1844)에 전국의 번교 243개교 중에 가신 전원의 출석을 강제한 곳은 76개교(31.3%), 사무라이신분[士分]에는 강제했지만, 졸 신분[卒分]은 자유의사에 맡긴(勝手次第) 곳이 89개교(36.6%), 의무출석이 원칙이지만 사숙이나 데라코야寺子屋에서의 수학을 인정한 곳이 25개교(10.3%), 학생의 자유의사에 맡긴 곳이 47개교(19.3%)였다.[6] 이것은 거꾸로 보면, 강제하지 않으면 안 될 정도로 사무라이들이 번교에 다니려고 하지 않았다는 반증일 수도 있고, 또 강제취학조치가 어느 정도 효과가 있었는지는 좀 더 검토가 필요할 것이다. 그러나 적어도 사무라이들의 인생에 학교는 이제 더는 피해갈 수 없는 곳이 되었다는 점은 분명하다고 할 수 있을 것이다. 더욱 중요한 것은 번교에 다니고 주어진 출석일수를 채우는 것만으로 모든 것이 끝나는 게 아니었다는 점이다. 거의 모든 번교에서는 시험을 빈번하게 치러 학생들의 면학 상황을 엄밀하게 점검했다. 막부의 쇼헤이자카 학문소昌平坂學問所가 학문음미(시험)와 역인 등용을 연계한 것은 잘 알려져 있는데,[7] 미토번과 구마모토번도 마찬가지였고 사가번佐賀藩처럼 번주가 공식적으로 학업성적과 역직을 연결하겠다는 의지를 표명하는 번도 있었다.[8] 조선·중국·베트남 등 다른 동아시아 국가와 달리 끝내 과거제를 도입하지 않은 일본에서 많은 사무라이가 무술이 아니라 학문에 관한 시험을 경험하는 일본 사상 최초의 사태가 이 시기에 벌어진 것이다.

2) 고도칸과 가신단의 신분제

미토번 번교 고도칸은 1841년(덴포 12) 가개관한 데 이어 1857년(안세이 4) 본개관에 이르렀다. 유학을 비롯해 학문이 발달한 미토번에서 번교가 다른 번에 비해 늦게 설립된 것은 의외이나, 이것은 미토번 내에 『대일본사大日本史』를 편찬하는 쇼코칸彰考館이 있어 역사편찬뿐 아니라 번사의 교육도 담당해왔기 때문이다. 번 재정이 좋지 않은 상황에서 고도칸 설립을 강행하려는 번주 도쿠가와 나리아키德川齊昭(1800~1860)와 번 중신의 대립에 대해서는 잘 알려져 있지만, 어쨌든 고도칸은 미토성 산노마루三の丸에 있던 번 가로 야마노베山野邊 가문의 택지를 수공收公하여 약 17만 8,512㎡(5만 4,000평)의 부지에 건설되었다. 이것은 전국 최대 규모로 그다음이 조슈번 메이린칸明倫館의 4만 6,512㎡(1만 4,070여 평)이니[9]

그 압도적인 크기를 짐작할 수 있다.

이 고도칸에 대해서는 이미 기초 연구가 이뤄져 있다.[10] 그리고 이를 중심으로 유명한 미토번의 내분이 벌어진 것에 대해서도 많은 사실이 알려져 있다.[11] 이 글에서는 한 걸음 더 나아가 앞에서 서술한 필자의 문제의식과 관련하여 몇 가지 중요한 문제를 살펴보고자 한다. 먼저 번교와 신분제의 관계 문제이다.

그간의 번교에 대한 연구에서는 번교와 신분제에 관하여 번교 내에서는 신분제가 상대적으로 완화되었다는 취지의 언급만 있었을 뿐, 이에 대한 본격적인 분석은 찾아보기 힘들다. 이는 번교 연구가 교육사적 측면에서 주로 이뤄졌기 때문이기도 하지만, 더 중요한 이유는 사무라이층 내부의 계층구조에 대한 연구가 제대로 되어 있지 않았기 때문이다. 그러나 번교를 단순히 교육사적 측면뿐 아니라 정치사적 맥락, 특히 '정치적 행동주의의 대두'라는 맥락에서 파악하려고 한다면, 사무라이 내부의 다양한 계층이 번교라는 새로운 공간에서 어떤 관계로 존재하는지 살피는 일은 매우 중요할 것이다.

이 글에서는 번 당국이 번교의 설립과 운영을 주도한 만큼 기존의 계층 서열을 번교 내에서도 유지하려고 노력했음을 우선 살핀다. 번교 내에서도 어디까지나 기존 신분제의 축은 기본적으로 유지되었던 것이다. 출석 의무일수(일할日割)를 정할 때도 가신단 내 계층이 기준이 됐고, 이어서 적자인가 차남·삼남 이하인가 하는 전통적 구분이 그대로 적용되었다. 또 가개관 후 포의布衣 이상 당주當主에 한해 고도칸 문관文館에 나올 때 어느 료寮에 몇 시부터 몇 시까지 있었는지 메츠케에 신고하도록[12] 했다는 기사에서 엿볼 수 있듯이, 출석점검 역시 신분계층별로 했다.

그러나 그럼에도 한편에서는 사무라이층侍層과 아시가루층足輕層의 가운데 위치하는 가치층徒士層(하사下士)의 활약에 주목해야 한다는 점을 강조할 것이다. 흔히 하급사무라이[下士]가 메이지유신을 주도했다고 말한다. 물론 최근에는 상급, 중급 사무라이의 역할에도 주목해야 한다는 주장도 제기되지만 하급사무라이가 적극적으로 참여한 것은 부정할 수 없을 것이다. 문제는 이때 하급사무라이는 어떤 계층을 가리키느냐는 것이다. 좀 더 직접적으로 말한다면 가치층인가, 아시가루층 이하인가 하는 것이다. 이 중요한 문제가 지금까지 제대로 궁구되지 않은 채로 있다는 것 자체가 매우 의아스러운 일이다. 이 글에서 이 큰 문제를 본격적으로 다룰 수는 없으나, 고도칸과 가치층의 관계에서 이 문제에 대한 일말의 실마리를 얻고자 한다.

이 문제를 심도 있게 살펴보려면 먼저 가신단 내부의 계층구조를 검토해야만 한다. 최근 일본 근세사의 신분제 연구는 활발히 이뤄져왔으나 그것은 주로 하쿠쇼층百姓層, 조닌층町人層과 그 밖의 천민, 특수집단에 대한 연구와 그들 사이의 관계에 대한 연구가 주를 이뤄왔다. 즉 지배층인 가신단에 대해서는 의외로 신분제적 연구가 많지 않다. 가신단 내부에 두드러진 계층차가 존재했는데도 각 계층의 성격과 관계 등은 알려진 바가 많지 않은 것이다. 다만 무가武家 호코닌奉公人 같은 무사와 평민의 중간적 존재에 대한 연구가 진척되고 있을 뿐이다.[13]

이런 상황에서 최근 가신단 내부의 다양한 계층을 포괄적으로 검토한 연구들이 나오는 것은 매우 고무적인 일이다.[14] 여기서는 이 연구들에 기초하여 가신단 신분의 내부계층에 대해서 먼저 대략적으로 서술한다.[15] 이것은 번교와 가신단의 신분관계를 살피기 위한 것이다. 다이묘의 가신단은 그 내부에 분명한 계층차가 존재했는데, 그 계층은 몇 가지로 구분해볼 수 있다. 선행연구에 기초하여 이를 알기 쉽게 표로 제시하면 아래와 같다.

〈표〉 다이묘 가신단의 내부계층

분류 A	분류 B	분류 C
시侍	급인給人(馬廻 이상)	급인(馬廻 이상)
	중소성中小姓	중소성
도사徒士	도사	도사
족경足輕	족경	족경
		중간中間 · 소자小者

위 표는 A→B→C로 갈수록 더 세분하여 분류한 것이다. 먼저 시侍[16]는 흔히 우리가 사무라이라고 부르는 사람들이다. 지행知行과 기마騎馬가 허락되었으며, 이에家도 유서 깊은 경우가 많다. 그들의 이에와 가역家役, 가록家祿은 대대로 세습되는 게 일반적이다. 이는 다시 우마마와리馬廻 이상의 급인給人과 중서성中小姓으로 구분된다. 흔히 우리는 상급사무라이[上士]·중급사무라이[中士]·하급사무라이[下士]라는 구분을 즐겨 사용하는데, 지역이나 시기에 따라 편차는 있지만 대체로 우마마와리 이상이 상사, 나카쇼쇼층이 중사라고 할 수 있다. 그러나 우마마와리층의 위치는 좀 애매해서 중사로 구분되는 경우도 있다. 하사는 가치층이며 아시가루足輕·쥬겐中間·고모노층小者層은 졸卒이라고 할 수 있을 것

이다.

가치徒士는 보병으로, 절취미切米取로 봉록을 받는 경우가 일반적이었다. 사무라이층과 달리 배신陪臣, 무가봉공인武家奉公人 등 메시츠레召連가 없는 단신單身이었다. 가치의 이에는 막부 초기에는 잘 세습되지 않았으며, 세습하려면 무예, 달필, 계산능력, 신체적 강건함 등 능력을 증명할 필요가 있었다. 이들이 담당한 업무는 주로 이무吏務에 해당하는 것들이었기 때문에 실무능력이 중요했던 것이다. 평화가 장기화됨에 따라 민정업무 등을 위해 번 기구가 비대해지면서 가치의 숫자도 점점 늘어났다. 또 19세기에 들어서면 가치도 이에의 유서由緒나 부조父祖의 근공勤功 평가에 따라 세습되는 경우가 늘어났다.

아시가루·쥬겐·고모노 등은 흔히 경배輕輩라고 불리는데 원래는 군속의 업무를 담당하던 층이었다. 이 계층은 후다이 아시가루譜代足輕 등 극히 일부를 제외하고는 이치다이 가카에一代抱로 거의 세습되지 않았으나 가신단에서 차지하는 인구 비중은 가장 컸다. 이들은 조카마치城下町 주변 농촌의 농민층이나 조닌층에서 능력을 인정받아 발탁되는 경우가 많았고, 그만두고 다시 농민이나 조닌으로 돌아가는 경우도 흔했다. 즉 이들과 다른 평민층 간에는 신분적 구분이 엄격하지 않았다고 할 수 있다.

사무라이층과 가치층 사이에는 엄격한 신분구별이 있었으나 흔히 사분士分, 제사諸士라고 할 때는 이 두 계층을 다 포함하고, 아시가루 이하는 포함하지 않았다. 그러나 가신단家臣團, 가중家中이라고 할 때는 아시가루 이하까지 포함되었다. 제사층(이상)과 아시가루 이하 사이는 매우 엄격히 구별되었다. 아시가루 이하는 하카마를 입을 수 없었고, 양도兩刀를 차는 제사층과 달리 칼도 한 자루밖에 찰 수 없었다. 대면이나 동간同間(한 방에 있게 되는 것), 길에서 조우 등의 경우에 제사층에 해야 할 경례의 내용도 조목조목 엄격히 규정되어 있는 경우가 많았다.

따라서 가신단 내부계층을 생각할 때 우선 가치와 아시가루 사이가 가장 강한 구분선이었다. 이어서 가치와 사무라이층의 구분선도 중요했다. 물론 사무라이층 내부에서도 일문一門, 가로급家老級 등 최상층사무라이와 다른 사무라이는 계층차가 뚜렷했다.

이제 이런 상황을 염두에 두면서 미토번 고도칸의 상황을 신분제적으로 검토해보자. 미토번의 가신단 신분에 대해서는 『수호시사水戶市史』 중 권 1의 제2장 제3절에 언급되어 있으나 피상적 서술에 머물러 이 문제를 궁구하는 데 큰 도움이 되지 않는다.

먼저 고도칸의 총책임자라고 할 수 있는 학교총사學校總司는 국로國老나 방가시라급番頭級이 담당했으나 상치직常置職은 아니었으므로 학교봉행學校奉行이 실질적인 책임자였다. 이 학교봉행에는 측용인側用人을 임명하였다. 번교가 번의 일대사업이었던 만큼 그 총책임자의 지위에 상사의 지위에 있는 자가 취임하는 것은 당연한 일일 것이다. 중요한 것은 그 밑에서 실질적으로 번교의 교육업무를 담당한 교직이다. 고도칸의 경우 교직은 교수두취教授頭取, 조교, 훈도, 사장으로 구성되어 있다. 이 중 교수두취(2명, 역료 200석)는 고쇼가시라小姓頭나 고쇼도도리小姓頭取에서 임명되었고, 조교(3명, 그중 1명은 에도 번저 근무, 역료 5석)는 고난도야쿠小納戶役나 츠기방구미次番組 등에서 발탁했다. 이들은 모두 평사平士

이상이다.[17] 그 밑의 훈도(10여 명, 그중 3명은 에도 번저 근무, 1명은 가도국 근무)와 사장舍長(9명, 그중 3명은 에도 번저 근무)도 평사 이상에서 임명하도록 했다.[18]

『수호시사』중권 1(193~195쪽)은 가신단의 사분士分을 상사·중사·평사·하사 네 계층으로 구분하였는데, 주 17)의 연구서들이 말하는 평사가 이 구분에 따른 것이라면 하사=가치는 교직에 임명될 수 없게 되는데, 실제 사료상에서는 가치 출신이 많이 보인다. 이에 대해서는 뒤에서 다시 서술한다. 어쨌든 훈도, 사장같이 일선에서 학생과 늘 접촉하면서 교육에 임하는 교직에는 평사 혹은 하사라는 비교적 격식이 낮은 사무라이가 임명된 것에 주목해두자. 그렇다 하더라도 전체적으로 보면 고도칸의 운영 책임자나 교직을 임명하는 데도 신분제 서열이 여전히 적용되었음을 볼 수 있다. 등교자의 출석일수가 신분별로 정해진 것과 마찬가지로, 교직임명도 기본적으로는 신분제에 규정되었던 것이다.

한편 교직과 본무本務의 관계도 적어도 공식적으로는 전통적인 선에서 크게 벗어나지 못한 듯하다. 여기서 본무라는 것은 가신단이 맡고 있던 방가타番方(군사계통)와 야쿠가타役方(행정계통)의 일을 말한다. 방가타는 군역으로 가신단의 기본 임무였다.[19] 야쿠가타는 행정업무를 담당하는 쪽으로 평화가 계속되면서 관료기구가 방대해지자 이와 관련된 업무도 팽창해갔다. 가신단은 이 양쪽 어딘가에 배치되어 가신으로서 임무를 완수해야만 했다.

이런 구조에서 고도칸과 관련된 업무나 취학활동은 어떻게 위치 지워지는가? 이는 사무라이사회에서 학교의 위치와 관련해서도 중요한 지점이다. 가개관한 1841년(덴포 12) 교수두취는 가개관 이래 학생 교육에 매진해온 사장 7명에게 급여 주기를 신청하면서, 급분이 있는 두 명에게도 사장 근무는 '본무가 아닌 일(余計之勤方)'이므로 따로 급료를 줄 것을 요청했다.[20] 본무가 있는 두 명에게 사장의 일은 어디까지나 가욋일이었던 것이다. 사장의 업무는 격무였던 것 같다. 1842년(덴포 13) 7월에 번청은 지금까지는 본무가 있는 자들을 사장에 임명해왔으나, 앞으로는 본무가 있으면 역役에 따라 빼주든가, 아니면 고부신구미小譜請組(무역無役의 자들이 속해 있는 조)나 헤야즈미部屋住(차삼남 등 가독을 잇지 못한 자), 즉 본무가 없는 자들 중에서 임명할 방침을 밝혔다.[21] 이에 따라 이후에는 가와노 도노스케河野東之助의 경우처럼 가치라는 본무를 아예 면제받고 어법첩어용御法帖御用으로 고도칸에 와서 일하다가 일이 끝난 후 본무로 돌아가는 것이 가능해졌다.[22] 또 기숙료의 「어정御定」을 보면 기숙생들은 기숙하는 기간에는 본무를 면제해주고, 또 교직과 사장이 철야근무를 했을 때에는 본무를 쉬게 해주도록 되어 있다.[23] 이처럼 학교 근무는 처음에는 본무로 인정되지 않았으나, 점차 본무를 면제받고 학교 업무에 전념할 수 있는 방향으로 나아갔던 것 같다. 그러나 학교 근무가 정식의 본무로 공식 인정을 받은 것 같지는 않다.

이상에서 본 것처럼 고도칸 내에서는 기본적으로 사무라이사회의 신분서열이 적용되었고, 본무와의 관계에서도 교직은 공식적인 봉공奉公이라기보다는 어디까지나 임시직 같은 취급을 받았다. 그러나 신분제의 서열이 지켜지는 것은 사실이라 하더라도, 여기서 주의해야 하는 것은 학교의 실무를 관장하거나 학생들과 자주 대면하는 교직은 대체로 낮은 격식의 신분에서 임명되었다는 점이다. 먼저 1840년(덴포 11) 4월 9일 고쇼 도도리姓頭取 아오야마 료스케靑山量介, 아이자와 야스시會澤安를 고쇼 가시라小姓頭로 삼고 교수두취로 임명했다. 이때 역료는 100석으로 하려는 논의가 있었으나, 번주가 학재지자學才之者는 타번에서도 고용할 수 있으므로 본록本祿에 관계없이 200석으로 하도록 분부하여 200석으로 낙착되었다.[24] 아오야마나 아이지와는 모두 미토번의 대표적인 학자이기는 했으나 신분으로 말하면 평사에 불과했다. 비록 형식적으로는 가로나 번두, 측용인급이 번교 총책임자였으나 실질적으로는 교수두취가 실권을 갖고 있었음을 생각한다면 신분에 비해 상당히 큰 권한이 이들에게 주어졌다고 볼 수 있다. 그 밑의 조교는 주로 고난도小納戶나 츠기방구미次番組에서 배출되었는데 이 역시 평사급이었다.

그런데 여기서 주목해야 할 것은 훈도와 사장이다. 앞에서 본 대로 기존 연구에서는 훈도와 사장을 평사 이상 계층에서 임명했다고 하였는데,[25] 『수호시사』에 따르면 평사층은 가치보다 상위신분을 말한다.[26] 그런데 『고도칸사료弘道館史料』에 나와 있는 훈도와 사장 임명사례를 보면 가치가 많이 임명되었음을 알 수 있다.

먼저 훈도를 살펴보면 1842년(덴포 13) 12월 번청은 번사 스즈키 쇼조鈴木庄藏에게 "동생 고노키치子之吉를 이번에 가치로 등용하여 훈도에 임명하셨고 부지를 지급하며 역료는 동렬同列대로 해주실 것이니 더욱 열심히 일하도록"이라고 명했다.[27] 또 1843년(덴포 14) 10월에는 번사 아오야마 료타로靑山量太郎에게 "동생 료시로量四郎를 이번에 가치에 발탁하여 고도칸 훈도로 임명하시며 깃푸금切符金 10냥 3인후치(3人扶持) 및 역료 쌀 3석을 주실 것을" 명했다.[28] 스즈키와 아오야마는 이 시기 미토번의 분겐쵸分限帳인「미토번어규식장水戶藩御規式帳」에 따르면 모두 오방구미大番組에 속한 평사들인데,[29] 그 동생, 즉 야카이모노厄介者(가독을 잇지 못한 자)를 가치로 등용하여 훈도의 직을 주는 게 공통적이다.[30] 이는 비록 평사의 동생이긴 하지만 공식적으로는 가치라는 하사 신분의 자들이 훈도에 취임하였음을 보여준다.[31] 1845년(코가2) 6월 26일에는 오우치 요치로大內與一郎에게 "그대를 이번에 가치격御徒格에 등용하고 고도칸 훈도에 임명하시며 깃푸미切符米 10석 3인후치(3人扶持), 역료 쌀 3석을 주실 것"을 명했는데,[32] 이를 통해서도 가치에 미치지 못하는 가치격 신분의 자가 훈도직을 맡았음을 알 수 있다. 한편 이시가와 덴조石川傳藏에게 "그대를 이번에 고쥬닌구미小從人組에 임명하고 고도칸 근무를 분부하셨다. 훈도는 종전대로"[33]라고 하는 것을 보면, 역시 하사급인 고쥬닌구미에서도[34] 훈도가 배출되었다. 이 밖에 사사키 헤시로佐佐木平四郎의 아들 데츠자부로銕三郎도 고쥬닌구미에 발탁된 후 훈도에 임명되었다.[35]

여기서 또 주목해야 하는 것은 적자가 아닌 자를 훈도에 임명할 때 많은 경우 먼저 가치에 편입시킨다는 점이다. 이것은 다시 얘기하면 훈도 임명에는 최소한 가치(혹은 가치격)의 격식이 필요했다고 할 수 있다. 관견의 한에서는 미토번에서 가치격 이하의 자가 훈도에 임명되지는 않았던 것 같다.[36]

이상을 종합해보면 고도칸의 훈도는 평사층 이상이라는 종전의 설과 달리 가치, 즉 하사층에서 상당히 임명되었고, 특히 적자 이외의 차삼남이 가치 신분을 얻은 후 임명되는 경우가 많았음을 알 수 있다.

다음에 사장舍長을 살펴보면, 사장은 거학생居學生 중에 우수한 자를 뽑아 교원을 도와서 학생교육을 지도하게 한 직책이다. 정식교원은 아니었지만 번에서 역료를 지급받는 준교원이라고 할 수 있고,[37] 학생들과 제일선에서 접촉하는 위치에 있었다고 할 수 있다. 또 번교에 온 공자公子 (번주의 아들)들이 사장의 강의를 듣는 등 대우도 결코 가볍지 않은 존재였다. 1842년(덴포 13) 번 당국은 "사장을 지금까지는 본무가 있는 자를 임명해왔으나 앞으로는 역에 따라 본무를 빼주든가(引拔), 아니면 고부신구미나 헤야즈미의 자제들 가운데에서 분부"하도록 했다.[38] 이는 1841년(덴포 12)에 고도칸 가개관 시 교수두취 스기야마 후쿠도杉山復堂가 낸 제안서에 사장으로 "헤야즈미 가운데 호학지자를 선발할 것"이라고 되어 있는 것과도 부합한다.[39]

1842년(덴포 13) 7월 번은 가치 이시가와 요시다유石川嘉大夫에게 "그대는 이번에 은거를 명받았으므로 (중략, 이하 괄호 안은 인용자) 아들 슈타로秀太郎(사장)를 대신 가치로 등용하여 부지를 지급하고 (역료는) 동역同役과 마찬가지로 줄 것이다"[40]라는 분부를 내렸다. 사장인 슈타로를 가치에 등용한 것이다. 또 번사 센가 마사노인千賀政之允은 사장을 하던 중 가치로 등용되었다.[41]

이를 보면 사장은 별다른 역이 없는 고부신구미小譜請組나 헤야즈미에서 주로 임명되었고, 이들이 사장을 하던 중 가치로 등용되는 걸로 봐서 가치가 되기 전에도 사장을 담당할 수 있었음을 알 수 있다. 이는 가치나 고쥬닌구미로 등용됨과 동시에 임명되던 훈도와 차이가 나는 부분이다. 그리고 이들은 많은 경우 헤야즈미였던 것으로 보인다. 앞에서 본무의 부담이 문제가 된 것은 사장 7명 중 2명이었는데, 나머지 5명은 헤야즈미였을 것이다. 이처럼 훈도나 사장의 경우 당주의 동생이나 차삼남 등 헤야즈미가 큰 역할을 한 것을 알 수 있는데, 이에 대해서는 다음에서 상세히 다룬다.

여기에서 논의한 것을 정리하면, 비록 고도칸 체제가 기존 신분서열에 기본적으로는 의존했으나, 훈도와 사장에 이르러서는 가치층 혹은 가치 이하 헤야즈미 등이 다수 임명되었다는 점에 주목해야 한다. 그들은 일선에서 학생들을 직접 교육, 지도하였기 때문에 그 인격과 능력에 따라서는 학생들에게 큰 영향력을 지닐 수 있었다. 정규 가신단 조직에서는 얻을 수 없는 지위를 고도칸 내에서 획득할 수 있었던 것이다. 이것이 그들이 번교 안팎에서 형성되어가는 '학적 네트워크'의 중심 역할을 하게 되는 배경인 것이다.

3) 고도칸과 '야카이모노厄介者'

번교 문제를 생각할 때 다음으로 주목해야 하는 것이 차삼남 이하의 사람들이다. 도쿠가와사회는 원칙적으로 장자 단독상속제였다. 따라서 이에를 계승하는 당주 이외의 차삼남 이하는 다른 가문에 양자로 가거나 번 당국에 특출한 재능을 인정받아 역직을 받지 않는 이상 이에에 얹혀사는 야카이모노厄介者 신세를 면할 수 없었다. 미토번도 예외는 아니었다. 특히 미토번은 만일의 사태에 대비한 예비군으로서 차삼남을 확보해두기 위해 그들에게 1년에 은 10매枚를 지급하는 대신, 다른 번으로 양자 가는 것을 금지했기 때문에 상황은 더 심각했다고 할 수 있다. 이들은 번 내에 "적당한 양자 자리가 없으면 일생 집안의 식객으로 지내며 빌붙을 수밖에 없는 신세였다. 마치 하인과 같이 잡일을 맡아 하다가 조카가 당주 자리에 라도 오르면 '귀찮은 숙부'라는 명예롭지 못한 호칭으로 불릴 수밖에 없"는[42] 사람들이었던 것이다.

번교 고도칸은 이들에게 문호를 개방했다.[43] 별달리 할 일이 없었던 이들에게 번교는 어떤 의미에서 삶의 의미를 제공해주는 곳이었으며, 번 당국으로서도 부담스러운 존재인 이들을 번교에서 흡수하는 것은 바람직스러운 일이었기 때문에 입교를 적극 권장했다. 1841년(덴포 12) 5월에야 번교가 가개설된 미토번에서는 그 이전에는 사서편찬기관인 쇼코칸이 학문연마와 교육의 장이었다. 여기서는 시험[吟味]도 행해졌는데, 1803년(교와 3)경 포의布衣 이상의 장자, 차남, 삼남에게 쇼코칸에서 강석講釋과 소독素讀의 음미에 응하라는 명령이 내려진 걸로 봐서[44] 이미 쇼코칸의 학문 교육에 차삼남 이하의 번사들도 참가할 수 있었던 것을 알 수 있다. 고도칸 가개관을 앞두고는 가신단에게 고도칸이 개관하면 "가중家中 연령 40세 이하의 적자와 차삼남은 물론 당주도 40세 연령 이하는 각각 등교일수[日割]를 정해 등교[詰]하도록 분부"[45]했다. 이 포달布達은 당주로 역직을 갖고 있는 자들도 번교에 나와야 한다고 강조하는 것이지만, 당주와 적자뿐 아니라 40세 이하의 차삼남도 번교 등교의 대상자임을 명확히 했다.[46]

실제로 가개관 시의 일할은 포의병 300석 이상의 당주와 적자는 한 달에 15일, 동 차남 이하와 제弟 및 물두병物頭並 150석 이상의 당주, 적자는 12일, 물두병 150석 이상의 차남 이하 제 및 평사의 당주, 적자는 10일, 평사차남 이하와 제는 8일간으로 규정되었다. 단 30세 이상 및 직사職

事가 있는 자는 반감했고, 40세 이상은 면제되었다.[47] 이를 보면 차삼남과 당주의 제는 한 단계 아래 신분의 당주, 적자와 같은 정도의 출석일수를 요구받았음을 알 수 있다. 게다가 직사, 즉 역직이 있는 자는 출석을 반으로 줄여줬는데, 그 대부분이 당주나 적자였을 것이므로 고도칸 등관자登館者 중에서 차삼남 및 제 등 '야카이모노'가 차지하는 비율은 꽤 높았을 것이다. 태어나면서부터 가업을 승계할 것이 정해져 있는 적자와 달리, 이들은 고도칸에서 두각을 나타내는 일이 출세할 수 있는 거의 유일한 길이었고, 차삼남 이하도 문무발군의 자는 특별히 발탁하여 봉록을 지급하겠다는 번의 방침은[48] 이들에게 큰 동기를 부여했을 것이다.

이 같은 방침은 본개관 때까지 이어졌다. 고도칸은 1841년 가개관에 이어 1857년(안세이 4)에 본개관을 맞이하는데 그 전해에 전 번주 도쿠가와 나리아키는 본개관을 앞두고 학제 전반에 대해 의견을 낼 것을 요구하였다. 이때 나리아키가 의견제시를 요구한 23개 세목(賞罰, 席順, 文武見分, 입학식, 他藩人 입학 등) 중 하나에 차삼남 항목도 들어 있다.[49]

1843년(덴포 14) 12월에는 번주 나리아키의 아들들('공자')인 고로마로五郎麻呂(5남, 덴포 8년생), 시치로마로七郎麻呂(7남, 덴포 8년생)가 매월 3지일三之日에 고도칸에서 석서席書를 하므로 포의 이상의 총령, 차삼남, 제 중 11세부터 14세까지는 같이 석서하도록 분부했다.[50] 고로마로는 나리아키의 제5남으로 나중에 돗토리번주가 되는 이케다 요시노리池田慶德이며, 시치로마로는 제7남으로 훗날 마지막 쇼군이 되는 도쿠가와 요시노부德川慶喜이다. 이들은 모두 1837년생으로 이해에는 만 여섯 살이 되어 있었다. 고도칸의 석서를 통해서 차삼남들도 번주의 '공자'들과 어려서부터 대면하여 함께 학문 활동을 할 기회가 주어졌던 것이다.

3 고도칸과 '학적 네트워크'

1) 교원과 번 실력자들 간의 '학적 네트워크'

'구마모토 논문'에서는 주로 교원과 일반 사무라이 학생 간의 '학적 네트
워크'에 주목했으나, 학문은 이들뿐 아니라 번의 최고 상층부, 나아가 번
주와 그 자제들에게도 반드시 해야만 하는 것으로 되어갔다. 이 과정에서
신분이 낮은 교원과 번 최고위급 인사가 학문학습을 매개로 대면하는 일
이 빈번해졌다. 종전의 가신단 조직에서라면 있기 힘든 일이었다. 여기서
는 그러한 고도칸의 실태를 살펴보겠다.

　로주老中, 와카토시요리若年寄 등 번정 수뇌부는 정기적으로 고도칸
을 시찰했다. 그런데 단지 시찰하는 데 그치는 것이 아니라 이들을 비롯
한 번 수뇌부는 정기적으로 교원들에게서 강의를 들어야 했다. 이를 표강
석表講釋이라고 하는데 예를 들어 1849년(가에이 2) 2월 20일 다카네 센
조高根千藏가 강번講番이 되어 행한 표강석에는 스즈키 이와미노가미鈴
木石見守, 도야마 류스케遠山龍介, 오쿠보 진고자에몽大久保甚五左衛門,
곤도 기다유近藤義大夫, 마쓰다이라 겐조松平權藏 등 번의 쟁쟁한 고관
들이 참석했다.[51] 표강석 강번에는 다카네 센조高根千藏, 스즈키 후미마
로鈴木文麿, 오우치 요이치로大內與一郎:御徒格, 다카쿠라 헤이사부로
高倉平三郎, 도야마 구마노스케遠山熊之介, 니가미 규사부로仁上久三郎,

사사키 데츠사부로佐佐木鐵三郎, 도모베 하치고로友部八五郎, 아오야마 료타로, 스즈키 스케에몽鈴木祐衛門, 지노네 이요노스케茅根伊予介, 이시카와 간지로石河幹次郎, 아이자와 야스시, 사노 준지로佐野順次郎, 스즈키 고노키치鈴木子之吉 등의 이름이 보이는데,[52] 훈도들이 다수 들어가 있는 것이 주목된다. 훈도는 앞에서도 말한 바와 같이 주로 하사인 가치나 평사 중에서도 하층에 속하는 자들이었는데, 이들이 최고위직들을 대면하고 게다가 그들을 향해 강의까지 하게 된 것이다. 전통적인 방가타 조직 아래에서라면 일어나기 힘든 일이다.

그뿐만이 아니다. 『홍도관사료弘道館史料 II』를 읽다 보면 곳곳에서 '공자', 즉 번주의 아들들이 강의를 듣는 장면이 나온다. 우선 교수두취는 여러 공자의 시독侍讀이었다.[53] 1843년(덴포 14) 12월 번청은 번주 나리아키의 아들들인 고로마로, 시치로마로가 매월 13일에 고도칸에서 회독할 것이니 강의진을 구성하라고 지시했고,[54] 이듬해 3월에는 3일, 13일로 월 2회로 늘렸다.[55] 1843년(덴포 14) 12월에는 그간 공자 교육의 공헌에 대해 번청이 포상을 행하였는데, 여기에는 아이자와 야스시, 아오야마 료타로 등 교수두취뿐 아니라 훈도 등도 포함되어 있었다.[56]

특히 1847년(고카 4)부터는 '삼공자좌전윤강三公子左傳輪講'과 같이 공자들의 독서, 회독 기사가 자주 나온다. 여기에는 물론 교수두취, 훈도 등 고도칸 교원들이 참여했는데, 많을 때는 이틀에 한 번씩 행하기도 했다.[57] 더욱이 공자들이 강습료에 와서 강습생에게 강석토록 하거나 사장이 기거하는 방에 와서 그들의 강석을 듣기도 하였다.[58]

이상에서 본 것처럼 번 고위직은 물론이고 심지어 번주의 아들들도 고도칸에 자주 나와 교원들의 강의를 들어야 했다. 월 2회 강의는 적지 않은 횟수이며 그보다 더할 때도 있었으니, 공자들의 학문 학습이 시늉만 낸 것이 아님을 짐작할 수 있다. 훗날 마지막 쇼군이 된 후 영명한 군주로 이름을 날려 기도 다카요시木戸孝允가 '도쇼구東照宮의 재림'이라고 두려워했을 정도로 탁월한 능력을 보여준 도쿠가와 요시노부도 이런 과정을 거쳐 단련되었을 것이다. 어쨌든 가치급에 불과한 훈도들이 번 고위직과 공자들을 직접 대면하는 것도 어려운 일인데, 하물며 이들에게 정기적으로 강의했다는 것은 이들의 지위와 권위를 향상시키는 데 크게 기여했을 것이다. 실제로 번청은 공자들이 고도칸에 출입할 때 교수두취들은 송영하지 않아도 된다고 명령하여 스승으로서 그들의 권위를 인정해주었다.[59]

지금까지는 주로 교원과 학생들 간의 '학적 네트워크'에만 주목해왔으나, 위와 같이 교원들이 표강석과 공자들과의 수업을 통해 번정의 실력자 혹은 장래의 권력자들과 친분을 형성할 가능성도 생각해볼 수 있을 것이다. 더욱이 강습생·사장조차 강의를 매개로 그들과 접촉했다면 그 과정에서 이들 신분이 낮은 젊은 가신들과 번 상층부 인물들이 가까워질 가능성도 예상할 수 있을 것이다.

2) 고도칸과 가숙家塾 간의 '학적 네트워크'

위에서는 번 상층부와 교사들 간의 관계를, '구마모토 논문'에서는 교원과 번교 내 일반 사무라이 학생들 간의 네트워크를 검토했다면, 이하에서는 번교와 조카마치에 산재한 사숙私塾 간의 관계를 살펴보겠다. 사숙은 간세이기寬政期(1789~1791) 이후 급증하였는데, 삼도三都와 조카마치에 주로 있었지만, 점점 향촌에도 다수 생기기 시작했다.[60] 조슈번의 경우 막말기에 번 전체 사숙은 105개교였는데, 이 중 조카마치에 있는 것은 39교였다.[61] 그리고 그 분포는 번의 전 영역에 퍼져 있었다. 다른 번에서도 사숙은 조카마치뿐 아니라 지방도시 혹은 농촌에도 많이 생겨났다. 사숙은 번교보다는 입학 제한이 훨씬 자유로웠기 때문에 가신단은 물론, 그 외 신분의 자들도 대거 참여하였다. 전국적으로도 저명한 사숙들이 생겨나 히타日田의 간기엔咸宜園이 배출한 숙생塾生은 4,000명을 헤아릴 정도였다.

미토번에서도 간세이기 이후 쇼코칸에서의 학습과 음미뿐 아니라 조카마치를 중심으로 사숙이 번성하였다. 1809년(분카 6) 조카마치의 사숙 현황을 보면 번청이 파악한 것만 해도 42개 숙이 있었다.[62] 숙생은 10명 이내인 경우가 많았으나 곳에 따라서는 30명이 넘는 데도 8곳 정도 있었으며, 아키야마 도요노스케秋山豊之助의 사숙은 100명 가까운 숙생이 있었다. 이 시기 숙생 숫자를 최대치로 잡으면 790명 정도이다.[63] 분카·분세이기(1804~1830)에 쇼코칸 음미吟味 응시자가 300명인 정도인 것을 보면[64] 이 숫자는 신빙성이 있다고 할 수 있다.

사숙과 숙생 숫자는 그 후 점점 증가한 것으로 보인다. 가에이기嘉永期 (1848~1854)의 기록에 따르면 미토번 가숙(사숙) 문무지남文武指南(문무선생)의 총수는 169명이므로 사숙 숫자가 증가한 것을 알 수 있다. 이렇게 숙생 숫자가 증가한 배경에는 학문이 점점 중요해지는 시대상황에다가 번 당국의 적극적인 사숙 장려와 사숙의 '공교육화' 정책이 있었다. 고도칸이 가개관한 1841년 번청은 가중家中 자제 중 10세 이상은 가숙에 입문해야 하고, 누가 몇 세에 누구에게 입문했는지를 고도칸 교수두취에게 보고하도록 했다.[65] 그리고 15세가 되면 각 숙의 선생들이 고도칸의 교수두취에게 신고하여 입학수속을 하도록 했다.[66] 입학절차는 문관, 무관으로 나뉘어 문관은 『효경』과 『논어』 시험에 합격한 자가 강습생으로 입학하였고 무관은 시험 없이 15세 이상은 모두 입학하였다.[67] 만약 불합격한 사람은 가숙에 남아 가숙교사가 매월 출결정태出缺精怠 상황을 메츠케에게 보고하도록 했다.[68] 이는 번이 사숙을 고도칸의 하부기관, 초등교육기관으로 위치 지운 것으로, 이런 사숙을 가숙家塾이라고 한 것이다.

번청은 가숙교사의 통제에 힘을 기울였다. 지노네 이요노스케茅根伊與之介가 독서수습讀書手習 지남指南을 시작할 때의 예에서 보이듯 가숙을 개설할 때에는 번청에 신고해야 했으며[69] 가숙 지남들을 번청이 포상하는 일도 빈번하였다.[70] 가숙교사에게는 번청이 번사 자제의 입숙入塾 수에 따라 부지扶持를 지불했다.[71] 이 정도가 되면 사숙의 공교육화라고 할 만할 것이다.

한편, 가숙의 숙생들은 정기적으로 고도칸의 음미에 응시했다. 가숙교사들은 자기 학생들의 합격률을 높이기 위해 경쟁했다. 음미 응시 시, 숙생들 중 지배두支配頭(정식 가신단 조직의 상급자)가 있는 자는 지남명指南名을 지배두에게 제출해야 했고, 음미의 순서는 지남의 신분격식 순으로 행해졌다.[72] '학적 네트워크'가 형성되어가는 중에도 방가타番方의 상사권위는 여전히 유지되었고, '학적 네트워크' 내에서도 신분제는 여전히 중요했던 것을 알 수 있다.[73]

그러나 번청이 가숙을 고도칸의 하부 교육기관으로 공교육화하려는 정책은 역으로 고도칸과 가숙의 인맥이 분리되지 않고 좀 더 긴밀한 '학적 네트워크'를 형성하는 데 도움이 되었다. 가숙의 선생은 숙생들에게 음식을 대접하거나 봄에는 함께 하나미(화견花見, 꽃놀이)를 하는 등 친밀한 사제관계를 형성하곤 했다. 가숙의 숙생들은 15세 이하의 어린 사람들이었지만, 가숙을 졸업하고 고도칸에 들어간 자들도 밤이나 비등교일에는 가숙에 나와 공부하는 등[74] 가숙에서 맺어진 관계는 졸업 후 성인이 되어서도 이어졌다. 고도칸이 서기 전까지는 가숙의 선배들이 후배를 지도하는 일이 많았는데, 그들이 고도칸에 입학하여 강습생, 거학생居學生으로 등교일수를 의무적으로 채워야 하는 상황이 되자 가숙교사들의 교육 부담이 커졌다. 이에 가숙교사들은 고도칸에 입학한 자 중 가숙에 나와 교육을 도와준 사람들에게는 등교일수의 '일할日割'을 감면해주도록 고도칸의 교수두취에게 요청하기도 했다.[75]

이처럼 번교가 생긴 후에도 기존 사숙을 기반으로 한 '학적 네트워크'는 여전히 유지되었는데, 더 나아가 번청은 고도칸이 정식으로 개관한 1857년(안세이 4)에 고도칸 교직 중에서 선임된 자가 가숙교사를 겸임하여 월 6회 숙생을 지도하도록 했다.[76] 그 후 고도칸 교원들인 도모베 하치고로友部八五郎, 다카네 센조高根千藏, 스즈키 후미마로의 가숙 문제門弟들이 고도칸 음미를 받는 기사들을 속출했다.[77] 이처럼 고도칸의 교원이 고도칸 내뿐 아니라 가숙에까지도 제자를 두게 되니, 이들을 중심으로 한 '학적 네트워크'는 더 확대되게 된 것이다.

이상으로 고도칸과 가숙 간에는 번청이 제도화한 학제적 서열관계가 있었을 뿐 아니라, 인적인 면에서도 긴밀한 '학적 네트워크'가 존재했음을 살펴보았다. 한편으로는 가숙을 졸업하고 고도칸에 입학한 학생과 현재의 숙생 간에 여전히 선배–후배 관계가 유지되었고, 또 한편으로는 고도칸의 선생이 동시에 가숙교사를 겸함으로써 가숙의 초등교육에서부터 고도칸의 고등교육에 이르기까지 긴 세월에 걸쳐 교사와 학생 사이에 밀접한 관계가 형성될 수 있었다. 이처럼 교수, 조교 등 평사신분의 자들뿐 아니라 가치도 다수 포함된 훈도, 사장 그룹의 자들이 홍도관 교내뿐 아니라 번 내 사숙의 학생들과도 '학적 네트워크'로 연결되는 현상이 나타났다. 학생들에 대한 이들의 영향력은 상당했을 것이며, 정치문제가 발생했을 때 이것이 정치적 힘으로 연결될 가능성이 있었던 것이다.

4 '학적 네트워크'와 '학당'의 출현: 사쓰마번의 '근사록당'을 중심으로

1) 사숙·학습회와 '근사록당'

사숙에는 번교와 달리 사무라이뿐 아니라 상인[町人], 농민, 신관神官, 의사, 승려 등 신분이 다양한 사람이 들어올 수 있었다. 사숙의 분위기는 번교에 비해 훨씬 자유로웠다. 번 당국이 운영하는 번교에서는 사서土庶는 물론이고 상급·중급·하급 사무라이 간에도 여러 면에서 차등을 두었다. 그런데도 일반 사회에 비한다면 번교는 위의 고도칸의 예에서 본 대로 신분이 낮은 자들에게 기회가 열려 있는 공간이었다. 하물며 사숙에서는 당시 사회의 어떤 분야에서보다도 비교적 신분질서에서 자유로운 공간이 형성되었다. 이 때문에 사숙은 신분의 차이를 넘어 '학적 네트워크'를 형성하는 데 큰 공헌을 할 수 있었던 것이다.

다만 필자가 주목하는 사숙은 이런 일반적인 사숙이 아니라 18세기 말부터 족생簇生하기 시작한 정치화된 사숙이다.[78] 이토 진사이伊藤仁齊(1627~1705)의 동지회同志會, 오사카의 적숙適塾 등도 다 훌륭한 사숙이나 이들은 정치화와는 거리가 먼 사숙들이므로 필자의 관심과는 거리가 있다.

다음으로는 학습회이다. 학습회는 뜻이 맞는 사람들 몇몇이 모여서 텍스트를 읽고 토론하는 모임을 말한다. 이런 것이 사숙이라는 공간에서 사숙 선생을 중심으로 이뤄지기도 하나, 선생이 따로 없는 경우도 있다는 점과 학생을 교육한다기보다는 성인들이 모여 대등하게 학습, 토론한다는 점에서 사숙과 다르다. 원래 도쿠가와사회에는 시회詩會, 가회歌會 등의 문화 살롱이 광범하게 형성되어 있었다.[79] 그러나 이들은 정치적으로 행동하지는 않았고, 당국도 이에 대해 특별히 경계하지 않았다. 그런데 위에서 언급한 대로 번교가 확산되고 한학, 유학 붐이 일어나자 종전과는 성격이 다른 학습회가 잇달아 생겨났다. 이 학습회는 한학, 유학이라는 학문의 성격상 정치문제가 주요 주제가 되어 단순히 학습에 그치는 것이 아니라, 시정에 대한 토론과 비판으로 이어지는 경우가 많았다. 이 과정에서 번교의 학문내용과 방식 등에 불만을 표하는 경우도 많았다.

이처럼 이 시기 사무라이들은 폭발적으로 확산되던 각종 교육, 학습기관에 다니며 기존에 자신들이 속해 있던 군사조직[番方] 또는 거기서 유래한 관료조직[役方]과는 성격이 다른 세계를 경험했다. 그리고 그곳에서 '학學'을 매개로 사람들과 관계를 형성해갔다. 점점 많은 사무라이가 '학적 네트워크'에 관계하게 되었고, 그 '학적 네트워크' 중 일부가 정치화되어 새로운 성격의 정치결사, 즉 '학당'으로 19세기 전반 일본 정치사에 등장하게 되는 것이다.

이런 '학적 네트워크'는 18세기 말에서 19세기에 걸쳐 정치화되기 시작하는데 그 배경은 무엇일까. 위에서 언급한 바와 같이 18세기 후반 이전에도 일본 각지에는 사숙, 시회, 가회 등 각종 학습회, 동호회 등이 적지 않게 존재했다. 이토 진사이의 동지회, 모토오리 노리나가의 국학私塾, 오규 소라이荻生徂徠(1666~1728)의 각종 사숙과 학습회, 그리고 그의 사후 광범하게 확산된 고문사학파古文辭學派의 시회, 문회文會 등이다. 그러나 이 학습회들은 대부분 정치적 성향을 거의 띠지 않았다.

이와 달리 18세기 말 이래 학습회가 정치화된 데는 몇 가지 배경을 생각해볼 수 있다. 첫째, 번교의 급증이 말해주듯 이 시기에 이르러 학습이 적어도 사무라이사회에는 대중적으로 확산되었다는 점이다. 학문학습이 일부 관심 있는 사람들이 모이는 동호회적인 것이 아니라 사무라이 인구의 거의 대부분이 어떤 식으로든 관심을 갖거나 연계되지 않을 수 없는 영역이 되어버린 것이다. 특히 그 주된 내용이 다분히 정치색을 띤 유학이어서 그간 정치와 거리가 멀었던 사무라이들, 특히 광범한 인구의 하급 사무라이 혹은 졸분卒分의 가신들에게 정치에 대한 관심과 자신들의 처지에 대한 자각을 촉진했다. 둘째, 대내외적 위기인식이다. 재정난에 시달리던 번이 사무라이의 봉록을 삭감하는 상지령上知令을 실시하기 시작하는 것이 일반 사무라이들이 정치화하기 시작하는 시기와 겹친다는 것은 시사하는 바가 크다. 상지령은 애초 약속과 달리 장기적으로 계속되었으며, 가장 심각하게 타격을 받은 것은 빈곤한 하급사무라이들이었다. 이와는 대조적으로 사회 깊숙이 침투한 화폐경제를 주도하는 상인세력의 존재감은 나날이 커져갔다. 상인의 '발호'에 대한 사무라이들의 질시와 분노는 당시 사료 도처에서 쉽게 발견할 수 있다. 19세기에 들어서는 대외적 위기감이 이들의 정치화를 부추겼을 수도 있다. 그러나 사료상에서 보는 한 적어도 아편전쟁 이전에는 대외적 위기감이 학습회의 정치화를 두드러지게 촉진했다고 보기에는 좀 더 신중한 검토가 필요하다.

'학적 네트워크'에 기반을 둔 사무라이들의 정치적 그룹화grouping가 이뤄지고 그들이 정치투쟁의 주요 실행자actor가 되어가는 과정을 필자는 '구마모토번 논문'에서 '학당' 형성이라는 관점에서 검토한 바 있다. 여기서는 또 하나의 예로 사쓰마번의 '근사록당'과 '근사록사태'를 분석하고자 한다. '근사록사태'는 『근사록近思錄』 등 주자학의 주요 텍스트를 읽는 학습회에서 출발한 '근사록당'이 1804년 번정을 장악했다가 반격을 당하여 사쓰마번 정치투쟁사상 최대의 처벌자를 낳은 정변을 말한다. 우선 눈길을 끄는 것은 이 정변의 이름과 그 주도자들에게 『근사록』이라는 주자학 경전의 이름이 붙어 있는 점이다. 어떤 정치세력의 명칭에 특정 서적의 이름이 붙는 경우가 또 있는지는 모르겠으나 조선, 중국도 아닌 사무라이 사회 일본에서 이런 명칭이 생겨난 것에 주목하고 싶다.

이 사건에 대해서는 그간 몇몇 연구가 있었으나 이 사태의 전개과정에 대한 소개와 '근사록당'이 추진했던 정책에 주로 관심을 두었다.[80] 최근 회독과 관련한 연구를 정력적으로 추진하고 있는 마에다 쓰토무前田勉가

이 사건을 회독하는 학습회의 정치화라는 관점에서 접근해 필자의 견해와 유사한 시각을 보이나,[81] 간략하게 언급하는 데 그칠 뿐 아니라 이 사건을 분석하는 데 기본 사료인 『문화붕당실록文化朋黨實錄』을 이용하지 않았다. 필자는 '사대부적 정치문화'의 확산이라는 관점에 서서 그 주요 요소인 '학적 네트워크'의 정치화와 그에 기반을 둔 '학당'이 출현한 하나의 실례로 이 사건을 『문화붕당실록』을 분석하면서 검토하고자 한다.[82]

먼저 이 사건의 개요를 살펴보면 다음과 같다. 사쓰마번에서는 18세기 후반부터 번주 시마즈 시게히데島津重豪가 장기간 집권(1755~1787)하며 여러 가지 정책을 펼쳤는데, 그가 1787년 은거한 후 13세의 장남 나리노부齊宣(1774년생)가 신번주에 취임했다. 그러나 실권은 여전히 시마즈에게 있었다. 나리노부가 장성함에 따라 시마즈에 반대하는 세력들이 나리노부를 중심으로 결집하여 1804년경부터 실권을 장악하기 시작했다. 지치부 스에야스秩父季保, 가바야마 히사코토樺山久言 등이 핵심인물이었고, 그들을 따르는 인물들이 속속 번정의 중추에 진입했다. 그러나 시마즈의 반격으로 집권한 지 채 4년도 되지 않은 1808년 이 일파는 권좌에서 쫓겨나고 사쓰마번 사상 최대의 처벌자를 낳게 된 것이다. 이 글에서는 강한 결속력을 과시한 이 정치세력이 형성된 과정을 검토하면서 이 세력이 그 이전의 사무라이 정치세력과는 다른 기반 위에 형성된 새로운 성격의 정치세력, 즉 '학당'의 면모를 갖추고 있었던 점을 지적하고자 한다. 그럼 이 '근사록당'이 형성되어가는 상황을 살펴보자.

지치부 스에야스秩父季保는 어려서부터 학문을 좋아했다. 하시구치 고렌

橋口子瀝[즉 권장權藏: 원문대로. 이하 같음]의 문하에 출입한 지가 오래되었으나 후에 절연하고는 찾지 않았다. 혼자서 열심히 책을 읽어 주야로 게을리 하지 않았다. 때때로 2, 3인의 동지와 강습 토론했다. (중략) 구마모토 군로쿠隈元軍六, 가와바타케 헤이조川畑平藏[즉 모리오카 마고우에몽森岡孫右衛門], 아리마 츠기자에몽有馬次左衛門, 나라하라 스케자에몽奈良原助左衛門의 무리가 매번 내방하여 함께 학술을 논하고 인재를 품평했다. 이들은 일찍이 기토 다케키요木藤武清[즉 이치자에몽市左衛門] 밑에서 『태극도설太極圖說』을 배웠다. 따라서 그의[木藤] 사람됨을 칭찬하고 그의 학설을 선전했다. 스에야스季保가 흠모한 것이 오래되었다. (그의: 인용자, 이하 같음) 가르침을 알고서는 마침내 다케키요武清를 만나뵐 것을 청했다. 다케키요도 원래 그의 이름을 알고 있었기에 신을 거꾸로 신고 맞아들여 관호소어款好笑語하는 것이 오래 알고 지낸 사이 같았다. 스에야스가 『태극도설』을 꺼내어 의심스러운 부분을 물었다. 다케키요가 변설辨說하여 축적해둔 비결을 모두 가르쳐주었다. 스에야스가 물러나 사람에게 말하길, 치체治體의 요要는 태극에 갖춰져 있다. 다케키요 선생님은 도덕의 선생이다. 도설을 꿰뚫고 있다. 나는 이분을 선생님으로 모시고자 한다고 하며 매우 기뻐했다. 마침내 동지인 가바야마 히사코토樺山久言, 시미즈 모리유키清水盛之, 모리야마 산조森山三十에게 권하여 다케키요를 만나 수업을 받게 했다. 이때부터 날을 정해 왕래하며 회집會集하여 함께 도설을 강론했다. 얼마 지나지 않아 스에야스, 히사고토 모두 가로가 되자, 모리유키는 어용인御用人이, 산조는 어측역御側役이, 군로쿠는 어근습번御近習番이 되었다.[83]

이를 보면 이 그룹 형성의 중심에 기도 다케키요木藤武淸라는 학자가 있음을 알 수 있다. 번사들인 구마모토 군로쿠隈元軍六, 가와바타케 헤이조川畑平藏, 아리마 츠기자에몽, 나라하라 스케자에몽奈良原助左衛門 등이 그에게서 『태극도설』을 배웠는데, 이들은 자주 지치부를 찾아와서 함께 학문을 논했고 그 과정에서 자신들의 스승인 기도를 소개하고 칭찬했다. 이에 지치부가 기도를 찾아갔는데, 그 견식에 반하여 이번에는 그 스스로 가바야마 히사코토, 시미즈 모리유키淸水盛之, 모리야마 산조森山三十 등을 그 문하에 끌어들였다는 것이다. 이 기사에서는 적어도 3개 학습회를 확인할 수 있는데, 기도 밑에서 『태극도설』을 학습하던 군로쿠 이하 사람들의 학습회, 지치부가 매번 2, 3인 동지와 강습·토론했다는 학습회, 또 기도 문하의 사람들이 지치부에게 매번 와서 학술과 인재를 품평했다는 학습회이다. 이 3개 모임이 지치부의 기도 방문을 계기로 기도의 학설을 중심으로 하나로 연결되었고, 이 학습회는 단순히 유학을 학습하는 것을 넘어 점점 정치색을 띠어갔다. '근사록당'이라는 '학당'이 형성되기 시작한 것이다.[84] 이 기사의 마지막에 보이는 것처럼 지치부가 실권을 장악했을 때, 이 멤버들은 중요 역직에 발탁되었다.

이처럼 학습회, 유명선생, 특정학설이라는 종전의 사무라이사회에서는 찾아볼 수 없던 요소들이 매개되어 '학적 네트워크'가 형성되고, 이것이 정치조직화되어 '학당'이 생겨나는 현상을 이 사례는 잘 보여주었다.

그런데 이들이 집권 후 보인 정치행태를 보면 매우 흥미롭다. 1807년(분카 4) 12월 24일 번교의 핵심인물인 측용인격 교수 야마모토 덴조山本傳藏가 『학술學術』이라는 이름의 문건을 작성하여 번주에게 제출하였다.[85] 이것은 야마모토가 '근사록당'의 학문을 비판한 내용이었는데, 이 때는 이미 '근사록당'이 번의 요직을 장악한 뒤였다. 그런데 이에 대한 '근사록당'의 반격 양태가 주목된다. 이틀 후인 12월 26일 번주는 교수직은 제생諸生 교육을 오로지 힘쓰고 다른 일에 상관해서는 안 되는데도 함부로 책을 써서 정사를 논한 것은 매우 기괴한 일이라고 야마모토를 질책한 뒤 그 책을 불태우고 초안 등도 종이 한 장 남기지 말고 제출할 것과 다시는 정치에 관해 일절 쓰지 말 것을 명령했다. 그러면서 번주에 대한 그날의 『성리대전性理大典』, 『태극도太極圖』 강석은 야마모토가 아니라 조교에게 하도록 했다.[86]

이에 따라 미각(오후 1~3시)에 어우필두격조교근御右筆頭格助敎勤 하시구치 겐조橋口權藏, 어기록방견습조교근御記錄方見習助敎勤 미야시타 슈자에몽宮下主左衛門이 어전에 불려나가, 이 중 하시구치가 『태극도』의 수장首章을 강의했다. 이들은 모두 야마모토와 가까운 사람들이었고, 당시 어전에는 가노 쇼겐將監, 지치부, 오메츠케大目付 겐모츠監物 등이 함께 있었다.

> 강의가 끝나자 타로太郎殿(지치부: 인용자, 이하 같음)님이 고성으로 "오늘 강석은 매우 소략하다. 다시 한번 반복해야 한다"라고 하자, "몇 번을 읽더라도 마찬가지"라고 겐조가 사양했다. 그런데도 (타로가) 억지로 분부를 하기에 하는 수 없이 대의를 말했는데, 해설의 뜻이 그래도 알지 못하겠다며 슈자에몽主左衛門에게 강의하도록 분부했다. 겐조와 마찬가지라며 슈자에몽이 사양하자 (지치부가) 마침내 세 가지 의문점을 지적하여 겐조를 힐문하였다. 겐

조가 변설했지만 여전히 의견이 일치되지 않아 대논쟁이 되어버렸다. 모리야마 산조森山三十, 구마모토 군로쿠隈元軍六 등을 호출하여 각자 의견을 물어보니 모두 타로 님의 의견에 찬성하고(조교의 설이) 전혀 맞지 않는다고 말하였다. 그러는 사이 대종大鐘이 이미 울리고 신하각(오후 4시 30분경)까지도 논쟁이 그치지 않자 주군께서 매우 지루해하는 기색을 보이셨다. 이에 겐모츠監物 님께서 주군을 향하여 오늘은 우선 여기까지가 좋겠다고 말씀올리고 겐조보고 물러가라고 하여 겐조와 슈자에몽이 어전에서 물러갔다.[87]

이를 보면 야마모토 쪽 학자들의 해석에 '근사록당'의 지치부가 먼저 반박했고, 이어 '근사록당'의 핵심멤버들이 잇달아 들어와 그 설을 반박하였다. 이 모리야마 산조森山三十와 구마모토 군로쿠隈元軍六는 앞에서 본대로 기도 다케키요 문하에서 오랫동안 지치부와 함께 공부했던 사람들이며, 야마모토에게 번주의 견책명령을 전달한 바로 그 사람들이다. 여기서 주목되는 것은 학술논쟁이 권력투쟁 수단이 되어 있다는 것이다. 번주가 야마모토의 학설을 배척한 데 이어 '근사록당'은 야마모토 쪽 학자들의 학설을 어전에서 다시 한번 논파함으로써 자신들 학설의 정당성을 번주와 상대세력에게 각인한 것이다. 그리고 가로인 지치부 자신이 학자들과 학술논쟁을 감행하는 점도 주목할 만하다. 번주 앞에서 『태극도설』에 관한 형이상학적인 학술논쟁을 했다는 점, 그것이 단순한 공부가 아니라 권력투쟁의 일환이었다는 점, 번의 최상층인 가로가 직접 이런 학술논쟁에 간여했다는 점 등은 18세기까지 사무라이사회와 비교한다면 실로 주목할 만한 변화라고 할 것이다.

‘근사록당’은 이어 자신들의 스승인 기도 다케키요의 가격家格을 높여 준 다음, 야마모토를 대신해 어전강의를 담당케 했다. 즉 1808년(분카 5) 정월 18일 기도가 처음으로 어전에서 『태극도설』을 강의하기 시작해 이 로부터 3일 혹은 5일 간격으로 강의가 계속되었다. ‘근사록당’의 핵심인 구마모토도 어전에서 『태극도설』 수장을 강의했다. 그리고 이어 정월 21 일 야마모토가 공식적으로 면직되어 번교 조사관에서 쫓겨났다.[88]

그러나 ‘근사록당’은 권력을 잡은 지 4년 만인 1808년 시마즈의 반격을 받고 권력의 자리에서 일제히 쫓겨났다. 수십 명이 면직된 것은 물론 중심인물인 지치부와 가바야마는 할복했다. 이로써 이 당쟁의 ‘격렬함’을 엿볼 수 있다.

덧붙이면 막말기에 사이고 다카모리, 오쿠보 도시미치 등 하급무사들의 정치활동이 활발해지는 데에도 학적 매개가 중요한 역할을 했다. 사이고는 청년기에 양명학자에게서 학문을 배웠다. 이때 오쿠보 도시미치, 나가누마 가헤이長沼嘉平 등이 함께했다. 이들은 이후 수개월간 『전습록傳習錄』을 함께 읽었다.[89] 사이고와 오쿠보가 ‘전회定會’에 자꾸 결석하는 것을 이상하게 여긴 지인이 추궁하자 두 사람은 ‘다카사키 구즈레高崎崩れ(1850년을 전후해서 일어난 또 다른 당쟁사건)’를 얘기해주었다고 한다.[90] ‘정회’, 즉 또 다른 학습회의 존재를 확인할 수 있다. ‘다카사키 구즈레’ 사건 이후에도 사이고 등은 동년배들과 근신을 명받은 아리마 요시나리有馬義成, 세키 히로쿠니關廣國의 문門에 출입하며 『근사록』, 『전습록』 등을 연구했다.[91] 아리무라 슌俊사이有村俊才 역시 20세인 1852년경에 사이고 와 오쿠보, 나가누마 등과 날짜를 정하여 『근사록』을 회독했다고 했다.[92]

이것들이 같은 학습회인지, 다른 학습회인지는 분명치 않으나 얼마 지나지 않아 사쓰마번의 새로운 정치세력으로 등장하는 이른바 세이추구미精忠組의 중심인물들이 이때 이미 사숙, 학습회를 매개로 결속했다는 사실을 알 수 있다.[93]

2) '근사록당'을 통해 본 '학당'의 특징

이 시기 나타난 '학당'의 특징으로 먼저 주목되는 것은 주자학의 영향이다. 흥미롭게도 필자가 지금까지 연구해온 사쓰마, 구마모토, 조슈, 미토, 에치젠 다섯 개 번에서 정치의 중심에 선 학습회 중 조슈, 미토번을 제외한 세 개 번의 학습회가 주자학을 신봉하는 그룹이었다. 조슈와 미토번 '학당'도 주자학을 그대로 신봉하지는 않았으나 그 영향을 많이 받고 주자학을 변형시킨 학풍이었다고 볼 수 있다. 물론 '학당'들과 주자학의 관계를 성급히 예단하는 것은 삼가야겠지만, 중요한 번들에서 개혁과 권력투쟁을 주도한 '학당'들 상당수가 주자학을 신봉하거나 강한 영향을 받았던 것은 19세기 일본의 정치변혁 과정에서 주자학의 위치부여와 관련하여 주목해야만 할 것이다.[94]

이 '학당'들은 한결같이 소라이徂徠학파와 그에서 영향을 받아 주로 시문을 중시하는 학풍을 공격했고, 소라이학파의 영향력이 약해지고 주자학이 우위를 점한 경우에도 기성 주자학그룹의 훈고적 경향이나 현실정치와 거리를 두는 고답적 경전연구 등을 강하게 비판했다. 그들이 공통적으로 주장하는 것은 경세經世, 즉 현실정치에 직접적으로 연관되는 학문(학정일치學政一致)이었고, 이를 '실학實學'이라고 자칭했다.

먼저 사쓰마번을 살펴보자. 앞에서 말했듯이 '근사록당', '태극당'이라는 이름에서 이미 이들이 주자학을 신봉한다는 것은 짐작할 수 있다. 이 학습회의 스승인 기도는 "정주程朱를 매우 숭상하고 무로 규소실鳩巢를 신봉했다. 힘써 한유漢儒를 폐하고 소라이를 배척하여『근사록』에 힘을 들였다. 더욱이『태극도』에 정통하고 아울러『통서通書』,『정몽正蒙』도 공부했다"[95]라고 한 데서 알 수 있듯이 소라이학과 한당훈고학을 배척하고 주자학을 숭상했다.

이 같은 학문적 경향은 '근사록당'이 집권한 후에 번의 공식방침이 되었다. 1808년 2월 번 가로이자 '근사록당'의 핵심인물인 가바야마 히사코토는 번교 조사관을 방문한 자리에서 교수, 조교들에게 시문지예詩文之藝만으로는 덕행이 이뤄지기 어려우므로, 향후에는 이의지토론강학理義之討論講學을 중시할 것을 강조하면서 "소라이서를 학습하는 자는 없을 터이지만 만일 취급하는 자가 있다면 못하게 해야 한다. 무엇보다도 풍속을 흐트러뜨리고 사설邪說을 생기게 하는 원인이므로 오로지 정주지서程朱之書를 신봉해야만 한다"라고 못 박았다.[96]

급기야 1808년 사쓰마번주는 번의 최상층가신들을 향하여 다음과 같은 방침을 천명하였다.

> 일문독례一門獨禮는 물론 대신분과 제사에 이르기까지 지금 학문을 하지만, 필경 문예만을 완玩하기 때문에 의리를 스스로 깨닫고 충효지도를 바르고 견고하게 지키는 자가 적고 (중략) 재주가 있어 독서를 열심히 하는 자가 있지만 정주지서程朱之書를 숙독하지 않기 때문에 도의 대본大本과 치체治

體의 대요大要에 근본하지 못하고 지엽지학문枝葉之學文을 해서 전혀 일신에 무익할 뿐 아니라 오히려 일신을 망치고 정도를 해하여 (중략) 물론 이단고주異端古注를 완하거나 소라이 같은 학문을 하는 자는 반드시 금지해야만 한다.[97]

이상과 같이 소라이학은 공식적으로 금지당하고, 정주학 이외의 '이단고주'도 배척당했다. 그리고 오로지 '정주지서를 신봉'할 것을 강제했던 것이다. '근사록당'의 이런 방침에는 10년 전 막부가 행한 '이학異學의 금禁'의 영향도 있었겠지만, 그보다 훨씬 강력한 어조로 이 같은 방침을 강제했던 것이다.

구마모토번의 '학당'인 실학당의 등장도 소라이학과 시문지예 학풍에 대한 반발로 이뤄졌다는 것은 필자가 이미 '구마모토 논문'에서 밝힌 바 있지만, 에치젠번에서도 '학당'은 주자학과 관계가 깊었다. 필자는 1863년(분큐 3)에 거번상락擧藩上洛을 둘러싼 에치젠번의 내분을 분석한 바 있는데,[98] 이때 거번상락이라는 과격한 정책을 추진한 정치세력은 주자학자 요코이 쇼난橫井小楠(1809~1869) 휘하의 '학당'이었다. 쇼난에 협력했던 번 내 중신 혼다 히타本多飛驒, 마쓰다이라 슈메松平主馬 등은 모두 요시다 도코吉田東篁의 문하로 야마자키파山崎派이며 주자학을 신봉했다. 요코이의 주자학이 야마자키 안사이山崎闇齋에 연결되었음은 앞에서 서술한 대로이다. 이에 비해 반대파 중심인물인 나카네 유키中根雪江는 히라타 아츠타네平田篤胤 문하로 에치젠번 내 히라타학平田學의 일인자였고 그의 가르침을 받은 전 번주 요시나가慶永도 분큐기(1861~1864)에는 히라타학에 심취했다.[99] 이런 점에서 마쓰다이라 요시나가松平慶永가 후일 "야마자키파는 완고하여 시나 문장은 완물玩物과 같이 간주하고 시·문장을 짓는 것을 아무튼 싫어한다. 오로지 『대학大學』, 『논어論語』, 『맹자孟子』, 『소학小學』, 『근사록』 등만을 주로 읽고 그 외의 책은 강의도 하지 않는다. 이 때문에 윤강·회독 등은 성하지만 문장 또는 시 등을 읽지 않는다. 완고의 학으로 실로 지금 생각하면 냉소를 금할 수 없다. (중략) 실로 후쿠福井에서 이같이 문운文運이 성하게 된 것은 나카네 유키에옹中根雪江翁의 공로가 적지 않다. 사람들은 이것을 알아야만 한다"[100]라고 한 것은 이 시기 사정을 단적으로 보여주는 증언이라고 할 만하다. 이처럼 에치젠번에서도 요코이의 지도 아래 주자학을 배운 '학당'이 과격한 정치행동을 시도했던 것이다.

유명한 미토번의 학파 간 쟁투도 이상과 같은 큰 흐름 가운데 위치 지워 볼 수 있다. 간세이기에 쇼코칸 총재였던 다치하라 스이켄立原翠軒은 소라이학에 경도되어 있었고, 이에 대해 '주자학의 극단적인 일본적 변형'이라고 할 수 있는 미토학水戸學의 도전이 있었다. 미토학은 주자학의 영향을 받고 생겨나긴 했으나 더는 주자학이라고 할 수 없을 정도로 다른 사상체계를 형성해버렸지만 학정일치, 즉 학문의 즉각적 정치참여를 주장한 점에서 구마모토번의 실학당과 같은 입장이었고, 실제로 도쿠가와 나리아키德川齊昭는 미토학을 일러 '미토실학水戸實學'이라고 불렀다.[101]

앞에서도 언급한 것처럼 주자학 이외의 학문을 신봉하는 '학당'도 많았고 이들에게도 충분히 주의를 기울여야만 전체상을 제대로 조감할 수 있을 것이다. 그러나 이상에서 본 것처럼 적지 않은 '학당'의 탄생과 대두에는 주자학이 깊이 관련되어 있었다. 물론 18세기 말 이후 소라이학파의 영향력이 급속히 떨어진 후에는 주자학 세력 사이에 쟁투가 벌어지는 경우가 많았다. 그러나 적어도 19세기 전반, 중반의 일본에서 주자학이 기성세력의 이데올로기라는 이미지는 재고가 필요하다는 점은 말할 수 있을 것이다.

'학당'과 관련하여 두 번째 특징으로 지적될 수 있는 것은 '학당'은 학이라는 원리에 기반을 두고 새롭게 형성된 신흥당파[徒黨]였고, 그들이 공격했던 상대방은 그들과 수준이 같은 형태를 갖고 있는 또 하나의 당파(도당)가 아니라, 기존의 사회체제의 조직원리에 따라 존재하거나 '학적 네트워크'에 기반하더라도 '학당' 수준의 당파적 성격을 띤 집단이 아닌 경우가 많았다는 것이다.[102] 다시 말하면 '학당'의 상대는 또 하나의 당파라기보다는 번의 기성체제였던 것이다. 그렇기에 그들은 곧잘 열세였고, 이 열세를 만회할 현실적으로 유일한 방법은 번주의 지지를 확보하는 것이었다. 그것에 가장 성공한 예는 미토번의 '학당'인 후지타파藤田派일 것이다.

한편, 번주는 가로지배체제를 극복하고 자신의 정치력을 발휘하기 위해서 또는 자신이 추구하고자 하는 개혁의 정치적 지지세력을 확보하기 위해서 이 '학당'의 힘이 필요했다. 그러나 그것은 동시에 기존의 세력관계와 번 질서의 커다란 동요를 각오해야 하는 위험을 수반한 정치적 선택이기도 했다. 이 때문에 한때 이 도당세력에 관심을 보이고 손잡았던 '개혁군주'는 금방 이 세력과의 연계를 철회하거나(구마모토번의 나리모리齊

護, 에치젠번의 요시나가慶永), 아니면 막부나 전 번주 세력에게 권력을 빼앗기기도 했다(사쓰마번의 나리노부齊宣, 미토번의 나리아키齊昭).

이 글에서 검토한 사쓰마번의 경우는 후자에 해당될 것이다. 번주 나리노부는 전 번주 시마즈의 정책을 수정하기 위해 '근사록당'과 손잡았다. 그러나 이 '근사록당'에 맞설 만한 다른 '당'이 번에는 존재하지 않았다. 반대편에는 에도에서 은거하는 시마즈를 정점으로 하는 기성세력이 존재할 뿐이었다. 야마모토 덴조山本傳藏가 '근사록사태'를 기록하여 『문화붕당실록』이라고 이름 지었을 때 '붕당'이란 오직 '근사록당'만을 가리켰을 뿐 그가 이 사태를 복수 붕당 간의 다툼, 즉 당파투쟁 또는 당쟁으로 여기지 않은 것은 분명하다. 왜냐하면 '근사록당'의 반대편에 서 있던 야마모토는 이 책에서 그들이 당을 만든 것을 자주 비난하였고, 따라서 한 번도 자기편을 '당'이라고 지칭한 적이 없기 때문이다.

한편, 번주가 개혁을 위해 '학당'과 일시적으로 손잡았다가 그들이 과격해질 기미를 보이자 연계를 철회, 즉 정치적 배신을 한 예로는 구마모토번과 에치젠번을 들 수 있다. 구마모토번에 대해서는 미노다蓑田의 연구를 앞에서 소개했으므로 여기서는 에치젠번의 사례를 살펴보자. 에치젠 전 번주 마쓰다이라 요시나가松平慶永는 1859년 구마모토번에서 요코이를 초빙했다. 1860년에 '동북행위사건東北行違事件'이 발생한 것으로 봐서 요코이가 오기 전에도 에치젠번 내에는 적지 않은 세력 갈등이 있었던 듯하다.[103] 그러나 요코이가 오고 나서 번 내외문제에 급진적 해결을 추구하던 세력이 그의 학습회를 중심으로 모여들었다. '학당'이 생긴 것이다. 이 '학당'은 앞에서 언급한 대로 주자학 일변도로 학습하는 그룹이었다. 이들을 중심으로 1863년(분큐 3) 교토에서 존양파가 기염을 토하던 때에 병력을 이끌고 상경한다는 거번상락의 움직임이 일어났다. 치열한 갈등 끝에 결국 이 노선은 실현되지 못한 채 '학당'이 분쇄되었고 요코이도 에치젠번을 떠났다. 이후 메이지유신이 발발할 때까지 이 '학당'의 멤버들(대표적으로는 유리 기미마사由利公正)은 재기하지 못했다.

그간 연구자들은 이를 두고 나카네파中根派와 쇼난파小楠派의 대립이라고 설명해왔다. 나카네는 에치젠번의 중신인 나카네 유키에中根雪江로 쇼난파를 반대하는 인물이었다. 그러나 에치젠 내에 쇼난파와 유사한 나카네파라는 파벌이 존재했다고는 보기 힘들며, 나카네를 중심으로 쇼난파라는 '학당'을 반대하는 기성체제세력이 있었을 뿐이다. 거번상락의 좌절도 나카네파의 승리라기보다는, 필자가 상세히 검토한 대로, 전 번주 마쓰다이라가 쇼난파라는 '학당'과 연계를 철회하고 기성체제세력의 지지로 돌아선 게 주원인이었다.[104] 그 상황은 미노다가 분석한 구마모토번의 상황, 즉 '학교당'의 실체처럼 나카네파의 실체도 애매하며 실학당처럼 쇼난파가 일방적으로 '학당'을 결성하여 기성체제세력에 도전했고, 번주(또는 전 번주)가 처음에는 '학당'과 연계했다가 결국 기성체제세력 지지로 돌아서며, 그 후 이 '학당' 세력은 유신 때까지 재기하지 못했다는 점에서 매우 유사하다.

세 번째로 '학당'의 특징으로 들 수 있는 것은 회독이라는 학습방법이다.[105] '학당'들은 학습과정에서 한결같이 회독이라는 학습방법을 채택했다. 회독은 참가자들이 공통의 텍스트를 읽고 한 사람씩 돌아가며 해석하는 학습방법을 말한다. 해석이 끝나면 그에 대한 질문과 논박, 대답 등이 활발하게, 때로는 격하게 일어나는 것이 보통이었다. 회독에 대해서는 일찍이 필자가 미토번 후지타파 정치활동의 기반으로 주목한 바 있으나,[106] 그 후 마에다 쓰토무가 본격적으로 연구해 많은 부분이 밝혀져 있다.[107] 이하 서술은 그의 연구에 의존한 바가 크다. 다만 그는 사상사, 교육사적 측면에서 회독을 다루었기 때문에 학습방법에 초점을 두었으나, 필자는 그것을 바탕으로 학습회가 '학당'으로 전환되어가는 과정을 더욱 중시하고 싶다.

에도시대 학습방법에는 소독, 강석, 회독 세 가지가 있었다. 소독素讀은 학습의 처음 단계에서 교재내용을 무조건 암송하는 것이며, 강석은 암송한 내용을 선생이 해설하며 의미 등을 강의하는 것이다. 어느 쪽이나 학생이 자기 생각을 표명할 기회는 거의 주어지지 않는다. 반면 회독은 위에서 설명한 방식대로 진행되기 때문에 각자가 해당 구절에 대한 자기 생각을 명확히 갖고 있지 않으면 견뎌내기 힘든 학습방법이었다.

이 회독은 오규 소라이 이후 널리 유행했으나 이미 이토 진사이의 학습회인 동지회에서도 회독을 행하고 있었다. 그 후 회독은 번교, 사숙, 학습회 등 사자옥寺子屋을 제외한 거의 모든 교육, 학습기관에서 광범하게 행해졌다. 특히 간세이기에 쇼헤이자카 학문소에서 회독이 채용된 이래 여기에 유학 온 각 번의 수재들이 그들이 배우던 서생료書生寮에서의 격렬한 회독방법을 각 번에 돌아가 그대로 전파한 이래 회독은 더욱 유행하였다.

마에다는 회독의 특성을 상호소통성, 상호대등성, 결사성으로 지적하고, 이런 점들이 엄격한 신분사회였던 도쿠가와사회와 학습공간을 구별

짓는 것으로 만들었다고 지적했다. 먼저 상호소통성, 상호대등성의 측면을 보면, 무위武威를 가지고 인민을 복종시키며, 이理보다 법을 우선시하는 병영국가인 도쿠가와사회에서 이치를 따지며 토론하는 관습은 매우 희박했는데 회독은 예외적 공간이었다. 여기서는 발표자가 한 구절을 해독하고 자기 의견을 말하면 그에 대한 철저한 토론이 이뤄져 서로 의견을 교환했다. 회독 성적에 따라 학교 내에서 앉는 자리 등이 결정되었기 때문에 이 토론은 곧잘 격렬해졌고, 어떤 경우는 전투에 비교되기도 하였다. 이런 토론은 신분, 연령 등과 관계없이 상호대등성이 보장된 상태에서 가능한 것이었다. 회독의 장이 '차좌車座', '단좌團座'라고도 불렸던 것처럼 참가자는 누구나 동등한 처지였다. 바깥에서는 얼굴을 마주보는 것조차 불가능한 신분 격차가 있는 사이라도 학습회 공간에서는 대등성이 보장되었다. 이것이 가능했기에 가로 등 최상층사무라이와 중하층사무라이들이 같이 앉아 회독을 행할 수 있었고, 때로는 번주까지도 참석하는 일이 가능했다. 오규 소라이나 요시다 쇼인吉田松陰(1830~1858)이 회독참가자를 일률적으로 '제군'이라고 불렀던 것은 이 같은 상황을 보여준다.

다음으로 결사성이다. 이 부분이 필자가 이 논문에서 제기한 '학당'이라는 개념과 유사하다. 다 그런 것은 아니었지만 흔히 회독 참가자들은 자신들을 '사중社中'이라고 부르며 결사성을 과시했다. 오규 소라이도 요시다 쇼인도 자신의 회독을 '오당吾黨'이라 불러마지 않았다. 회독 교재로는 유교경전 또는 역사서 등이 주로 사용되었기 때문에 이를 둘러싼 토론은 곧잘 시사문제 토론 또는 시정時政의 비판으로 연결되기 쉬웠다. 이 때문에 각 번교 당국자들은 회독을 허용하면서도 그 과정에서 정치토의가 일어나는 것에 대해 빈번하게 금지령을 내렸다.[108] 그러나 사숙이나 학습회 등은 당국이 직접 규제할 방도가 없었다.

회독은 당시 많은 학습회에 널리 퍼져 있었지만, '학당'을 탄생시킨 학습회의 회독은 회독 중에서도 몇 가지 점에서 특이했다. 즉 여러 경전과 사서를 두루 박람하는 것을 오히려 경계했고, 특정 텍스트만 배타적으로 읽었다. 또 그마저도 텍스트의 원의를 정밀히 천착하기보다는 그것을 소재로 곧장 시사담론이나 시정비판을 활발히 행했다. 가나자와번金澤藩에서는 덴포기에 번교 메이린도明倫堂의 중심인 도시요리年寄 오쿠무라 에이지츠奧村英實와 오시마 도넨大島桃年의 교육방침을 비판하는 우에다 사쿠노조上田作之丞가 사숙 교유간據遊館을 운영하였는데, 그의 교육방침은 책을 물리치고 시세의 옳고 그름을 토론하는 것을 주로 하였다. 그는 서물의 형기문자刑器文字보다는 의리 연구에 중점을 두며, 단 하나의 도리를 밝히는 것이 중요하다고 주장했다. 이를 위해서는 서적을 굳이 많이 읽을 필요는 없다고 했다. 이에 대해 번교 측의 오시마 도넨은 1837년(덴포 8) 상서를 올려 우에다의 무리가 학습회에 책도 지참하지 않고 정사를 논의하며 맹세문 따위를 만들고 이상한 복장으로 돌아다닌다고 규탄했다. 그러면서 이자들에 의해 처사횡의處士橫議가 일어날 것을 우려했다.[109]

이런 회독 모습은 구마모토번에서도 찾아볼 수 있음은 '구마모토번 논문'에서 살펴본 대로이다. 구마모토번 실학당의 사숙에서는 『근사록』 등 몇몇 텍스트 이외에는 교재로 다루지 않는 강한 학문적 편향성을 갖고 있었고, 박람다식을 권장하기는커녕 오히려 경계했다. 또 가나자와번의 우에다그룹과 마찬가지로 문의文意에 천착하기보다는 그것을 재료로 정사 비판, 나아가 역인비판까지 활발히 행한 정황을 엿볼 수 있다. 이런 관점에서 번교의 학풍을 신랄하게 비판하고 학생들의 출석까지 억눌렀다.

조슈번 요시다 쇼인의 사숙인 쇼카손주쿠松下村塾에서도 자유분방한 회독 모습을 볼 수 있다. 요시다는 구사카 겐즈이久坂玄瑞에게 보낸 편지에서 "요즘에는 큰 더위였지만 매우 장壯하였다. 격일로 『좌전左傳』, 『팔가八家』를 회독하면서 숙에서 상거常居하였다. 7시 지나 회독이 끝났다. 그때부터 밭에 나가거나 쌀을 빻는데 숙생과 함께한다. 쌀을 빻는 것은 크게 그 묘를 얻었다. 대개 두세 명이 함께하는데 회독을 하면서 빻는다. 『사기史記』 등을 24, 25쪽 읽는 사이에 쌀 빻는 것이 끝나니 이 또한 유쾌한 일이다"[110]라고 자신의 회독 모습을 전했다. 이는 물론 극단적인 예이겠지만, 당시 '학당' 회독의 분위기를 짐작하는 데 도움이 된다.[111]

이렇기 때문에 번교를 중심으로 학문적 훈련을 꾸준히 깊게 쌓은 사람들은 이런 종류의 회독을 하는 사람들을 학문적으로 경멸해마지 않았다. 대표적인 사례가 앞에 나온 사쓰마번 교수 야마모토 덴조의 기도 다케키요에 대한 평이다. 야마모토는 기도가 태극도에 정통했다고 평하면서도 이렇게 말했다.

그러나 혼자 공부해서 스승이 없고, 고루하여 들은 바가 적다. 이 때문에 생각을 많이 하고 열심히 가다듬기는 했지만 두찬억견杜撰臆見의 병이 없다고 할 수 없다. 그 학문은 박식에 힘쓰지 않아 사자육경四子六經도 아직 통독하지 않았다. 온공溫公의『통감』,『주자강목』은 전혀 공부하지 않았다. 항상 성명도덕性命道德의 이理를 강론하고, 일본만수一本萬殊의 묘를 제창하면서, 군자의 수기치인의 도에 대해서는 불급不及하다고 하여 묻지 않았다. 그러므로『주례周禮』의 대의에 어두워 구분할 줄 모르고(할주 생략), 고금치란, 제왕의 흥폐에도 어두워 아는 것이 없다(할주 생략). 때때로 산이나 강에 놀러 가 흥에 겨워 시를 짓거나 문장을 만들지만 모두 졸렬하여 읽을 만하지 않다. 그러므로 박문다식博文多識하고 유력한 무리는 모두 조롱하여 편고偏固의 누유陋儒라고 하며 따라 배우기를 원치 않았다. 천견과문淺見寡聞하고 미력한 무리만 그를 흠모하여 주자(주돈이)의 재래라고 서로 떠들었다.[112]

그러나 '박문다식유력지배博文多識有力之輩'가 점잖게 이들을 나무라는 동안 이 '학당'들은 간단하고 쉬운 학설과 강력한 흡인력으로 '천견과문미력지도淺見寡聞微力之徒'를 사로잡아갔다.[113]

5 '학당'의 확산

이 글에서는 근래 필자가 주장하고 있는 사무라이사회에서의 '사대부적 정치문화', 그중에서도 '학적 네트워크'와 '학당'의 형성을 보여주는 사례들을 살펴보았다. 이 문제의식은 '구마모토 논문'과 맥을 같이하며, 이 글은 그 논문의 연장선상에 있다고 할 수 있다.

이 글에서는 더 나아가 미토번 번교 고도칸 교원의 출신성분을 검토하여 '학적 네트워크'의 핵심이라고 할 수 있는 그들이 주로 평사와 가치라는 비교적 낮은 신분 출신자들임을 밝혔다. 특히 가치 출신자들이 적지 않았는데, '가치'라는 명칭에서 알 수 있듯이 이들은 엄밀히 말하면 사士와 졸卒의 중간층이었다. 이들이 번교의 교원으로 많은 학생을 장악하며 '학적 네트워크'의 중심이 됨과[114] 동시에 강의를 매개로 번주의 공자들, 번의 실력자들과 관계를 맺어나갔음에 주목했다.

다음으로 '구마모토 논문'에서 제시한 '학당' 형성의 또 하나의 예로 사쓰마번의 '근사록당'을 검토했다. 구마모토번 '실학당'에 이어 이번에 '근사록당'을 검토했지만, 이런 관점에서 본다면 미토번의 후지타파와 다치하라파, 조슈번 요시다 쇼인의 쇼카손주쿠, 나아가서는 오시오 헤이하치로의 세심동숙洗心洞塾 등 막말정치사에서 익숙한 집단들도 '학당'의 형성이라는 측면에서 해석될 가능성이 생기게 되는 것이다.

다만 막말정치사와 사무라이의 정치화를 '학당' 형성이라는 관점에서 포괄하기 위해서는 좀 더 많은 사례 연구가 필요하다고 생각된다.

박훈

서울대학교 동양사학과에서 학사와 석사 학위를 했고 도쿄대학 총합문화연구과에서 박사학위를
했다. 국민대학교 일본학과 교수를 거쳐 현재 서울대학교 동양사학과 교수로 있다. 주요 논저로는
『메이지유신은 어떻게 가능했는가』(민음사, 2014)와 「幕末政治変革と'儒教的政治文化'」 『明治維新
史研究』 8(2012), 「十九世紀前半日本における'議論政治'の形成とその意味—東アジア政治史の
視点から」 『講座明治維新』 I(有志舍, 2010) 등이 있다.

집필경위

이 글은 박훈, 「19세기 전·중반 사무라이의 정치화와 '学的 네트워크'— 水戸藩과 薩摩藩을 중심
으로」 『동양사학연구』 132, 2015를 수정한 것이다. 한편, 이 글과 필자의 다른 논문 「19세기 전반
熊本藩에서의 '学的 네트워크'와 '学党'의 형성」 『동양사학연구』 126, 2014에 기반을 두어 일본어
로 작성한 글 「武士の政治化と'学党': 一九世紀前半日本における士大夫的政治文化の台頭」가
『公論と交際の東アジア近代』, 도쿄대학출판회, 2016에 실렸다.

12
신해혁명 시기의 민족문제와 중국 민족주의 – 캉유웨이의 『대동서』를 중심으로

◎

무라타 유지로

1
제2대민족정책의 대두

2008년 3월 라사에서 발생한 티베트 소요사태와 이어진 외국 미디어의 중국 비판, 2009년 7월 우루무치에서 일어난 한족과 위구르족 간의 충돌 사건을 겪으면서 2010년 전후 중국에서는 과거의 소수민족정책, 특히 '민족구역자치' 제도에 대한 재검토 논의가 활발하게 제기되었다. 중앙정부의 소수민족에 대한 각종 '우대'정책을 둘러싼 불만과 비판은 이전부터 한족 지식인이나 민중 일부에 잠재했으나 그것이 공공연하게 거론되어 중앙정부를 향해 정책 변경을 요구하는 소리로까지 격렬하게 쏟아진 적은 일찍이 없었다. 따라서 현대 중국의 민족문제가 얼마나 복잡한지 새삼 느끼게 된다.

특히 여기서 주목해야 하는 것은 중앙정부가 주도한 민족정책의 '한계'와 '실패'를 민족구역자치 탓으로 돌리고, 그 폐지를 포함한 대담한 '제2대 민족정책第二代民族政策'을 제기하는 움직임이 나타났다는 점이다.[1] 제2대 민족정책의 구체적 내용은 '민족' 구분 폐지, 구역자치 철폐, 민족'융합'정책 추진 등 다양한 방면에 걸쳐 있는데, 그 동기는 전적으로 민족정책 전반의 '탈정치화'를 꾀하는 것에 있다고 해도 좋을 것이다. 그러나 민족신분을 철폐하고 공민의식을 창출한다고 해서 정치·경제·문화 각 방면에서 국민적 통합과 일체화national identity가 이뤄질지는 매우 의문스럽다. 오히려 그 앞에 있는 것은 민족을 둘러싼 격차·빈곤 문제의 심각화, 곧 민족문제의 '재정치화'가 아닐까.[2]

현상인식의 문제는 제쳐두더라도 이론적으로 심각한 균열을 내포한다고 여겨지는 것이 바로 미국의 '인종의 도가니melting pot'론을 참조하면서 정당화되는 중화민족의 '융합과 일체화' 논의이다. 국내에 현존하는 민족적ethinic 차이를 모두 없애고 국민적national 통합을 이루고자 하는 이념이 정책목표로 내걸려진다면, 그것은 '중화민족다원일체구조中華民族多元一体格局, 費孝通'라는 현행의 공적민족이론을 부정하는 것일 뿐만 아니라 문화대혁명기의 저 악명 높았던 '민족융합론'이 다시 나타나는 것이라고 말하지 않을 수 없다.

중국의 대두와 더불어 민족문제의 탈정치화가 공공연하게 거론되는 데에는 60년 동안 추진되어온 민족정책의 귀결에 대한 여러 평가와 반성이 있을 것이다. 여기서 생각해보고 싶은 것은 '제2대민족정책' 제창자가 그린 민족의 융합·일체화라는 미래상이 청말의 보황파保皇派(개량파)와 혁명파가 민족혁명의 시비를 둘러싸고 전개했던 논쟁 가운데 전자가 주창했던 '만한불분滿漢不分'론과 많은 점에서 공통된다는 것이다. 근대국가 건설에 맞춰 중화민족으로 국민적 통합을 이루는 논의 중 각 민족(종족)이 이미 동화되었고, 아직 동화되지 않은 민족도 언젠가는 동화될 것이라는 보황파의 논점이 혁명파가 주장한 한인漢人 주체의 배만排滿 광복에 대한 비판에 빌미가 되었을 뿐만 아니라 청말·민국기의 각종 민족론 속에 파고들어 변강 민족의 분리·독립을 억제하는 이론적 근거가 되었다.[3]

게다가 민족동화론은 보황파의 리더 캉유웨이康有爲(1858~1927)의 주저 『대동서大同書』에서 볼 수 있듯이 화이華夷라는 문화적 차이, 인종이라는 신체적 차이, 국가나 가족이라는 집단적 차이 등 인간사회의 모든 차이를 없앤 '대동'세계로 진화한다는 독자의 역사관·세계관과 표리일체를 이루는 것이었다. 이와 같은 점에서 현대 중국의 '제2대민족정책'론은 청말 보황파의 '만한불분', '인종동화'론과 이웃해 있다. 근현대 중국에서 반복되는 민족(인종) 융합·대동진화의 언설 양식을 비판적으로 사고하기 위해 이 글에서는 캉유웨이의 『대동서』에 나타난 유토피아상을 분석하면서 민족의 동화·융합과는 다른, 곧 차이가 공존·공생하는 질서의 선택가능성alternative을 생각해보고자 한다.

2 캉유웨이와『대동서』

캉유웨이가 활동한 청말의 중국은 외부로부터는 물론 자의식 면에서도 이미 세계에서 으뜸가는 문명의 중심은 아니었다. 이른바 '서양근대'가 정치·외교뿐만 아니라 사회나 문화의 밑바닥에까지 큰 영향을 미치기 시작한 시대 상황에서『대동서』가 저술되었다. 뒤에서 다루겠지만 캉유웨이의 대동 유토피아가 '전통중국'과 '서양근대'의 혼합(물)이라고 할 만한 양상을 보여준 것은 그 때문이다.

캉유웨이는 1857년 광동성 남해현에서 태어났다. 청조의 연호로 말하면 함풍咸豊 8년으로 아직은 화남 일대가 태평천국군의 지배 아래 있던 시기였다. 캉유웨이는 처음에 정통적인 송학을 배우고 과거 공부에 힘썼다. 그러나 그것으로 성이 차지 않자 향리의 대유大儒였던 주츠치朱次琦(1807~1881, 구강九江)의 문하생이 되어 경세치용의 뜻을 강화해나갔다. 22세 때 한 홍콩 여행을 계기로 서양의 지지地誌와 기물器物을 접하면서 근대세계에 눈을 뜨게 되었다. 25세에 과거시험을 보러 상경했다가 돌아오는 길에 상해에도 머무르면서 서학에 대한 관심을 점차 심화해나갔다. 동시에 육왕심학陸王心學이나 불학佛學에도 열중하여 27세 무렵부터 글로 본인의 이론을 내세우기 시작했다. 캉유웨이 자신의 말에 따르면 대동사상을 품은 것은 이해(1884)의 일이라고 한다. 같은 해 청프전쟁이 일어나자 캉유웨이는 계엄 아래 있던 광주에서 향리로 돌아갔다. 조국의 위기를 보고 마음 아파하던 그는 1888년 다시 상경하여 변법의 상소를 시도하지만 찬동자가 적어 실의에 빠진 채 귀향했다. 이후 광주에 사숙을 열어 량치차오梁啓超(1873~1929) 등의 문하생에게 강학하면서 변법을 세상에 호소하는 상서활동을 전개하고, 또한 그것을 정당화하려고 『신학위경고新学偽経考』, 『공자개제고孔子改制考』 등 경서의 정당正当 해석에 대담하게 도전하는 저서를 발간하였다.

1898년 광서제光緒帝에게 변법의 헌책이 받아들여져 변법유신 신정부에 참가할 절호의 기회를 얻었다. 하지만 변법운동이 서태후西太后 일파의 반격을 받아 단기간에 좌절되자 일본으로 망명했다가 북미, 싱가포르, 페낭, 인도 등 각지를 전전하면서 주로 화교를 상대로 보황입헌(광서제 복권과 입헌군주제 시행)을 주장했다. 망명 중 장기간에 걸쳐 서구 여러 나라, 미국, 멕시코 등을 떠돌았고, 일본의 스마에서도 2년 정도 머물렀다. 신해혁명 후 겨우 귀국했으나 관에 들어가지 못하고 공교孔教의 선전과 저술에 전념했다. 또한 1917년 일어난 황제복벽에 관계했다는 이유로 진보파에게 규탄을 받았고, 공교운동 역시 시대에 역행하는 반동으로 여겨졌다. 그는 1927년 청도에서 사망하였다.

그런데 앞서 언급했듯이 캉유웨이에 따르면 대동사상이 싹튼 것은 27세(1884) 때인데, 그것을 시사하는 것이 1898년 망명 직후 작성한 자편연보自編年譜 『아사我史』의 다음 구절이다.

현미경의 만수천 배 되는 기능으로 말미암아 이虱를 보니 바퀴와 같고 개미를 보니 코끼리와 같아, 이로써 대소大小 제동斉同의 이치를 깨닫는다. 전기광선이 1초에 수십만 리 가는 것을 통해, 구속久速 제동斉同의 이치를 깨닫는다.[4]

여기에 이어서 『아사』에는 "하늘을 받들고 땅을 합하여 합국合国·합종合種·합교合教로 지구를 일통一統한다. 그리하여 일통한 후에는 인류의 언어·문자·음식·의복·궁실宮室의 변제変制부터 남녀평등의 법에 이르기까지 인민이 동공同公의 법에 통하므로, 이로써 제생諸生을 극락세계에 이르게 한다"라고 되어 있어, 후에 나온 『대동서』의 모티프가 이미 얼굴을 보이고 있다. 더욱이 다음 해(1885) 조목에서는 '대동의 제制'를 논하기 위해 기하의 원리에 근거하여 『인류공리』라는 글을 썼다고도 말했다. 또한 캉유웨이는 후년 『대동서』 일부를 잡지에 발표할 때에도 서언序言에서 갑신년(1884)에 "국난민곤国難民困(프랑스군의 광주 침략을 가리킴)을 겪고 『대동서』를 쓰다"라고 언급함으로써 이 무렵 이미 『대동서』가 저술되어 있었던 것처럼 표현했다.

이러한 기술에 따르면 캉유웨이는 변법을 위한 언론활동을 시작하기 이전부터 대동사상을 발효해서 저술로도 정리하였다고 추측할 수 있다. 하지만 사정은 그렇게 간단하지 않다. 그 이유는 『아사』의 기재에는 후년(좀 더 정확하게는 변법유신 좌절 직후) 자기를 정당화하기 위해 사실을 소급적으로 왜곡해서 쓴 곳이 많아 전부 믿기는 어렵기 때문이다. 실제로 현존하는 『대동서』에는 1884년 이후 사건이나 1900년대 유럽을 떠돌 때 견문이 많이 발견된다.

이러한 사실 때문에 일찍이 중국의 많은 학자 사이에서 『대동서』 성립 시기를 둘러싼 논쟁이 있었다. 여기서는 아주 상세하게 언급할 수 없으나 일찌감치 『아사』의 기재에 의심을 품은 견해로 첸무錢穆의 설을 들어 살펴보자. 첸무는 1890년대에 캉유웨이가 행했던 강학의 필기 내용과 『신학위경고』(1891년 간행) 등의 저작 가운데 대동이나 소강小康 등을 언급한 부분이 없다는 점을 이유로 『대동서』나 『예운주礼運注』 등의 저작은 초기 (1880년대)가 아니라 인도 망명기에 저술되었다고 지적했다.[5] 또한 대륙 학계에서는 상즈준湯志鈞이 1901~1902년에 인도의 다르질링에 체재했던 시기에 쓰여졌다는 설을 제기하고, 대동사상이 이른 시기에 성립되었다고 본 리쩌허우李沢厚 등과 논쟁을 벌였다. 즉 『대동서』는 무술변법 이후 캉유웨이 사상을 반영하였으므로 1880년대에 이미 쓰여 있었다고 말하는 『아사』의 기재는 믿기 어렵다는 것이 그 논거이다.[6]

확실히 『아사』는 여기저기에서 자기선전을 하는 듯한 글귀가 발견되는 등 캉유웨이의 사상적 변화를 재구성하기에는 충분하지 않다. 다만 최신 연구에 따르면 『아사』에는 사건이나 교우관계 등 예상 외로 믿을 만한 내용도 적지 않으므로 자료 가치를 일괄적으로 부정할 수는 없다는 점이 분명하게 확인되었다.[7] 이처럼 일본 망명(1898) 이전에 『대동서』라는 저작이 쓰이지 않았던 점은 의심할 여지가 없다.[8] 그렇지만 그 원형은 상당히 이른 단계에서 존재했다고 생각하면 좋을 것이다. 그 한 가지 방증으로 다음을 참고할 수 있다. 곧 『인류공리人類公理』에 상당하는 혹은 그 일부라고 여겨지는 『실리공법전서實理公法全書』라는 제목의 초고가 오늘날 전해지는데, 그 내용에 변법운동기 사상도 포함되어 있다는 점에서 초기 캉유웨이 대동사상의 골격이나 일부로 생각될 만한 것이 제시되어 있다.

이와 관련하여 캉유웨이의 둘째딸 원페이文珮가 편찬한 『강남해선생연보속편康南海先生年譜續編』(광서 28년, 1902)의 기술이 비교적 정확하게 사실을 전하는 것은 아닐까.

예운礼運 대동의 뜻을 펼치고 군성群聖의 의견을 절충하여 교설을 세우다. 갑신甲申(1884)에 원고를 기초하고 처음으로 기하원리를 통해『인신공법人身公法』을 저술하고 뒤이어 다시『만년공법万年公法』을 작성하다. (중략) 여기에 이르러 누차 그 원고를 고쳐 마침내『대동서』10부를 이루었다. [9]

즉『대동서』가 거의 완성된 때는 1902년으로 변법운동을 경과한 이후 일인데, 그 사상이 잉태되고 저술된 것은 20대 후반부터로, 이 사이에 서학의 흡수와 상서활동, 변법유신의 추진과 좌절, 해외망명 등을 경험한 캉유웨이가 몇 번이고 개정을 거듭한 후 오늘날의『대동서』로 결실을 본 것이다. 다케우치 히로유키竹內弘行는 캉유웨이의 대동사상을 1880년대 착상시기와 1890년대 선전시기로 나누고, 그의 사상 형성에 영향을 미친 벨라미Edward Bellamy(1850~1898)가 1888년 발표한 미래소설 *Looking Backward* 2000~1887의 한역본漢訳本인『회두간기략回頭看紀略』과『대동서』를 상세하게 비교하였다. [10]

이상에서『대동서』의 성립과정을 상세히 살펴본 이유는 책이 성립하는 과정에 이 책의 복잡한 성격이 반영되어 있다고 생각했기 때문이다. 분명히 원고는 변법 이전 시기부터 단속적으로 작성되고 있었다. 그 후 새롭게 책을 읽든가 견문을 넓히면서 초기의 초고는 대폭 개정되었을 것이다. [11] 그렇다면『대동서』에는 약 28년에 이르는 가필·개정 작업을 거치면서 캉유웨이의 사상적 변화 궤적이 새겨져 있을 터이다. 특히 그리스도교나 서양문명과의 만남이 중국 전통사상의 재현에 지나지 않는 것으로 보이는 이 책에 분명한 흔적을 남겼다는 의미에서 이것은 틀림없는 근대의

산물이라고 할 수 있다.

<u>3</u> 종교와 대동

『대동서』의 내용을 살펴보면 다음과 같이 10개 부로 구성되어 있다.[12]

갑부甲部 　세계에 들어가 중고衆苦를 보다

을부乙部 　국계国界를 없애고 대지大地를 합하다

병부丙部 　급계級界를 없애고 민족을 평등하게 하다

정부丁部 　종계種界를 없애고 인류를 하나로 하다

무부戊部 　형계形界를 없애고 독립을 보전하다

기부己部 　가계家界를 없애고 천민天民이 되다

경부庚部 　산계産界를 없애고 생업生業을 공평하게 하다

신부辛部 　난계乱界를 없애고 태평太平으로 하다

임부壬部 　유계類界를 없애고 중생衆生을 사랑하다

계부癸部 　고계苦界를 없애고 극락極楽에 이르다

을부乙部 이하 제목에서부터 명확하게 알 수 있듯이, 『대동서』의 모티프는 현존하는 갖가지 '경계[界](차별)'를 없애고 절대평등하고 공유화가 철저한 유토피아를 창출하려는 데에 있다. 없애야 하는 '경계'는 국가, 계급, 인종, 남녀(형계), 산업 등 다양한 영역에 걸쳐 있는데, 그중에서도 『대동서』의 안목이 가족제도 폐지에 있었다는 점은 잘 알려져 있다. 책 전체의 균형 측면에서 보아도 '가계家界'의 소멸을 외친 기부己部에 가장 많은 글자수가 할애되어 있다. 캉유웨이가 가족의 폐절을 대동 성립의 기본요건으로 생각한 것은 의심할 바 없다. 량치차오에 따르면 캉유웨이가 '가계'의 소거를 제기한 데에는 불교의 출가와 사유재산제도에 대한 비판이 있었다.[13] 인생의 괴로움이나 사회의 악을 근원부터 제거하려면 출가해야 하는 집을 없애고 사유재산의 단위인 가족을 폐절하는 것보다 더 나은 일은 없다고 생각했던 것이다.

광동 남해의 유력 종족 출신으로 인생의 격렬한 부침을 경험했다고는 하나 그 자신의 실생활을 보면, 대가족이 만들어내는 나름대로 안정된 인간관계 속에서 혜택을 받았을 캉유웨이가 어째서 뜻밖이라고 할 수 있는 이와 같은 신사상을 품게 되었을까. '양학신사'인 체했던 쑨원孫文(1866~1925)조차도 중국의 가족관계나 윤리를 서양에 우선하는 문화가치로 인정한 상황에서 캉유웨이의 이러한 급진적인 가족제도 비판은 상당히 고립되어 있었을 것으로 여겨진다. 설령 그것이 일종의 관념 '유기遊技'에 지나지 않았다 하더라도 '가족이 있는 것의 해로움'을 여러 번 강조한 그의 필치에는 이후 '5·4청년'들과는 다른 현실생활이나 사회경험으로 환원할 수 없는 일종의 과잉이 발견된다. 다음에서 『대동서』의 내용을 면밀하게 검토하고, 그와 같은 과잉을 불러온 맥락을 세 가지로 지적하고자 한다.

첫째, 캉유웨이가 가족을 부정할 때 들고 나온 근거는 바로 '천하위공天下爲公'의 대동사상이었다. 물론 가족에서 해방된 자유로운 '천민天民'상에는 불교의 '평등'관이나 그리스도교 선교사가 전했던 천부인권론의 영향도 찾을 수 있겠으나 가장 기본이 된 것은 "가족이 있기 때문에 자기 처자만 사사롭게 여겨 천하를 공으로 할 수 없다(因有家之故, 必私其妻子而不能天下為公, 190쪽)"라는 『예기禮記』「예운편禮運篇」에서 유래하는 공사관公私觀이다. '천하위공'을 이상적 질서로 여기는 사고에서 보면 가家나 국國은 결국 이차적(혹은 매개적) 단체이고, '공公'에 도달하기 위한 절차에 지나지 않는다. 천하태평의 '공'을 피안의 이상에 내걸 때, 가는 종종 '공'에 역행하는 '사'의 거처가 될지도 모른다. 『대학大學』의 말을 빌려 부연하면 '제가齊家', '치국治国'은 원시적 투쟁상태에 있던 인간사회에 질서의 절목(윤리)을 도입하기 위해 필요한 문명의 장치였다. 중국 인륜의 도道가 세계에서 제일가는 이유도 거기에 있다. 그러나 질서가 있어야 하는 궁극의 상태는 그것으로 끝나는 것이 아니다. 그 앞에 열려 있는 것은 가나 국의 차이를 전부 제거한 '태평대동太平大同' 세계이다.

둘째, 캉유웨이가 나고 자란 광동 지역사회는 종족 결합이 가장 강고한 곳인 만큼 종족을 재생산하는 구조에 민감할 수밖에 없었다. 『대동서』의 기부己部에서 그는 '효의 공의空義'나 '가족이 억지로 함께 사는 데서 생기는 괴로움', 나아가 계투(종족 간 무력을 동반한 분쟁)의 폐해 등 가족이나 종족의 결합이 강고한 데에서 올 수 있는 부정적 측면을 실제 견문을 섞으면서 조금은 냉정한 견지에서 그렸다. 게다가 앞서 살펴보았듯이 가는 '사'이고 천하야말로 '공'이라는 견해는 캉유웨이가 받았던 고전 교육에도 들어 있었다. 게다가 홍콩이나 상해라는 중국 중의 '서양'을 비교·대조의 기준으로 할 때, 가족이나 종족을 초월한 좀 더 큰 공공질서라는 상상력이 싹터왔다고 해도 이상하지는 않을 것이다.

셋째, 앞의 두 가지 점과 더불어 간과할 수 없는 것은 캉유웨이가 겪었던 서양 경험의 질이다. 특히 결정적이었다고 여겨지는 것은 인륜에 대한 중국과 서구사회의 차이다. 부모에 대한 효와 자녀의 보은을 무엇보다 중시하는 중국에 비해 서구의 가족관계는 얼마나 '불효'한 것이자 '박은薄恩'한 것인가. 성년이 되면 자녀는 독립하고 부모에게서 떨어져나간다. 따라서 그 출세와 부귀도 중국에서 기대되는 것과 같은 부모에 대한 보은과 추모로 이어지지 않는다. "종족이 같이 살지 않고 사묘祠廟의 제사가 없다(無宗族之同居, 無祠廟之追遠, 177쪽)." 그런데 그러한 '윤리'가 결여되었는데도 서구에는 확실히 '문명'이 존재했다. 사회에는 질서가 지켜지고 있고 사람들은 '안거락업安居樂業'하고 있다. 인륜이 문화에 따라 서로 다른 형태를 드러낸다는 발견은 캉유웨이에게 신선한 놀라움을 가져온 경험이었음이 틀림없다.[14]

이와 같이 보면 『대동서』에서 가장 뛰어난 부분이 미래의 유토피아를 묘사한 부분이라기보다는 오히려 인류 역사상 각종 '경계'가 얼마나 불합리한 것이며 사람들을 억압하고 괴롭혀왔는지를 끊임없이 설명하는 대목이라는 얘기도 충분히 납득이 간다. 그중에서도 '평등자립의 대의大義'나 '하늘이 내려준 자유의 권리'에 근거하여 여성이 남성에게 종처럼 복종하는 상황을 매섭고 날카롭게 비판하는 무부戊部(형계形界를 없애고 독립을 보전하다)는 『대동서』의 백미라고도 말할 수 있으며 오늘날 독자에게 가장 높게 평가되는 부분이라고 할 수 있다. 확실히 거기에서 '인권자립', '남녀평등', '독립자유', '공민의 인격' 등의 말이 자주 나온다는 점으로『대동서』의 근대성이나 진보성을 평가하는 것도 충분히 가능하다.

하지만 그것으로 충분할까. 여기서 문제삼아야 할 것은, 캉유웨이가 서양사회 내부에서도 다양한 해석의 폭을 가지고 각양각색으로 논의의 형태를 축적해온 '인격', '자유', '인권' 등의 가치이념을 어떻게 받아들였고 또한 표출하였는가 하는 점일 것이다. 그리고 '거란拠乱'에서 '태평太平'으로 나아가면서 '대동'의 세계는 어떠한 경위나 과정을 거쳐 실현될 것이라고 생각했던 것인가.

이러한 방면에서 고찰을 거듭하다 보면 『대동서』가 제시하는 유토피아는 그 해방과 자유의 이미지와는 다른 양상을 띠고 나타날 것이다.

⁴ 디스토피아dystopia로서 대동

지금까지 살펴봤듯이 『대동서』는 국가, 계급, 인종, 남녀, 가족 등의 구별이 가져오는 괴로움에서 사람들을 구하여 절대평등의 대동세계로 이끌 것을 설파한 유토피아론이다. 양성의 독립과 자유를 확보하기 위해 일부일부一夫一婦의 결혼제도는 부정되고, 1년 계약의 혼인(합의해서 지속하는 것도 가능)이 장려되며, 태어난 아이는 부모에게서 떨어져 '천민天民', '공민公民'으로서 부양된다.

그 절차를 『대동서』의 기술에 따라 상세하게 살펴보자. 여성이 회임하면 우선 인본원人本院에서 태교를 하면서 극진한 보호 아래 출산을 준비한다. 출생 후 모든 개인은 '천민'이 되고 양친이나 가족에게서 분리되어

3부 | 새로운 사유의 형성과 전유되는 전통

양육·교육된다. 이를 위해 육영원育嬰院이 설치되고, 아이가 성장하여 학령기에 이르면 소학원小学院, 중학원中学院에서 차례차례 배운다. 나아가 전문적인 학문을 연마하려는 자는 대학원大学院에 진학해 배움을 계속한다. 한편 병에 걸리면 의질원医疾院에서 치료하고, 나이를 먹으면 양로원이 있으며, 죽은 후에는 빠짐없이 고종원考終院에서 화장된다.

인본원에서 고종원까지 모든 시설은 공영이다. 왜냐하면 임산부는 '하늘을 대신해 사람을 낳는' 공산인公産人(199쪽)이고, 사람은 요람에서 무덤까지 '천민'이 되어 '사속私属'이 전혀 없이 생을 다하기 때문이다. 여기에는 개인의 자유나 권리를 기초로 하여 사회국가에 필요한 질서를 구상한다는 발상은 조금도 없다. 역으로 개별적인 사회관계(사속)의 소멸이야말로 차별의 폐절로 이어질 수 있다는 '천하위공'의 사상 전통이 줄기차게 숨쉬고 있음을 알 수 있다. 캉유웨이의 말을 빌리면, "천하위공의 세상에서는 능히 그 사를 이룰 수 있으나, 사의 세상에서는 능히 그 사를 이룰 수 없다(蓋天下為公者乃能成其私, 私者未有能成其私者也, 188쪽)"라는 것이다. 이 '사'를 넘은 고차원의 '공' 실현에서 사는 사인 것을 멈추고 공 속에 동화된다. 개체의 '사' 성이 출발점에서부터 부정되는 것은 아니나 천하위공의 때에는 균질均質·제일齊一의 전체에 용해된다. 이 점에 관해서는 이타노 초하치板野長八의 다음과 같은 지적을 참고할 만하다.

그리하여 이 화和, 즉 대동을 실현하기 위해서는 자기, 사私를 버리는 일이 필요했다. 즉 자기를 버리는 것을 통해 화和가 성립하고 대동이 실현되는데, 그것은 자기, 사에 대한 공의 실현이기도 하다. 곧 '천하위공天下為公'의

소이도 여기에 있었다. 그러나 거기에서는 자기의 존재 자체는 부정되어 있지 않으며 자기와 타자의 대립, 즉 그 대립성이 제약되고 부정되는 것이다. 이렇게 하여 공公이 성립하는 것이므로 공은 자기의 대립성을 제거하는 것을 전제로 하는 것이었다. 그리고 바로 거기에 대동이 행해지는 것이므로, 이러한 대도大道 앞에서 모든 존재는 그 대립성을 배제하지 않을 수 없다. 즉 거기에는 많은 사람이 그 대립성을 방기하고 한 사람의 지배 아래 놓인다는 원칙이 가로놓여 있는 것이라고 여겨진다.[15]

'사'의 사성私性이 소거되지 않으면 안 되는 이유는 그것이 잠재적으로 질서에 위협이 되고 '공'의 전일성全一性·제동성齊同性을 어지럽힐 수 있기 때문이다. 캉유웨이는 『대동서』의 기부己部에서 '가정이 있는 것의 해로움'을 양육, 교화와 관련하여 몇 가지 열거하였는데, 특히 주목되는 것은 다음과 같은 부분이다.

풍속이 부제不齊하고 교화가 불일不一하여 가정마다 풍속이 다르게 되면 악한 점이 유전되어 인간의 성품이 선해질 수 없다(189쪽).

양생養生이 불일不一하여 질병자가 많아지면 허약함이 유전되어 인간의 신체가 건강하지 못하게 된다(190쪽).

[학교에] 입학할 때 가정을 완전히 버리지 않으면 잡화雜化가 있어 제동齊同하지 못하게 된다. 대저 사람마다 가르치는 것이 다르고 가정마다 배움을 달리하므로 혼란함이 심하게 되어 광대·고명·순전하지 못하게 된다(190쪽).

캉유웨이에게 '풍속'과 '양생'이 고르지 않은 것은 사회에 소란을 가져올 뿐만 아니라, 인성의 선악이나 신체의 강약에도 관계되는 중대한 사태를 의미했다. '사'가 차고 넘치는 것에 대한 혐오와 공포 때문인지 다음과 같이 말하기도 했다. "태어나서 성장할 때까지 학교 20년의 제동齊同의 교학教学이 없다면, 곧 인격은 부제不齊·불구不具가 된다(自生至長不能有學校二十年齊同之教學, 則人格不齊, 人格不具, 190쪽)." 개체 간의 '잡화雜化'가 초래하는 사회의 부제不齊 상태야말로 '사'가 서로 주장하고 싸우는 '거란'의 상태를 의미했다. 이에 따라 이러한 상태를 극복하고 배제한 다음에 나타나는 '제동', '순전'한 세계야말로 캉유웨이가 추구한 태평·대동의 세상인 것이다.

이것을 뒤집어 말하면 '공민'의 자격을 갖지 않은 자, 공민에서 배제된 자는 대동세계에서는 존재할 여지가 없다는 점으로 이어진다. 사람들은 욕망이나 의지를 함께하기 때문에 공민일 수 있다. 아니, 원래 사람들의 욕망과 의지는 동질(제동)할 터이다. 만일 동질하지 않은(부제不齊, 잡애雜隘) 것이 있다면 그것은 교화나 교육이 아직 철저하지 않아서이다. '사'에 사로잡힌 욕망이나 의지는 공산公産·공육公育의 제도로 교정되고 또한 소거되지 않으면 안 된다. '공' 상태라면 사람들의 감정은 제일齊一된 전체자全体者인 공에 수렴될 터이므로, 거기서 일탈하는 일은 있을 수 없다. 이의신청이 있다면 그것은 공에 반하는 사이고 반질서(반叛, 난乱)일 뿐이다. 밀 John Stuart Mill(1806~1873)이었다면 '사회 다수의 전제專制'라고 했을지도 모르는 이러한 일련의 사태를 캉유웨이는 대동으로 진화를 촉진하는 것으로서 적극적으로 칭찬한 것이다. 이것이야말로 바로 마오

쩌둥毛沢東(1893~1976)이 일찍이 인민공사人民公社를 통해 꿈꿨던 '대공무사大公無私'의 유토피아일 것이다.

5 자유와 통제

한편 오늘날 우리 눈으로 보면 캉유웨이가 그린 대동세계는 단순한 몽상이라기보다 20세기 선진국에서 나타난 국가의 실상에 가깝다. '요람에서 무덤까지'라는 구호를 내건 고도의 복지국가 말이다. 『대동서』에 재산공유를 요구하는 19세기의 서구 '공상적 사회주의'가 나부끼는 점으로 보아도, 그러한 것들은 우연의 일치라고 말하기보다는 오히려 그 속에서 근대 사상의 영향과 변주를 발견해야만 할 것이다. 과학기술의 진보에 따른 생산의 무한한 확대, 생산의 사회관리를 통한 빈부의 평준화라는 문제는 경부庚部에서 서양의 구체적 견문을 바탕으로 논해지고 있다. 『대동서』를 단지 중국 지식인의 꿈같은 이야기라고만 할 수 없는 이유도 바로 거기에 있다.

문제는 대동의 세상이 공公의 극지極地, '대공大公'의 실현으로서 자주·자립이나 욕망의 전면 해방에 미치는 통제의 측면이다. 앞에서 말했듯이 사람들의 욕망이나 의지가 궁극적으로는 하나의 '공'으로 수렴될 것이라는 전제에서 보면 대동의 사회는 대단히 제동·균질적인 것이 되지 않으면 안 된다. 사유재산을 허락하지 않고는 가족·국가·계급도 없으며 언어나 신체, 습속까지도 제일화齊一化되는 가운데 자유자재라는 대동의 이미지는 도리어 희미하게 되어가는 것이다. 자치와 강제의 기묘한 공존 혹은 자유와 통제의 역립逆立이라고도 말할 수 있지 않을까. 이하에서는 이것을 정치조직의 면에서 검토해본다.

『대동서』에 따르면 세계는 공정부에 의해 일원적으로 통치된다. 대동이기 때문에 국가가 폐절되고 '세계합일체'가 형성되는 것은 당연한 일이다. 그 주권자가 되는 것은 자유롭고 평등한 공민의 집합이다. 그리고 이들 공민 사이에는 본질적으로 지배·종속의 신분관계가 완전히 없어진다. 공민들의 '자주자립의 뜻'이 무엇보다도 중시되기 때문이다. 다만 정책 집행의 필요라는 측면에서 대동의 세상에도 정부가 설치된다. 이 정부는 세 등급으로 구성되는데, 우선 대동세계의 중앙정부에 해당하는 공정부公政府와 지구를 백 개 도度로 나누어 통치하는 도정부度政府 그리고 그 아래에 있는 지방자치국의 세 부문이 사회의 관리를 맡는다. 공정부와 도정부는 민주적으로 선발된 의회를 통해 '입법을 공의公義(議)'함과 동시에 '공정부의 행정관을 공거公擧'한다. 의원이나 행정관(관리)은 '인인평등人人平等'의 원칙에 따라 의장도 대통령도 두지 않고 '다만 세계 인민의 대표가 될 뿐'이다. 또한 사유재산도 가지지 않는 만큼 관리는 특권이나 명예와는 무관하다. 이는 '관 곧 민'이라는 의미로 관민 구별이 없어지는 것이 대동 세상에서의 행정 시스템이다.

그러나 중앙정부(공정부)나 지방정부(도정부)의 구체적인 구성을 보면, 이것이 '관 곧 민'의 자치정부이기는커녕 사회 전체를 뒤덮는 팽대한 관리통제 시스템이라는 점을 분명하게 알 수 있다.[16] 사회의 전면 관리에서 불필요하다고 여겨지는 것은 군대와 재판소 정도이다(대동의 세상에서는 전쟁과 범죄가 없어지기 때문에). 거대한 관료조직을 만들어내고도 남을 행정기구가 요구되는 이유는 사물과 사람의 공유화(공산, 공육)를 책정하고 집행하는 데 공정부의 권한과 역할이 거대하고 복잡하기 때문이다. 『대동서』는 경제적 문제, 특히 생산이나 분배, 유통 문제에는 그다지 큰 관심을 보이지 않으나 사회주의 계획경제로 오인할 정도의 통제방식은 자유자립의 공민상과 선명히 대조된다. 이타노 초하치板野長八는 바로 이러한 점을 지적하여 말하기를, 『대동서』가 그리는 세계는 "민간의 교육사업은 모두 정부가 경영하고 지도"한다는 '간섭주의로 일관한 것'으로서 대단히 '전제주의적'인 것이 되지 않을 수 없다는 것이다.[17]

자유를 요구하는 변혁의 유토피아가 '간섭주의'와 '전제주의'를 불러오고야 마는 이러한 역설은 오웰George Orwell(1903~1950)의 『1984년』을 인용할 것도 없이 사회주의의 실험과 그 좌절을 아는 우리에게는 충분히 짐작이 가는 바이다(『대동서』에서는 '뉴스피크Newspeak'가 아닌 '지구만음실地球万音室' 설치가 구상되고 있다). 곧 천하위공을 사상적 원천으로 하는 캉유웨이의 유토피아 역시 사회에 대한 전면적인 감독과 간섭으로 결국 또 다른 전체주의의 음화陰畵를 제공하는 것은 아닐까. 또한 이타노는 이러한 지적에 이어서 캉유웨이의 '대동'이 '패도覇道에 의한 국가, 군권君權 및 가장권家長權의 강화에 기반을 둔 국가'를 구상한 것으로, 묵자의 '상동尚同', '상현尚賢' 사상을 계승한 진한제국 이념의 반영이라고 논하였다. 이것은 『대동서』의 해석에 따르면 조금 지나친 해석이라고 여겨진다. 왜냐하면 군권과 가장권의 강화는 오히려 진화 과정에서 극복되어야 하는 '거란' 상태라고 『대동서』의 도처에서 논하기 때문이다.

우리가 여기서 주목해야 하는 것은 '대동'사회에 역행하는 반동성도 아니려니와 '군권'이나 '가장권'과의 뼛속 깊은 관계도 아니다. 문제로 삼아야 하는 것은 오히려 패도가 횡행하는 사회에 대한 슬픔과 분노를 품고 모든 억압이나 차별로부터 해방을 요구한 끝에 구상된 이상사회의 모습이 그 전체 계획과 가치일원화의 결과로서 '간섭'과 '전제專制'를 필연적으로 동반하고야마는 역설이고 비극이다.

더욱이 여기서 또 한 가지 유의해야 하는 것은 『대동서』에서 도덕(인)과 지식(지)의 역할에 큰 기대가 걸려 있다는 점이다. 태평 대동의 세상이 되면 사람들은 성선性善이 되기 때문에 지배·복종이나 신분의 상하관계는 모두 소멸한다. "제왕帝王이나 군장君長이 없고, 관작官爵, 과제科第도 없으며, 사람은 모두 평등하다(275쪽)." 이때가 되어 장려되는 것은 지智와 인仁뿐이다. 지는 '개물성무開物成務, 이용전인利用前人', 인은 '박시구중博施救衆, 애인이물愛人利物'로서, 곧 오늘날의 말로 표현하면 산업개발과 복리후생에 각각 도움이 되기 때문이다. 이것을 빼고 대동사회는 성립하지 않기 때문에 '인인仁人'과 '지인智人'에게만은 특별한 칭호와 영예가 주어진다. 게다가 이 둘을 모두 갖춘 자는 '선인善人'이라고 불리며 순위가 한 등급 올라간다. 이러한 순위는 지智·인仁의 덕이 많음에 따라 현인賢人, 철인哲人, 대인大人, 성인聖人, 천인天人의 순으로 상승하고, 최종적으로는 성인聖人과 천인天人을 겸한 신인神人에까지 이른다. 의사議事를 진행할 때 자리 순서는 직위의 차례이나 연회宴会·공집公集 때에는 인지의 등급 차례로 자리에 오른다. 이렇게 하여 유덕자나 지혜자가 대우받고 사회에서 지도적 위치에 서는 것이 당연시된다.

태평의 세상은 덕을 귀하게 여기고 작爵을 귀하게 여기지 않는다. 그 때문에 사람은 도덕에 힘써 미속美俗을 이루고, 자상慈祥에 힘써 공덕公德을 다하며, 영명靈明을 더하여 공익公益을 거두도록 권하는 것이다. (277쪽, 강조점은 필자)

철인국가를 상기시키는 듯한 어조로 유덕자의 사회에 대한 교화와 지도를 설파한 캉유웨이는 여기서도 역시 공익과 공덕을 당연히 의심할 여지 없는 일체의 것으로 파악하였다. 그것은 만인에게 열려 있다는 점에서는 확실히 '공'이다. 하지만 토의를 거쳐 합의를 형성한다는 의미에서 '공'은 아니다. 분명히 사람들의 지혜로움과 어리석음, 어질고 너그러움 여하에 따라 이 '공'으로 접근하는 방법이 달라지게 되는 것이 틀림없다. '현인'이나 '철인'이란 전체에 봉사하는 공익과 공덕에 가장 가까운 존재이다. 이에 대해 그렇지 않은 일반 공민은 지智나 인仁에 특별히 뛰어난 자의 인도를 받아 비로소 대동·태평의 즐거움을 향수할 수 있게 되는 것이다.

애당초 『대동서』는 「세계에 들어가 중고衆苦를 보다」라는 장 제목으로 시작된다. 그러면 이것을 쓴(말하는) 주체는 누구인가. 다른 사람이 아니다. '사람에게 참을 수 없는 마음'을 품고, 모든 '경계'를 절멸하겠다는 일념으로 일어난 '강자康子(캉유웨이)' 바로 그 자신이다. 탁월한 능력과 덕성을 가지고 생민生民·중생衆生을 괴로움에서 구하고, 이들을 극락태평으로 인도하기로 결의한 유덕자(공자=강자康子)야말로 『대동서』에서 미래사회를 말하는 1인칭 주어이다. 권력지배라고 할 경우 '간섭'과 '전제'라고 느껴질 만한 공공질서의 제작자 또는 계획자로서 성왕聖王은 『대동서』

의 배후에 건재한다. 성왕이란 자기를 완전히 '공'과 일체화한 구세주이다. 또한 '차별 없는 직접적 일체성'을 체현한 선각자이다. 나아가 인류사회에 질서를 가져오는 도덕적 설계자이다.

옹정제雍正帝의 『대의각미록大義覺迷錄』(1730)에서 말하는 '화이일가華夷一家'의 인정仁政이 캉유웨이가 그리는 대동세계와 놀랄 만한 접근을 보여주는 것은 바로 이 지점에서이다. 화이의 구별을 초월하여 만한滿漢의 차별 없이 천하의 생민을 바른 길로 인도하는 성인=제왕이야말로 캉유웨이가 『대동서』에서 추구했으나 이룰 수 없었던 '교주教主'였던 것이다.

⁶ 동화와 배제를 넘어

지금까지 살펴봤듯이 '천하위공'의 대동을 말할 때에는 사람들의 의지나 감정·욕망이 이미 동질일 것, 공公을 이루기 위해서라면 개개의 사私는 자연히 사라지고 전체 질서에 동일화해나가야 함이 자명한 전제로 되어 있었다. 대동의 세상에서는 공에 대립하는 사가 없어지고, 사람들은 몸과 마음을 고차원적인 '공'에 전면적으로 융해함으로써 안녕과 질서가 보증되고 천하태평이 실현된다. 이것이야말로 『예기』 「예운편」에 그려진 이상적인 사회의 조화상태이다. 그러한 대동=공의 이념에 만일 동화와 억압의 원리가 장착되어 있다고 한다면, 다음과 같이 정의되는 공공성으로부터 이 정도로 거리가 먼 것도 없을 것이다.

공공성公共性은 공동체와 같이 등질한 가치로 가득 찬 공간이 아니다. 공동체는 종교적 가치이건 도덕적·문화적 가치이건 공동체의 통합에서 본질적이라고 여겨지는 가치를 성원들이 공유할 것이 요구된다. 이에 대해 공공성의 조건은 사람들이 품고 있는 가치가 서로 이질적인 것이라고 하는 점이다. 공공성은 복수의 가치나 의견 '사이'에 생기는 공간으로, 역으로 그러한 '사이'가 상실된 곳에서 공공성은 성립할 수 없다.[18]

예를 들면 여기서 말한 '사이'를 극소화하고, 자타미분自他未分의 대동을 전체적인 '사이'로 하면 어떻게 되는가. '사'는 '사'로서 자기를 정위定位하는 장소를 갖지 못하게 되고, 동질적인 공동체의 '공'이 덕치를 가장하면서 전제적인 권위를 미치게 될 것이다. 적어도 공공성을(서양적 선입관에는 충분히 유의하면서) '복수의 가치나 의견이 경합하는 공개의 장'으로 파악하는 견지에서 보면 캉유웨이의 '대동'세계에 공공적인 '사이'가 존재할 여지는 없다.

요컨대 서로 다른 가치의 병존, 다양한 개체의 자립과 같은 의미를 포함한 공공성은 공민의 자유와 해방을 호소하는 『대동서』에서는 한 번도 도출된 적이 없었다. 캉유웨이의 논적이었던 장빙린章炳麟(1868~1936)의 '공리公理' 비판이 의의를 가지는 것도 바로 이러한 점에 있어서이다.

장빙린의 「사혹론四惑論」(『민보民報』 제22호, 1908)에 따르면 전제사회는 그 거칠고 엉성한 통치에 따라 그런대로 생민의 자유를 보장한다. 하지만 공리를 외치는 자는 사회를 통해 사람을 강제하기 때문에 자유로운 개인들이 도망갈 곳이 없게 된다. "천리가 사람을 속박하는 것은 법률보다도 심하고, 공리가 사람을 속박하는 것은 또한 천리보다 심하다(天理之束縛人甚於法律, 而公理之束縛人甚於天理)." 마찬가지로 사람을 속박한다고는 해도 천리는 공리보다 그나마 낫다.

그런데 공리가 숭배되는 근대국가에서는 자유라는 명목 아래 오히려 부자유하고 모질고 인정이 없는 강권지배가 초래되고 있다. 장빙린은 이와 같이 논하고 공리를 통해 현실의 강권을 합리화하려는 논의의 조상은 헤겔Georg Wilhelm Friedrich Hegel(1770~1831)이라고 지적했다. 그는 헤겔을 비판하며 그의 학설은 "만물을 모두 힘에 귀속시키기 때문에 그러한 논의는 결국 필연적으로 강권을 장려하게 된다. 명목은 사람을 자유롭게 한다고 말하면서 실상은 일체의 자유를 얻을 수 없게 한다(既使萬物皆歸於力, 故持論至極, 必將尊獎強權. 名為使人自由, 其實一切不得自由)"라고 말했다. 공리를 말하는 자는 사회 다수의 힘을 이용해 인심을 동질화하고 개인을 속박하기 때문이다.

장빙린은 진화나 공리의 학설을 거절함으로써 제민齊民의 자유를 허용하는 '사이'를 사수하려고 했다. 그러나 개체의 존엄을 공리의 전제로부터 지키고자 한 그 심오한 '제물齊物'철학도 당시 시대상황에서는 고립된 '불성佛声'으로 간주되어 사회적 차원에서의 반향을 일으키는 데까지는 이르지 못했다. 신해혁명 후 위안스카이袁世凱(1859~1916)의 독단 전행과 민국정치의 퇴폐를 한탄했던 리다자오李大釗(1889~1927)는 모든 악의 근원은 '동同을 좋아하고 이異를 싫어하는(好同惡異)' 정치문화에 있다고 말하며 다음과 같이 논하였다.

자기가 좋아하는 것은 다른 사람도 똑같이 좋아하고, 자기가 싫어하는 것은 다른 사람도 똑같이 싫어해야 한다고 말한다. 자기가 가진 것은 다른 사람도 똑같이 있고, 자기에게 없는 것은 다른 사람도 없어야 한다고 생각한다. 그러나 애당초 자기 한 사람의 호오好惡가 사회의 호오와 통할 리가 없고, 자기 한 사람의 유무有無가 사회의 유무에 통할 리도 없다. 그런데도 자기 한 사람의 호오나 유무에 따라 호오 유무의 존재형태를 결정하고, 그것을 통해 호오나 유무가 같을 리가 없는 사람들을 제일齊一하게 하는 것은 편향의 영역에 스스로를 놓는 것이다. 개명의 길을 향하는 것 따위는 기대할 수 없다.[19]

한때는 위안스카이에 의한 국가통일을 기대할 정도로 위안스카이를 옹호하는 정치활동에도 관여한 리다자오의 발언이니 만큼, 여기서 논하는 '이異를 동同에 복종시키는(強異從同)' 정치에 대한 비판은 자기 자신을 향한 통절한 반성이기도 했다. 리다자오에게 캉유웨이가 그렸던 것과 같은 대동세계는 이제 더는 유토피아가 아니었다. 그것은 결국 '호동오이好同惡異'의 악순환에서 단 한 발짝도 나가지 않은 전제정치의 음화陰畫에 지나지 않았던 것이다.

그렇다면 이와 같은 관점에서 다시금 서론에서 언급한 '제2대민족정책'이 창도한 '민족융합'책을 돌이켜볼 때, 캉유웨이『대동서』의 지평을 어디까지 극복할 수 있었는지 의문을 가지지 않을 수 없다. '대동'은 아름다운 인류공존의 이념이다.

그러나 그것은『대동서』의 유토피아나 마오쩌둥의 사회주의 실천이 말해주듯이 동화와 배제의 메커니즘과 결코 무관하지 않다. '사私'를 용해한 공민의식의 형성이 제창되는 가운데 전제정치와 정반대인 '대동진화'로 가는 길이 강권적인 민족동화의 악몽이 되지 않기를 바랄 뿐이다. (번역: 박은영)

무라타 유지로村田雄二郎

도쿄대학 종합문화연구과 교수. 전공은 중국철학, 근대중국사다. 도쿄대학 교양학과를 졸업하고 동 대학 대학원 인문과학연구과에서 중국철학전공으로 석사과정을 하고 중국 베이징대학 철학과에서 유학했다. 현재 일본현대중국학회, 중국사회문화학회 이사로 있다. 편저로『インタビュー戦後日本の中国研究』,『从东瀛皇居到紫禁城: 晚清中日关系史上的重要事件与人物』,『清末中国と日本: 宮廷·変法·革命』,『リベラリズムの中国』 등이 있다.

집필경위

이 글은 2013년 8월 성균관대학교 동아시아학술원 HK연구소에서 개최한 학술대회 '19세기 말~20세기 초 동아시아 전통지식인의 삶과 사상'에서 발표한 글을 수정·보완한 것이다.

1장

1) 심대윤 저작 『한중수필閑中隨筆』(연세대학교 소장본)에 대한 「식識」에서 정인보는 심
   대윤의 경학사상을 중국 청대의 대진戴震과 비슷하다고 했으며, 다카하시는 심을 양명
   학자로 자리매김하였다(이형성 편역, 『조선유학사』, 예문서원, 2001).

2) 심대윤에 관한 연구로는 『심대윤전집』 전 3권, 성균관대학교출판부, 2005에 게재된 임
   형택의 해제와 장병한, 『沈大允 경학에 대한 연구: 19세기 현실지향적 경학관의 일단
   면』, 성균관대학교 박사학위논문, 1995 그리고 진재교, 「沈大允의 社會的 處地와 學問
   姿勢」, 『한문교육연구』 16, 2001 등을 들 수 있다.

3) 심대윤의 생애에 관해서는 위의 진재교 논문 참조.

4) 이 사건은 영조 31년(1755)에 일어난 나주벽서사건羅州壁書事件에 이어 일어난 소론
   강경파에 대한 탄압사건이다. 같은 해에 나주벽서사건의 진압을 기념해서 실시된 토역
   정시討逆庭試에 응시한 심정연沈鼎淵이 답안지에 난언亂言을 썼다고 해서 체포된 사
   건이다. 심대윤의 생애에 관해서는 위의 진재교 논문 참조.

5) 김성애, 『沈大允 '福利全書' 校註 飜譯』, 고려대학교 고전번역협동과정 석사학위논문,
   2009.

6) 심대윤, 『논어』, 『沈大允全集』 2권, 성균관대학교출판부, 2005.

7) Kenneth Lux, 田中秀臣 옮김, 『アダム・スミスの失敗: なぜ経済学にはモラルがないの
   か』, 草思社, 1996.

8) 森紀子, 『転換期における中国儒教運動』 5장 「孔教運動の展開—儒教国教化問題」, 京
   都大學學術出版會, 2005.

9) 진환장, 이상률 옮김, 『유교와 도교』, 문예출판사, 1990.

10) 『日本經濟史の研究 及附錄』, 同文館, 1921.

11) 陳煥章, 瞿玉忠 옮김,『孔門理財學: 孔子 及其學派的經濟思想』, 中央編 譯出版社.

12) 陳煥章, 韓貨 옮김,『孔門理財學』, 中華書局.

13) 小野進,「儒教の経済学原理—経済学における一つのパラダイムとしての東洋経済学」,『立命館經濟學』58-5, 6, 2010.

14) 이 책은 한국에서도 번역·출판되었다. 안수경 옮김,『한 손에는 논어를 한 손에는 주판을』, 사과나무, 2009.

15) 지금까지의 시부사와 연구 중에서 특히 주목할 만한 것으로 于臣,『渋沢栄一と「義利」思想 : 近代東アジアの実業と教育』, ぺりかん社, 2008; 見城悌治,『渋沢栄一 :「道徳」と経済のあいだ』, 日本経済評論社, 2008을 들 수 있다.

16) 澁澤榮一,『新編 靑淵百話』, 平凡社, 1930, 429쪽.

17) 澁澤榮一,『論語と算盤』, 東亞堂書店, 1916, 204쪽.

18) 澁澤榮一,『實驗論語』, 平凡社, 1930, 2쪽.

19) 澁澤榮一,『實驗論語』, 平凡社, 1930, 148~150쪽.

20) 이러한 움직임의 예로 八木紀一郎,『非西欧圏の経済学: 土着, 伝統的経済思想とその変容』, 日本経済評論社, 2007; Ajit K. Dasgupya, 板井廣明 等訳,『ガンディ―の経済学: 倫理の復権を目指して』, 作品社, 2010 등을 들 수 있다.

2장

1) 조경달,「朝鮮近代のナショナリズムと文明」,『思想』808, 1991.

2) 김도형,『大韓帝國期の政治思想研究』, 지식산업사, 1994.

3) 박찬승,『한국근대정치사상사연구』, 역사비평사, 1992.

4) 조경달,「朝鮮における日本帝國主義批判の論理の形成—愛國啓蒙運動期における文明觀の相克」,『史潮』新25, 1989.

5)「埃及近世史序」,『白巖朴殷植全集』제5권, 동방미디어, 2002, 106쪽.

6)「敎育가 不興이면 生存을 不得」, 同上, 328쪽.

7)「自强能否의 問答」, 同上, 317쪽.

8)「二十世紀新國民」,『단재신채호전집』제5권, 독립기념관한국독립운동사연구소, 2008,

465쪽.

9) 조경달, 「朝鮮における日本帝國主義批判の論理の形成」, 「朝鮮近代のナショナリズムと 文明」.

10) 조경달, 「朴殷植における國家と民衆―朝鮮的政治思想·政治文化の葛藤」, 深谷克己 編, 『東アジアの政治文化と近代』, 有志舍, 2009.

11) 조경달, 「金玉均から申采浩へ―朝鮮における國家主義の成立と轉回」, 『講座世界史』 12, 東京大學出版會, 1996.

12) 「與尹議政容善」, 『海鶴遺書』, 국사편찬위원회, 1971, 98쪽.

13) 「與李馨伍定稷書」, 同上, 118쪽.

14) 「與申議長箕善書」, 同上, 90쪽.

15) 「與趙參政秉稷書」, 同上, 92쪽.

16) 조경달, 「朝鮮における大國主義と小國主義の相克―初期開化派の思想」, 『朝鮮史硏究會 論文集』 22, 1985; 「朝鮮における實學から開化への思想的轉回―朴珪壽を中心に」, 『歷 史學硏究』 678, 1995.

17) 「與金議長嘉鎭論日人移民書」, 前揭 『海鶴遺書』, 96쪽.

18) 「與皇城新聞社長南宮君憶書」, 同上, 95쪽.

19) 『大韓季年史』, 광무 11년 3월조.

20) 「急務八制議」, 『海鶴遺書』, 20~21쪽.

21) 「答李康齊書」, 『湖南學報』 제5호.

22) 「國家學說」, 同上, 창간호.

23) 「國家學 續」, 同上, 제2호.

24) 「一斧劈破論」, 『海鶴遺書』, 73~74쪽.

25) 同上, 77쪽.

26) 조경달, 「近代日本における道義と國家」, 若桑みどり 外, 『歷史と眞實』, 筑摩書房, 1997; 「教科書問題と日本原理主義」, 『專修大學人文科學硏究所月報』 200, 2002.

27) 「外交論」, 『中江兆民全集』 제11권, 岩波書店, 1984, 223쪽.

28) 「國家の夢, 個人の鐘」, 同上 제12권, 101쪽.

29) 「論公利私利」, 同上 제11권, 25쪽.

30) 米原謙, 『日本近代思想と中江兆民』, 新評論社, 1986.

31) 松永昌三, 『中江兆民評傳』, 岩波書店, 1993.

32) 藤野雅己, 「中江兆民におけるアジアとヨーロッパ—兆民の小國主義思想を中心に」, 『大阪事件研究』 5, 1986.

33) 平石直昭, 「戰中·戰後徂徠論批判」, 『社會科學硏究』 三九——, 東京大學社會科學硏究所, 1987.

34) 조경달, 「近代日本における道義と國家」.

35) 조경달, 「朝鮮の國民國家構想と民本主義の傳統」, 久留島浩·趙景達 編, 『國民國家の比較史』, 有志舍, 2010.

36) 조경달, 「アジア史研究から見た丸山政治思想史學」, 『未來』 479, 未來社, 2006.

3장

1) 이 시기의 실학 개념을 본격적으로 다룬 연구는 노관범의 「대한제국기 실학 개념의 역사적 이해」(『한국실학연구』 25, 2013)이다. 그는 대한제국기의 실학 개념을 '형식/정책, 내용/범주, 지역성/교류' 세 측면에서 정밀하게 분석하여 이전, 이후 시기와 다른 점을 실증하였다. 이 연구는 이 글의 구성과 자료 양면에서 많은 시사와 도움을 주었다. 이 글은 그 같은 변화를 한·중·일 삼국에서 비교적 공통적으로 겪었다는 점, 그 변화가 이전 개념의 어떤 경향을 대변하였고, 또 20세기 중반 이후 전개에 어떻게 반영되었는지 살펴보는 데 주안점을 두었다.

한편 역사문제연구소의 은정태 선생은 이 글의 발표(2015년 4월 23일 한림과학원 심포지엄 '동아시아 교차하는 개념들')에서 실학주의 교육사조 및 인문학에 대립하는 실용교육의 흐름에 관한 귀중한 조언과 유용한 자료를 제시하여 이 글 2절, 4절을 보완하고 결론에서 향후 과제를 설정하는 데 큰 도움을 주었다. 이 점 깊이 감사드린다.

2) real, realism에 대해서는 레이먼드 윌리엄스, 김성기·유리 옮김, 『키워드』, 민음사, 2010, 392~399쪽 참조. realism과 실학의 이 같은 닮은 점 때문에 경험과 실용 지식에 중점을 둔 서양의 'realism in education'을 1970년대 한국 교육학계에서는 '실학주의'로 번역하기도 했다(진쾌현, 「실학주의교육의 사상사적 배경에 대한 고찰」, 『건국대학교 논문집』 5, 1977).

3) 예컨대 조선에서 이이, 유형원, 김원행 등 많은 성리학자가 '실實'을 매개로 한 '실리實理-실심實心-실사實事-실공實功-실학實學' 등의 개념틀을 구상했다. 19세기 후반 서양의 과학, 실측, 실험 등의 영향을 받고도 얼마든지 새로운 틀을 구상할 수 있었다. 캉유웨이康有為를 일례로 들 수 있다. 그는 '실'에 대해 과학의 실측지실實測之實, 원리의 현실성을 논하는 실론지실實論之實, 필연과 공리의 허실지실虛實之實로 나누었다(캉유웨이, 『實理公法全書』, 「實字解」; 송인재, 「캉유웨이, 『실리공법전서』」, 『개념과소통』 9, 2012 문헌해제).

4) 최성환, 『顧問備略』 권4, 「學校」, "學校之設 …… 必選實有道德之人, 使爲學官, 以來實學之士, 朝夕相與講明正學. …… 自科擧之制, 詞賦重而實學輕, 世不尙經術, 因未聞有讀書講道之士."

5) 이경구, 『조선후기 사상사의 미래를 위하여』, 푸른역사, 2013, 118~121쪽.

6) 『한성순보』 1884년 3월 27일, 10~11면, 「伊國日盛」.

7) 최근에 허문을 높이고 실학이 없어졌다는 논리는 『황성신문』 1908년 2월 22일의 「성진부중화중학교취지서城津府中化中學校趣旨書」와 3월 27일의 「진명야학進明夜學」에서도 동일하게 전개되었다. 노관범, 앞의 논문, 427쪽. 『대한협회회보』 5호 「격치학格致學의 공용功用」에서도 "격물치지는 대학의 8조목인데 후세에는 사장을 숭상하여 본뜻을 잃어 오히려 서양은 격물치지의 실학을 실행하여 이것이 부강의 원천이 되었다"고 했다. 노관범, 앞의 논문, 438쪽.

8) 신기선, 『儒學經緯』, 「學術」; 「宇宙述贊」.

9) 『독립신문』 1899년 1월 24일 2면, 「진본의견」.

10) 『고종실록』 고종 36년(1899년) 4월 27일 두 번째 기사.

11) 『황성신문』 1898년 10월 27일 별보 1면.

12) 『매일신문』 1898년 12월 7일 1면 론설.

13) 『대한매일신보』 1909년 6월 16일 1면, 「儒敎廣張에 對흔 論」, 『전집』 6, 676쪽.

14) 『고종실록』 고종 32년(1895) 2월 2일 첫 번째 기사.

15) 『대한흥학보』 제13호, 1910년 5월 20일, 「日本 敎育界 思想의 特點」.

16) 노관범, 앞의 논문, 422쪽.

17) 정관응, 『易言』, 「論考試」.

18) 같은 책, 「附論洋學」.

19) 마틴의 자연과학 개설서인 『격물입문格物入門』(1868)의 서문을 쓴 서계여徐繼畬는 "기존의 서학은 천문과 역법만 말하였고 격물(과학)과 궁리(철학)의 설은 상세하지 못했는데 이 책은 일일이 실사로 증명 가능하여 매우 달랐다"라고 하였다. 페데리코 마시니, 이정재 옮김, 『근대 중국의 언어와 역사』, 소명출판, 2005, 90쪽 재인용.

20) 명말 이래 사이언스의 번역어는 격치가 압도적이었다. 과학은 일본이 1870년대에 번역하였고 20세기 초에 중국에 소개되었다. 진관타오金觀濤 등의 분석에 따르면 1905년 이전에는 격치가 압도적이었으나 1905년 과거제도 폐지를 기점으로 과학이 격치를 갑작스레 압도하게 되었다. 진관타오·류칭펑, 양일모 등 옮김, 『관념사란 무엇인가』 2, 푸른역사, 2010, 388~449쪽 참조. 진관타오의 저서에서 실학은 고려되지 않았다. 그러나 이 발표에서는 과학이 정착하기 전 실학은 격치와는 좀 다른 맥락에서 사이언스의 번역어로 사용되었음에 유의하였다.

21) 곽숭도, 『倫敦與巴黎日記』 권5, 光緒 三年二月二十日, 岳麓書社出版 영인본, 149쪽.

22) 같은 책, 권13, 光緒 三年十月十七日, 영인본, 370쪽.

23) 노당장, 「中國第一快切音新字」「序」, 양세욱·이은정, 「동아시아 共同文語 시대의 재구성」, 『중국어문학논집』 46, 2007, 169쪽 재인용.

24) 량치차오, 『飮冰室文集-点校』 제1집, 「變法通議; 學校思論」, 28쪽.

25) 같은 책, 「變法通議; 論科擧」, 37쪽; 「變法通議; 論學會」, 40쪽.

26) 량치차오, 『飮冰室自由書』, 「文野三界之別」.

27) 량치차오, 『飮冰室文集-点校』 제1집, 「論學術之勢力左右世界」, 285쪽.

28) 같은 책, 「近世文明初祖二大家之學說」, 393쪽.

29) 같은 책, 「西學書目表」 後序, 144쪽.

30) 같은 책, 「變法通議; 論科擧」, 37쪽.

31) 후쿠자와 유키치, 남상영·사사가와 고이치 옮김, 『학문의 권장』, 소화, 2003, 23~24쪽.

32) 『천칙백화天則百話』는 량치차오가 1902년 『신민총보新民叢報』 21호에 「가등박사천칙백화加藤博士天則百話」라는 제목으로 일부 게재하였고 광지서국에서도 1902년에 출판했다. 이 인용문은 『음빙실자유서』에 실린 것을 번역한 것이다.

33) 『대한흥학보』 제13호, 1910년 5월 20일, 「日本 敎育界 思想의 特點」.

34) 구메 구니타케, 방광석 옮김, 『특명전권대사 미구회람실기』 제2권, 소명출판, 2011, 285~286쪽.

35) 『매일신보』 1917년 4월 6일, 「조선교육혁정론(8) 실학교육의 본의」, 정종현, 「실학의 담론사(1)」, 2014, 근현대 한국 지성사 대계 발표 자료집에서 재인용.

36) 정종현은 제국의 신민화 외에도, 서구 근대성의 기표로 작동했던 실학이 동양, 유학과 재결합하여 보편성을 획득하는 담론구조를 또한 지적하였다(정종현, 위의 글).

37) 『매일신보』 1917년 4월 7일, 「조선교육혁정론(9) 戊申詔書와 실학교육」.

38) 현채, 『유년필독』 4권, 1907.

39) 이태훈, 「실학담론에 대한 지식사회학적 고찰」, 전남대학교 박사학위논문, 2004, 38~39쪽. 다만 이태훈은 최남선의 실학 사용은 영·정조대에 나타난 주자학과 차이가 있는 학문을 말하고 현재 우리가 담론화한 새로운 시대정신을 반영한 실학이라고 보지는 않았다. 그는 민족주의와 근대주의가 결합한 실학 담론은 1960년대 이후의 산물이라고 보았다.

40) 『순종실록』 부록, 1921년 3월 31일 네 번째 기사.

41) 『경향신문』 1949년 8월 30일 1면, 사설 「商業計劃性」.

42) 량치차오, 『淸代學術槪論』, 「自序」.

43) 19세기 후반 이후 명·청 시기 학술사조를 경세치용, 실사구시로 명명하는 사상사는 꾸준했고, 1940년대에 육상산陸象山(1139~1192)의 학문을 실학이라는 독립적 학술사조로 인식하기도 했지만, 중국에서 실학이 독립적 학술 형태 혹은 사조로 본격화한 것은 1980년대 초부터이다. 조미원, 「중국 실학 담론의 지형 검토」, 『중국근현대사연구』 50, 2011, 167~168쪽.

44) 18세기 후반 전통적 화이관에서 이탈을 꿈꾼 한일 지식인의 대표적 저작은 홍대용洪大容(1731~1783)의 『의산문답醫山問答』과 스기타 겐파쿠杉田玄白(1733~1817)의 『狂瞽の言』을 꼽을 수 있다. 두 저작의 비교는 흥미로운데 홍대용의 경우 천문학과 자신의 철학적 논리를 토대로 화이구도를 무화했다면, 스기타는 인체를 직접 해부하고 네덜란드 의학서를 번역하며 중학의 허구성을 실증적으로 반박했다는 점이 양국 지식계의 토대, 방향과 관련해서 시사하는 바가 크다.

4장

1) '종교적 외피론'은 독일농민전쟁에 대한 엥겔스Friedrich Engels(1820~1895)의 분석 시

각을 그대로 가져와 동학농민전쟁을 이해하려 했다는 점에서 서구중심적이며, 종교를 근대적-중세적 종교로 나누고 중세적 종교에서 혁명성을 찾을 수 없다고 한 점에서 근대중심적 이해방식이다.

2) 동학과 농민전쟁의 관계에 대한 연구동향을 살핀 최근의 글로는 배항섭, 「동학농민전쟁의 사상적 기반에 대한 연구현황과 과제—동학(사상)과 농민전쟁의 관계를 중심으로—」, 『사림』 45, 2013 참조.

3) 김선경, 「농민전쟁 100년, 인식의 흐름」, 역사학연구소, 『농민전쟁 100년의 인식과 쟁점』, 거름, 1994, 101쪽.

4) 해방 후 유기적 관련론을 처음으로 제기한 연구자는 한우근이었다(「동학사상의 본질」, 『동방학지』 10, 1969, 70쪽; 「동학의 리더쉽」, 『백산학보』 8, 1970, 496쪽). 유기적 관련론을 제시한 주요 연구로는 정창렬, 「동학농민전쟁과 프랑스혁명의 한 비교」, 미쉘 보벨, 안치홍 외 옮김, 『프랑스혁명과 한국』, 일월서각, 1991; 趙景達, 『異端の民衆反亂—東學と甲吾農民戰爭』, 岩波書店, 1998(이 책은 역사비평사에서 번역되었다. 조경달, 박맹수 옮김, 『이단의 민중반란』, 역사비평사, 2008) 참조.

5) 동학과 농민전쟁의 관계에 대한 논의들을 정리한 논저로는 다음의 글들이 있다. 정창렬, 「동학과 농민전쟁」, 한국사연구회 편, 『한국사연구입문』, 지식산업사, 1981; 정창렬, 「동학과 동학란」, 이가원 외 편, 『한국학연구입문』, 지식산업사, 1981; 한우근, 「동학과 동학란」, 『한국학입문』, 학술원, 1983; 정창렬, 「갑오농민전쟁과 갑오개혁」, 韓國史研究會 편, 『한국사연구입문』 2판, 지식산업사, 1987; 안병욱, 「갑오농민전쟁의 성격과 연구현황」, 역사문제연구소 편, 『한국근현대 연구입문』, 역사비평사, 1988; 양상현, 「1984년 농민전쟁과 항일의병전쟁」, 정용욱 외, 『남북한 역사인식 비교강의』, 일송정, 1989; 송찬섭, 「농민전쟁에서 동학은 어떤 일을 하였는가」, 역사학연구소 1894년농민전쟁연구분과 엮음, 『농민전쟁 100년의 인식과 쟁점』, 거름, 1994; 박정성, 「甲吾農民蜂起의 革命性 硏究-回顧와 省察: 呼稱과 關聯하여」, 한국정치외교사학회 편, 『갑오동학농민혁명의 쟁점』, 집문당, 1994; 한국역사연구회, 『한국역사입문』 3, 풀빛, 1995; 동학학회 편저, 『동학, 운동인가 혁명인가』, 신서원, 2002.

6) 정창렬, 「동학농민전쟁과 프랑스혁명의 한 비교」, 앞의 책, 1991, 236~237쪽.

7) 조경달, 박맹수 옮김, 『이단의 민중반란』, 역사비평사, 2008, 81~96쪽.

8) Eric Hobsbawm, "Peasants and Politics", *Journal of Peasants Studies 1*, no. 1(October

1973), p. 12; 에릭 홉스봄, 김동택 외 옮김, 「농민과 정치」, 『저항과 반역 그리고 재즈』, 영림카디널, 2003, 245쪽.

9) 문: 汝가 起包時 所率은 皆是 東學이냐/공: 所謂 接主는 皆是東學이요 其餘率下는 忠義 之士라 稱홈이 居多외다(「전봉준공초」, 재초문목, 『동학사상자료집』 1, 아세아문화사 (영인본), 1979, 334쪽).

10) 1894년 3월에 입도한 예산의 조석헌은 농민전쟁 발발 직후 물밀듯이 입도하는 동학교 도들에 대해 다음과 같이 말하고 있다. "각 포에서 도회소를 설정하였으나 목소대도소 에서는 10여 일 사무에 오도吳道운수가 이미 열리는 때였으므로 사세지운斯世之運 여 세동귀與世同歸라. 물외지인物外之人과 모산지배模散之輩 수천 명 만인이 오도吳道 에 신입新入하여 수도지심修道之心은 만무일萬無一이오 다만 불법행위만 생각하여 늑 봉사채勒捧私債와 늑굴인총勒掘人塚이며 심지어 집마집곡執馬執穀으로만 위주로 하 니 이들을 인종양민人種良民이라 할 수 있겠는가? 오합지졸이 이와 같이 모집되어서는 법률이 특별히 있어야만 솔중率衆하는 근본이 될 터인데 이는 고사하고 일달一撻할 수 있는 권리도 없었으니 이를 장차 어찌할 것인가? 이런 마음으로 서기 10여 인을 두고 주야로 신입자에게 불법행위를 금지할 것을 10여 일 밤을 새워 노고勞苦하였으나 효력 이 전혀 없었다."(「조석헌 역사록」, 『동학농민전쟁사료총서』(이하) 『총서』 10, 133~134 쪽). 또한 동학농민전쟁 발발 직전인 1894년 2월 8일 입도한 홍종식은 자신이 입도한 직후 서산 일대에서는 하루에 수십 명씩 입도하였고, 이때의 입도상황에 대해 "길 가던 자는 우물이나 개천을 향하여 입도식을 하고, 산에서 나무 베던 자는 숫돌물을 놓고 다 투어 입도하였습니다"라고 회고하였다(洪鍾植 口演, 春坡 記, 「17年史上의 最大活劇, 東學亂實話」, 『신인간』 34, 1929년 4월, 45쪽). 자세한 내용은 각주 46) 참조. 이러한 회 고는 농민전쟁 당시 동학교도들의 입도와 농민전쟁 참여가 교리에 대한 이해를 바탕으 로 한 것으로 보기 어려움을 말한다. 이 점에서 독일농민전쟁이나 서구 중세의 천년왕 국운동에서는 사상적 기반이 된 기독교 교리가 '이단적'으로 해석되었다 하더라도 기 독교 교리 자체가 농민들이 일상에서 친근하게 접하던 것이었다는 점에서 동학사상과 는 근본적으로 다르다.

11) 에릭 홉스봄, 김동택 외 옮김, 앞의 책, 2003, 232~236쪽; E. P. Thompson, "The Moral Economy of the English Crowd in the Eighteenth Century", *Past and Present*, No. 50, Feb. 1971. pp. 78~79 ; 조오지 뤼데, 박영신·황창순 역, 『이데올로기와 民衆의 抵抗』, 現象

과 認識, 1993, 46~57쪽, 71쪽 참조.

12) E. P. Thompson, *Customs in common*, Penguin Books, 1993, pp. 6~7.

13) 오길보, 「갑오농민전쟁과 동학」, 『동학연구』 12, 2002에 재수록, 277~278쪽; 정창렬, 「동학과 동학란」, 이가원 외 편, 『한국학연구입문』, 지식산업사, 1981, 384~385쪽, 393쪽; 안병욱, 「갑오농민전쟁의 성격과 연구현황」, 『한국근현대연구입문』, 역사비평사, 1988, 44쪽.

14) 최제우가 체포·처형된 죄목도 동학이 서학과 다름없는 좌도라는 것이었다. 『고종실록』 고종 1년 3월 2일;『일성록』, 고종 1년 3월 2일.

15) 표영삼, 『동학 1: 수운의 삶과 생각』, 통나무, 2004, 271쪽 참조. 통문에 대한 분석은 崔承熙, 「書院(儒林)勢力의 東學 排斥運動 小考」, 『韓㳓劤博士停年紀念史學論叢』, 지식산업사, 1981 참조.

16) 「嶺上日記」, 『총서』 2, 272쪽; 「羅巖隨錄」, 『총서』 2, 371쪽.

17) 그러나 포교한 지 20년쯤 지난 시점이 되면 동학을 서학과 유사한 것으로 보는 인식은 사라지고 유학을 가탁한 것으로 인식하게 된다. 예컨대 김윤식은 "수십 년래 소위 동학이란 것이 겉으로는 유술儒術을 가탁하고 안으로는 좌도左道를 숨기고 있으니 백련교白蓮敎의 무리와 같다"라고 하였다(김윤식, 『續陰晴史』, 고종 29년 11월 17일). 이러한 변화는 무엇보다 자신들이 서교와 다르다는 점을 꾸준히 강조해온 동학교단 측의 노력에 따른 것이겠지만, 동학사상 및 동학-농민전쟁의 관계를 해명하려면 그 과정에 대한 세밀한 파악이 요청된다.

18) 「夢中老小問答歌」, 『용담유사』.

19) 「검결」, 『용담유사』.

20) 「교훈가」, 『용담유사』.

21) 「夢中老小問答歌」, 『용담유사』.

22) 「梧下記聞」 首筆, 『총서』 1, 52쪽.

23) 오지영, 『東學史』(草稿本), 437~439쪽. 선운사의 석불비결사건에 대해서는 「朴鳳陽經歷書」, 『東學亂記錄』 下, 519쪽; 金在洪, 「嶺上日記」, 『총서』 2, 272쪽에도 언급되어 있다.

24) 「교훈가」, 『용담유사』.

25) 김학민·이병갑 주해, 『백범일지』, 학민사, 1997, 34~35쪽.

26) 新丙寅生, 「우리는 종놈이다」, 『개벽』 65, 1926, 89쪽.

27) 노만 콘, 김승환 옮김, 『천년왕국운동사』, 한국신학연구소, 1993, 22쪽.

28) 「교훈가」,『용담유사』.

29) 위와 같음.

30) 「도덕가」,『용담유사』.

31) 「甲吾東學亂」,『총서』 9, 214쪽;「世藏年錄」,『총서』 2, 246쪽;「栢谷誌」,『총서』 11, 629~630쪽;「甲吾動亂錄」,『총서』 9, 214쪽;「도남서원 통문」(표영삼, 앞의 책, 272쪽, 274쪽).

32) 「梧下記聞」,『총서』 1, 109쪽;「南遊隨錄」,『총서』 3, 221쪽.

33) 예컨대 "충청도에서도 동도東道로 인해 날마다 변괴를 들었다. 종이 그 주인을 욕보이는 것은 한두 번이 아니었고 나오지 않는 변괴가 없었다"(「金若濟日記」 1894년 9월 4일,『총서』 3, 80쪽). "동학잡류가 근래에 크게 일어나서 읍촌 간의 양반집들이 심하게 모욕을 당했다는 소식을 듣고 매우 분통스러울 뿐이다"(「白石書牘」 1894년 3월 11일,『총서』 3, 451쪽). 농민군의 신분제 반대투쟁과 관련한 연구로는 신영우,「1894년 東學農民軍의 身分制 否定論理와 實踐運動」,『역사와 실학』 17·18집, 2000; 신용하,「東學農民軍 執綱所의 社會身分制 改革과 土地改革 政策」,『진단학보』 78, 1994 참조.

34) 曺錫憲,「昌山后人 曺錫憲歷史」,『총서』 10, 202쪽.

35) 노만 콘, 앞의 책, 381쪽.

36) 노만 콘, 앞의 책, 274~275쪽.

37) 『동학사』 초고본, 477쪽.

38) 노만 콘, 앞의 책, 281쪽.

39) 노만 콘, 앞의 책, 272쪽.

40) 「布德文」,『東經大全』.

41) 「도남서원 통문」(표영삼, 앞의 책, 272쪽, 274쪽).

42) 「聚語」,『총서』 2, 22쪽.

43) 이에 대해서는 박맹수,「崔時亨研究」, 韓國精神文化研究院 박사학위논문, 1995, 118~122쪽, 146~147쪽 참조.

44) 「敬通」,『韓國民衆運動史資料大系: 1894年의 農民戰爭篇 附東學關係資料 1, 東學書』, 여강출판사, 1985, 81~82쪽;「天道敎會史草稿」,『동학사상자료집』 1, 아세아문화사(영인본), 1979, 435~436쪽, 444쪽. '유무상자有無相資'는 흉년을 당하여 특정 고을에서 방곡령을 내릴 경우 그에 반대하는 논리로, '혹은 개항 이후 외국 상인들이 교역을 요구

할 때 등에도 사용되었다(『비변사등록』, 순조 28년 11월 21일; 고종 20년 10월 27일; 『승정원일기』, 고종 15년 5월 28일).

45) 洪鍾植 口演, 春坡 記, 앞의 글, 45쪽.

46) 洪鍾植 口演, 위와 같음. 이외에도 손병희는 "삼재팔란三災八亂을 면한다는 권설勸說과 같은 것은 선생의 의지를 동動하기에는 너무 천박하였으나, 보국안민輔國安民 광제창생廣濟蒼生의 실리實理가 그 간間에 포용包容되었다는 설법은 심히 선생의 심정을 감동케 하였다. ……… 동학의 수도절차에 의하여 수심정기守心正氣에 전력하였다"고 하였으며(一記者, 「민중의 거인=손의암 선생의 일대기」, 『개벽』 24, 1922, 77~78쪽).

47) 新丙寅生, 「우리는 종놈이다」, 『개벽』 65, 1926, 89쪽.

48) 노만 콘, 앞의 책, 65쪽.

49) 노만 콘, 앞의 책, 381~382쪽.

50) 노만 콘, 앞의 책, 386쪽.

51) 이에 대해서는 배항섭, 『조선후기 민중운동과 동학농민전쟁의 발발』, 경인문화사, 2002, 135~146쪽 참조.

52) 노만 콘, 앞의 책, 22쪽. 훗날 최시형-손병희를 이어 천도교 대도주가 되는 박인호는 "갑오년 동학이 봉기한 원인은 당시 정치가 피폐疲弊의 극에 도달하여 인민을 괴롭힘이 심하고 지방의 유사有司들은 동학 박멸이란 이름을 빙자하고서 추해逐害를 가하고 재화를 침어侵魚하기를 심히 하였음에 있는 것이었오"라고 회고하였다(박인호, 「갑오동학기병실담」, 『중앙』 16, 1935, 46쪽). 농민전쟁의 발발을 동학의 교리나 가르침과는 전혀 관련시키지 않았다.

53) 김영작, 『한말 내셔널리즘 연구』, 청계연구소, 1989, 227~228쪽.

54) 정창렬, 「갑오농민전쟁연구」, 연세대학교 박사학위논문, 1991, 186쪽.

55) 「논학문」, 『동경대전』.

56) 曹錫憲, 「昌山后人 曹錫憲歷史」, 『총서』 10, 207쪽.

57) 「안심가」, 『용담유사』.

58) 황현黃玹에 따르면 동학교도들은 "장차 이씨는 망하고 정씨가 일어나는데 앞으로 큰 난이 일어나 동학을 믿는 사람이 아니면 살아남을 수 없다"는 말로 양민을 속였다고 한다(黃玹, 「梧下記聞」, 『총서』 1, 42~43쪽). 이는 적어도 일부 교도들 가운데는 이단적 그룹이 존재했음을 잘 보여준다.

59) 「교훈가」, 『용담유사』.

60) 「수덕문」, 『동경대전』.

61) 「안심가」, 『용담유사』.

62) 「몽중노소문답가」, 『용담유사』.

63) 「도덕가」, 『용담유사』. 이에 대해 최시형은 이렇게 말했다. "내 마음을 공경치 않는 것은 천지를 공경치 않는 것이요, 내 마음이 편안치 않는 것은 천지가 편안치 않은 것이니라. 내 마음을 공경치 아니하고 내 마음을 편안치 못하게 하는 것은 천지부모에게 오래도록 순종치 않는 것이니, 이는 불효한 일과 다름이 없느니라." 동학이 단순한 사상에 머물지 않고 종교일 수 있는 까닭이 바로 여기에 있다. "내 안에 있는 한울님을 부모와 같이 봉양하는 신앙이 없다면 진정한 시천주侍天主도 수심정기守心正氣도 안 되기 때문이다. 그렇다고 한울님이 의지의 대상이나 구복求福의 대상은 아니다. 오히려 나의 '본래의 나'이며, 나의 '마음의 본체'와 같은 존재이다"(해월신사법설, 「수심정기」)라고 하였다.

64) 「수덕문」, 『동경대전』.

65) 「도수사」, 『용담유사』.

66) 「도덕가」, 『용담유사』.

67) 「天道教會史草稿」, 402쪽.

68) 『東學書』, 91~97쪽; 「天道教會史草稿」, 449~452쪽; 「本教歷史」, 326~328쪽; 「동학사」 (간행본), 433~436쪽.

69) 이종닌, 1934. 10, 「수심정기(守心正氣)」, 『天道教會月報』 272, 2~7쪽.

70) 弓致淳, 1917. 5, 「守心者 道家之常事」, 『天道教會月報』 82, 30~32쪽.

71) 金寬淵, 1926. 3, 「守心正氣」, 『天道教會月報』 183, 13~15쪽.

72) 雲壤, 1926. 4, 「守心正氣는 惟我之更定」, 『天道教會月報』 184, 9쪽.

73) 이정희, 「東學의 修養觀」, 『동학학보』 11, 2006.

74) 「全琫準供草」, 再招問目, 『東學思想資料集』(1)(이하 생략), 333쪽.

75) 大阪朝日新聞」, 明治 28年 3月 3日 '全祿斗の審問續聞', 『총서』 23, 171쪽; 「東京朝日新聞」, 明治 28年 3月 6日 '東學黨大巨魁 審問續聞', 『총서』 22, 371쪽.

76) 노만 콘, 앞의 책, 386쪽.

77) 정창렬 역시 전봉준의 동학사상을 '경천수심敬天守心'의 도로서 파악하고, 그를 근거로 하여 동학을 보국안민의 사상으로 이해하였다. 그에 따르면 내면적 윤리(守心敬天)

와 변혁의 사회적·정치적 원칙(보국안민)의 이러한 유기적 적합관계는 전봉준이 창조한 것으로, 이는 동학의 '무위이화無爲而化'를 철저히 부정하였기 때문에 가능한 것이라고 하였다. 그러면서 그는 "그러나 '마음을 바로 한 자들의 협동일치 일치단결의 요지'가 경천수심敬天守心에 어떻게 내포되어 있는지에 대해서는 향후 과제로 남겨두었다(정창렬, 「동학교문과 전봉준의 관계」, 진덕규 외, 『19세기 한국전통사회의 변모와 민중의식』, 고대민족문화연구소, 1982, 294쪽).

78) 「全琫準供草」, 再招問目, 『東學思想資料集』(1)(이하 생략), 333쪽.

79) 이종닌, 앞의 글 참조.

80) 이와 관련한 대표적 연구로는 조혜인, 「동학과 주자학: 유교적 종교개혁의 맥락」, 『사회와 역사』 제17권, 1990; 윤사순, 「동학의 유교적 측면」, 영남대학교 민족문화연구소 편, 『동학사상의 새로운 조명』, 1998; 김상준, 「대중유교로서의 동학-'유교적 근대성'의 관점에서」, 『사회와 역사』 68, 2005 참조.

81) 유영익, 「전봉준 의거론」, 『이기백선생고희기념한국사학논총』, 일조각, 1994; 유영익, 「전봉준 義擧論」, 『동학농민봉기와 갑오경장』, 일조각, 1998. 이러한 이해는 물론 납득하기 어려운 점이 많다. 이에 대한 비판으로는 배항섭, 「동학농민전쟁의 사상적 기반에 대한 연구현황과 과제―동학(사상)과 농민전쟁의 관계를 중심으로―」, 『사림』 45, 2013 참조.

82) 배항섭, 「'등신대'의 민중상으로 본 동학농민전쟁-조경달, 『이단의 민중반란: 동학과 갑오농민전쟁』, 연세대학교 현대한국학연구소 편, 『해외한국학평론』 4, 2006, 46~47쪽.

83) 배항섭, 「19세기 지배질서의 변화와 정치문화의 변용-仁政 願望의 향방을 중심으로―」, 『한국사학보』 39, 2010. 이와 유사한 문제의식에 입각한 연구들이 제시되고 있다. 동학교도와 농민군이 유교이념을 전유, 제폭구민과 보국안민, 척왜양은 곧 의義라는 논리로 자신들의 행위를 정당화하고, 폐정개혁운동을 추진해나갔다는 주장(홍동현, 「1894년 '東徒'의 농민전쟁 참여와 그 성격」, 『역사문제연구』 20, 2008), 교조신원운동 시기를 대상으로 동학교도들이 충, 효와 같은 유교적 실천윤리를 가지고 소파왜양을 주장하였다는 견해(이경원, 「교조신원운동기 동학지도부의 유교적 측면에 대한 고찰」, 『역사연구』 19, 2010), 그리고 동학교도들이 도道와 이단異端, 의리義理 등 유교적 언설을 둘러싸고 정부와 담론투쟁을 벌였다는 연구(허수, 「교조신원운동기 동학교단과 정부 간의 담론투쟁-유교적 측면을 중심으로―」, 『한국근현대사연구』 66, 2013) 등이 그것이다.

5장

1) 張維, 『계곡집谿谷集)』「弔箕子賦, 次姜編修韻」.

2) 東方古今稱文明, 然所指在箕封洌水之間, 猶不及大嶺以南. 『성호선생전집』 권50, 「謙齋
河先生文集序」.

3) 中國文明成俗, 雖窮鄕遐陬, 不害其成聖成賢, 我邦不然, 離都門數十里, 已是鴻荒世界, 矧
遐遠哉. 『다산시문집』 권18, 「示二兒家誡」.

4) 『北學議』 「古董書畵」.

5) 박양신, 「근대 초기 일본의 문명개념 수용과 그 세속화」, 『개념과 소통』 1권, 2008,
35~36쪽.

6) 후쿠자와 유키치, 정명환 옮김, 『문명론의 개략』, 홍성사, 1986, 7쪽.

7) 같은 책, 46쪽.

8) 같은 책, 49쪽.

9) 같은 책, 22쪽.

10) 같은 책, 46쪽.

11) 같은 책, 22쪽. 물론 후쿠자와는 당대의 유럽 문명을 정상의 위치로 파악하며 국가 문명
의 진보를 꾀하는 자는 유럽 문명을 목표로 삼아야 한다는 점을 분명히 한다.

12) 물론 전통적인 중화의 실현 역시 국가 단위로 작동하는 측면이 있다. 오랑캐가 세운
'청'은 중화가 아니지만 '조선'은 소중화일 수 있다. 그러나 조선에서 중화는 특정 국가
의 국제적 독립과 유지와는 다른 모종의 도덕적 세계의 존립과 유지, 공적 가치가 통용
되고 작동되는 세계 작동의 원리와 그 원리의 실현이 일치하는 세계에 대한 관념으로
기능했다는 점에서 근대적인 독립 국가 개념에 온전히 일치하지 않는다.

13) 후쿠자와 유키치, 앞의 책, 46쪽.

14) 같은 책, 23쪽.

15) 같은 책, 51쪽.

16) 공자로 대표되는 유학은 모든 인간이 지향해야 할 이념과 가치이자 국가의 개별적·정
치적 실천의 기준으로, 온 시대에 작동한 초역사적 보편성의 체계였다. 이 때문에 글을
배운 이들은 누구라도 공자의 문도를 자처했던 조선과 같이 지리적으로는 이적이면서
문화적으로는 중화인 모순적 정치공동체의 성립이 가능했다. 이런 맥락에서 조선 지식

인들에게 중화는 물론 중국 역시 특정 국가가 아니라 문명이 실현된 상태로 인식할 수 있었다. 다산의 문장이 이를 잘 보여준다. "이른바 중국은 무엇을 지칭하는가. 요순우탕堯舜禹湯의 다스림이 있음을 일러 중국이라고 하며 공자, 안연, 자사, 맹자의 학문이 있음을 일러 중국이라고 한다. 지금 중국이라고 할 수 있는 것이 어디에 존재하는가. 만일 성인의 다스림과 성인의 학문이라면 우리나라가 이미 얻어왔다. 다시 하필 멀리에서 구하겠는가. 卽所謂中國者, 何以稱焉. 有堯舜禹湯之治之謂中國, 有孔顏思孟之學之謂中國. 今所以謂中國者何存焉. 若聖人之治, 聖人之學, 東國旣得而移之矣, 復何必求諸遠哉. 『여유당전서』「送韓校理致應使燕序」.

17) 그의 저서 『벽위신편闢衛新編』은 위원魏源(1794~1856)의 『해국도지海國圖志』 등의 정보를 활용해 서양의 지리적 정보를 소개하는 한편, 척사론의 관점에서 해방론海防論을 주장하는 19세기 중엽의 대표적 척사서이다.

18) 서구적 문명 개념의 수용과 확산에 관해서는 다음의 연구가 상세하다. 노대환, 『문명』, 소화, 2010; 길진숙, 「『독립신문』, 『매일신문』에 수용된 '문명/야만' 담론의 의미 충위」, 이화여자대학교 한국문화연구원 편, 『근대 계몽기 지식 개념의 수용과 그 변용』, 소명출판, 2004 참조.

19) 이미 18세기 후반이 지나면 실체로서의 청과, 조선을 뛰어넘는 그들의 번영에 대해 인정하는 인식이 일반화되었다. 이런 배경에서 홍대용이 서학의 지구설 등을 통해 전통적인 화이관에서 이탈했음은 잘 알려진 바이다. "하늘로부터 본다면 어찌 내외의 구분이 있겠는가. 이런 까닭에 자기 나라 사람을 가까이하고 그 임금을 높이며 자기 나라를 지키고 그 풍속을 편안히 여기는 것은 중화나 이적이나 한가지이다"(自天視之, 豈有內外之分哉. 是以各親其人, 各尊其君, 各守其國, 各安其俗, 華夷一也. 『湛軒書』「毉山問答」). 박지원이나 박제가 등 연암 그룹에서도 역시 화와 이가 영원한 현재형으로 진행되는 불변의 이념이 아니라 시대적 변화에 따른 유동성을 갖는다고 주장함으로써 전통적 화이관을 뛰어넘는다. 이런 이탈은 18세기 중후반에 활동한 인물들에게서 쉽게 발견된다. 예를 들어 성대중은 "이적이 비록 우리와 같은 부류는 아니지만 그들도 사람이다. 하늘에서 본다면 중국과 이적이 어찌 차별이 있겠는가"(夷狄縱非我類, 然亦人也. 天之視之, 華夷豈有別哉. 『靑城雜記』 3권 「醒言」)라고 말한다. 그러나 청을 여전히 야만의 타자로 두면서도 이들의 선진 문물을 수용하자는 북학론이나 지리적 '중심' 개념을 이탈하는 홍대용의 사고는 엄밀히 말하면 '중화'를 해체하거나 극복한 것이 아니라

'화이론'의 지위와 설득력을 전환하는 과정이었다고 말할 수 있다. 북학을 논하는 누구도, 지리적 중심을 부정하는 그 어떤 조선 지식인도 중화의 핵으로서 공자와 춘추대의를 포기하지 않았기 때문이다. 이념으로서 중화는 작동했지만 그 표현형과 적용 대상, 적용 방식에 균열이 생겼다고 보는 편이 타당한 것이다. 홍대용의 문장은 그가 중화의 중심을 해체한 것이지 중화 자체를 해체한 것은 아님을 보여준다. "만일 공자가 바다를 건너 구이九夷에 거했다면 화하의 법을 써서 구이를 변화시키고 주나라의 도를 역외에 일으켰을 것이다. 즉 내외의 구분과 존양의 의리에 따라 마땅히 역외춘추를 세웠을 것이다. 이것이 공자가 성인이 된 까닭이다"(使孔子浮于海, 居九夷, 用夏變夷, 興周道於域外, 則內外之分, 尊攘之義, 自當有域外春秋, 此孔子之所以爲聖人也.『湛軒書』「毉山問答」).

20) 단군교는 함께 도일했던 나철(나인영)과 함께 시작한 민족종교로, 후에 이기는 탈퇴하고 단군교는 대종교로 명칭을 바꾼다.

21) 생애에 관한 정보는 다음을 참고하였다. 박종혁,『해학 이기의 사상과 문학』, 아세아문화사, 1995. 이기는 유배에서 풀려난 뒤에는 호남 지방의 신학 교육 계몽단체인 호남학회에 참여하기도 하고, 말년에 훗날 대종교로 개명한 단군교 창립에 중요한 역할을 하기도 한다.

22) 이기는 석정 이정직李定稷(1841~1910), 매천 황현黃玹(1855~1910)과 더불어 호남의 삼재三才라 불렸으며, 문장가로 이름이 높았던 영재 이건창李建昌(1852~1898) 역시 그의 글재주를 칭찬한 바 있다.

23) 이기에 관한 연구는 그다지 많지 않다. 1995년에 박종혁이 박사학위논문을 정리해 책으로 발간한 이후 2000년대에 나온 논문은 조상우, 「海鶴 李沂의 계몽사상과 諧謔的 글쓰기」,『東洋古典硏究』26권, 2007; 정충권, 「근대계몽기 문학교육의 형성과 흔적: 전통지식인이 바라본 근대계몽기의 교육과 문학」,『문학교육학』39권, 2012; 김진균, 「근대계몽기 海鶴 李沂의 한문 인식」,『泮矯語文硏究』32권, 2012 등 소수에 불과하며, 대부분 시 등의 문학에 대한 연구 혹은 한문 폐지 등을 비롯한 교육 관련 논의를 다루고 있다.

24) 유인석에 관해서는 지금까지 다양한 관점에서 연구가 이루어져왔다. 유인석의 경우 이종상,『毅庵 柳麟錫의 哲學思想 硏究: 春秋義理學과 義兵精神을 中心으로』, 성균관대학교 박사학위논문, 2002를 비롯해 상당한 양으로 연구 성과가 축적되어 있다. 유인석에 대한 가장 일반적 평가는 위정척사의 관점에서 유교에 바탕을 둔 중화질서의 재건을

주장했다는 것이다. 유사한 맥락에서 유인석은 같은 이항로의 제자였던 최익현과 함께 다루어지기도 한다. 장현근, 「중화질서 재구축과 문명국가 건설: 최익현 유인석의 위정척사 사상」, 『정치사상연구』 9집, 2003. 기존 연구에서 대체로 유인석을 대별하는 참조군은 위정척사에 대척적이었던 개화파나 민족주의에 대립하는 것으로 평가되는 중화주의 그리고 위정척사파라고 할 수 있다. 위정척사의 관점에서 철저한 근본주의에 선이들에 비해 유인석의 입장은 모종의 '지적 변화'로 보이게 한다. 이는 유인석이 위정척사적 관점에서 중화의 재건을 주장하면서도 그 방법으로 서양 기술을 수용할 것과 동양 삼국이 연대할 것들을 주장하는 일종의 절충적 제안을 했기 때문이다. 유인석이 연해주 이주 이후 전통적인 위정척사 계열에서 이탈해 변화해나갔다고 보는 연구는 윤대식, 「의암 유인석의 척사와 실천」, 『동양정치사상사』 1권 2호, 2002; 이애희, 「의암 유인석의 연해주에서의 의병투쟁과 사상적 변이에 관한 연구」, 『동양철학연구』 69집, 2012. 한편 유인석이 단순한 중화주의에 머물지 않고 민족주의로 나아갔다는 연구도 있다. 문중섭, 「의암 유인석 위정척사사상의 논리적 기반과 민족주의적 특성」, 『한국시민윤리학회』 21집 2호, 2008. 이 연구는 유인석을 원형적 민족주의로 평가한다.

이황직, 「초기 근대 유교 계열의 민족주의 서사에 대한 연구」, 『문화와 사회』 11집, 2011. 이 논문은 유교계열의 위정척사 논의가 중화주의에 기반을 둔 보편적 문화론을 지향한다는 점에서 의병운동 등을 민족주의 운동사에서 배제하려는 경향에 거리를 두며 유인석의 사상과 실천에서 민족주의적 성격을 도출하고자 한다. 일반적으로 한민족의 역사적 기원과 정치적 타당성, 문화적 자긍을 모두 '중화'에서 찾는 소중화 의식은 민족주의와 반대항으로 인식되지만 이 연구는 유인석이 중화 재건을 주장하면서도 일본을 문명의 한 축에 배치하고 기자, 단군, 송시열 등 한민족에 특화된 인물들을 정통성의 계보에 배열하는 등 전통적인 서사와 다른 서사를 제안함으로써 민족주의의 시발점을 열었다고 평가한다.

25) 숭정은 명의 마지막 황제 의종毅宗이 즉위한 1628년에 사용하기 시작한 연호다.

26) "정전은 단지 농사 한 가지 일만이 아니라 백 가지 제도가 모두 이로부터 정해진다. 다스림이 정전에 근본을 두지 않으면 구차해질 뿐이다. 후세에 이 훌륭한 제도를 회복할 수 없음이 애석할 따름이다"(井田非特爲農一事, 百度皆由此定. 爲治而不本井田, 苟而已. 惜乎後世之無能復此美制也). 『毅菴集』 권51, 「宇宙問答」.

27) 且支那之人, 驕午自大, 從古已然. 凡諸史籍, 必以東夷待我韓, 使讀其書者, 自少習見以

爲固當止知有支那, 不知有我韓, 遂失其祖國精神, 竟隨於今日悲慘, 其由之來, 亦已久矣. 『李海鶴遺書』 권3, 「湖南學報論說」, 〈一斧劈破論〉.

28) 故三學士斥和之疏, 宋文正北伐之議, 每用大明二字, 把作盖頭者, 必欲以此激發民心, 恢復國權也. 非有擇于明淸之間爾, …… 妄造大明義理之說, 以立黨議而助己勢, 則又可寒心也. 『李海鶴遺書』 권3, 「湖南學報論說」, 〈一斧劈破論〉.

29) 我韓不幸與支那接近, 禮樂制度, 皆其所輸到, 故稱爲小華. 『李海鶴遺書』 권3, 「湖南學報論說」, 〈一斧劈破論〉.

30) 所謂華脉也者, 義黃堯舜文武之帝王焉者也, 孔曾思孟程朱之聖賢焉者也. 我列聖王曁先正焉者也, 天地之爲之心焉而斯人之爲之命焉者也. 『毅菴集』 권41, 「送鳴士元歸覲序」.

31) 我太祖康獻大王創業於大明洪武之世, 用華而國之, 開小華文明於悠久. 『毅菴集』 권48, 「崇政大夫漢城府尹開城君崔公墓碣銘」.

32) 中國國以正中, 其爲也上達, 上達達乎道理也. 外國國以偏邊, 其爲也下達, 下達達乎形氣也. 上達中國之長技也, 下達外國之長技也. 『毅菴集』 권51, 「宇宙問答」.

33) 天之生斯人, 斯人之爲異於禽獸也. 不得不有禮義制度, 禮義制度, 乃天道之著顯而成其爲人者也. 必以一人繼天立道, 以成民人, 天之用心其至矣. 中華帝王, 自羲農堯舜以下, 以禮義制度治天下, 禮義制度之在天下也. 累有屈伸盛衰, 而未至于中原陸沉, 則獨有於我國, 而我國遂爲天下禮義之宗國也. 『毅菴集』 권4, 「因召命入疆至楚山, 陳情待罪疏」.

34) "금일 선비 된 자가 명나라 연호를 쓰지 않는다면 이는 우리 스스로가 화하 대일통의 의리를 끊는 것이 되며 공자의 춘추 대법과 대경에 크게 죄지음을 면하지 못할 것입니다"(今日爲士者有不用皇明年號, 是自我而絶却華夏大一統之義, 未免大得罪於孔子春秋之大經大法). 『毅菴集』 권38, 「贈言金仲一」.

35) 盖中國世界之一大宗, 天地之一中心也. 中國立則世界定而天地成, 中國跌則世界亂而天地毁, 爲中國者自重自愼. 『毅菴集』 권51, 「宇宙問答」.

36) 中國自鴻濛初闢而文明已久矣 …… 先正後哲, 循其規程, 倫常禮樂, 制度文物, 道德經術, 隆隆赫赫焉矣. 此其上達而所以爲中國也. 『毅菴集』 권51, 「宇宙問答」.

37) 致所以爲中國, 所以爲中國, 擧其大有四. 曰帝王大統, 聖賢宗敎, 倫常正道, 衣髮重制. 『毅菴集』 권51, 「宇宙問答」.

38) 帝王大統, 上達道理之所以立也. 聖賢宗敎, 上達道理之所以出也. 倫常正道, 上達道理之所以存也. 衣髮重制, 上達道理之所以形也. 『毅菴集』 권51, 「宇宙問答」.

39) 競爭以爲文明, 唐虞三代崇治之時非文明, 而春秋戰國戰爭之世爲文明乎. 且競爭文明, 是相反之極者, 如之何其相混而並稱也.『毅菴集』권51,「宇宙問答」.

40)『李海鶴遺書』권3,「湖南學報論說」,〈大學新民解〉.

41)『李海鶴遺書』권9,「崔益鉉傳」.

42) 日由於西法也. 無西法, 日本何由而來奪國也. 非西法, 朝鮮何由而奪去國也. 朝鮮之失國, 始於先知外事者.『毅菴集』권51,「宇宙問答」.

43) 其雖曰舊法亡國, 亡國在行開化後也. 日爲開化, 而其所爲也弑國母廢君父, 乖倫常敗法綱, 賣國而至於國亡, 使爲舊法而亡國, 豈有甚於開化之爲亡國也.『毅菴集』권51,「宇宙問答」.

44) 世之學者ㅣ 類多好古之病ᄒ야 每論政治道德이 必稱唐虞나 然愚未知其將學古道而能行於今世耶아. 抑或借古道而自誇於今世耶아 以爲能行於今世則此ᄂ 至愚之人也오 以爲自誇於今世則此ᄂ 大詐之人也라.「好古病」,『대한자강회월보』제9호, 1907. 3. 25.

45) 自泰西人通于亞洲也, 頑固與開化之說盛行. 二者互相持難不決, 且數十年矣. 然以余觀之, 皆非至論也. 夫天下事, 可以理處, 不可以氣爭. 古者聖人, 必於彼我一視. 故黃帝堯舜以來, 禮樂刑政之有沿有革者固多矣. 而孔子曰, 殷因於夏禮, 所損益可知也. 周因於殷禮, 所損益可知也. 苟使宰時者, 因其義而損益其制, 則吾恐頑固者未必非開化, 開化者未必非頑固, 又何紛然計較爲哉.『李海鶴遺書』권7,「杞憂錄引」.

46) 是謂減國新法也, 減國者旣用新法, 則復國者亦當用新法者, 其理甚明矣, 而猶將自居守舊, 不念圖新.『李海鶴遺書』권3,「湖南學報論說」,〈一斧劈破論〉.

47) 見其爲說, 虛妄且置, 亦甚煩難矣.『毅菴集』권51,「宇宙問答」.

48) 至其自國形狀, 强效西法, 肆一時悍氣, 雖若有强, 其內實極虛極弱, 極孤極危.『毅菴集』권51,「宇宙問答」.

49) 狀今泰西列强之能虎視天下者, 以其有巨艦大礮耳.『李海鶴遺書』권6,「答李君 康濟書」.

50) 苟欲抗對, 必須有同等器機, 此工學之不可不講也. 苟欲製造, 必須有金穀費用, 此農商學之不可不講也. 苟欲供給, 必須有富民政治, 此士學之不可不講也. 夫以不可不講之學, 遭不可不講之時, 故區區屬望於諸君子者, 吾豈得已乎哉.『李海鶴遺書』권6,「答李君 康濟書」.

51) 養育人材, 國之大務也長計也. 道之以禮義廉恥, 申之以孝悌忠信, 盡資以聖賢之學, 各修

其綱常之道, 成德達材, 大小各就, 以爲國家無限之需用, 是則保國之基也. 『毅菴集』권35, 「國病說」.

52) 西人學校, 豈有爲親父子義君臣別夫婦序長幼信朋友之人倫道理乎, 求盡於形氣上事而窮其所欲而已. 『毅菴集』권51, 「宇宙問答」.

53) 又見不日而盡閉校宮, 並廢聖祀, 勒禁人學舊學, 以昨日學舊學之國, 學舊學之人, 忍忽爲此. 『毅菴集』권51, 「宇宙問答」.

54) 그렇다고 유인석이 완전히 신학을 부정한 것은 아니다. 그는 "취할 만한 좋은 점이 있다면 마땅히 저들의 실체를 이해하고 교류하여 꼭 해야 할 일은 앞서 말한 것처럼 사람을 뽑아 한계를 정하여 실시(其有可取長物, 當解交體不得不爲者, 如前吳所言選擇人有定限之爲而爲之. 「宇宙問答」)"할 수 있다며 여지를 남긴다. 다만 모든 사람이 다 신학을 배울 필요가 없고 꼭 필요한 경우 소수만 선발해 보내면 된다는 입장이다.

55) 安見其有聖雄起, 並撤去今所謂男女學校, 爲復古道而使人復覩三代盛際也. 『毅菴集』권51, 「宇宙問答」.

56) 近日論我韓急務者, 莫不以敎育爲先, 狀敎育亦有三種. 一曰家庭敎育, 父母言行是也. 二曰學校敎育, 文字政法是也. 三曰社會敎育, 新聞雜誌是也 …… 凡東西洋號稱第一等國者, 皆以是而來文明焉. 亦以是而致富强焉. 『李海鶴遺書』「朝陽報序」丙吾.

57) 古昔先王之敎民也, 苟無新之之術, 則必至朽腐, 不可用矣. 『李海鶴遺書』권3, 「湖南學報論說」,〈大學新民解〉.

58) 但此舊學問, 多出於秦漢后專制之術, 故足以使民離散, 而不足以使民合聚, 決非今日之所可行也. 『李海鶴遺書』권3, 「湖南學報論說」,〈一斧劈破論〉.

59) 乃覺大學之敎非他也, 將以明其小學中學時未明之德也. 明德之義非他也, 將以新民也. 新民之事非他也, 將以止於至善也, 盖新民爲大學第一義. 『李海鶴遺書』권3, 「湖南學報論說」,〈大學新民解〉.

60) 則其於商書所稱舊染汚俗, 咸與惟新, 毛詩所稱周雖舊邦, 其命維新, 論語所稱溫故而知新, 大學所稱日新又日新之義, 不相膠戾耶. 『李海鶴遺書』권3, 「湖南學報論說」,〈一斧劈破論〉.

61) 如西國敎科書, 每於數年之後, 輒復更撰, 故其民之耳目, 莫非新聞見, 而心志莫非新思想. 『李海鶴遺書』권3, 「湖南學報論說」,〈大學新民解〉.

62) 而況我韓之爲漢文丐餘者乎. 幸自近日新學之出, 各種敎科, 無不畢具. 如政治學, 法律學, 是士之學也. 農桑學, 種植學, 是農之學也. 商務學, 經濟學, 是商之學也. 光學, 聲學, 重學,

化學, 械器學, 是工之學也. 家政學, 國家學, 兵學, 是又士農工商通共之學也. 其教之始,
雖號稱文明國民, 亦必以强制行之. 『李海鶴遺書』권7, 「湖南學會月報序」.

63) 然則大學之道, 在支那竟失其傳, 而在泰西反得其眞. 『李海鶴遺書』권3, 「湖南學報論說」,
〈大學新民解〉.

64) 其實與舊學, 文辭雖殊, 而義理則固有, 非截然爲兩物者也. 『李海鶴遺書』권7, 「湖南學會
月報序」.

65) 夫新學者, 非別事也, 乃時務也. 『李海鶴遺書』권6, 「答李君 康齊 書」.

66) 이기는 신학이 궁극적으로는 옛 제도의 올바름을 당대의 요구에 맞게 회복하고 개선하
는 길이라고 생각했다. "신학이라는 것이 별다른 것이 아니니 곧 시무이다. 비록 지나
역사로 말한다면 당우에는 당우의 책이 있었고 삼대에는 삼대의 책이 있었으며 진한당
송에는 진한당송의 책이 있었으니 진실로 변하지 않은 바가 없으나 다만 그 변화는 올
바름을 얻은 것은 아니다. 당우의 공화가 변하여 삼대의 입헌이 되었고 삼대의 입헌이
변해서 진한당송의 전제가 되었으니 오늘날에 이르기까지 극성하였다. 그 기세는 옛것
으로 회복되지 않을 수 없으니 이 때문에 영국과 독일의 입헌은 곧 지나의 삼대이고,
프랑스와 미국의 공화는 곧 지나의 당우이다. 夫新學者, 非別事也, 乃時務也. 雖以支那
歷史言之, 唐虞有唐虞之書, 三代有三代之書, 秦漢唐宋有秦漢唐宋之書, 固未嘗無變. 但
變不得其善, 唐虞之共和變而爲三代之立憲, 三代之立憲變而爲秦漢唐宋之專制, 至於今
日而極矣. 其勢不得不復歸於古, 是以英德立憲, 卽支那之三代也. 法米共和, 卽支那之唐
虞也. 其義其理, 亦與足下所謂四書伍經, 未嘗不同, 而必曰新學者, 所以起人改觀之意耳.
『李海鶴遺書』권6, 「答李君 康齊 書」.

67) 夫人幼則習於家庭, 而父子夫婦之倫, 孝悌忠信之德, 由以立矣. 少則習於學校, 而修齊治
平之道, 性命氣化之理, 由以明矣. 壯則習於社會, 而天下成敗之勢, 人物盛衰之機, 由以著
矣. 『李海鶴遺書』「朝陽報序」丙吾.

68) 今東洋豈有他哉, 只有中國朝鮮日本等國而已. 三國宜相愛相憂, 相勸相助, 打成一片以爲
之地. 惜乎不能然而自相破敗, 素極孤危之中, 又自速孤危. 『毅菴集』권51, 「宇宙問答」.

69) 東洋三國有如斯, 克一克强而中國以爲之宗, 蓋中國非特三國之宗, 實一世界之宗, 爲宗於
是, 名正而勢可立, 不可以一時强弱計較也 …… 苟如此則西洋必亦有思自退, 而東洋自可
永立矣. 『毅菴集』권51, 「宇宙問答」.

6장

1) 후스(胡適, 1891~1962)와 푸스녠을 대표로 하는 국고정리운동 이래 북경대학교와 중앙연구원 역사어언연구소歷史語言研究所를 중심으로 형성된 학술집단에 대한 호칭은 매우 다양하다. 예컨대 왕판썬王汎森(「民國的新史學及其批評者」, 羅志田 主編, 『20世紀的中國: 學術與社會·史學卷(上·下)』, 山東人民出版社, 2001, 31~32쪽)은 1949년 이전에 후스·푸스녠·구제강 등이 주도한 연구가 대학과 연구기관에서 주류적 지위를 차지했고 특히 1920~1930년대에 가장 영향력 있는 학파였다고 파악한 후, 이들을 (이른바 전통파에 대한 상대적 개념으로) '신파'라고 부르고 있다. 이들의 특징은 ① 신문화운동이 제창한 사상해방, ② 후스가 제창한 실용주의(실험주의) 방법론, ③ 서구의 역사학 방법론(특히 독일 역사학) 등이다. 아울러 이들 신파에 대한 다른 호칭으로 '정리국고파整理國故派', '북파北派', '신고거파新考據派', '신한학파新漢學派' 등을 들면서도 결국 공통된 것은 후스·푸스녠·구제강 등이 주도한 학풍을 지칭하는 것이라고 정리하였다. 반면 '전통파'는 남경의 중앙대학교(이전의 남경고등사범학원과 동남대학교)를 중심으로 한 신파의 비판세력(류이정柳詒徵·먀오펑린繆鳳林 등)을 지칭하는 것으로 사용하되(王汎森, 앞의 글, 32쪽), 필요에 따라서는 슝스리熊十力와 첸무 등을 포괄하는 개념으로 사용하고 있다(王汎森, 앞의 글, 112쪽). 필자도 기본적으로 이러한 구분법에 따르되, 이 글에서 사용하는 신·구의 개념은 어디까지나 상대적이고 또 1920~1930년대, 특히 사회사논쟁으로 상징되는 마르크스주의 역사학의 흥기 이전까지로 국한하기로 한다. 한편 '호적파胡適派 학술집단'이라는 개념도 등장하는데(章清, 『'胡適派學人群'與現代中國自由主義』, 上海古籍出版社, 2004), 이는 중국 자유주의의 역사적 맥락과 계보를 파악하는 데는 유용하지만 정치사상으로서 자유주의와는 결을 달리하는 학술사회의 계보를 이해하는 데 적용하기는 적당치 않다는 생각이다. 한편 후스와 북경대학교를 중심으로 하면서 혁신을 위주로 한 북방 학술사회와 류이정柳詒徵과 동남대학교를 대표로 하면서 고전주의를 표방한 남방 학술사회를 대비해 구분하는 방식도 사용되고 있다(彭明輝, 「現代中國史學的南方學術網絡(1911~1945)」, 行政院國家科學委員會專題研究計劃成果報告, 2006, 13~15쪽).

2) '학술'이라는 개념은 대체로 체계적이고 전문적인 학문을 지칭하는 아카데미아 academia의 번역어로 사용되므로 학술이라고 하면 근대적 학문체계 전반을 지칭하기

마련이지만, 이 글에서는 주로 역사학을 중심으로 하되 필요에 따라서는 경학의 일부를 포괄하는 범위 정도로 사용하고자 한다. 아울러 학술사회 개념에 대해서도 거칠게나마 개념 규정이 필요함을 느끼는데, 근대적 의미에서의 학술사회가 성립하려면 몇 가지 조건이 필요하다고 생각된다. 생각나는 대로 열거해보면 ① 학술 이외의 부문으로부터 최소한의 독립성을 확보해 학술사회가 지향하는 가치가 크게 훼손되지 않고 고유의 가치와 목표를 추구할 수 있는 외적 환경, ② 학술과 비학술을 구별하고 좀 더 완성도 높은 학문적 지식을 추구하기 위해 필요한 학술사회 내부에서 합의 또는 공인되는 '객관적' 표준의 설정과 추구, ③ 학술사회의 물적 기반으로서 학술자원(=재원)과 인적 자원의 안정적인 조달과 이를 위한 시스템 구축 등이 그것일 터이다. 이 중에서 이 글은 ①과 ③의 문제도 간헐적으로 언급하겠지만(후술), 주로 ② 학술사회 내부에서 합의되는 표준 문제를 집중적으로 다루고자 한다.

3) 대표적인 연구 몇 가지만 소개하면, 羅志田 主編, 『20世紀的中國: 學術與社會·史學卷(上·下)』, 山東人民出版社, 2001; 沈松僑, 『學衡派與伍四時期的反新文化運動』, 國立臺灣大學出版委員會, 1984; 許紀霖 編, 『二十世紀中國思想史論』(上·下), 東方出版中心, 2000; 王汎森, 『中國近代思想與學術的系譜』, 河南教育出版社, 2001; 章淸, 『'胡適派學人群'與現代中國自由主義』, 上海古籍出版社, 2004; 鄭大華, 『梁漱溟與胡適-文化保守主義與西化思潮的比較』, 中華書局, 1994 등이 있다.

4) 예컨대 石興澤, 「傅斯年與錢穆的交往和分岐」, 『鹽城師範學院學報』 25권 2기, 2005; 翁有爲, 「求眞乎?經世乎?-傅斯年與錢穆學術思想之比較」, 『文史哲』 2005년 3기; 王小婷, 「錢穆與古史辨派」, 『泰山學院學報』 25권 5기, 2003; 陳勇, 「錢穆與新考據派關係略論-以錢穆與傅斯年的交往爲考察中心」, 『上海大學學報』(社會科學版) 2007년 9기 등은 연구의 중점이 초기의 '교류'보다는 좀 더 장기간에 걸친 '분기' 쪽에 두어져 있다.

또 다른 경향으로는 중국 근대사상사를 보수와 진보의 대립으로 보면서 진보가 끊임없이 보수를 대체하는 지속적인 '급진화의 역정'으로 이해하는 방식이다. 이러한 이해의 대표적 인물 중 하나인 위잉스余英時(『錢穆與中國文化』, 上海遠東出版社, 1994, 188~222쪽)는 5·4신문화운동에서 문화대혁명 그리고 1980년대 이래의 '문화열'에 이르기까지 중국 근현대사상사는 부단한 급진화의 길을 걸었다고 보았다. 이러한 이해방식은 문화대혁명의 사고방식 또는 사유패턴(강렬한 정치적 지향, 공리주의적 사고, 자신의 이념을 제외한 기타 사상적 가치의 배척 등)을 5·4에까지 소급해서 적용하는 해석방식이다. 물론 이러한 이해를 통해 중국 근대사상사의 중요한 특징 중 하나를 포착해낼 수 있다는 점은 인정하면서도, 실사구시의 차원에서 볼 때 5·4 시기의 문화혁명이 오로지 반전통만을 지향했는지는 의문이다. 따라서 더욱 급진적 이념이 이전의 이념을 대체해가는 측면과 함께 이전 이념과 새롭게 등장한 이념이 중첩되고 공유했던 부분에 대한 이해도 동반되어야 할 것이다. 이 문제에 관한 좀 더 자세한 논의는 鄭大華·賈小葉,「20世紀90年代以來中國近代史上的激進與保守研究述評」,『近代史研究』2005년 4기, 289~293쪽 참조.

5) 중국사상사의 대가이자 첸무의 제자이기도 한 위잉스에 따르면, 1971년 이후 미국의 대학교수였던 위잉스가 대만에 갈 때마다 첸무를 방문하여 대화할 때 첸무는 과거 학계의 뒷이야기를 즐겨 회고했고, 위잉스는 민국시대 학술사에 귀중한 자료가 될 터인 회고록의 집필을 재삼 권고했다고 한다. 그 결과 탄생한 것이 첸무의 회고록『사우잡억』인데, 문장이 간결하고 함축적이어서 상당한 배경지식 없이는 행간의 의미를 간파하기 쉽지 않다고 보았다(余英時, 앞의 책, 16쪽). 실제로『사우잡억』은 첸무와 직간접적으로 관련되어 있는 민국시대 학술사, 특히 1930년대 북경을 중심으로 한 학술사회에 관한 일화를 풍부하게 전하고 있어 일차자료로서 가치가 충분하다. 특히 후스나 푸스넨 등 신파 위주로 구성되어온 민국시대 학술사를 다른 각도에서 이해하는 데 대단히 요긴한 자료 중 하나라는 점이『사우잡억』의 사료적 가치를 더욱 높여준다고 판단된다. 한편 첸무는 구어체가 아니라 문어체로 회고록을 집필했는데, 이에 대해 한쥔韓軍(「錢穆的文言世界及其現代視域」,『吉首大學學報』(社會科學版) 27-1期, 2006, 105~109쪽)은, 문어체는 중국 문자의 특수성에 대한 첸무의 절실한 체득이자 중국 서사전통에 대한 자각적 계승이라고 보았다. 이 글에서는 여러 판본 중에서 錢穆,『八十憶雙親·師友雜憶』, 三聯書店, 1998(2005년 北京: 제2판)(이하『사우잡억』으로 줄임)을 사용할 것이다. 그리고 첸무의 나머지 저작과 관련해서는 錢穆, 錢賓四先生全集編委會,『錢賓四先生全集』, 聯經出版公司(臺北), 1998(이하『전집』으로 줄임)을 사용하기로 한다.

6) 이 절은 문명기,「史家에서 儒者로의 전변과 그 귀숙-錢穆의 經史硏究를 통해 본 중국 근대 文化保守主義의 한 측면」,『역사문화연구』제29집, 2008을 기초로 하여 필자가 이 글을 작성하기 위해 새롭게 접한 논저와 자료들을 보충하여 재구성한 것이다.

7) 최초로 발표된 것은 1930년 6월『연경학보』제7기였고, 이후『고사변古史辨』제6책에도 수록되어 있다(『사우잡억』, 145쪽).

8) 李木妙, 『國史大師錢穆教授傳略』, 揚智文化(臺北), 1995, 126쪽.

9) 이때 캉유웨이는 ① 고문경 중에서도 『좌전』과 『주관周官』을 집중 공격하는 한편 ② 전한시대에 금고문 논쟁이 있었음을 증명하여 자설을 입증하려 했다. 『주관』이 캉유웨이의 공격대상이 된 것은 청대 경학자들에게 주공의 지위가 공자보다 높았기 때문에 공자를 높이기 위해서는 주공을 공격해야 했고, 주공의 제도적 창안은 『주관』에 집약되었기 때문이다. 또 고문경인 『좌전』은 금문경인 『공양전』에 비해 '시세에 맞게 변통할 줄 아는' 공자의 면모를 보여주기에 부족했다. 즉 『좌전』은 역사적 사실의 서술에만 치중했기 때문에 『좌전』이 전하는 공자의 이미지는 일개 역사가에 불과했다. 이에 불만을 느낀 캉유웨이는 '삼세설三世說'을 담고 있는 『공양전』으로 『좌전』을 대체함으로써 공자를 과거의 가르침만 묵수하는 역사가가 아니라 변법사에서 '소왕素王'으로 위치 지우려 한 것이다(문명기, 앞의 글, 250쪽).

10) 錢穆, 「劉向歆父子年譜」, 『兩漢經學今古文評議』, 『전집』(제8책), 151~153쪽.

11) 陳麗惠, 「反傳統思潮的批判與超越-錢穆史學思想的形成(1930~1940)」, 臺灣 東海大學 歷史研究所 碩士學位論文, 1997, 36~41쪽.

12) 그 근거는 다음과 같다. ① 전한의 유생 중 금·고문을 함께 공부하는 이들을 흔히 볼 수 있었다. ② 왕망 역시 인재를 등용할 때 금·고문을 골고루 기용하고 있었다. ③ 고문경이 우세하게 된 것은 (캉유웨이의 주장처럼) 고문경이 상대적으로 '박흡博洽'했던 것과는 관련이 없다. ④ 한대 일대를 거쳐 금·고문의 학파 대립이 심각하지 않았음에도 유흠에 이르러 양자의 대립이 격렬해진 것은 '이록지쟁利祿之爭', 이해관계 때문이었지 금·고문의 내용상 차이에 따른 것은 아니었다는 것이다. 이 밖에도 첸무는 캉유웨이가 역사적 사실을 왜곡한 스물여덟 곳을 조목조목 반박하고 있다(李木妙, 앞의 책, 127쪽).

13) 첸무는 "당시 각 대학은 모두 경학사 및 경학통론 등의 과목을 개설하고 있었는데 하나같이 캉유웨이의 금문가를 위주로 하고 있었다. 나의 『연보』가 출판된 후 각 학교의 경학 과목 강의는 가을 학기부터 모두 중지되었다"고 회고하고 있다(『사우잡억』, 153쪽).

14) 첸쉬안퉁은 청말민초 고문경학의 거두인 장타이옌章太炎의 제자이면서도 금문경학의 거두인 추이스의 문하로 선회했기 때문에, 민국 초기 학계에서는 스승의 학설을 묵수하지 않고 그 울타리를 돌파한 전형적 사례로서 일종의 미담으로 간주되고 있었다(劉巍, 「『劉向歆父子年譜』的學術背景與初始反響-兼論錢穆與疑古學派的關係以及民國史學與晚清經今古文學之爭的關係」, 臺灣大學中文系, 『紀念錢穆先生逝世十週年國際學術研

討會論文集』, 2001, 108쪽).

15) 顧頡剛, 「中國上古史硏究課」, 『古史辨』(제5책), 259쪽.

16) 余英時, 앞의 책, 239쪽. 금문학의 여전한 영향은 첸쉬안퉁의 다음 언급에서도 알 수 있
는데, 첸쉬안퉁은 고사 연구자가 심득할 세 가지 점으로서 ① 이전 학인들의 변위辨僞
의 성적을 주의해서 볼 것, ② 의고疑古에 용감할 것과 함께 ③ 상고사를 연구할 때에
는 육경을 기준으로 진위를 결정하여 성견을 타파할 것을 제시하고 있다(神谷正男, 『現
代支那思想硏究』, 理想社, 1941, 118쪽). 육경은 금문학파에 의해 공자가 지은 것으로
평가되면서 금문학에서는 상고사 판별의 기준이 되고 있는데, 이 주장의 근원은 물론
캉유웨이의 『공자개제고孔子改制考』였다.

17) 劉巍, 앞의 글, 110~111쪽.

18) 『연보』가 『연경학보』에 실린 직후인 1930년 8월 25일 『대공보문학부간大公報文學副
刊』 제137기에는 청송靑松이라는 필명으로 「평評『유향흠부자연보劉向歆父子年譜』」라
는 글이 실렸는데, 이 글은 첸무의 주장이 소극적으로 구래의 학설(=금문학)을 공격하
는 데는 성공하였지만 "고문가의 출발점에서 아직 벗어나지 못했고" 따라서 청말 이래
의 금고문 논쟁을 초월하지 못했다고 보았다. 이를 통해 당시 학계가 여전히 금문학의
영향에서 미처 벗어나지 못했음을 간취할 수 있는데, 첸무 자신도 "모든 사람이 내가
고문학을 위주로 한다고 의심했고" 청송의 입장이 당시 분위기를 잘 대변한다고 보았
다. 이 때문에 그는 고문경에 대한 비판을 「주관저작연대고周官著作年代考」와 「주초지
리고周初地理考」(둘 다 『연경학보』에 수록)를 통해 감행하고 있다(『사우잡억』, 153쪽).

19) 첸무 자신의 회고에 따르면 『국학개론』은 『연보』 이후에 출판되었지만, 초고는 우시의
성립제3사범에 교사로서 근무할 당시 강의를 기초로 하여 1926년에 완성되었다(『사우
잡억』, 127쪽, 130~131쪽).

20) 錢穆, 「孔子與六經」, 『國學槪論』, 『전집』(제1책), 19~31쪽.

21) 錢穆, 「周官著作時代考」, 『兩漢經學今古文評議』, 『전집』(제8책), 319~493쪽 참조. 또 錢
穆, 『國學槪論』(『전집』)(제1책)의 제10장 「최근기지학술사상最近期之學術思想」에서 첸
무는 장타이옌의 『국고논형國故論衡』을 평가하면서 "역사를 논함에 있어서는 종족적
편견이 지나치고, 경학을 논함에 있어서는 오로지 고문만을 위주로 하고 금문을 심히
배척하니, 소론이 때로는 지나치게 편향되게 되었다. 이는 『국고논형』의 단점이다"라고
하였다(364쪽).

22) 李木妙, 앞의 책, 127쪽.

23) 후스는 그의 일기에서 "나는 현재 완전히 금문가의 주장에서 벗어나게 되었다. 전한 경학에 금·고문의 분파는 없고 단지 먼저 나오고 나중 나오고의 차이만이 있을 뿐이며 신구의 차이만이 있을 뿐이지 금·고문의 구분이 없음을 알게 되었다"고 했다. 또 다음의 일화 역시 시사하는 바가 없지 않다. 첸무와 후스는 후술하듯이 공자와 노자의 선후 문제에 관해 논쟁을 벌이게 되는데 이때 첸무가 후스에게 왜 『시경』만을 인용하여 노자가 공자보다 앞섰다고 주장했는지를 묻자 후스는 "당시에는 당신의 『연보』가 출판되기 전이어서 금문가의 주장에 동의했던 터라 『좌전』을 감히 이용할 수 없었기 때문이다"라고 답했다고 한다(『사우잡억』, 144쪽). 劉巍, 앞의 글, 119~124쪽은 『연보』의 학술적 공헌을 다음 네 가지로 정리하였다. 일단 ① 유흠이 여러 경전을 위조했다는 선입견을 타파했다. ② 『주관』과 『좌전』이 모두 선진시대에 편찬된 문헌임을 논증했다. ③ 왕망이 세운 신이 전한 이래 역사 발전의 자연스러운 귀결이었고, 왕망이 비록 우원하고 부패하기는 했으나 취할 점이 없었던 것은 아니라는 점을 평심하게 논했다. ④ 금문학과 고문학의 구분이 후한 이전에는 분명히 드러나지 않았으며, 금문학과 고문학이 양립할 수 없는 대립을 보였다는 주장은 비교적 최근, 즉 청대 도광·함풍 연간부터임을 논증했다.

24) 이는 캉유웨이의 핵심 주장 중 하나인 금문경이 공자의 창작이었다는 것을 반박하기 위해서였다. 고문학파에게 공자는 그저 '술이부작'의 역사가로 각인되어 있었지만, 이러한 공자의 이미지는 개혁을 추구하던 캉유웨이에게는 장애로 작용했다. 따라서 공자를 '탁고개제의 소왕素王'으로 전환해 변법운동의 정치적 청사진에 걸맞게 위치 지우는 것이 필수적이었다. 또 그러기 위해서는 전한시대에 전해진 금문경과 공자가 찬한 금문경이 일치해야 했다. 이른바 금문경은 분서갱유를 거친 후 형성되었고 선진시대에는 금·고문의 구별 자체가 없었다는 것이 통설이었으므로, 캉유웨이가 '탁고개제' 주장을 설득력 있는 것으로 만들기 위해서는 전한의 금문경과 공자가 찬한 금문경이 일치함을 증명해야 했던 것이다. 이 때문에 캉유웨이는 전한대의 경전 전승계통을 공자 문하의 경전 전승계통에까지 소급했고, 분서갱유에 따른 중단도 없었다고 주장한 것이다(문명기, 앞의 글, 253~254쪽).

이 때문에 첸무의 비판 역시 공자와 육경의 관계 그리고 전한의 경전 전승과 공문의 관계에 집중되었다. 우선 ① 공자와 육경의 관계에 관해 첸무는 『춘추』를 제외한 나머지는 공자의 저작으로 인정할 수 없다고 단언했다. 『역』에 대해서는 첸무 이전에 이미 많은 학자가 지적했는데, 첸무는 마단림의『문헌통고』, 진진손의『서록해제』 등을 인용하여 추가로 증명했다.『시』·『서』에 대해서도 공문孔門이 전수한 문헌이기는 하지만 공자의 손으로 완성된 것은 아니라는 태도였고,『예』·『악』 역시『한서』「예문지」와『일지록』 등에 근거하여 공자의 찬술이 아님을 밝혔다. 그뿐만 아니라 '육경'이라는 명칭 자체도 공자 시대에는 존재하지 않았고 기껏해야 전한시대에 '육예'가 있었으며, 육경이라는 명칭이 명실상부하게 되는 것은 왕망이 전한 말기에『악경』의 설립을 주청한 데서 비롯된 것임을 논증했다(錢穆,「孔子與六經」,『國學槪論』,『전집』(제1책), 1~31쪽).

25) 胡松平,『胡適之先生年譜長編初稿』, 聯經出版社, 1984, 285~286쪽.

26) 후스, 송긍섭·함홍근·민두기 옮김,『中國古代哲學史』, 대한교과서주식회사, 1990(4판), 52~55쪽.

27) 이때 '공재노전孔在老前'의 견지에 선 논자는 량치차오·첸무·펑유란·뤄건쩌羅根澤·구제강 등이었고, '노재공전'의 견지에 선 논자는 후스·마쉬룬馬敍倫·궈모뤄郭沫若·예칭葉淸 등이었다(王汎森,『古史辨運動的興起』, 東大圖書, 1990, 1쪽).

28) 『계년』이 출판된 것은 1935년이지만, 초고는 1923년 가을에 썼다. 또 첸무가 소주중학에 근무할 당시인 1928년 소주에 온 후스에게 이 문제를 질의한 적이 있고, 북경대학교로 옮긴 후에도 몇 차례에 걸쳐 토론했다(『사우잡억』, 152쪽, 159~160쪽).

29) 錢穆,「關於老子成書年代之一種考察」;「再論老子成書年代」;「三論老子成書年代」,『莊老通辨』,『전집』(제7책)을 참조.

30) 錢穆,「自序」,『계년』,『전집』(제5책), 46~47쪽.

31) 陳麗惠, 앞의 글, 92~93쪽.

32) 후스의 이학반동설은 량치차오의 주장에서 비롯되었다(丘爲君,「淸代思想史'硏究典範'的形成·特質與義涵」,『淸華學報』24-4, 1994, 452~459쪽). 즉 량치차오의『청대학술개론』과『중국근삼백년학술사』는 청대의 한학이 송학에 대한 전면적 반동이었다는 점을 기조로 청대 학술사를 정리하여, 그 착안점을 청대 한학과 송명 이학의 대립점에서 찾았고(陳勇,「"不知宋學, 則無以評漢宋之是非"-錢穆與淸代學術史硏究」,『史學理論硏究』2003년 1기, 49~50쪽), 후스는 량치차오의 관점을 사실상 계승하였다. 따라서 첸무의『학술사』는 후스뿐만 아니라 후스의 '사상적 원류' 중 하나인 량치차오를 강하게 의식하고 저술한 것이기도 하다. 실제로 량치차오의『청대학술개론』은 후스의 요청으로 쓴 것이기도 하다(周國棟,「兩種不同的學術史範式-梁啓超·錢穆『中國近百年學術史』之

比較」, 『史學月刊』 2000년 4기, 112쪽). 이 때문에 첸무는 "량치차오와 의견이 서로 달랐기 때문에" 〈중국근삼백년학술사〉라는 강의를 개설했지만(『사우잡억』, 155쪽), 량치차오는 반송학反宋學, 즉 청대 박학樸學의 견지에서 청대 학술을 논했고 이를 후스가 부연한 것이었다. 따라서 첸무의 『학술사』는 량치차오에 대한 도전의식과 함께 량치차오의 대변인이자 당시 학계에 최대의 영향력을 행사하던 후스의 주장에 대한 근본적 문제제기이기도 했다.

33) 사실 첸무에게는 『청유학안淸儒學案』이라는 제목의 원고가 더 있었다. 이는 1941년 당시 성도 제노齊魯국학연구소에 재직하던 첸무가 중경의 중앙국립편역관의 위촉을 받아 쓴 것으로, 류이정柳詒徵에게서 "체재가 넓고도 분명하며 선별이 정밀하고 엄격하니 명저라고 할 만하다"라는 평가를 얻었으나, 전쟁 기간 남경과 성도를 오가는 과정에서 부주의로 원고를 장강에 빠뜨리고 말았다(『사우잡억』, 235쪽).

34) 周國棟, 앞의 글, 114~115쪽.

35) 錢穆, 「自序」, 『中國近三百年學術史』, 『전집』(제16책), 15~16쪽.

36) 錢穆, 『中國近三百年學術史』, 『전집』(제16책), 16~18쪽.

37) 민두기, 『中國에서의 自由主義의 實驗-胡適(1891~1962)의 사상과 활동』, 지식산업사, 1996, 59~71쪽.

38) 王晴佳, 「錢穆與科學史學之離合關係, 1926~1950」, 臺灣大學 中國文學系, 『紀念錢穆先生逝世十週年國際學術研討會論文集』, 2001, 191쪽. 이때부터 후스는 상고사의 '의심'에 주안점을 두었던 구제강에서 상고사의 '중건重建'에 무게를 둔 푸스녠 쪽으로 좀 더 기울게 된다(王汎森, 앞의 글, 124~125쪽).

39) 章淸, 앞의 책, 224쪽.

40) 錢穆, 『國學槪論』, 『전집』(제1책), 372쪽. 후스가 강조해마지않은 '역사적 태도'란, "사물이 어떻게 발생하고 어떻게 변화해서 현재에 이르렀는지 연구하는 것"이었고, 제임스 William James가 그의 저서 『프래그머티즘Pragmatism』에서 반복적으로 강조한 '발생학적 방법'과도 상통하는 것이었다(王汎森, 앞의 글, 54~55쪽).

41) 아울러 첸무가 북경대학교 사학과에 임용된 1930년대 초는 신파가 이른바 '의고'에서 '중건'으로 방향전환을 모색하던 시점과 맞아떨어진다. 필자가 보기에 구제강 등의 의고 주장이 지나치게 급진적이고 또 사실관계의 오류도 꽤 발견되는 등 기존의 주장만으로는 학술적으로 존립하기 곤란한 상황에 직면해 있었던 것 같다. 이 때문에 무언가

방향전환이 필요했을 터인데, 그 방향전환을 의고를 제창한 본인들이 행하는 것은 부담스러웠을 터이다. 따라서 첸무의 연구를 빌려 서서히 의고에서 중건으로 방향전환을 모색하려 했던 것은 아닌가 하는 생각도 하게 된다. 후에 의고학파의 또 다른 거두 첸쉬안퉁은 첸무의 북경대학교 재임 시절 한 모임에서 자신의 주장에 오류가 있었음을 간접적으로 시인하게 된다. 첸쉬안퉁은 자신의 아들이 첸무의 수업을 듣고 있다면서 아들의 필기를 하나도 빠짐없이 읽고 있다고 말한 후 "아들은 당신 말을 믿지 내 학설은 따르지 않더군요"라고 말하였다(『사우잡억』, 157쪽). 이 일화가 첸무의 역할이 어디에 있었는지를 간접적으로 말해주는 것이 아닐까.

42) 왕궈웨이는 일본 와세다대학, 천인커는 영국·독일 등에서 유학했다(王晴佳, 「陳寅恪·傅斯年之關係及其他-以臺灣中研院所見檔案爲中心」, 『學術硏究』 2005년 11기, 91~93쪽). 또한 문화보수주의 집단으로 알려진 학형파의 구성원은 하버드대학교 석·박사 출신들이 다수를 이루고 있었다.

43) 1905년 과거제도의 폐지 이후 민국 초년에 이르기까지 중국 전통의 사대부 계층은 중국사회 내에서 점차 주변화되어갔고 1920년대 말에 이르면 이른바 사대부 문화는 이미 중국사회에서 기본적으로 소멸한 것으로 평가된다. 하지만 유학이라는 새로운 문화양성 기제가 작동하기 시작하면서 사대부의 주변화에 비례하여 유학 출신의 독서인들이 중국사회 내에서 엘리트로서 지위를 재차 확립하게 된다. 5·4신문화운동의 일원이었던 류반농劉半農이 이른바 '영미파 신사(영미 유학 출신의 지식인)'들의 은연중의 조롱과 무시를 견디다 못해 중년 이후 프랑스에 유학 가서 법학박사 학위를 취득하려 했다는 저우쭤런周作人과 루쉰의 전언은 당시 지식인 사회에서 유학의 의미를 잘 말해주는 것 같다(章淸, 앞의 책, 319~322쪽).

첸무 역시 1939년 『국사대강』을 탈고한 직후부터 성도에서 소주로 돌아가 병든 노모를 봉양하는 한편 영어 공부를 시작했다. 그에 따르면 중국어와 영어가 함께 수록된 『대인국과 소인국』(걸리버여행기)과 사전을 가지고 기초적인 공부를 한 후 미국 역사학자가 쓴 『세계사』라는 책을 사전에만 의지해 독학하여 "1년 안에 책 전체를 남김없이 읽을 수 있게 되었다. 이것은 중년 이후 독서의 새로운 경계였다. 나로 하여금 소년시대로 되돌아가게 해주었으니, 그해의 '일대 쾌거'였다."(『사우잡억』, 223~224쪽). 1945년 이후에도 『서양통사』와 『신약성경』을 읽은 것으로 기록되어 있는데(『사우잡억』, 229쪽), 45세에 이르러 영어 공부를 시작한 이유를 본인이 밝히지 않아 판단하기는 쉽지 않지

만, 영어를 못하는 것에 대한 심리적 부담이 적지 않게 작용한 것은 아닐까. 직접적인
계기는 영어 공부 직전에 있었던, "첸무의 서구에 대한 지식은 모두 『동방잡지東方雜
志』나 읽고서 얻은 것일 뿐"이라는 푸스녠의 경멸적인 언사를 들어야 했던 것(『사우잡
억』, 218쪽)에서 찾을 수도 있겠지만, 어쨌든 첸무 역시 유학생 출신이 지배하던 당시
학술사회의 서양 숭배 분위기에서 자유롭지 못했을 것임은 짐작할 수 있다.

44) 첸무가 북경대학교 사학과로 부임하기 1년 전인 1930년 당시 북경대학교 사학과 주임
이던 주시차오朱希朝가 사임한 후 학과 주임은 푸스녠이 대리하고 있었다. 푸스녠은
중산대학교에서 함께 근무한 적이 있는 구제강을 초빙하려 했으나 구제강이 노친 봉양
과 연구 편의 등을 이유로 거절하면서 첸무를 추천했고, 이를 푸스녠은 수용하였다(陳
勇,「錢穆與新考據派關係略論-以錢穆與傳斯年的交往爲考察中心」, 51쪽).

45) 『사우잡억』, 163쪽.

46) 『사우잡억』, 163~164쪽.

47) 王汎森, 앞의 글, 36~37쪽. 이 '제고'와 '보급'이라는 용어는 사실 신파와 그에 비판적
이었던 학형파의 쟁점 중 하나였다. 신파가 수준 높은 전문적 연구를 통해 중국의 학술
수준을 제고하는 데 주된 관심이 있었고 따라서 일반 독자나 '광대한 군중'에 주의를
기울이지 않았다면(王汎森, 앞의 글, 112~113쪽), 학형파는 "한편으로는 간략한 역사인
식을 최대 다수의 인류에게 보급하여 인간됨을 위한 상식이 될 수 있게 하고, 다른 한
편으로는 소수의 전문가가 정밀하게 분석하는 연구를 통해 사료를 충실(하게 해석)하
고 과거의 오류를 바로잡는", 제고와 보급의 병진을 주장했다(鄭師渠, 『思潮與學派-中
國近代思想文化硏究』, 北京師範大學出版社, 2005, 270쪽). 동시대의 한 일본 학자가 지
적했듯이 국고정리운동 반대론자들의 주장은 '반대를 위한 반대'가 많아 이성적 비판
도 없고 그 때문에 결국 어떠한 반향도 이끌어내지 못했다고도 평가된다(神谷正男, 앞
의 책, 127쪽). 학형파 스스로 주장하는 제고와 보급의 병진을 얼마나 달성했는지는 따
져보아야 할 문제이지만, 적어도 후스 자신은 북경대학교 교수들이 천박한 '전파사업'
에 더는 종사하지 말고 '학술연구'로 되돌아와야 한다고 생각했다. 후스는 1920~1922
년 사이에 "최근 2년간 전체 학교가 5기의 월간, 5종의 저작, 1종의 역저를 출판하는
학술수준에서는 보급을 논할 자격조차 없다"고 보면서 "북경대학교가 천박한 보급운
동에 나서기를 바라지 않는다. 나는 북경대학교 동료들이 전력을 다해 제고에 힘쓰기
를 희망한다"고 천명했다. 심지어는 "사람들은 우리를 학벌이라고 욕한다. 하지만 학

벌이면 또 어떤가? 사람들이 우리를 최고학부라고 부른다고 해서 득의양양할 일도 아니고, 우리를 학벌이라고 부른다고 해서 기분 나빠할 일도 아니다. (중략) 우리는 학벌이 되도록 노력해야 한다! 학벌 중에서도 최고의 학벌이 되어야 한다!"라고까지 했다. 또 1931년 청화대학교 교장으로 취임한 메이이치梅詒琦 역시 맹자의 "이른바 오래된 나라라는 것은, 교목喬木이 있음을 가리키는 것이 아니라 세신世臣이 있음을 가리키는 것이다"라는 구절을 모방하여 "이른바 대학이라는 것은, 큰 건물이 있음을 가리키는 것이 아니라 큰 스승이 있음을 가리키는 것이다"라고 하여 청화대학교의 학술연구가 '높고 깊으며 전문적이고 정밀한' 방향으로 나아가야 함을 강조한 바 있다. 이렇게 후스·메이이치가 학술 수준의 제고를 (학벌이 되어야 한다고까지 말할 정도로) 거리낌없이 주장할 수 있었던 것은 당시 학술 문제와 관련한 지식인 사회의 보편적 인식을 반영하였기 때문이라는 것이다(章淸, 앞의 책, 227~228쪽).

48) 『사우잡억』, 161쪽에 따르면 푸스녠은 북경대학교 사학과 출신으로서 성적이 우수한 학생들은 모두 사어소로 불러들였고, 동시에 이들 젊은 학자들에 대한 감독도 상당히 엄격히 했다. 이 때문에 명나라 역사를 전공하는 한 연구원은 쳰무에게 "푸스녠이 전공 영역을 원대로 올라가는 것은 물론 청대로 내려가는 것도 허락하지 않는다. 하지만 명나라 역사를 어느 정도 이해하게 되면 그 근원을 따라 원대로 올라가고 또 명대의 특정한 사안이 결국 어떻게 되었는지를 알려면 청대로 내려가야 한다. 그래서 몰래 원대와 청대를 공부하고 있다"라며 불만을 표했다고 한다.

49) 錢穆, 『中國歷史硏究法』, 『전집』(제31책), 158~160쪽.

50) 『국사대강』「인론」은 『국사대강』이 출판되기 전에 『중앙일보』(곤명판)에 먼저 발표되었는데, 쳰무 스스로 서남연합대학교로 옮긴 이후 "가장 공들인 작품"이라고 밝힐 만큼 중국 역사학계에 대한 자신의 견해를 여과 없이 개진한 글이다.

51) 錢穆, 「引論」, 『國史大綱』(上), 『전집』(제27책), 24~25쪽.

52) 翁有爲, 앞의 글, 121~122쪽.

53) 『사우잡억』, 218쪽.

54) 『사우잡억』, 251쪽. 쳰무는 원이둬의 반응에 대해 "서남연합대학교의 좌파 교수들 대부분은 나를 공적으로 간주했다. 원이둬는 성격이 솔직하여 그러한 태도를 글로 남겼을 뿐"이라고 보고 비방죄로 소송을 제기하라는 주변의 주장을 일축하였다.

55) 『사우잡억』, 218쪽.

56) 『사우잡억』, 161쪽.

57) 傅斯年, 「毛子水「國故和科學的精神識語」, 歐陽哲生 編, 『大家國學-傅斯年』, 天津人民出版社, 2009, 3쪽. 이러한 태도는 후스에게서도 보인다. 후스는 「논국고학論國故學」과 「국학계간발간선언國學季刊發刊宣言」 등의 글에서 국고정리운동의 두 요점을 제시했는데, 하나는 '역사적 안목', 다른 하나는 '학술적 태도'였다. 이는 예컨대 공자 같은 신화화된 성인을 역사적 맥락 속에서 고찰함으로써 '역사적 인물'로 변화시키는 것이고, '삼대'를 황금시대로 이상시하는 비역사적 태도에서 벗어나 중국 역사가 점진적으로 발전해왔음을 확인하자는 것이었다. 동시에 '일체의 저작', 즉 경·사·자·집을 더는 고도의 철리가 담긴 성인의 작품으로 간주하는 것이 아니라 그저 사료로 간주하는 것이다. 요컨대 일체의 전통적인 역사·문화를 객관적 연구의 대상으로 변화시키자는 것이다(王汎森, 앞의 글, 40~42쪽).

58) 翁有爲, 앞의 글, 115~117쪽.

59) 陳勇, 「錢穆與新考據派關係略論-以錢穆與傅斯年的交往爲考察中心」, 58쪽. 1945년 이후, 특히 첸무가 홍콩에서 신아서원을 경영하던 시기와 이후(1962년) 타이베이(臺北)로 거처를 옮긴 이후부터 첸무의 '과학고정파'에 대한 비판은 오히려 더 격렬해졌다. 예컨대 첸무가 작성한 「『신아학보』 발간사」는 "최근 수십 년간 이른바 과학적 방법으로 국고를 정리한다고 하는 이들의 가장 중요한 취지는 중국의 전통문화를 철저히 해부·검증해 일체의 가치를 재평가하는 것이다. (중략) 각자 한쪽 구석에 틀어박혀 사소하고 지엽적인 문제만 좇으니, 결국 상통하지 못하는 지경에 이르렀다"라고 하여 과학고정파에 대한 비판 수위가 좀 더 직접적으로 변화했다. 이뿐만 아니라 '위로는 하늘 끝까지 아래로는 황천까지라도 간다. 손과 발을 부지런히 움직여 사료를 찾는다(上窮碧落下黃泉, 動手動脚找東西)'나 '고증을 위한 고증'이라는 푸스녠의 유명한 구절을 그대로 옮기는 등 비판 대상이 누구인지를 노골적으로 드러내었다. 이러한 경향은 1962년 신아연구소에서 첸무가 행한 학술강연에서도 그대로 반복되었다. 예컨대 청말에 비해 민국(5·4 이후)의 학술적 기풍은 더욱 쇠락했다고 주장하면서, "당시 학자들이 심혈을 기울인 것은 반전통이어서 오래된 것은 전부 불필요하다는 식이었다. 이로써 학문은 그 본원을 잃고 그저 외국에서 본원을 구하려고 했다"라고 주장했다(錢穆, 「學術與風氣」, 『中國學術通義』, 『전집』(제25책), 309쪽). 이렇게 첸무의 과학고정파에 대한 비판이 강도를 더해간 것은 "학문은 본래 스스로 추구하는 것을 귀하게 여긴다. 시간과 마음을

허비해가면서 다른 이와 시비를 다투어서는 안 된다"고 말하던 과거의 첸무와는 다른 면모인데(『사우잡억』, 159쪽), 여기에는 아무래도 푸스녠과의 구원이 어느 정도 작용한 듯하다. 1945년 중일전쟁 종결 후 북경대학교 교장에 후스가 임명되었으나 그는 주미 대사로서 아직 미국에 머물렀기 때문에 푸스녠이 교장대리로 있었다. 이때 대부분 북경대학교 교수들은 재차 초빙을 받아 북경으로 돌아갔지만 첸무만은 복직을 요청하는 서한을 받지 못했다(『사우잡억』, 247쪽).

60) 첸무의 신파, 특히 푸스녠 비판은 1949년 이후 1970년대까지도 집요하리만치 계속되었다. 푸스녠이 1950년 12월에 갑작스러운 뇌출혈로 사망한 점을 고려하면 망자에 대한 사후의 사상적 공격이 다소 지나치다 싶을 정도인데, 陳勇, 앞의 글에 소개된 내용을 보면 첸무가 푸스녠에게 집요하고도 장기간에 걸쳐 사상적 비판을 행한 배경의 일단을 엿볼 수 있다. 푸스녠이 죽은 후에도 1958년 후스가 미국에서 대만으로 돌아와 중앙연구원 원장에 취임한 후 첸무에 대한 신파의 배척은 극심했고, (아직 홍콩에 있던) 첸무는 같은 해 쓴 한 편지에서 "대만 쪽의 학파 대립은 너무도 협소해서 나를 외부인으로 취급할 뿐 아니라 여전히 적의를 품고 있다"고 말했다. 또 1964년 7월에 쓴 한 편지에서는 "대만으로 이주하는 문제를 내가 어찌 생각해보지 않았겠는가. 하지만 대만 학술계의 상황 또한 내가 왜 모르겠는가. 학파 간의 배제가 뿌리 깊어 내 한 몸 의탁하기 쉽지 않다. 근년의 학풍은 더욱 심하다. 내가 먼 곳(홍콩)에 있어도 욕하고 무시하는 언사들이 시도 때도 없이 유포되니, 나는 그저 치지도외할 뿐이다. 만일 대만에 간다면 계속해서 이렇게 귀머거리와 벙어리가 될 수 있겠는가? (만일 대만에 간다면) 내가 어떻게 대처하면 좋겠는가!"라고 말하였다. 1950~1960년대 대만 학계, 구체적으로 사어소와 대만대학교 사학과는 고거를 중시하는 학풍이 강하게 유지되었기 때문에, 첸무로서는 대만에서 학술활동을 하고 싶어도 하기 곤란한 상황에 장기적으로 처해 있었던 것이다(『전집』(제53책), 296쪽). 양자의 대립이 단순한 학술적 관점의 대립에서만 기인한 것이 아니라, 학술사회 내부의 정치적 역학관계에도 기인한다는 점을 확인할 수 있고, 동시에 첸무의 푸스녠 비판 언사가 어째서 특히 과격했는지도 어느 정도 설명해준다고 판단된다.

61) 첸무의 사인정치론士人政治論 역시 5·4신문화운동 이래 진제국 성립 이래의 중국 역사를 '암흑전제'의 역사로 파악한 신파의 역사해석에 대항한다는 의미가 강했다. 『사우잡억』, 162쪽에 따르면 1930년대 초 북경대학교 사학과를 사실상 좌지우지하던 푸스녠은 중국정치제도사 강좌를 개설하려는 첸무에게 강의 개설을 불허(후에는 승인)했는

데, 진제국 이래의 정치는 모두 군주전제이고, 또 이미 민국으로 변화했으니 이전 시대의 정치제도는 다시 연구할 필요가 없다는 것이 그 이유였을 것으로 첸무는 추측하였다. 전제정치론을 대체하는 개념으로서 사인정치론에 대한 비판은 장쥔마이張君勱와 샤오쿵취안蕭公權이 행한 바 있는데, 좀 더 상세한 내용은 黃俊傑, 「錢賓四史學中的'國史'觀-內涵·方法與意義」, 臺灣大學中文系, 『紀念錢穆先生逝世十週年國際學術硏討會論文集』, 2001, 163~165쪽에 맡긴다.

62) 『사우잡억』, 231쪽. 또 첸무는 송명이학을 제창하기 위해 국립편역관을 통해 『송원명청사조학안宋元明淸四朝學案』의 축약판을 준비하던 장제스의 요청에 응하여 청대학안淸代學案의 편찬에 응하였다(『사우잡억』, 234쪽).

63) 1930년대 초 북경에서 잠시 소주로 내려간 첸무는 당시 정당 조직에 착수한 장쥔마이를 만나게 되는데, 장쥔마이는 첸무에게 "당신은 어찌 후스나 하는 고증학을 합니까? 정치활동을 하게 되면 현재 시국에 큰 공헌을 하게 될 겁니다"라면서 정치활동을 권유했지만, 첸무는 "나는 오로지 고증에만 종사하는 것은 아닙니다. 다만 정치활동은 내가 잘하는 것이 아니기 때문에 따라나서기는 어렵겠습니다"라고 답하였다(『사우잡억』, 175쪽). 중일전쟁이 종료된 후인 1945년 자신이 쓴 『정학사언政學私言』을 보고서 (첸무가 정치에 뜻이 있는 것으로 오인하여) 정치협상회의에 진언할 것이 없냐고 묻는 량수밍梁漱溟에게 첸무는 "서생이 정치를 논할 때는 그저 말에 대한 책임만을 질 뿐입니다. 만일 정치참여까지 나아가게 된다면 이는 자기 밭을 버려놓고 남의 밭을 가는 것과 같아 둘 다 잃을 뿐입니다. 당신(=량수밍)이 문화연구에 뜻이 있어 후학을 창도할 생각이면 지금부터 하십시오. 정치협상회의에서 무언가 성과가 있을 거라고 기대한다면 그것은 황하의 물이 맑기를 기다리는 것과 같아 환상에 불과합니다"라고 답하였다(『사우잡억』, 243쪽). 또 "시국·국사에 관련된 각종 집회나 강연에 나는 모두 사양하고 가지 않았다. 서생의 보국은 자신의 개성과 능력이 감당할 수 있어야 하니 스스로 취사선택하여 괜한 분란을 피해야 한다"고도 했다(『사우잡억』, 247쪽). 홍콩으로 가서 신아서원을 경영할 당시에는 중국민주사회당과 중국청년당 두 정당을 통합해 새로운 정당을 만들려던 장쥔마이가 첸무를 찾아와 정치참여를 권했지만 거절하였다(『사우잡억』, 271쪽). 1950년 말 신아서원의 경비 지원을 요청하기 위해 대만으로 간 첸무는 대만 각 기관·학교의 강연 요청에 응하여 강연을 행하고 그 원고를 『문화학대의文化學大義』, 『중국역사정신中國歷史精神』, 『인생십론人生十論』 등으로 출간했는데, 이에 대해 첸무는 "폐

부에 있는 진심을 다 토해내었고, 이는 과거의 학술적 논문과는 성격이 크게 달랐다. 서생의 보국은 그저 여기서 그치는 것이다"라고 말하였다(『사우잡억』, 276쪽).

64) 후스나 푸스녠은 왜 그토록 학술사회 수립에 '집착'했을까. 우선 그들이 기본적으로 학인이었다는 점에서 보면 당연한 것이기도 하지만, 그들이 학술사회에 담은 의미는 좀 더 넓은 맥락에서 이해할 필요도 있는 것 같다. 예컨대 후스는 1932년에 중국에서의 민족자구운동이 번번이 실패로 돌아간 이유를 "우리가 6~7년 세월 몸을 던져 이루려고 했던 것은 하나의 '사회적 중심'을 수립하는 것이었지만 결국에는 얻지 못했다"고 했다. 이는 장태염이 '중견주간中堅主幹'이라고 표현했고, 최근 연구자 천쉬루陳旭麓가 '중등사회中等社會'라고도 개념화한 사회적 실체이다. 천쉬루는 20세기 초 혁명파 인사들이 강조한 '중등사회' 개념에 주목하고 이를 '상이한 직업을 가지면서도 동등한 사회적 계층에 속한 사람들로 구성된 복합체'로 정의했는데, 상층사회도 아니고 하층사회도 아니면서 동시에 중등사회로서 자각을 지닌 이들이 '중국 근대사회의 신진대사에 결정적 역할을 할 역량'으로서 상정되어 있다. 후스의 '사회적 중심' 역시 여러 사회계급의 동의를 확보한 단체로서 중국의 우수한 인재를 망라한, 그리고 전국 대다수 인민에게 스스로 궁극적 목표를 호소함으로써 인민의 신임을 얻으면서 동시에 조직화해 지속성을 갖춘 단체여야 한다고 그 조건을 명시하였다. 이러한 '중등사회'나 '중견주간'이나 '사회적 중심'의 구체적 목표 중 하나는 바로 중국에 '학술사회'를 수립하는 것이었고, 이들로 하여금 정부를 감독·지도하고 또 정부를 원조하는 일종의 '간정단체干政團體'로서 역할을 기대한 것이었다. 푸스녠 역시 중국 학술의 낙후와 '민덕民德의 타락' 간에는 밀접한 연관이 있다는 사고 아래 건전한 학술사회의 수립을 민덕의 타락을 막고 중국을 구원할 수 있는 요긴한 방법의 하나로 인식하였다(章清, 앞의 책, 222~225쪽). 이러한 사고방식의 근저에는 '학문이 정치보다 높다', 즉 사상과 문화를 통해 사회의 근본문제를 해결한다는 중국 지식인들의 사유방식이 깔려 있기도 한데, 그 구체적 사례에 관해서는 章清, 앞의 책, 226~228쪽 참조.

65) 石興澤, 「傅斯年與錢穆的交往和分岐」, 『鹽城師範學院學報』 25권 2기, 2005, 87쪽.

66) 하지만 1946년 후스가 주미대사직 수행으로 귀국하기 전 '북방' 인사로서 국민정부 국무위원 선정 문제가 난항에 부딪히자 장제스는 푸스녠을 적극 추천했으나 푸스녠은 자신은 우둔한 서생일 뿐이라며 "만약 정부에 들어가게 되면 정부에 하나도 도움이 되지 않습니다. 사회에 있게 되면 하찮은 쓰임새는 있을지도 모르겠습니다"라고 하

여 장제스의 정치참여 권유를 완곡하지만 분명히 거절하였다. 이에 대해 章淸, 앞의 책, 360~374쪽은 푸스녠이 이미 국민정부와 결렬할 수도 없는 상태에서 국민정부에 대한 불만과 비평을 행한 것이라고 파악하면서 푸스녠을 '최후의 어사御史'로 규정하였다. 이는 대학의 교장으로서 국민정부의 '바깥'에 있으면서도 이미 국민정부의 중요한 구성원으로 간주되었던 후스가 1938년 항전을 위해 주미대사직을 수락하면서 "이미 강을 건넌 졸병이 되었으니 목숨을 다해 앞으로 나아가는 수밖에는 없다(做了過河卒子, 只能拼命向前)"라고 한 것과 맥락을 같이하는 것이기도 하다(易竹賢,『胡適傳』, 湖北人民出版社, 1998, 455쪽). 사실 푸스녠의 생애 전체를 통관할 때 가장 두드러진 특징은 학술과 정치 사이를 배회한 '역학역관亦學亦官'의 모순에 가득 찬 인생 역정이다. 격렬하고도 총체적으로 전통문화를 부정했는가 하면 전력을 다해 국학 연구에 종사했고, 학술을 위한 학술을 주창하면서도 역사 연구를 통해 대일항전을 부르짖기도 했다. 또한 국민당의 부패와 무능을 질타하면서도 반공 입장은 견결하게 유지했으며, 영미 자유주의를 신봉하면서도 그 허구성을 날카롭게 지적하면서 사회주의적 경제제도 도입을 강하게 주장했다. 또한 사회주의 경제제도 도입에는 찬성하면서도 무산계급의 폭력혁명은 적대시했다. 雷頤,「傅斯年思想矛盾試析」, 許紀霖 編,『二十世紀中國思想史論』(下), 東方出版中心, 2000, 103쪽은 푸스녠의 일생에 걸쳐 드러나는 사상과 행동에서의 모순을 푸스녠 개인의 문제만이 아닌 동시대 지식인들에게 공통적으로 나타나는 전형적 패턴으로 보았다. 다만 정치와 학술의 문제에 국한해볼 경우, 푸스녠에게서 종종 보이는 정치 개입을 '학술경세'를 추구한 전통 사대부의 근대적 판본이라고 간주하여 그 전형성만 지적하기보다는, 정치 개입을 학술사회를 온전히 수립하기 위해 치른 대가로 볼 여지도 없지 않은 것 같다. 차이위안페이蔡元培·후스·푸스녠 등 신파의 공통된 이상은 대학과 연구기관을 독립·자주적인 집단으로 만들어 '사회' 밖에 독립하게 만드는 것이었다. 하지만 근대 서구사회처럼 개인의 기금에 의한 지속적 연구나 사립학교의 전통이 박약한 민국시대 중국에서 학술연구를 위한 경비는 주로 국가가 제공했으므로 국가로부터 완전한 독립은 사실상 불가능한 상황이었다는 점을 놓쳐서는 안 될 것 같다(王汎森, 앞의 글, 103쪽). 예컨대 1928년 남경국민정부 수립 직후 남경국민정부의 보수적 성격(예컨대 삼민주의의 유가화儒家化 등)으로 이들에 의존해 학술 발전을 도모하는 것이 요원한 일임을 인식하였으면서도, 동시에 남경에서 대학원大學院 주최로 열린 전국교육회의에 참석하여 국민정부에 참여하는 전제 조건으로서 돈·평화와 약간의 자유를 요구하였다(章清, 앞의 책, 255~257쪽). 아울러 학술연구를 위한 자원을 안정적으로 확보(예컨대 미국의 의화단배상금의 관리와 운영을 담당한 중화교육문화기금동사회 장악)하기 위해서는 동사회 임원의 임면권을 쥔 중앙정부와 모종의 관계를 맺지 않을 수 없었다는 지적(章清, 앞의 책, 263~265쪽)을 아울러 고려한다면, 푸스녠 역시 학술 사회 수립이라는 자신의 이상을 실현하기 위해서는 (국가권력의 의사에 단순히 복종한 다는 차원이 아닌) 국가권력에 자신의 유용함을 증명해야 하는 문제에 부딪혔을 가능 성도 배제할 수 없을 것이다. 푸스녠의 스승이자 친구 관계였던 후스 역시 '학문도 하면서 정치도 논하는 것'을 통해 일관되게 학문과 정치 양자를 겸장하는 위치에 있었지만 궁극적으로는 전자, 즉 '학문'을 더 강하게 지향했던 점(章清, 앞의 책, 225쪽)도 이들에게 정치가 무슨 의미였는지를 어느 정도 설명해준다고 생각한다.

67) 歐陽哲生 主編, 『傅斯年全集』 제3권, 235쪽, 桑兵, 「傅斯年"史學只是史料學"再析」, 40쪽에서 재인용.

68) 1929년 9월 9일 「傅斯年致陳寅恪」, 桑兵, 「傅斯年"史學只是史料學"再析」, 40쪽에서 재인용.

69) 『사우잡억』, 161쪽.

70) 雷頤, 앞의 글, 許紀霖 編, 앞의 책, 114~115쪽.

71) 王汎森, 앞의 글, 94~95쪽.

72) 傅斯年, 「歷史語言研究所工作之趣旨」, 傅斯年, 歐陽哲生 編, 『大家國學-傅斯年』, 天津人民出版社, 2009, 40쪽.

73) 歐陽哲生 主編, 『傅斯年全集』 제7권, 100~101쪽, 桑兵, 「傅斯年"史學只是史料學"再析」, 41쪽에서 재인용.

74) 桑兵, 「傅斯年"史學只是史料學"再析」, 38쪽. 푸스녠은 실제로 중영경관동사회中英庚款董事會와 중화교육문화기금동사회中華教育文化基金董事會의 역사학 분야 심사에서 그저 사료만을 정리한 연구들에 대해서는 '고변考辨이 부족하다'거나 '견해 표명이 거의 없다'거나 하는 평가를 내리기도 했다.

75) 흔히 첸무의 학술 생애를 『국사대강』 출간을 중심으로 하여 전기와 후기로 나누고 전기를 역사 연구, 후기를 문화 연구로 크게 나눈다(陳勇, 「錢穆與新考據派關係略論-以錢穆與傅斯年的交往爲考察中心」; 翁有爲, 앞의 글; 梁民愫·戴晴, 「近二十年中國大陸學界關于錢穆學術思想研究的新取向」, 『上海師範學院學報』 29권 4기, 2009. 8). 필자도 이러

한 구분법에 기본적으로 동의하지만, 후기에는 사가로서 첸무의 면모는 거의 찾아보기
힘들고, 유자로서 첸무의 면모가 더욱 두드러지게 드러난다고 파악하였다(문명기, 앞
의 글, 260~267쪽). 첸무 스스로도 장치윈張其昀이 편집한『사상여시대』의 원고 요청
에 응해 작성한 여러 문장을『문화사도론文化史導論』으로 출판하게 된 일을 언급하며,
"이는 서남연합대학교 시절 이래 나 자신의 사상과 찬술에서의 일대 변화였다"라고 자
평하였다(『사우잡억』, 235쪽).

76) 余英時, 앞의 책, 26쪽. 첸무 역시 정치적으로는 대립적인 처지에 있었고 자신을 공개
적으로 비난했는데도 원이둬의 학문적 성실성과 학술적 수준은 높이 평가했다.『사우
잡억』, 201쪽은 여행을 가서 첸무와 방을 함께 쓰게 된 원이둬가 스탠드를 따로 켜놓고
『시경』과『초사』를 정독하는 모습을 전하였고,『사우잡억』, 251쪽은 원이둬가 암살당한
일을 기록하면서 "남악南嶽에 있을 때 그가 지칠 줄 모르고 공부하는 모습을 친히 목도
했다. 곤명에서는 그 집안이 가난하여 고초를 겪고 있다는 얘기를 여러 차례 들었다. 나
(=첸무)와 학문의 방향은 다르지만, 그 역시 서생으로서 본분은 잃지 않았음을 기억한
다. 청대 건륭·가경 연간에 태어났더라면 훈고와 고거에서 매일매일 그렇게 노력하니,
저술로서 자신을 드러낼 수 있는 학인이 되었을 터이다. 현재의 난세를 만나 마음속의
불평을 참지 못하고 격분하여 일어났고 그로써 험한 일을 당하게 되었으니, 가련하지
아니한가. 이야말로 오늘날의 일대 비극이다"라고 적었다.

77) 余英時, 앞의 책, 14~15쪽. 위잉스의 회고에 따르면 첸무가 신아서원을 운영할 당시 위
진남북조시대의 사회경제사에 관심이 있었던 위잉스에게 '단대斷代'에 과도하게 주의
를 기울여 '관통貫通'을 소홀히 해서도 안 되고, 사회경제사를 너무 좁게만 연구하여
중국 문화의 여러 측면과 서로 결합하지 못하는 일이 있어서도 안 된다고 충고했지만,
후에는 누구나 통·전을 겸비할 수 있는 것은 아니라는 점도 인정했다고 한다.

78) 『사우잡억』, 152~153쪽. 평유란의 반대에는 나름의 이유가 있었으니, 그것은 평유란
의 중국철학사에 대한 관점을 첸무가 수용하지 않았기 때문이다. 평유란의 중국철학사
에 대한 기본 관점은 선진시기를 '자학시대子學時代', 진한 이후를 '경학시대經學時代'
로 구분하고 경학시대에는 유가사상에서 특별한 변화·발전을 인정하기 어렵다는 것
이었다. 이는 진한 이후를 '암흑전제'로 간주하는 신파의 중국사 이해와 연결되어 있었
다. 첸무는 평유란의 관점이 유가사상에서 송명이학의 공헌을 무시하는 관점이라고 하
여 반대한 것이다.『사우잡억』, 200~201쪽에 따르면, 서남연합대학교로 옮긴 지 얼마

되지 않아 평유란은 자신이 탈고한『신이학新理學』원고를 들고 와서 첸무에게 비평해 주기를 요청했다. 첸무는 중국 이학가에 대해서는 이기理氣와 심성心性을 함께 논해야 하는데『신이학』에는 이기만을 다루고 심성은 다루지 않았고, 또 중국에는 독자적으로 창설된 종교가 없고 귀신鬼神에 대해서도 독특한 관점을 가지고 있는데, 주자의 귀신에 대한 논의에도 창의적인 해석이 많으니 반드시 이 점을 추가해야 한다고 조언했다. 후에 평유란은 중국 철학에 관한 한 강연에서 "귀鬼는 귀歸로서 과거에 속하고, 신神은 신伸으로서 미래에 속한다. 첸무 선생의 치사治史는 귀학鬼學이고 나의 치철학治哲學은 신학神學이다"라고 했다. 이에 대해 첸무는 "평유란은 귀신에 관한 논의를 추가해야 한다는 내 말에 따르기는 했지만, 여전히 나에게 유감이 있었던 것이다"라고 말하였다 (『사우잡억』, 204쪽).

79) 余英時, 앞의 책, 26쪽.

80) 彭明輝,『疑古思想與現代中國史學的發展』, 商務印書館, 1991, 71쪽.

81) 王晴佳,「錢穆與科學史學之離合關係, 1926~1950」, 191쪽. 첸무는『국학개론』(『전집』(제1책), 379~381쪽)에서 '역사적 방법'과 '실험적 방법'을 핵심으로 하는 후스의 실험주의를『호적문존胡適文存』(제2집),「아적기로我的岐路」의 원문 그대로 소개한 후 "신문화운동을 거치면서 사회에 공이 있는 이들은 모두 이 실험주의를 명료하게 이해하고 이에 거스르지 않은 자들이다. 신문화운동의 일체의 유폐流弊는 이 실험주의의 진정한 정신을 이해하지 못하고 정확하게 그 방법을 응용하지 못한 데서 비롯된 것일 뿐이다" 라고 말하였다. 다시 말해 의고와 국고정리운동의 '철학적 기초'라고 첸무 스스로 말한 실험주의를 후년의 첸무가 보여주는 것처럼 학술적 유폐의 근원으로 몰아붙이던 것과는 완전히 다른 태도를『국학개론』집필 당시에는 보여준 것이다.

82) 후스는 1930년 10월 18일자 일기에서 "어제와 오늘 이틀에 걸쳐 첸무의『연보』와 구제강의「오덕종시설하적정치화역사伍德終始說下的政治和歷史」를 읽었다. 첸무의『연보』는 일대 저작이다. 견해와 체례 모두 좋다. 그는『신학위경고』를 믿지 않고 28개 오류를 반박하였다. 구제강 학설의 일부는 첸무의『연보』를 보고 난 후에 쓴 것인데도 여전히 캉유웨이와 추이스의 설을 묵수하고 있으니, 실로 이해할 수 없다"고 썼다(張曉唯,「錢穆的'胡適情結'」,『讀書』2009년 8기, 67쪽에서 재인용).

83) 余英時, 앞의 책, 15쪽.

84) 『사우잡억』, 158쪽.

85) 『사우잡억』, 159쪽. 첸무는 『학술사』와 관련한 일화도 전하는데, '중국근삼백년학술사' 라는 과목을 개설한 후 강의안을 직접 만들었는데, 누군가 전화를 해와 강의하지도 않은 내용의 전거를 물었다. 이에 첸무가 어찌된 일인지를 물으니, 그는 이미 북경대학교 '강의실(강의안을 배부하는 곳이라는 의미인 듯-필자)'에서 미리 얻어 보았다고 답한 후, 강의를 듣는 사람들은 모두 미리 강의실에서 강의안을 받아다가 읽고 모여서 토론도 한다는 사실을 첸무에게 알려주었다. 이 현상은 물론 첸무가 말한 대로 량치차오가 죽은 지 얼마 되지 않아 자신이 량치차오의 영향력 있는 저서와 동일한 제목의 강의를 개설했기 때문에 모두가 주목한 탓일 수도 있지만(『사우잡억』, 156쪽), 첸무로서는 그만큼 긴장감을 가지고 강의에 임할 수밖에 없었을 것이다.

86) 『사우잡억』, 159쪽.

87) 1930년대 중국 학술사회의 동시대적 관찰자라고 할 수 있는 일본 역사학자 이시다 간노스케石田幹之助는 『東洋文化史大系』 「東亞の現勢」에서 다음과 같은 흥미로운 관찰을 행했다. "이른바 의고파라는 것에 대해 세간에서는 첸쉬안퉁·구제강·루오건쩌羅根澤 등을 지적하고 때로 후스를 포함시키기도 한다. 그러나 반복해서 말하지만 의고, 즉 고문헌의 비판적 연구는 어떤 역사 연구자에게도 당연하게 부과되는 제1단계의 일이어서 누구나 다 해야 하는 일이다. 따라서 이러한 경향이 있는 이를 의고파라고 하는 것은 적절함을 다소 결여한 것이다. 후스가 그의 획기적 명저 『중국철학사대강』의 권두에서 고서를 그대로 믿지 말 것을 역설하고 아울러 비판의 표준 및 의심나는 부분을 변별하는 표준 등을 제시한 것은 사실이지만, 이 정도를 가지고 그 학풍에 특별히 의고라는 레테르를 붙이는 것은 온당치 못하고, 이 정도 의고가 특별히 문제시되는 것은 학문이 아직 과학적이지 않다는 것을 광고하는 것과 같은 것이다. (중략) (의고파의) 업적에는 과대평가되는 면이 없지 않고 또 그 방법에는 검토할 여지도 매우 많지만, 신중국의 역사학 내지 역사 연구에 미친 영향은 결코 작지 않다. (중략) 진실로 후세에까지 남을 수 있는 학술적인 것은 특정한 이데올로기를 가지지 않고 청조 고증학의 흐름을 이으면서 서양의 방법, 서인의 연구를 참고한 것이다. 업적의 가치로부터 말하면 이들(=의고파)을 중시해야 한다"(神谷正男, 앞의 책, 128~129쪽에서 재인용).

88) 국민혁명군의 북벌과 뒤이은 중원대전 등의 내전이 종식된 1930년 장멍린葬夢麟이 북경대학교 교장에 임명되고 후스가 문학원 원장(겸 중국문학계 주임)이 되면서 장멍린·후스 등은 '북경대학교 재건' 계획을 수립하고 '교장은 학교를 관리하고 교수는 학문을

가르치며, 직원은 학교 업무를 수행하고 학생은 학문을 추구한다'는 방침 아래 '학술의 제고'를 목표로 하여 북경대학교 재건에 적극 나서게 된다. 이에 따라 북경대학교는 30명의 '원사'급 학자들을 초빙하는 데 성공하는 등 9개월의 노력 끝에 1931년 9월 14일에 개학할 수 있게 되었다. 하지만 며칠 후 9·18사변이 일어났다. 후스는 이후에 9월 14일 일기에 "우리의 9개월간의 노력으로 새로운 북경대학교를 만들게 되었고, 9월 14일에 개학했건만 불과 닷새 후에 9·18의 포성이 울렸다! 일본인의 죄악은 실로 크다!"라고 덧붙였다. 또 장멍린의 회고에 따르면 "1930년부터 37년 사이의 7년간 나는 줄곧 북경대학교의 키[舵]를 잡고 있었다. 있는 힘을 다해 이 학문의 배가 중일 충돌의 격랑을 평온히 넘어갈 수 있도록 애썼다. 많은 친구, 특히 후스·딩원장丁文江·푸스녠 등의 도움 아래 북경대학교는 다행히도 평온한 가운데 전진했고""한때 혁명활동과 학생운동의 소용돌이에 휩싸였던 북경대학교가 점차 학술의 중심으로 변화해갔다"(章淸, 앞의 책, 267~269쪽). 첸무 역시 1930년대에 수립된 '객관적 표준'이 전쟁으로 훼손된 것을 애석해했다고 한다(余英時, 앞의 책, 26쪽).

89) 후스·푸스녠을 비롯한 북경대학교 교수와 사어소 연구원 출신의 연구자들 상당수는 국민정부의 대만 이전에 따라 대만으로 건너갔고, 사어소 소장과 대만대학교 교장을 겸임한 푸스녠의 영향 아래 '과학고정파'의 전통을 이어갔다고 할 수 있다. 특기할 점은 푸스녠이 과거 북경대학교 출신 위주로 사어소 연구원을 선발하던 관행을 깨고 다양한 학교로부터 연구 인력을 충원했다는 점이다. 예컨대 천중몐岑仲勉(대학 학력 없음), 저우파가오周法高(중앙대학교), 옌경왕嚴耕望(무한대학교), 취완리屈萬里(산동성립도서관 직원), 취옌한성全漢升(미국 유학) 등 푸스녠이 직접 선발한 인원은 이후 대만 역사학계의 골간으로서 대만 학술 수준 제고에 크게 기여한 것으로 평가된다. 대만대학교 교수진 임용에서도 푸스녠은 종래의 학파 대립을 타파하고 신파의 유력한 호적수였던 중앙대학교 출신들을(예컨대 선강보沈剛伯·장구이잉張貴英·팡둥메이方東美) 및 사어소·북경대학교·청화대학교와 아무런 관련이 없었던 팡하오方豪(중서교통사)·천징허陳荊和(동남아사) 등도 모두 대만대학교에 임용되었다. 이 때문에 대만대학교 문학원의 교수진은 과거의 북경대학교나 청화·중앙대학교에 비교하더라도 나으면 나았지 못하지 않다는 평가를 받곤 한다. 하지만 첸무는 북경대학교에 이어 대만대학교에도 초빙받지 못했다. 1949년 이후 푸스녠의 대만 역사학계에 대한 영향에 대해서는 李恩涵,「1949年後傅斯年與其史料學派對臺灣史學的影響」, 山東歷史學會 編,『傅斯年與中

國文化國際學術討論會論文集』, 2004 참조.

이 문제와 관련하여, 대륙에서와는 상반되게 대만의 경우에는 '당국체제'라는 외적 조건은 동일했지만 학술사회의 수립과 유지가 상대적으로 용이했다는 점이 눈에 띄는데, 이는 민국시대에 형성된 학술사회의 인적 자원(전술)과 물적 자원(중앙연구원 등의 시스템 등)이 고스란히 대만으로 옮겨졌고, 그 관리·운영을 학술사회 수립을 필생의 목표로 내건 푸스녠이 담당했던 것과 직접 연관성이 있을 것이다. 이에 대해서는 기회가 된다면 (1945년 이후 대만 자유주의가 [예컨대 한국과 비교했을 때] 상대적으로 '조숙'했던 현상을 어떻게 이해할 것인가라는 문제와 함께) 전론을 통해 다루어보고자 한다.

90) 예컨대 桑兵, 「傅斯年"史學只是史料學"再析」, 『近代史研究』2007년 5기는 오랫동안 푸스녠의 역사학 인식의 전부라고 간주되어온 '역사학은 단지 사료학일 뿐'이라는 악명 높은(?) 명제에 대한 기존의 비판은 견강부회와 단장취의의 혐의가 짙다고 비판한다. 나아가 기존에 잘 언급되지 않던 푸스녠의 사학이론 관련 저작(『사학방법도론史學方法導論』이나 『중서사학관념지변천中西史學觀念之變遷』 등)의 세밀한 분석을 통해 사료와 역사학의 관계에 대한 푸스녠의 주장이 현재 역사학계에도 모종의 적극적 역할을 할 가능성을 내포한다고 보면서, 중국 역사학계의 '근거 없이 제멋대로 말하는 경향'과 '대중을 오도하는 행위'를 비판하였다. 또 陳平原, 『老北大的故事』, 臺北: 立緒文化, 2001, 「北大傳統: 另一種闡釋-以蔡元培與研究所國學門的關係爲中心」, 99~110쪽은 1990년대 중국 학계에서 주목할 만한 훌륭한 업적의 하나로 북경대학교에 중국전통문화연구중심의 설립과 『국학연구』의 발간을 들면서도 '서학'의 전파로 유명해진 『신청년』은 거명하면서 중국 전통문화 연구에 매진했던 북경대학교 연구소국학문의 전통에 대해서는 언급하지 않는 점을 이해할 수 없는 일이라고 보았다. 아울러 연구소 설립 당시 대외적으로는 '자유로운 사고'의 쟁취와 대내적으로는 '학술에만 오로지 전념하기'를 지향했던 차이위안페이의 의도를 되새겨야 한다고도 했다.

91) 1980년대의 '문화열' 논쟁에 이어 1990년대에 들어 정치적 보수주의의 등장과 맞물리면서 신유학·국학 사조 및 동방문화관 등에 대한 관심이 확대되어간 중국사회의 모종의 경향은 개혁·개방의 성과에 대한 자신감에 바탕을 둔 대국주의의 부활과 헌팅턴 Samuel Huntington의 '문명의 충돌'로 촉발된 서구문명에 대한 대결의식 등이 맞물리면서 중국사회의 (문화적) 민족주의화를 가속하는 방향으로 작용하였음은 주지의 사실이다. 1949년 이래 국민당·장제스와의 밀접한 관계와 반공 입장으로 줄곧 비판의 대상

이 되어왔던 첸무에 대한 사회적·학술적 관심이 환기된 것은 1990년대의 이러한 경향과 호응한 결과이기도 하다(梁民愫·戴晴, 앞의 글, 64쪽).

92) 梁民愫·戴晴, 앞의 글, 65쪽.

93) 傅斯年,「歷史語言研究所工作之趣旨」, 傅斯年, 歐陽哲生 編,『大家國學-傅斯年』, 天津人民出版社, 2009, 49쪽. 한편 이 문제와 직접 연관은 없지만 기왕에 첸무를 다루면서 흥미롭게 느껴지는 부분이 '한국에서의 첸무 사학의 유통'이라는 문제인데, 필자가 개략적으로 살펴본 바에 따르면 1970년대 한국학계가 첸무 사학을 수용하고 활용했다는 흔적을 발견할 수 있었다. 예컨대 첸무는 1970년대에 한국을 두 차례 방문한 후「주학류연한국고朱學流衍韓國考」라는 글을 썼는데(『사우잡언』, 342쪽), 이 글은 1975년『퇴계학보』에 수록되어 있다(錢穆,「朱子學流衍韓國考」,『退溪學報』7-1, 1975). 특히 1974년부터 첸무의 글이 한국의 학술잡지에 집중적으로 수록되었는데, 몇 개만 예를 들어 보면 錢穆,「現代退溪學之再認識」,『退溪學報』10-1, 1976; 첸무, 정소문 옮김,「東西文化 比較」,『退溪學報』10-1, 1976;「기조강연: 현대에 있어서의 퇴계학의 재인식」,『퇴계학과 한국문화』(구:『한국의 철학』)(경북대학교 퇴계학연구소) 제4집, 1976;「중국 역사상의 교육」,『교육논집』(연세대학교 교육대학원) 4-1, 1971;「중국역사상의 교육적 전통」,『연세교육과학』7, 1975;「중국 역사상의 정치·교육적 전통: 첸무 교수 초청 학술 대강연회」, 연대교육대학원, 1974. 9. 2~9. 3 등이 그것이다. 이와 함께 첸무, 신승하 옮김,『中國歷代政治得失』, 박영사, 1974 등의 번역서도 출간되어 대만 유학 출신의 한국 연구자가 첸무 사학을 한국에 소개하는 일종의 매개 역할을 담당한 것으로 추측되기도 한다. 어쨌든 1970년대에 첸무가 집중적으로 소개되었다는 점 그리고 1945년 이후 대만 역사학 중에서도 (주류였다고 평가되는 푸스녠 사학이 아니라) 첸무 사학이 특히 각광을 받았다는 점이 이색적이라면 이색적이다. 이 문제가 얼마나 탐구할 만한 가치가 있는지 현재로서는 판단하기 쉽지 않지만, 좀 더 많은 자료와 정보가 축적되면 이 문제를 한 번 다루어보고 싶은 생각이 들기도 한다.

7장

1) 松浦玲,『橫井小楠』, 朝日新聞社, 1976; 三上一夫,『橫井小楠』, 吉川弘文館, 1999.

2) 源了圓 編,『横井小楠』, 藤原書店, 2009; 石直昭·金泰昌 編,『公共する人間 3 横井小楠』, 東京大學出版會, 2010.

3) 田中彰,『吉田松陰』, 中央公論社, 2001.

4) 日本史籍協會 編,『横井小楠關係史料 1』, 東京大學出版會, 1938.

5) 山口縣教育會 編纂,『吉田松陰全集』, 제9권, 大和書房, 1974.

6) 日本史籍協會 編,『横井小楠關係史料 1』, 東京大學出版會, 1938.

7) 丸山眞男,「近代日本思想史における國家理性の問題」,『展望』, 1949. 1.

8) 續日本史籍協會叢書 編,『横井小楠關係史料 2』, 東京大學出版會, 1938.

9) 須田努,「江戸時代 民衆の朝鮮·朝鮮人觀」,『思想』, 2010; 須田努,「近世人の朝鮮·朝鮮人觀」六反田豊他編,『日本と朝鮮比較』, 明石書店, 2011; 須田努,「通信使外交の虚實」趙景達編,『近代日朝關係史』, 有志舍, 2012.

10) 藤間生大,『近代東アジア世界の形成』, 春秋社, 1977.

11) 平石直昭·金泰昌 編,『横井小楠』, 東京大學出版會, 2010.

12) 趙景達,「近代日本における道義と國家」, 中村政則他 編,『歴史と眞實』, 筑摩書房, 1997.

13) 尾藤正英,『日本封建思想史研究』, 青木書店, 1961; 渡辺浩,『近世日本社會と宋學』, 東京大學出版會, 1985; 渡辺浩,『東アジアの王權と思想』, 東京大學出版會, 2007; 前田勉,『兵學と朱子學·蘭學·國學』, 平凡社選書, 2006.

14) 堤克彦,「横井小楠の『開國論』の基盤的諸要素」, 熊本近代史研究會 編,『近代における熊本·日本·アジア』, 熊本出版文化會館, 1991.

15) 山口縣教育會 編纂,『吉田松陰全集』제7권, 大和書房, 1972.

16) 山口縣教育會 編纂,『吉田松陰全集』제3권, 大和書房, 1972.

17) 山口縣教育會 編纂,『吉田松陰全集』제4권, 大和書房, 1972.

18) 須田努 編,『逸脱する百姓』, 東京堂出版, 2010.

19) 山口縣教育會 編纂,『吉田松陰全集』제4권, 大和書房, 1972.

20) 山口縣教育會 編纂,『吉田松陰全集』제4권, 大和書房, 1972.

21) 山口縣教育會 編纂,『吉田松陰全集』제3권, 大和書房, 1972.

22) 山口縣教育會 編纂,『吉田松陰全集』제4권, 大和書房, 1972.

23) 山口縣教育會 編纂,『吉田松陰全集』제4권, 大和書房, 1972.

24) 山口縣教育會 編纂,『吉田松陰全集』제8권, 大和書房, 1972.

25) 같은 책.

26) 須田努, 「征韓論への系譜」, 趙景達他 編, 『近代日本のなかの「韓國併合」』, 東京堂出版, 2010; 須田努, 「近世人の朝鮮・朝鮮人觀」, 外村大他 編, 『日本と朝鮮比較·交流史入門』, 明石書店, 2011.

27) 1856년 「村田巳三郎宛書簡」, 本史籍協會 編, 『横井小楠關係史料 1』, 東京大學出版會, 1938.

28) 山口縣教育會 編纂, 『武教全書講錄』, 『吉田松陰全集』 제4권, 大和書房, 1972.

29) 丸山眞男, 『日本の思想』, 岩波書店, 1961.

30) 竹内好, 「日本とアジア」, 『竹内好全集』 제8권, 1980.

8장

1) 丸山真男, 『日本政治思想史研究』, 東京大学出版会, 1952.

2) 丸山真男, 『忠誠と反逆』, 筑摩書房, 1992; 植手通有, 『日本近代思想の形成』, 岩波書店, 1974; 源了圓, 『徳川合理思想の系譜』, 中公叢書, 1972 등을 예로 들 수 있다.

3) 다만, 일반적으로 1897년 오니시 하지메大西祝가 메이로쿠샤로 대표되는 메이지 초기의 사상가들을 표현하는 말로 쓴 것이 그 시초라고 여겨지고 있다(「啓蒙時代の精神を論ず」, 『国民之友』 362호, 明治 30년 10월). 이때 오니시가 주로 염두에 둔 것은 '18세기 프랑스 계몽사조'의 대가인 볼테르이고, 이에 비견하는 인물로 후쿠자와를 꼽았다. '메이지 계몽사상가'들을 논할 때 대개 이와 같은 시점에서 후쿠자와를 기준으로 '계몽사상'으로서의 정도를 평가한다.

4) 麻生義輝, 『近世日本哲学史 幕末から明治維新の啓蒙思想』, 書肆心水, 2008 [初出 1942]; 大久保利謙, 『明六社考』, 立体社, 1976 등.

5) 尾藤正英, 『日本封建思想史研究』, 青木書店, 1961; 渡辺浩, 『近世日本社会と宋学』, 東京大学出版会, 1985.

6) 그러나 이는 어디까지나 주자학 '중심'의 교육으로, 양명학 등 다른 학파 학설은 물론 국학을 비롯해 난학蘭學과 같은 학문과 공존하는 양상을 띠었다.

7) 최근의 연구로는 菅原光, 『西周の政治思想—規律·功利·信』, ぺりかん社, 2009; 河野有

理, 『明六雑誌の政治思想―阪谷素と「道理」の挑戦』, 東京大学出版会, 2011 등을 꼽을 수 있다.

8) 실제로 『明六雑誌』에 '계몽'이라는 단어는 한 번도 등장하지 않는다.

9) 萩原隆, 『中村敬宇研究―明治啓蒙思想と理想主義』, 早稲田大学出版会, 1990; 小川澄江, 『中村正直の教育思想』, コスモヒルズ, 2003.

10) 이 글에서는 초간 목판본을 사용했다. 斯邁爾斯著·中村正直訳, 『西国立志編原名自助論』[全11冊13編], 木平謙一郎蔵版, 1870. 이하 『西国立志編』.

11) 후쿠자와의 사상이 유학의 논리를 비판하고 배제하는 형태를 취한 것과 실제로 그가 유학 논리를 배제하였는지는 전혀 별개 문제이다. 이와 관련한 연구로는, 미야지마 히로시, 「후꾸자와 유끼찌의 유교인식」, 『한국실학연구』 23호, 한국실학학회 편, 2012; 渡辺浩, 「儒教と福沢諭吉」, 『福沢諭吉年鑑』 39, 福沢諭吉協会, 2012. 12를 꼽을 수 있다.

12) 그러나 그들과 동시대를 살았던 사람들에게 나카무라와 후쿠자와는 당대 지식인의 쌍벽을 이루는 존재로 인식되었다. 두 사람은 '메이지의 삼서三書'라고 불리는 책들 중 각각 『서국입지편西国立志編』(1870~1871)과 『서양사정西洋事情』(1866~1870)의 저자이고, 또한 메이지 초기의 삼대 사숙으로 후쿠자와의 게이오의숙慶応義塾과 나란히 나카무라의 도진샤同人社가 꼽혔다. 당시 사람들은 나카무라에 대해서는 '에도가와(도진샤가 있던 자리의 지명) 성인聖人', 후쿠자와에 대해서는 '미타(게이오의숙이 있던 자리의 지명) 성인聖人'이라고 부르며 두 사람을 메이지의 2대 성인으로 여겼다고 한다.

13) 「留学奉願候存寄書付」, 慶応二年(1866), 『明治啓蒙思想集』, 筑摩書房, 1967, 279쪽.

14) "初謂島徼, 眇蔑越裳, 詎料規模, 宏濶盛昌, 虔奉真神, 振整紀綱, 徳善慫慂, 姦悪隄防, 鰥寡孤独, 盲唖顛狂, 救恤医療, 条例審詳, 厥民活溌, 峻偉雄剛, 忍耐黽勉, 鷙悍奮揚, 格物深賾, 抉摘秘蔵, 崇尚実験, 分析毫芒, 倍根碩匠, 尸祝瓣香, 牛董引力, 自暗発光, 豪傑挺起, 斬闢鴻荒, 名誇創造, 執甘襲常, 楼閣閎麗, 崔嵬嶙峋, 街市洞達, 貨財充填, 綺羅駢闃, 車馬殷轔, 若夫富強, 宇宙誰倫."(中村正直, 「自叙千字文」, 1883)

15) 西村茂樹, 「西語十二解文明開化の解」, 『明六雑誌』 第36号(大久保利謙監修, 『明六雑誌』(复刻版), 立体社, 1976).

16) 참고로 니시무라와 나카무라를 포함한 당시 일본의 많은 지식인이 참조했던 W. Lobscheid의 『영화사전英華辞典』에도 civilize의 번역어로 '교화教化', '교이예의教以禮儀', '화이예의化以禮儀' 등을 사용하였다.

17) 스마일즈의 원문은 다음과 같다. "Indeed all experience serves to prove that the worth and strength of a State depend far less upon the form of its institutions than upon the character of its men. For the nation is the only an aggregate of individual conditions, and civilization itself is but a question of the personal improvement of the men, women, and children of whom society is composed …… The solid foundations of liberty must rest upon individual character; which is also the only sure guarantee for social security and national progress." Samuel Smiles, *Self-Help with illustrations of Character, Conduct, and Perseverance* 1859, Oxford University Press, 2002, p. 11.

18) 『서국입지편』 제1편 제2절의 제목 "인민은 법도의 본本" 아래에는 "사농공상을 모두 가리켜 인민이라 부른다. 농민만이 아니다"라는 역자의 보충설명이 있다.

19) 해당 부분의 원문은 다음과 같다. "The strength, the industry, and the civilization of nations-all depend upon individual character; and the very foundations of civil security rest upon it. Laws and institutions are but its outgrowth.' Smiles, *op. cit.*, p. 315.

20) *Ibid.*, p. 18.

21) 『서국입지편』 제11책 제13편, 一丁ウ. 원문은 "Character is human nature in its best form. It is moral order embodied in the individual." *Ibid.*, p. 314.

22) 『서국입지편』 제11책 제13편, 六丁オ. 원문은 *Ibid.*, p. 317.

23) 주자학을 정학으로 삼은 쇼헤이코에서 20년 이상 수학했고, 전개하는 모든 논의와 실천이 기본적으로 주자학에서 가장 중시하는 『대학』의 삼강령팔조목에 의거한다는 점에서 나카무라의 유학사상을 굳이 분류하면 주자학에 가깝다. 그러나 그의 천 이해는 선진유가적 전통에 친화적이며 '천이 곧 리理다(天卽理)'라는 주자학적 천론과는 거리를 두기도 하고, 마음[心]의 수양을 논하며 양명학의 논의도 종종 동원한다. 나카무라 본인은 오로지 하나의 가르침만이 진리라는 식의 사고를 평생 배척했다. 그런 의미에서 그는 많은 선행연구가 지적해온 대로 '절충적'인 사상의 소유자였다.

24) "The entire business and conduct of life, with its domestic rules, its social arrangements, and its public institutions, proceed upon the practical conviction that the will is free." Smiles, *op. cit.*, p. 193.

25) 『서국입지편』 제6책 제8편, 六丁オ~ウ.

26) 「人民ノ性質ヲ改造スル説 明治八年二月十六日演説」, 『明六雑誌』 제30호, 메이지 8년

(1875) 2월, 七丁オ~ウ.

27) 同上, 八丁オ.

28) "湯以人之洗濯其心以去惡, 如沐浴其身以去垢. 故銘其盤, 言誠能一日有以滌其旧染之汚
而自新, 則当因其已新者, 而日日新之, 又日新之, 不可略有間断也", 『大学章句』(『四書章
句集註』中華書局, 1983, 5쪽).

29) "余訳此書, 客有過而問者, 曰子何不訳兵書. 余曰, 子謂兵強則国頼以治安乎. 且謂西国
之強由于兵乎. 是大不然. 夫西国之強, 由于人民篤信天道, 由于人民有自主之権, 由于政
寛法公. 拿破崙論戦曰, 徳行之力, 十倍于身体之力. 斯邁爾斯曰, 国之強弱, 関于人民之
品行. 又曰, 真実良善, 為品行之本. 蓋国者人衆相合之称. 故人々品行正則風俗美, 風俗
美則一国協和, 合成一体, 強何足言."(「自助論第一篇序」, 『西国立志編』 제1책 제1편, 伍
丁オ)

30) 막부 말기의 정치적 담론의 한 축을 담당한 후기수호학의 핵심 개념인 국체는 천황을
중심으로 한 정치체, 혹은 태양신 천조신을 지칭하는 말이다. 그러나 당시 나카무라는
이러한 자국 중심주의에 대해 대단히 비판적이었다(「審国体」[安政 연간(1853~1858)
의 문서로 추정], 『敬宇文集』 권3, 吉川弘文館, 一丁オ-二丁ウ).

31) 막말기 나카무라의 사상이 창평횡의 '학자' 논의를 중심으로 전개되었다는 연구로, 李
セボン, 「中村敬宇における「学者」の本分論―幕末の昌平黌をめぐって―」, 『日本思想史
学』 제45호, 2013이 있다.

32) 이 문제에 대한 본격적인 연구 논문으로는 와타나베 히로시, 「'교'와 음모: 국체의 한
기원」, 『한국·일본·'서양'』, 아연출판부, 2008이 있다.

33) 메이로쿠샤 지식인들의 기독교 이해를 국문으로 간략하게 정리한 것으로는 김용덕,
「메이지 초기 일본 지식인의 기독교 이해-명육사를 중심으로-」, 『일본비평』 9호, 서울
대학교 일본연구소편, 2013년 8월이 있다.

34) 한문 제목은 「擬泰西人上書」(「新聞雑誌伍十六号附録」 明治 伍年八月 『東京曙新聞
(复刻版)』 伍三巻, 柏書房, 2008), 영문은 Memorial Addressed to the Tenno, *The Japan
Weekly Mail*, Vol. III, No. 20, May 18, 1872.

35) "西国治化之美, 文芸之善, 機器之巧, 貴国之所艶慕者, 皆支流也. 西国之教法, 貴国之嫌
悪者, 其本源也. 今貴国喜其末流, 而悪其本源, 可謂惑矣 (중략) 善樹結善果, 悪樹結悪
果. 今日之開化日新者, 果也. 教法者, 樹也. 陛下若以西国之果為善耶, 則請無疑于其樹

之善也 (중략) 陛下如果欲立西敎, 則宜先自受洗礼, 自為敎会之主而億兆唱率焉."(「新聞雑誌伍十六号附録」)

36) 「論」, 『서국입지편』 제1책 제1편, 一丁ウ~二丁ウ.

37) 『서국입지편』에서도 예를 들어 conscience는 '천량시비天良是非의 심心'이라고 번역한다.

38) John Stuart Mill, *On Liberty and Other Essays*, Oxford, Oxford University Press, 2008, Ch. 2, p. 56.

39) 「弥氏長政治学, 不邉於上帝道学, 如此一段, 余所不服也」(弥爾著・中村敬太郎 訳, 『自由之理』 제2권, 伍十二丁).

40) '종교'라는 말 자체가 religion의 번역어로 메이지 10년(1877) 전후한 시기에 정착한 어휘이고, religion이란 프로테스탄티즘의 신앙형태를 가리키는 개념으로 형성되었다는 사실이 최근 연구에서 밝혀졌음을 생각할 때, 메이지 초기 그의 기독교 이해 문제를 종교학적 차원에서 접근하는 기존의 접근 방법에는 문제가 있다고 볼 수 있다. 근대 일본에서 religion의 번역어로 '종교'에 관해서는 山口輝臣, 『明治国家と宗教』, 東京大学出版会, 1999; 磯前順一, 『近代日本の宗教言説とその系譜―宗教・国家・神道』, 岩波書店, 2003 등을 참조하라.

41) 이와 같은 그의 천에 대한 고찰은 영국에서 돌아온 뒤 약 1, 2년 사이에 집중적으로 이루어진 것으로 보인다. 특히 이 시기에 미국인 선교사와 가까이 지내면서 기독교 학습을 집중적으로 행한 것으로 보이며, 그 결과물로 「경천애인설敬天愛人説」(1868)과 『청질소문請質所聞』(1869)과 같은 글을 남겼다.

42) "一 広ク会議ヲ興シ万機公論ニ決スベシ, 一 上下心ヲ一ニシテ盛ニ経綸ヲ行フヘシ, 一 官武一途庶民ニ至ル迄各其志ヲ遂ケ人心ヲシテ倦マサラシメン事ヲ要ス, 一 旧来ノ陋習ヲ破リ天地ノ公道ニ基クヘシ, 一 智識ヲ世界ニ求メ大ニ皇基ヲ振起スヘシ."

43) 津田真道, 「開化ヲ進ル方法ヲ論ズ」 明治 7년, 『明六雑誌』 제3호.

44) 西周, 「敎門論 一」 明治七年四月 『明六雑誌』 제4호~「敎門論 六」 明治七年六月 『明六雑誌』 제12호까지 연재.

45) 中村正直, 「善良ナル母ヲ造ル説」 明治八年三月十六日演説, 『明六雑誌』 제33호. 만년에 『여학잡지女学雑誌』와 인터뷰하면서 나카무라는 다음과 같은 발언을 했다. "다음으로 법교에 대해 내(기자)가 물으니, (나카무라) 선생님께서 말씀하시길, 교법에는 불교도 있고 유교도 있지만, 그중에서 기독교가 가장 폐해가 없다고 생각한다. 또한 기독교는

사람의 마음을 안락하게 하므로 기독교를 믿는 부인이 한 집안의 주부가 된다면, 자연히 그 집안도 안락하게 될 것이다. 그러므로 여자의 덕육德育에는 기독교가 마땅할 것이라고 하셨다."(生野ふみ, 「敬宇中村先生を訪ふ」明治二十三年九月二十七日, 『女学雑誌』 제232호)

9장

1) 김진균, 「한학과 한국 한문학의 사이, 근대 한문학」, 『국제어문』 51, 국제어문학회, 2011.

2) 임상석, 「일제강점기 조선총독부의 朝鮮語及漢文 교과서 연구 시론」, 『한문학보』 22, 우리한문학회, 2010.

3) 1919년 원영의元泳義가 편찬한 『근고문선近古文選』은 '조선명가문', '청조명가문', '일본명가문', '명조명가문'으로 구성된 이색적 책자인데, 이 책에서 한·중·일을 모두 포함하는 동아시아 한문 선집을 편찬한 것은 조선 지식인 스스로 동아시아적 한문 의식을 발현한 것이라 주목된다.

4) 박영미, 「애국계몽기에 간행된 『漢文學敎科書』에 관한 고찰」, 『한문학논집』 24, 근역한문학회, 2006.

5) 남궁원, 「개화기 교재 『한문학교과서』의 작품 수록 양상」, 『한국사상과문화』 36, 한국사상문화학회, 2007.

6) 『大東文粹』, 「大東文粹序」(張志淵).

7) 남궁원, 「근대 초기 한문과 교재 서문에 나타난 집필 동기 및 경위 고찰」, 『한문고전연구』 11, 한국한문고전학회, 2005. 이 글은 이승교李承橋의 『신정천자문新訂千字文』, 게일James Scarth Gale의 『유몽천자牖蒙千字』, 원영의 『몽학한문초계蒙學漢文初階』, 최재학崔在學의 『문장지남文章指南』, 『실지응용작문법實地應用作文法』, 장지연張志淵의 『대동문수大東文粹』, 정교鄭喬의 『동언고략東言攷略』 등의 한문과 교재 서문을 분석하여 대한제국기 한문 및 한문 교육에 대한 인식을 검토한 것이다.

8) 남궁원, 「한일합병 전후 교과서 검정을 통한 한문과 교과서 개발 억제 실태 연구」, 『한자한문교육』 17, 한국한자한문교육학회, 2006. 『고등한문독본高等漢文讀本』, 『고문약선古文略選』, 『대동문수』, 『덕혜입문德惠入門』, 『몽학한문초계』, 『문장지남』, 『보통교과

한문독본普通教科漢文讀本』,『보통교육한문신독본普通教育漢文新讀本』,『부유독습婦幼獨習』,『소학한문독본小學漢文讀本』,『속성한자독본速成漢字讀本』,『신정천자문新訂千字文』,『유몽천자牖蒙千字』,『유학자취幼學字聚』,『자전석요字典釋要』,『진명휘론進明彙論』,『초등작문법初等作文法』,『초학계제初學階梯』,『최신국문교과서最新國文教科書』,『한문초학漢文初學』,『한문학교과서』,『회도몽학과본繪圖蒙學課本』,『회도몽학첩경繪圖蒙學捷徑』 등 다수 도서가 일제의 탄압을 받은 것으로 밝혀졌다.

9) 임상석, 앞의 논문. 특히 고등보통학교 교재로 이용된『고등조선어급한문독본高等朝鮮語及漢文讀本』(1913)을 보면 실업 진흥을 위한 총독부의 행정문서와 실업과 관계있는 조선 선유의 작품을 섞어서 교육하는 저급한 한문 교육의 실상이 잘 나타나 있는 것으로 밝혀져 있다.

10) 남궁원,『한국 개화기 한문과 교육의 전개과정과 교과서 연구』, 성신여자대학교 대학원 박사학위논문, 2006, 303쪽.

11) 이 책 본문에는 작품의 출전이 명시되어 있지 않아 일일이 원전을 확인하여 출전을 기록하였다. 이 책에 수록된 작품의 이름이 원전의 작품 이름과 다를 경우 표에 원전의 작품 이름까지 기록하였다. 유신환의 「명실해名實解」와 증국번의 「일과日課」 및 「기기홍수유기紀鴻手諭」는 각각『봉서집鳳棲集』과『증국번전집曾國藩全集』에서 확인되지 않는다. 「명실해」는 박은식의『고등한문독본』뿐만 아니라 여규형의『한문학교과서』와 원영의의『근고문선』에도 선입된 작품이기 때문에 아마도『봉서집』에서 누락된 유신환의 작품이었을 것으로 보인다. 박은식이 소개한 중국번의 「일과」는『고등한문독본』에 보이는 4조의 「일과」와『서북학회월보西北學會月報』에 보이는 10조의 「일과」가 있는데,『증국번전집』에 수록된 것은 후자다.

12) 노관범,「대한제국기 朴殷植 自强論의 재검토」,『백암학보』창간호, 백암학회, 2006.

13) 『황성신문』1909년 3월 19일, 논설「酒後妄言」.

14) 『서북학회월보』1-11, 논설「讀華盛頓座右銘」, 1909. 4;『서북학회월보』1-12, 잡조「芙蘭具麟의 座右銘」, 1909. 5;『서북학회월보』1-13, 교육부「讀曾文正國藩氏日課」, 1909. 6;『서북학회월보』1-14, 잡조「栗谷先生自警文」, 1909. 7.

15) 『한국통사』제3편 제60장「日人束縛各教會」.

16) 『황성신문』1909년 12월 28일,「再與日本哲學士陽明學會主幹東敬治書」.

17) 『황성신문』1909년 4월 11일, 논설「先哲紀念」.

18) 『황성신문』 1909년 3월 28일, 논설 「栗谷先生復活期」; 『刪修擊蒙要訣』에 관해서는 다음 연구가 참조된다. 임상석, 「『산수격몽요결』 연구: 서구 격언과 일본 근대 행동 규범의 번역을 통해 굴절된 한국 고전」, 『코기토』 69, 부산대학교 인문학연구소, 2011.

19) 『서북학회월보』 1-13, 敎育部 「讀曾文正國藩氏日課」, 1909. 6.

20) 『황성신문』 1909년 4월 25일, 논설 「存乎其人」.

21) 『황성신문』 1909년 4월 25일, 논설 「學論의 變遷」.

22) 노관범, 「1875~1904년 朴殷植의 朱子學 이해와 敎育自强論」, 『韓國史論』 43, 서울대학교 국사학과, 2000.

23) 『燕巖集』 「讀燕巖集」(박은식).

24) 『고등한문독본』에는 수록된 작품의 작자의 간단한 인적 사항을 두주頭註로 제시하였다. 김창협의 경우 자, 호, 시호와 더불어 세칭농암선생世稱農岩先生이라는 어구까지 보인다. 그런데 이 책에서 '세칭○○선생'이라는 어구가 포함되어 소개된 작자는 주희, 왕수인, 이황, 이이, 김창협 다섯 명이 전부이다. 박은식이 김창협을 얼마나 존숭했는지 확연히 드러나는 대목이다.

25) 정민, 『조선후기 고문론 연구』, 아세아문화사, 1989.

26) 조병한, 「18세기 江淮文壇의 文化觀과 정치적 입장」, 『부산사학』 19, 부산사학회, 1990; 이원석, 「淸末民初 朱子學의 전개」, 『호서사학』 47, 호서사학회, 2007; 백광준, 「桐城派에서 湘鄕派로」, 『중국문학』 61, 한국중국어문학회, 2009.

27) 최은주, 「조선후기 시문선집에 나타난 명대 문학의 수용 양상」, 『동방한문학』 24, 2003년, 동방한문학회, 2003.

28) 『燕巖集』 「讀燕巖集」(박은식).

29) 조선 후기 정조는 왕양명에 대해 비록 학술은 다르지만 문장은 명대 제일인자라고 극찬하였다. 『弘齋全書』 권161, 「日得錄」〈文學〉(정옥자, 『정조의 수상록 일득록 연구』, 일지사, 2000, 170쪽에서 재인용).

30) 『艮齋文集前編』 권1, 「與梧堂李丈」; 『艮齋文集後編』 권7, 「與魚允甲-己未」.

31) 『石菱集』 권2, 「四品集選序」.

32) 『서북학회월보』 1-11, 논설 「漢文 敎課의 必要는 東萊博議」, 1910. 1.

33) 『고등한문독본』 제26과 「衛懿公好鶴論」.

34) 『고등한문독본』 제27과 「上續」, 52쪽.

35) 『한국통사』 제2편 제34장 「我國改革之新政」.

36) 『기호흥학회월보』 7, 논설 「學無新舊로 勸告不學諸公」, 1909. 2.

37) 『고등한문독본』 제25과 「管仲言宴安論」.

38) 『고등한문독본』 제25과 「管仲言宴安論」, 49쪽.

39) 『한국통사』 제3편 제42장 「日人之監制韓皇」.

40) 『한국통사』 제3편 제42장 「日人之監制韓皇」.

41) 임상석, 앞의 논문.

42) 『고등한문독본』 제22과 「上續」.

43) 『고등한문독본』 제34과, 제35과 「箕子廟碑文」.

44) 『고등한문독본』 제29과, 제30과 「首陽辨」.

45) 『황성신문』 1910년 6월 28일~7월 6일 논설 「文勝의 弊害를 痛論홈」.

46) 『고등한문독본』 제28과 「讀陳同甫孔明論」.

47) 『고등한문독본』 제16과, 제17과 「咸陽郡學士樓記」.

48) 『고등한문독본』 제8과, 제9과 「鄭圃隱先生詩集序」.

49) 『고등한문독본』 제8과, 제9과 「鄭圃隱先生詩集序」.

50) 『대동문수』 「圃隱先生集重刊序」.

51) 『고등한문독본』 제41과, 제42과 「溫達傳」.

52) 『고등한문독본』 제47과 「題千峰詩藁後」.

53) 『고등한문독본』 제44과 「原才」.

54) 『고등한문독본』 제20과 「日本居士重俊字說」.

55) 『황성신문』 1909년 7월 15일, 논설 「宇內大勢와 韓國」.

56) 『황성신문』 1909년 7월 27일, 논설 「我韓學生에게 淸國의 夏期旅行을 勸홈」.

57) 『고등한문독본』 제15과 「陶庵記」.

58) 『고등한문독본』 제23과 「守耕說」.

59) 『고등한문독본』 제52과 「名實解」.

60) 『고등한문독본』 제31과 「玉堂陳戒箚」.

61) 『고등한문독본』 제33과 「玉堂陳戒箚」.

62) 『고등한문독본』 제1과 「與磊雙江書」.

63) 『고등한문독본』 제2과 「與磊雙江書」.

64) 『고등한문독본』 제3과 「與聶雙江書」.

65) 직접적으로 양지를 언급한 것은 아니지만 왕신중王愼中이 말하는 인仁도 왕수인이 말하는 천지만물일체의 인仁과 취지는 동일하다. 왕신중은 인을 다음과 같이 설명한다. 인仁이란 인으로, 순연한 천지의 마음으로 이목수족의 모든 신체 행위에 생리가 발현되는 것이다. 이때 일인의 몸은 곧 천만인의 몸이 된다. 만약 신체에 집착해 몸을 가진다면 남과 상대하는 자기를 두게 되어 생리가 유행하지 않을 것이다. 그래서 인仁을 몸이라 하지 않고 인人이라고 하는 것이며, 이 몸을 공으로 해야 비로소 인人이라 이름할 수 있다(『고등한문독본』 제49과 「示王生國振」).

66) 『고등한문독본』 제14과 「容春堂記」.

67) 『고등한문독본』 제6과 「與鳴仁遠書」.

68) 『고등한문독본』 제4과, 제5과 「答李仲久書」.

69) 『고등한문독본』 제53과 「日課四條」.

70) 『고등한문독본』 제45과, 제46과 「伍箴」.

71) 『고등한문독본』 제51과 「忠勤」.

72) 『황성신문』 1909년 5월 16일, 논설 「社會의 藥房」.

73) 『고등한문독본』 제50과 「勉强」.

74) 『대한자강회월보』 1, 논설 「大韓精神」, 1906. 7.

75) 『소년』 2-8, 「靑年學友會設立委員會議定件(摘要)」, 1909. 9.

76) 그 밖에 『고등한문독본』에 수록된 증국번의 작품에는 고조 이래 아침 일찍 일어나는 가풍을 유지하라는 것, 사치하지 말고 나태하지 말고 근고검약勤苦儉約에 힘쓰라는 것과 같은 세세한 생활습관과 원론적인 생활규범을 언급한 글도 있다(『고등한문독본』 제7과 「寄紀鴻手諭」).

77) 『고등한문독본』 제11과, 제12과 「大同志學會序」; 『고등한문독본』 제18과, 제19과 「立志說」.

78) 『고등한문독본』 제13과 「存齋記」.

79) 『고등한문독본』 제11과 「大同志學會序」.

80) 『고등한문독본』 제18과 「立志說」.

81) 『서북학회월보』 1-11, 雜俎 「自主獨行은偉人의本色」, 1909. 4.

82) 『대한자강회월보』 13, 論說 「自助說」, 1907. 7.

83) 박은식, 敎育部, 「勞動同胞의夜學」, 『서북학회월보』15, 1908. 2; 大垣丈夫, 劉文相 옮김, 『靑年立志編』「靑年立志編序」(박은식), 1908. 5.

84) 『소년』1-1, 「少年時言」, 1908. 11.

85) 『고등한문독본』 제48과 「夫子文章贊」.

86) 『고등한문독본』 제36과 「祭退溪李先生文」; 『고등한문독본』 제37과~제40과 「祭栗谷李先生文」.

87) 한편 수양론적 관점과는 별도로 유학사적 시각에서 볼 때 『고등한문독본』에 이이가 지은 공자의 찬문, 이이가 지은 이황의 제문, 송익필이 지은 이이의 제문이 선별된 것은, 앞에서 망국기의 위인과 관련하여 소개한 변계량이 지은 기자의 비문까지 고려해서 동아시아 유교 전통의 존경할 만한 사표를 '공자-기자-이황-이이'로 간주하였음을 의미한다. 또한 이이의 이황과 송익필의 이이를 전달하고자 한 것은 조선 후기 퇴계학파에 의해 채색된 퇴계상과 율곡학파에 의해 채색된 율곡상을 탈피하기 위한 것으로 보이며, 이이의 공자를 전달하고자 한 것은 한국의 중심적 유학자로 이이를 중시했던 본래의 관점에다 조선 성리학의 공자상을 부각하고자 했던 의도가 결합되어 나타난 결과로 보인다.

10장

1) 『皇城新聞』의 『신단공안』은 2007년에 단행본으로 출간되었다. 한기형·정환국 역주, 『역주 신단공안』, 창비, 2007 참조. 이 글에서도 한기형, 정환국의 역주본을 참조하였다.

2) Franco Moretti, "The Slaughterhouse of Literature", *Modern Language Quarterly* 61: 1(March, 2000): 207~227, p. 207.

3) David Der-wei Wang, *Fin-de-Siècle Splendor: Repressed Modernities of Late Qing Fiction*, 1849-1911, Stanford: Stanford University Press, 1997, p. 21.

4) *Ibid.*, p. 20.

5) Patrick Hanan, *Chinese Fiction of the Nineteenth and Early Twentieth Centuries*, New York: Columbia University Press, 2004, p. 9.

6) 1873년 『영환소기瀛寰瑣記』에 실린 번역 소설은 「흔석한담昕夕閑談」으로, 영국 작가

리튼Edward Bulwer Lytton(1803~1873)의 *Night and Morning*이란 소설을 번역한 것이다. 원작은 범죄자이자 주인공인 고트리William Gawtrey에 초점을 맞추면서 영국 사법제도의 불합리함을 고발하는 내용으로 이루어져 있다. 「흔석한담」의 '역자譯者'는 원작 내용을 상당 부분 수정, 삭제하면서 전통적인 서사구조와 문화적 맥락에 들어맞도록 개작했다. 좀 더 자세한 사항은 Hanan, 앞의 책, pp. 85~109 참조.

7) 김월회는 전통적 사인층士人層이 근대 신문·잡지의 새로운 글쓰기 양상에 결정적 영향을 미쳤다고 지적한다. 김월회, 「新体散文이 매체와 만나는 두 양상」, 『대동문화연구』 45, 대동문화연구원, 2004 참조.

8) 聴泉子曰 暗室欺人에 神目이 如電호느니 孰謂惡之可為오 甚哉라 為惡之禍여 始禍他人호고 旋及自己호느니 嗚呼라 可不戒哉아.

9) 우리나라 근대계몽기 신문으로는 『한성신보漢城新報』, 『황성신문』, 『대한매일신보大韓每日申報』, 『만세보萬歲報』, 『제국신문帝國新聞』, 『독립신문』 등 여러 신문이 발간되었는데, 이 신문들이 사용한 문체는 순한문체, 한문현토체, 국한문체, 부속국문체(한자로 된 본문에 소형 활자를 사용해 한글을 함께 적는 표기법), 순국문체 등 매우 다양했고 전혀 통일되어 있지 않았다. 심지어 한 신문도 때에 따라 여러 종류의 문체를 사용했다. 예를 들면, 『신단공안』이 실린 『황성신문』은 주로 국한문체를 사용했지만, 소설란에는 한문현토체를 사용한 『신단공안』 외에도 순국문체를 사용한 다른 소설들을 싣기도 했다. 이러한 문체의 실험적 사용은 당시 문자사용 계층이 완전히 분리되어 있던 현실과 연관성이 있으며, 신문은 어떤 계층을 겨냥하느냐에 따라 다른 문체를 사용할 수밖에 없었다. 이에 관해서는 김영민, 「근대계몽기 신문의 문체와 한글 소설의 정착 과정」, 『한국 근대 서사양식의 발생 및 전개와 매체의 역할』, 소명출판, 2005, 65~104쪽 참조.

10) 판례사와 공안의 장르적 차이는 기껏해야 얼마나 통속적이냐 하는 정도 차이에 불과하다고 볼 수도 있다. 왜냐하면 양자 모두 범죄라는 제재를 기존의 사법체계와 법질서 안에서 해결하려는 보수적 가치관을 견지할 뿐 아니라, 후자는 전자를 적극적으로 모방하고 패러디하는 경향을 보이기 때문이다. 역사성과 윤리성, 전문성에 무게 중심을 둔 전자에 비해, 후자는 재미와 함께 간단한 법률 지식을 얻고자 하는 대중적 독자층의 요구를 적극적으로 수용하여 서사성과 실용성을 갖추려고 노력했다고 할 수 있다. 판례사에는 『당음비사』 외에도 16세기 중반에 수정과 증보를 거쳐 출간된 『절옥귀감折獄龜

鑑』과『의옥집疑獄集』등이 있다.

11) 한국의 전통적인 범죄소설 장르를 가리키는 용어로는 '송사소설訟事小說'이라는 용어
가 사용되었다. 그러나 한국 송사소설에 미친 중국 공안소설의 직접적 영향은『신단공
안』이전에는 찾아보기 어렵다. 한국 송사소설은 중국 공안소설과는 완전히 다른 맥락
에서 창작되고 읽혔으며, 저작과 유통, 독서의 맥락에서 바라본다면 송사소설은 오히려
중국의 판례사 장르에 가깝다고 할 수 있다. 한국 송사소설에 관해서는 이헌홍,『한국
송사소설연구』, 삼지원, 1997 참조.

12) ①, ②, ③ 모두 강조 표시는 필자가 했다.

13) 정환국,「애국계몽기 한문현토소설의 존재방식」, 고전문학연구 24, 2003, 196쪽.

14) 원작인『용도공안』에서는 이 대목을 '일청추도참사一淸抽刀斬死'라고만 간단히 서술
했다. 따라서 이 장면은『신단공안』의 작가가 새로이 집어넣은 대목이다.

15) 원작인『용도공안』에서는 옥희, 즉, 혜낭의 자살을 그저 '액사縊死'라고만 표현했으며,
어머니가 옥희의 시신을 자르는 대목은 '장도래작將刀來斫, 종시심산終是心酸, 수연담
한手軟胆寒, 할부득단割不得斷, 연작기도連斫幾刀, 방능할하方能割下'라고 묘사했다.
『신단공안』에서는 어머니가 딸의 주검 앞에서 애통해하고 갈등하는 심리묘사에 중점
을 두었다.

16) 이와 관련하여 정환국,「19세기 문학의 '불편함'에 대하여-그로테스크한 경향과 관련
하여」,『한국문학연구』35, 동국대학교 한국문학연구소, 2009 참조.

17) 한기형·정환국,『역주 신단공안』,「해제」, 17.

18) 현채와 현공염의 서적간행 활동과 서적 목록은 김봉희,『한국 개화기 서적문화 연구』,
이화여자대학교출판부, 1999, 122, 133~245쪽 참조.

19) 김일근,『언간의 연구』, 건국대학교출판부, 1986, 184쪽.

20) 민관동,『중국고전소설사료총고』, 아세아문화사, 2000, 278쪽 참조.『신평용도신단공
안』은 현재 계명대학교에 소장되어 있다.

21) 같은 책, 290~293쪽, 295~296쪽 참조.

22) 박재연,「조선시대 공안협의소설 번역본의 연구」,『중어중문학』25, 1999, 39~70쪽 참
조.

23) 未死的应該救, 已死的不应該昭雪嗎? 你想, 這種奇案豈是尋常差人能辦的事? 不得已才
請教你這個福爾摩斯呢.

24) Umberto Eco and Thomas A. Sebeok eds., *The Sign of Three*, Bloomington and Indianapolis: Indiana University Press, 1983 참조. 특히, 긴즈부르그의 논문 "Morelli, Freud, and Sherlock Holmes: Clues and Scientific Method" 참조.

25) Moretti, 앞의 글.

26) 1896년 8월부터 9월까지 3회에 걸쳐 『시무보』에 "The Naval Treaty"라는 셜록 홈스 이야기가 번역되어 실렸으며, 그 후 "The Crooked Man"(1896. 10~11), "A Case of Identity"(1897. 3~4), "The Final Problem"(1897. 4~5)이라는 셜록 홈스 이야기 세 편이 『시무보』에 연재되었다. 이 이야기들은 1899년 『신역포탐안新譯包探案』이라는 제목의 단행본으로 출간되었다.

27) 로맨스는 주로 하급계층의 오락적 읽을거리였던 반면, 탐정소설은 주로 지식인 계층이나 중산층이 즐겨 읽었던 도피성 문학이었다. Julian Symons, *Bloody Murder*, New York: Viking, 1985, pp. 17~21과 Dennis Porter, *The Pursuit of Crime: Art and Ideology in Detective Fiction*, New Haven & London: Yale University Press, 1981, pp. 223~244 참조.

28) Eva Hung, "Giving Texts a Context: Chinese Translations of Classical English Detective Stories 1896-1916", David Pollard ed., *Translation and Creation: Readings of Western Literature in Early Modern China*, 1840-1918, Amsterdam & Philadelphia: John Benjamin's Publishing Company, 1994, pp. 155~157 참조.

29) *Ibid.*, p. 157.

30) '포탐안包探案,'에서 '포탐包探'은 '정탐偵探'과 마찬가지로 'detective'의 번역어이다. 또는 조계 지역의 순포방巡捕房에서 지금의 말단 경찰에 해당하는 순포들을 지휘, 총괄하는 임무를 맡은 직위를 가리켜 '포탐包探'이라고 했다. '안案'이라는 것은 사건, 즉 'case'를 가리킨다.

31) 좀 더 자세한 분석으로는 Hung, 앞의 책, pp. 160~167 참조.

32) 阿英, 『晚清小説史』, 北京: 東方出版社, 1996(1975 재판), 1~8쪽.

33) 이와 같은 경향은 전통적 오락물의 성격을 띤 소설들이 대거 수용되었던 일본의 초창기 소신문小新聞에서도 찾아볼 수 있다. 양문규, 「1900년대 신문·잡지 미디어와 근대소설의 탄생」, 『한국 근대 서사양식의 발생 및 전개와 매체의 역할』, 18.

34) 方正耀, 『晚清小説研究』, 上海: 華東師範大学出版社, 1991, 221~269쪽.

35) 劉鶚, 『老残遊記』, 제28회.

36) 최원식, 『한국근대소설사론』, 창작과비평사, 1986, 140~143쪽.

37) 안회남, 「탐정소설론」, 『조선일보』, 1937. 3. 13. 조성면, 『대중문학과 정전에 대한 반역』, 소명출판, 2002, 26쪽 재인용.

38) 김내성에 관해서는 조성면, 위의 책, 29~43쪽 참조.

39) 같은 책, 27쪽.

11장

1) 「十九世紀前半日本における「議論政治」の形成とその意味-東アジア政治史の視点から-」, 明治維新史學會 編, 『講座明治維新 Ⅰ: 世界のなかの明治維新』, 有志舍, 2010; 「幕末政治変革と'儒教的政治文化'」, 『明治維新史研究』 8, 明治維新史學會, 2012; 「메이지 유신과 '士大夫的 정치문화'의 도전: '近世' 동아시아 정치사의 모색」, 『역사학보』 218, 2013(日本語譯, 「東アジア政治史における幕末維新政治史と'士大夫的政治文化'の挑戰-サムライの'士化'」, 清水光明 編, 『『近世化論と日本-'東アジア'の捉え方をめぐって』, 勉誠出版, 2015); 『메이지유신은 어떻게 가능했는가』, 민음사, 2014; 「武士の政治化と'学党': 一九世紀前半日本における'士大夫的政治文化'の台頭」, 『公論と交際の東アジア近代』, 東京大学出版会, 2016.

2) 「19세기 전반 熊本藩에서의 '學的 네트워크'와 '學黨'의 형성」, 『東洋史學研究』 126, 2014(이하 본문 서술 중에는 '구마모토 논문'으로 약칭).

3) 18세기 말부터 19세기 전반에 걸쳐 도쿠가와사회에는 급속하게 학교[藩校, 鄕校], 사숙私塾, 학습회 등이 증가한다. 이로써 일반 사무라이들에게까지 교육기회는 증대했으며, 대부분 사무라이에게 '문文'의 중요성은 점점 커졌다. 사무라이들은 본래 군사조직인 번番-조組에 소속되어 있었으나, 학교 등에 다니게 되면서 사제, 동문 등의 관계가 형성되기 시작했다. 그 인적 관계는 번교, 향교, 사숙, 학습회 등 다양한 학습·교육기관에 중첩적으로 형성되는 경우가 많았다. 필자는 이를 포괄적으로 '학적學的 네트워크'라고 칭한다. 다음으로 '학당'의 개념은 아래와 같다. 사무라이사회에 '학적 네트워크'가 널리 형성되어가면서, 그 사이에서 정치토의를 하지 말라는 번명藩命을 어기고 특정선생 또는 리더를 중심으로 정치적 결사의 성격을 띠어가는 학적 그룹이 생겨나는데 이

를 '학당'이라고 칭하기로 한다. 번교 내에 이런 그룹이 생겼다면 이도 '학당'이라고 부를 수 있겠으나 실제로 나타난 주요 '학당'들은 대부분 번교 바깥에서 탄생했다. 그리고 이들은 주로 번교의 교육, 학문 방침에 비판적이어서 번교와 대립하는 경우가 많았다. '학당'은 주로 소규모 학습회로 시작해서 여러 학습회를 만들어가거나, 기존의 학습회를 포섭 또는 연계해가면서 형성되어나간다. 이들은 특정한 학문적 리더 혹은 특정 학설과 경전을 신봉하며, 다른 학설에 대해서는 배타적 태도를 보이는 경향도 있다. 물론 이 '학당'은 조선이나 중국에서 보이는 붕당, 학파와는 많은 면에서 성격을 달리한다. '학당'에서는 여러 대에 걸친 사승師承관계나 정연한 이론에 기반을 둔 정강, 정책을 찾아보기 어렵다. 또한 '학당'을 중심으로 전국적인 정치세력이 형성되지도 않았다. 단지 '학學'이나 '당黨'과는 거리가 멀었던 일반 사무라이들이 '학'을 매개로 '도당'을 결성하여 정치화되기 시작했다는 의미 정도로 이 용어를 사용하기로 한다. 더 자세히는 박훈, 「19세기 전반 熊本藩에서의 '學的 네트워크'와 '學黨'의 형성」, 191~192쪽 참조.

4) 이와 관련하여 주자학을 정치사회적 관점에서 새롭게 해석하고자 하는 민병희의 연구가 주목된다. 그는 주자학을 정치에 참여하고자 하는 지방학인·사인들을 위한 이데올로기로 파악하고, 사대부들이 일정한 커리큘럼과 학습프로그램을 통해 학을 실천하는 과정이 위정爲政의 출발이자 프로세스의 일부였다고 한다. 그리고 이들에 의한 '학인 네트워크', '사대부 네트워크'가 송대 이후 중국사회에서 지니는 의미를 중시했다. 필자의 문제의식과 관련해서도 시사하는 바가 크다(민병희, 「주희의 사회·정치적 구상으로서의 "學"-"功利之學", "空虛之學"과의 대조를 중심으로」, 『동양사학연구』 104, 2008; 「주희의 "대학"과 사대부의 사회·정치적 권력: 제도에서 심의 "학"으로」, 『중국사연구』 55, 2008; 「성리학과 동아시아 사회-그 새로운 설명 틀을 찾아서」, 『사림』 32, 2009). 이 시기 일본도 크게 봐서 학습과정을 통해 사무라이사회에 변화가 발생했다는 점에서 흥미로운 비교대상이다. 그러나 그것은 후술하는 대로, 중국에서처럼 엄정하고 고매한 과정이라기보다는 서투른 '학'에 기반을 두고 정치참여를 급히 서두른 것이었다. 정치에 실제로 참여하지 않아도 학을 한다는 것 자체가 위정의 의식을 학의 주체들에게 부여한다는, 그런 심오한 사태는 사무라이사회에서는 찾기 힘들다. 굳이 비교하자면 그것은 송대 사대부사회보다는 1980년대 한국 학생운동의 분위기를 연상시킨다. 또한 민병희가 구축하고 있는 남송대의 '학'개념에 비하면 막말기의 그것은 '학'이라고

부를 수도 없는 수준의 것으로, 말류末流 중의 말류일 것이다. 그러나 말류가 역사를 움직이는 경우는 드물지 않다. 이 문제와 관련하여 다음의 저서도 큰 시사점을 준다(피터 볼, 김영민 옮김, 『역사 속의 성리학』, 예문서원, 2010[원저는 2008]).

5) 교육사회사라는 관점에서 교육과 사회적 변화의 관계에 주목하는 시도도 있으나(辻本雅史・沖田行司 編, 『敎育社會史-新體系日本史 16』, 山川出版社, 2002; 辻本雅史, 『思想と敎育のメディア史: 近世日本の知の伝達』, ぺりかん社, 2011), 정치와의 관련성을 본격적으로 다루지는 않았다. 단 海原徹, 『明治維新と敎育-長州藩倒幕派の形成過程』, ミネルヴァ書房, 1972는 사숙과 정치의 관련성을 논한 독보적인 연구이며, 최근 前田勉, 『江戸の讀書會-會讀の思想史』, 平凡社, 2012도 이 연구에 큰 참고가 되었다.

6) 海原徹, 『近世の學校と敎育』, 思文閣出版, 1988, 9쪽. 번교의 정확한 숫자는 연구자마다 조금씩 달리하나 큰 차이는 없다.

7) 眞壁仁, 『德川後期の學問と政治』, 名古屋大學出版會, 2007; 황수경, 「幕末의 정치적 변동과 幕府目付의 동향-幕末 幕府目付의 정치적 성격과 관련하여」, 서울대학교 동양사학과 석사학위논문, 2014. 물론 고위직은 해당되지 않았고, 그 범위도 제한적이었다.

8) 前田勉, 『江戸の讀書會-會讀の思想史』, 214쪽.

9) 笠井助治, 『近世藩校の總合的硏究』, 吉川弘文館, 1960, 65쪽, 266쪽.

10) 名越漠然, 『水戸弘道館大觀』, 茨城出版社, 1944; 鈴木暎一, 『水戸藩學問・敎育史の硏究』, 吉川弘文館, 1987.

11) 水戸市史編纂委員會 編, 『水戸市史』 中卷 4, 1982, 제21장.

12) 『茨城縣立歷史館史料叢書 3 弘道館史料 I』, 茨城縣立歷史館, 2000, 72쪽(이하 『弘道館史料 I』로 약칭).

13) 久留島浩 編, 『支配をささえる人々』, 吉川弘文館, 2000(シリ―ズ近世の身分的周緣 5).

14) 森下徹, 『武士という身分—城下町萩の大名家臣団』, 吉川弘文館, 2012; 磯田道史, 『近世大名家臣団の社會構造』, 東京大學出版會, 2003(같은 제목으로 2013년에 文藝春秋社에서 再刊. 이 글에서 인용한 것은 2013년판). 오래된 연구로는 新見吉治, 『改訂增補下級士族の硏究』, 日本學術振興會, 1965.

15) 이하의 서술은 위의 연구 성과, 특히 이소다 미치후미磯田道史 씨의 연구에 주로 의거한 것으로 일일이 주를 달지 않았다.

16) 가신단 계층을 가리키는 말은 번마다 상이하여 다양한 호칭이 있으나, 여기서는 일단

이소다 미치후미 씨의 용어로 통일한다.

17) 鈴木暎一, 앞의 책, 265쪽.

18) 笠井助治, 『近世藩校の綜合的研究』, 吉川弘文館, 1960, 165~166쪽: 鈴木暎一, 앞의 책, 268~269쪽. 이 연구서들은 『日本教育史資料』 1권2에 있는 고도칸에 대한 서술에 의거하였다.

19) 원래는 전투임무였으나 도쿠가와시대에는 장기간 평화가 계속되었기 때문에 실제로는 성 경비, 주군 경호, 소방업무, 참근교대 등이 그 내용이었다.

20) 「口上書」, 『別錄』(茨城縣立歷史館所藏), 鈴木暎一, 앞의 책, 304쪽.

21) 『弘道館史料 I』, 75쪽.

22) 『弘道館史料 I』, 98쪽.

23) 鈴木暎一, 앞의 책, 361쪽.

24) 『弘道館史料 I』, 21쪽.

25) 笠井助治, 165~166쪽; 鈴木暎一, 앞의 책, 268~269쪽.

26) 『水戶市史』 中卷 1, 193~195쪽.

27) 『弘道館史料 I』, 91쪽.

28) 『弘道館史料 I』, 101쪽.

29) 「水戶藩御規式帳」, 『茨城縣史料: 近世政治編 I』, 1970, 95쪽, 97쪽.

30) 같은 무렵 이시카와 도쿠고로石河德伍郎의 차남 이시카와 데츠지로石河銕次郎도 가치로 등용된 후 훈도에 임명되었다(『弘道館史料 I』, 101쪽).

31) 이 같은 가치 등용은 1669년(칸분 9) 8월에 가치步行士는 외부 사람을 등용하지 말고 본 번의 차삼남次三男 중에서 발탁하라고 한 번의 방침에도 부합하는 것이다(『水戶市史』 中卷 1, 176쪽).

32) 『弘道館史料 I』, 117쪽.

33) 『弘道館史料 I』, 101쪽. 이시카와 덴조는 이때(텐포 14년, 1843) 고쥬닌구미였으나, 1860년(萬延元年)에 작성된 「水戶藩御規式帳」에는 고난도小納戶로 나온다. 만일 이 두 인물이 동명이인이 아니라면 이 사이에 그는 평사 신분으로 상승한 것으로 봐야 할 것이다.

34) 『水戶市史』 中卷 1, 195쪽에 고쥬닌구미小十人組=하사下士로 되어 있는데 고쥬닌구미小十人組=소종인조小從人組로 봐도 대과는 없을 것이다.

35) 『弘道館史料 I』, 126쪽.

36) 물론 하사에서만 훈도가 나온 것은 아니다. 1843년(덴포 14) 정월 17일 번 당국은 훈
도 구메 히코스케久米彦助, 하마노 구마고로浜野熊伍郎를 우마마와리馬廻로 등용했다
(『弘道館史料 I』, 91쪽). 우마마와리는 중사층 이상이 갈 수 있는 계층이다.

37) 『茨城縣立歷史館史料叢書 6 弘道館史料 II』, 茨城縣立歷史館, 2013, 25쪽(이하『弘道館
史料 II』로 약칭).

38) "敎職中舍長幷諸師範"이라는 표현은 사장의 위치를 잘 말해준다(『弘道館史料 I』, 75
쪽).

39) 鈴木暎一, 앞의 책, 282쪽.

40) 『弘道館史料 I』, 75쪽.

41) 『弘道館史料 I』, 24쪽. 센가 마사노인은 나중에 우마마와리구미馬廻組가 된다(「水戶藩
御規式帳」, 『茨城縣史料: 近世政治編 I』, 99쪽).

42) 山川菊英, 『覺書幕末の水戶藩』, 岩波書店, 1974, 177~178쪽.

43) 다른 번의 경우도 마찬가지다. 아이즈번의 번교 닛신칸日新館도 21세 이하의 차남에게
번교 출석을 명했다(笠井助治, 『近世藩校の總合的硏究』, 吉川弘文館, 1960, 202쪽).

44) 「水戶紀年」享和 3年 11月 24日條, 『茨城縣史料: 近世政治篇 I』.

45) 『弘道館史料 I』, 41쪽.

46) 참고로 40세 이상에도 될 수 있는 대로 학문과 검술에 힘쓸 것을 덧붙였다(『弘道館史
料 I』, 41쪽).

47) 鈴木暎一, 앞의 책, 272쪽.

48) 鈴木暎一, 앞의 책, 278쪽.

49) 鈴木暎一, 앞의 책, 343쪽.

50) 『弘道館史料 I』, 103쪽.

51) 『弘道館史料 II』, 47쪽.

52) 『弘道館史料 II』, 54쪽.

53) 笠井助治, 앞의 책, 165쪽.

54) 『弘道館史料 I』, 103쪽. 이외에 공자들은 매월 23일에 등관하여 포의 이상 적자, 차삼남,
제들 중 11세에서 14세에 해당하는 자들과 석서를 하도록 되어 있었다.

55) 『弘道館史料 I』, 108쪽.

56) 『弘道館史料 I』, 104~105쪽.

57) 『弘道館史料 II』, 15~16쪽.

58) 『弘道館史料 II』, 28쪽.

59) 『弘道館史料 I』, 50쪽.

60) 사숙에 대해서는 海原徹, 『近世私塾の硏究』, 思文閣出版, 1983; Richard Rubinger, *Private academies of Tokugawa Japan*, Princeton University Press, 1982.

61) 海原徹, 『明治維新と敎育-長州藩討幕派の形成過程』, ミネルヴァ書房, 1972, 91쪽, 125쪽.

62) 비슷한 시기 구마모토번 조카마치에는 사숙이 30개 정도 있었다고 한다(「長岡監物傳(1)」, 『日本談義』 146, 1963, 21쪽).

63) 鈴木暎一, 앞의 책, 245~246쪽.

64) 鈴木暎一, 앞의 책, 252쪽.

65) 鈴木暎一, 앞의 책, 358쪽.

66) 鈴木暎一, 앞의 책, 454쪽.

67) 笠井助治, 앞의 책, 201쪽.

68) 鈴木暎一, 앞의 책, 271쪽.

69) 『弘道館史料 I』, 112쪽.

70) 『弘道館史料 I』, 105쪽.

71) 鈴木暎一, 앞의 책, 271쪽.

72) 鈴木暎一, 앞의 책, 248~249쪽.

73) '학적 네트워크'가 확산되었는데도 그것은 공식적으로는 어디까지나 정규 가신단조직의 보조물에 불과했다는 것은, 민병희와 피터 볼이 관찰한 중국의 '학인 네트워크'와 큰 차이 중 하나일 것이다. 막말기 '학적 네트워크'는 군사적 조직을 흔드는 역할은 훌륭히 수행했으나, 그에 기반을 둔 새로운 사회 편제는 이뤄지지 않았다.

74) 鈴木暎一, 앞의 책, 458쪽.

75) 『弘道館史料 I』, 93쪽.

76) 鈴木暎一, 앞의 책, 454쪽.

77) 『弘道館史料 II』, 58쪽, 65쪽, 83쪽.

78) 우미하라 도오루海原徹는 이를 일찍이 '정치결사적 사숙'이라고 불렀고(『明治維新と敎

育-長州藩討幕派の形成過程』, 第2章), 마에다 쓰토무前田勉은 '회독의 변모'로 표현한
바 있다(『江戸の讀書會-會讀の思想史』, 第5章).

79) 揖斐高, 『江戸の文人サロン-知識人と芸術家たち』, 吉川弘文館, 2009.

80) 黒田安雄, 「薩摩藩朋党事件とその歴史的背景」, 『九州文化史研究所紀要』19, 1974; 「文化朋党事件後の薩摩藩」, 『史淵』112, 1975; 『鹿兒島縣史』2 第3章 第2節, 仁川堂川橋印刷所, 1940.

81) 前田勉, 앞의 책.

82) 『文化朋黨實錄』(鹿兒島縣歷史資料センター黎明館 編, 『鹿兒島縣史料: 齊宣・齊興公史料』, 1985에 수록)은 '근사록당'에 의해 번교 교수자리에서 쫓겨난 야마모토 덴조山本傳藏가 그들의 집권에서 실각, 처벌에 이르는 과정을 기록한 것이다. 따라서 '근사록당'에 부정적 시각을 보이는 것은 당연하겠으나, '근사록당' 인물들 중에서 평가할 만한 부분은 적극적으로 평가하는 등 그들에게 숙청된 사람의 기술치고는 상당히 객관적인 면모가 돋보이는 사료이다.

83) 『文化朋黨實錄』2 文化 4年 12月 26日條, 827쪽.

84) 실제로 번교 조사관 교수 야마모토 덴조는 기도 다케키요 그룹을 '학당'이라고 표현했다(『文化朋党實錄』文化 4年 12月 26日條, 827쪽).

85) 이하 『文化朋黨實錄』2 文化 4年 12月 24日條, 824쪽.

86) 번주가 유학고전 수업을 받는 것 자체가 매우 주목할 만한 현상이다. 『문화붕당실록文化朋黨實錄』을 보면 번주 나리노부齊宣가 지속적으로 학자들의 강석을 받았음을 알 수 있다. 다른 번에서도 그런 예는 많이 볼 수 있다.

87) 『文化朋黨實錄』2 文化 4年 12月 26日條, 826쪽.

88) 『文化朋黨實錄』3 文化 5年 正月 21日條, 833~834쪽.

89) 海江田信義, 『維新前後 實歷史傳』1, 11쪽.

90) 海江田信義, 『維新前後 實歷史傳』1, 12쪽.

91) 『鹿兒島縣史』3, 1941, 251쪽.

92) 海江田信義, 『維新前後 實歷史傳』1, 11쪽.

93) 『가고시마현사鹿兒島縣史』의 집필자인 사이고 다카모리 등의 정치세력은 직접적으로는 '가영붕당嘉永朋黨'의 영향을 받았고, 거슬러 올라가서는 '문화붕당文化朋黨'의 계통을 계승한 것이라며, 사이고 등이 '가영嘉永사건' 관계자의 사면, 지치부 스에야스秩

父季保 등의 자손 사면과 등용을 건의한 것을 지적했다(『鹿兒島縣史』3, 252~253쪽).
그렇다면 '문화붕당' 이래 사쓰마번 사무라이들 사이에서는 수십 년간 당파가 존재해
왔다고 상정할 수 있는데, 상세한 것은 좀 더 검토가 필요하다고 여겨진다.

94) 물론 주자학 이외의 학문을 신봉하는 '학당'들도 다수 있다. 유명한 오시오 헤이하치
로大鹽平八郞의 세심동숙洗心洞塾은 양명학의 '학당'이고, 막말기에는 수많은 국학의
'학당'이 생겼다. 다만 의학, 자연과학을 주로 공부했던 난학에서 '학당'이 거의 출현하
지 않은 것은 주의할 만하다.

95) 『文化朋黨實錄』3 文化 5年 正月 15日條, 831쪽.

96) 『文化朋黨實錄』4 文化 5年 2月 25日條, 844쪽.

97) 『文化朋黨實錄』6 文化 5年 4月 5日條, 847쪽.

98) 박훈, 「幕末越前藩의 政治路線에 관한 一考察-'擧藩上洛'(1863) 推進을 중심으로」, 『진
단학보』92, 2001.

99) 伴伍十嗣郞, 「福井藩における平田學の興隆-松平春嶽·中根雪江を中心として」, 『國學
院雜誌』74-11, 1973, 246쪽.

100) 「眞雪草紙」, 『松平春嶽全集』1, 原書房, 1973, 35~36쪽.

101) 堤克彦, 앞의 책, 211쪽.

102) 이런 관점에서 구마모토번의 '실학당'을 검토한 것이 蓑田勝彦, 「熊本藩主=細川齊護の
「實學連」排除-「學校党」は存在したのか」, 『熊本史學』92, 2010.

103) 박훈, 「幕末越前藩의 幕政改革運動에 대한 一考察」, 『동아문화』39, 2001.

104) 박훈, 「幕末越前藩의 政治路線에 관한 一考察-'擧藩上洛'(1863) 推進을 중심으로」, 『진
단학보』92, 2001.

105) 구마모토 번교와 사숙·학습회에서 이뤄진 회독에 대한 상세한 고찰은 박훈, 「19세기
전반 熊本藩에서의 '學的 네트워크'와 '學黨'의 형성」.

106) 박훈, 「德川末期 水戶藩의 南上운동과 정치공간」, 『역사학보』173, 2002, 227~234쪽.

107) 前田勉, 「近世日本の公共空間の成立-「會讀」の場に着目して」, 『愛知敎育大學硏究報告』
(人文.社會科學 編) 55, 2006; 「金澤藩明倫堂の學制改革—會讀に着目して」, 『愛知敎育
大學硏究報告』(人文.社會科學 編) 58, 2009; 「吉田松陰における讀書と政治」, 『愛知敎育
大學硏究報告』(人文.社會科學 編) 60, 2011; 「江戶後期の讀書と政治」, 『日本文化論叢』
19, 2011; 「明治前期の'學制'と會讀」, 『愛知敎育大學硏究報告』(人文.社會科學 編) 61,

2012. 그는 최근 이런 연구성과를 바탕으로 회독에 대해 총괄하였다(『江戶の讀書會-會讀の思想史』, 平凡社, 2012). 한편 박지영은 막말기 에도에 있는 유지대명들의 네트워크를 다룬 논문에서 이들 간에 매달 회독이 실시되었음을 발견해냈다(박지영, 『伊達宗城-「大名同志會」から「賢候クラブ」』, 東京大學 博士學位論文, 2011, 20~21쪽).

108) 1793년(간세이 5) 학문소가 제정한 「학규오칙學規伍則」에는 학문소 내에서 국정을 논하는 것을 금지했다(前田勉, 『江戶の讀書會-會讀の思想史』).

109) 前田勉, 앞의 책, 216~234쪽.

110) 「久坂玄瑞宛吉田松陰書簡, 安政 5年 6月28日」(前田勉, 앞의 책, 278쪽에서 재인용).

111) 민병희는 주희의 '위기지학爲己之學'이 내면세계로의 후퇴가 아니고 오히려 관직 없는 사대부들이 정치에 참여하는 행위라고 그 적극적 의의를 강조하였다(민병희, 「주희의 "대학"과 사대부의 사회·정치적 권력: 제도에서 심의 "학"으로」, 84쪽). 도당 결성에 급급한 막말기 '칼찬 사대부'들에게 이 정도로 진지한 '위기지학'의 공부는 찾아보기 힘들다.

112) 『文化朋黨實錄』 3 文化 5年 正月 15日條, 831~832쪽.

113) 주희의 구상에서 독서공부의 구체적 학습 프로그램으로서 학學은 핵심 중 핵심이었다. 그의 학은 갑자기 대오할 수 있는 돈오의 학이 아니라 면밀한 독서와 강의과정에 입각한 점진적 과정이었다고 한다(민병희, 「주희의 사회·정치적 구상으로서의 "학"-"공리지학", "공허지학"과의 대조를 중심으로」, 101쪽). 그에 비하면 막말기의 '학적 네트워크'와 '학당'은 오히려 그런 '성실한 학자'들의 지탄의 대상이었다.

114) 박훈, 「19세기 전반 웅본번에서의 '학적 네트워크'와 '학당'의 형성」의 1장에서 검토한 나카무라 죠사이의 예를 참조.

12장

1) 대표적인 것으로 胡鞍鋼·胡聯合, 「第二代民族政策: 促進民族交融一体和反映一体」, 『新疆師範大学学報(哲学社会科学版)』 第32巻 第5期, 2011. 9, 馬戎 「関於当前我国民族問題的進一歩討論: 也談 "第二代民族政策"」, 2012. 9, 「中国民族宗教網」, http://www.mzb.com.cn/html/Home/report/386741-1.htm 등이 있다.

2) '제2대민족정책'에 대한 비판으로는 郝時遠, 「評"第二代民族政策"說的理論与実践誤区」, 『新疆社会科学』 2012년 제2기 참고.

3) 村田雄二郎, 「中華民族論の系譜」, 飯島渉ほか 編, 『シリーズ20世紀中国史 第1巻 中華世界と近代』, 東京: 東京大学出版会, 2009, 207~229쪽.

4) 楼宇烈 整理, 『康南海自編年譜(外二種)』, 北京: 中華書局, 1992, 12쪽.

5) 錢穆, 『中国近三百年学術史』, 上海: 商務印書館, 1937.

6) 湯志鈞, 「論『大同書』的成立年代」, 『康有為与戊戌変法』, 北京: 中華書局, 1984.

7) 茅海建, 『従甲吾到戊戌-康有為《我史》箋注』, 北京: 生活·読書·新知三聯書店, 2009.

8) 横尾斉, 「『大同書』成書考-康有為の社会発展論を手掛かりに」, 『名古屋大学東洋史研究報告』, 제25호, 2001은 『대동서』가 일본을 경유한 스펜서 사회학의 영향을 받았다는 점을 아리가 나가오有賀長雄의 『族制進化論』(1890)을 근거로 예증했다.

9) 前揭, 『康南海自編年譜(外二種)』, 98쪽. 소공권蕭公権도 거의 이 설을 취한다. Xiao Kung-chuan, *A Modern China and a New World: K'ang Yu-wei, Reformer and Utopian, 1857-1927*, Seattle: University of Washington Press, 1975.

10) 竹内弘之, 『康有為と近代大同思想の研究』, 東京: 汲古書院, 2008.

11) 캉유웨이는 '거란拠乱'의 시대에 대동을 말하는 것은 시기상조라고 생각하고, 생전에는 초고를 깊이 숨겨 다른 사람에게는 보여주지 않았다. 다만 량치차오나 이누카이 츠요시犬養毅 등 가까운 문인과 친구에게는 무술 전후 시기에 초고를 보여준 일도 있다. 『대동서』 일부가 잡지에 발표된 때는 1913년이고, 제자가 교정한 뒤 전 10부가 공간된 것은 그가 죽은 뒤 8년이 지난 1935년의 일이다. 또한 상해와 천진의 도서관에 분할 소장되어 있던 원본의 존재가 확인된 것은 1980년대에 들어와서인데, 이후 친필원고에 대한 영인본도 출판되었다(『大同書手稿』南京: 江蘇古籍出版社, 1985).

12) 이 글에서는 章錫琛·周振甫 校点本, 『大同書』, 北京: 中華書局, 1956을 저본으로 하고 인용할 때는 쪽수를 ( ) 안에 표시하였다.

13) 梁啓超, 『清代学術概論—中国のルネサンス』, 小野和子 譯, 東京: 平凡社, 1974, 262쪽.

14) 이러한 종류의 서양문명 인식은 기본적으로 1898년 망명 이후, 특히 실제로 서구사회를 접하고 나서 형성된 것으로, 『대동서』 중에서는 가장 새롭게 작성된 부분이라고 여겨진다. 소공권의 '전게서'는 캉유웨이의 양성평등·자유연애와 같은 '반전통적 관념'의 유래를 서양의 사회제도·풍속에 대한 관심, 중국 가족제도의 어두운 면에 대한 혐오

에서 찾았다.

15) 板野長八, 「康有為の大同思想」, 『近代中国研究』, 東京: 好学社, 1948, 174~175쪽.

16) 예를 들면 '전지대동공정부정체全地大同公政府政体'에는 다음과 같은 중앙관청이 열거되어 있다. 민부民部, 농부農部, 목부牧部, 어부漁部, 광부鑛部, 공부工部, 상부商部, 금부金部, 벽부闢部, 수부水部, 철로부鉄路部, 우부郵部, 전선부電線部, 선부船部, 비행부飛行部, 위생부衛生部, 문학부文学部, 장지부奬智部, 강도부講道部, 극락부極楽部, 회의원会議院, 상의원上議院, 하의원下議院, 공보원公報院. 도정부度政府 역시 대동소이한 하급관청을 가지는데, 이러한 행정관리를 담당하는 비용과 인원을 생각하면 거대한 관료사회가 성립하게 될 것이 틀림없다.

17) 前掲板野論文, 169쪽.

18) 斎藤純一, 『公共性』, 東京: 岩波書店, 2000, 5쪽.

19) 李大釗, 「民彝と政治」(原載, 『民彝』 創刊号, 1916. 5), 『李大釗文集』(上), 北京: 人民出版社, 1984, 155~156쪽.

참고문헌

1장

김성애,『沈大允 '福利全書' 校註 飜譯』, 고려대학교 고전번역협동과정 석사학위논문,
 2009.

심대윤,『논어』,『沈大允全集』2권, 성균관대학교출판부, 2005.

안수경 옮김,『한 손에는 논어를 한 손에는 주판을』, 사과나무, 2009.

이형성 편역,『조선유학사』, 예문서원, 2001.

장병한,『沈大允 경학에 대한 연구: 19세기 현실지향적 경학관의 일단면』, 성균관대학
 교 박사학위논문, 1995.

진재교,「沈大允의 社會的 處地와 學問姿勢」,『한문교육연구』16, 2001.

진환장, 이상률 옮김,『유교와 도교』, 문예출판사, 1990.

見城悌治,『渋沢栄一:「道徳」と経済のあいだ』, 日本経済評論社, 2008.

森紀子,『転換期における中国儒教運動』5장「孔教運動の展開─儒教国教化問題」, 京
 都大學學術出版會, 2005.

澁澤榮一,『論語と算盤』, 東亞堂書店, 1916.

澁澤榮一,『新編 靑淵百話』, 平凡社, 1930.

澁澤榮一,『實驗論語』, 平凡社, 1930.

小野進,「儒教の経済学原理─経済学における一つのパラダイムとしての東洋経済
 学」,『立命館經濟學』58-5, 6, 2010.

于臣,『渋沢栄一と「義利」思想: 近代東アジアの実業と教育』, ぺりかん社, 2008.

『日本經濟史の研究 及附錄』, 同文館, 1921.

陳煥章, 瞿玉忠 옮김, 『孔門理財學: 孔子 及其學派的經濟思想』, 中央編 譯出版社.

陳煥章, 韓貨 옮김, 『孔門理財學』, 中華書局.

八木紀一郎, 『非西欧圏の経済学: 土着, 伝統的経済思想とその変容』, 日本経済評論社, 2007

Ajit K. Dasgupya, 板井廣明 等訳, 『ガンディ＿の経済学: 倫理の復権を目指して』, 作品社, 2010.

Kenneth Lux, 田中秀臣 옮김, 『アダム・スミスの失敗: なぜ経済学にはモラルがないのか』, 草思社, 1996.

2장

김도형, 『大韓帝國期の政治思想研究』, 지식산업사, 1994.

박찬승, 『한국근대정치사상사연구』, 역사비평사, 1992.

조경달, 「アジア史研究から見た丸山政治思想史學」, 『未來』 479, 未來社, 2006.

조경달, 「教科書問題と日本原理主義」, 『專修大學人文科學研究所月報』 200, 2002.

조경달, 「近代日本における道義と國家」, 若桑みどり 外, 『歴史と眞實』, 筑摩書房, 1997.

조경달, 「金玉均から申采浩へ―朝鮮における國家主義の成立と轉回」, 『講座世界史』 12, 東京大學出版會, 1996.

조경달, 「朴殷植における國家と民衆―朝鮮的政治思想・政治文化の葛藤」, 深谷克己 編, 『東アジアの政治文化と近代』, 有志舎, 2009.

조경달, 「朝鮮における大國主義と小國主義の相克―初期開化派の思想」, 『朝鮮史研究會論文』 22, 1985.

조경달, 「朝鮮における實學から開化への思想的轉回―朴珪壽を中心に」, 『歴史學研究』 678, 1995.

조경달, 「朝鮮における日本帝國主義批判の論理の形成―愛國啓蒙運動期における文明觀の相克」, 『史潮』 新25, 1989.

조경달, 「朝鮮の國民國家構想と民本主義の傳統」, 久留島浩 · 趙景達 編, 『國民國家の比較史』, 有志舍, 2010.

조경달, 「朝鮮近代のナショナリズムと文明」, 『思想』 808, 1991.

「急務八制議」, 『海鶴遺書』.

「答李康濟書」, 『湖南學報』 제5호.

『大韓季年史』, 광무 11년 3월조.

藤野雅己, 「中江兆民におけるアジアとヨ―ロッパ―兆民の小國主義思想を中心に」, 『大阪事件研究』 5, 1986.

米原謙, 『日本近代思想と中江兆民』, 新評論社, 1986.

松永昌三, 『中江兆民評傳』, 岩波書店, 1993.

「埃及近世史序」, 『白巖朴殷植全集』 제5권, 동방미디어, 2002.

「與尹議政容善」, 『海鶴遺書』, 국사편찬위원회, 1971.

「外交論」, 『中江兆民全集』 제11권, 岩波書店, 1984.

「二十世紀新國民」, 『단재신채호전집』 제5권, 독립기념관한국독립운동사연구소, 2008.

「一斧劈破論」, 『海鶴遺書』.

平石直昭, 「戰中·戰後徂徠論批判」, 『社會科學研究』 三九―一, 東京大學社會科學研究所, 1987.

3장

『경향신문』.

『대한매일신보』.

『대한흥학보』.

『독립신문』.

『매일신문』.

『매일신보』.

『한성순보』.

『황성신문』.

『고종실록』·『순종실록』.

신기선,『儒學經緯』.

최성환,『顧問備略』.

현채,『幼年必讀』.

곽숭도,『倫敦與巴黎日記』(岳麓書社出版 영인본).

구메 구니타케, 방광석 옮김,『특명전권대사 미구회람실기』, 소명출판, 2011.

량치차오,『飮冰室文集-点校』.

정관응,『易言』.

캉유웨이,『實理公法全書』.

이경구,『조선후기 사상사의 미래를 위하여』, 푸른역사, 2013.

레이먼드 윌리엄스, 김성기·유리 옮김,『키워드』, 민음사, 2010.

진관타오·류칭펑, 양일모 등 옮김,『관념사란 무엇인가』2, 푸른역사, 2010.

페데리코 마시니, 이정재 옮김,『근대 중국의 언어와 역사』, 소명출판, 2005.

후쿠자와 유키치, 남상영·사사가와 고이치 옮김,『학문의 권장』, 소화, 2003.

노관범,「대한제국기 실학 개념의 역사적 이해」,『한국실학연구』25, 2013, 417~462쪽.

송인재,「캉유웨이,『실리공법전서』」,『개념과소통』9, 2012, 241~250쪽.

양세욱·이은정,「동아시아 共同文語 시대의 재구성」,『중국어문학논집』46, 2007, 151~174쪽.

이태훈,「실학담론에 대한 지식사회학적 고찰」, 전남대학교 박사학위 논문, 2004.

조미원, 「중국 실학 담론의 지형 검토」, 『중국근현대사연구』 50, 2011, 163~180쪽.

진쾌현, 「실학주의교육의 사상사적 배경에 대한 고찰」, 『건국대학교논문집』 5, 1977, 57~70쪽.

4장

『동학사상자료집』, 아세아문화사(영인본), 1979.

『동학농민전쟁사료총서』 1, 2, 3, 9, 10, 11, 12, 22, 23권.

『續陰晴史』; 『東經大全』; 『용담유사』.

『고종실록』; 『일성록』; 『비변사등록』; 『승정원일기』.

『韓國民衆運動史資料大系: 1894年의 農民戰爭篇 附東學關係資料 1, 東學書』, 여강출판사(영인본), 1985.

「天道敎會史草稿」, 『동학사상자료집』 1, 아세아문화사(영인본), 1979.

김구, 김학민·이병갑 주해, 『백범일지』, 학민사, 1997.

김영작, 『한말 내셔널리즘 연구』, 청계연구소, 1989.

노만 콘, 김승환 옮김, 『천년왕국운동사』, 한국신학연구소, 1993.

동학학회 편저, 『동학, 운동인가 혁명인가』, 신서원, 2002.

배항섭, 『조선후기 민중운동과 동학농민전쟁의 발발』, 경인문화사, 2002.

에릭 홉스봄, 김동택 외 옮김, 「농민과 정치」, 『저항과 반역 그리고 재즈』, 영림카디널, 2003.

유영익, 「전봉준 義擧論」, 『동학농민봉기와 갑오경장』, 일조각, 1998.

조오지 뤼데, 박영신·황창순 옮김, 『이데올로기와 民衆의 抵抗』, 현상과 인식, 1993.

趙景達, 『異端の民衆反亂─東學と甲吾農民戰爭』, 岩波書店, 1998(이 책은 역사비평사에서 번역되었다. 조경달, 박맹수 옮김, 『이단의 민중반란』, 역사비평사, 2008).

표영삼, 『동학 1: 수운의 삶과 생각』, 통나무, 2004.

박맹수, 「최시형연구」, 한국정신문화연구원 박사학위논문, 1995.

정창렬, 「갑오농민전쟁연구」, 연세대학교 박사학위논문, 1991.

김선경, 「농민전쟁 100년, 인식의 흐름」, 역사학연구소, 『농민전쟁 100년의 인식과 쟁점』, 거름, 1994.

김상준, 「대중유교로서의 동학-'유교적 근대성'의 관점에서」, 『사회와 역사』 68, 2005.

배항섭, 「'등신대'의 민중상으로 본 동학농민전쟁-조경달, 『이단의 민중반란: 동학과 갑오농민전쟁』」, 연세대학교 현대한국학연구소 편, 『해외한국학평론』 4, 2006.

배항섭, 「19세기 지배질서의 변화와 정치문화의 변용-仁政 願望의 향방을 중심으로-」, 『한국사학보』 39, 2010.

배항섭, 「동학농민전쟁의 사상적 기반에 대한 연구현황과 과제—동학(사상)과 농민전쟁의 관계를 중심으로—」, 『사림』 45, 2013.

박인호, 「갑오동학기병실담」, 『중앙』 16, 1935.

박정성, 「甲午農民蜂起의 革命性 硏究-回顧와 省察: 呼稱과 關聯하여」, 한국정치외교사학회 편, 『갑오동학농민혁명의 쟁점』, 집문당, 1994.

송찬섭, 「농민전쟁에서 동학은 어떤 일을 하였는가」, 역사학연구소 1894년농민전쟁연구분과 엮음, 『농민전쟁 100년의 인식과 쟁점』, 거름, 1994.

新丙寅生, 「우리는 종놈이다」, 『개벽』 65, 1926.

신영우, 「1894년 東學農民軍의 身分制 否定論理와 實踐運動」, 『역사와 실학』 17 · 18집, 2000.

신용하, 「東學農民軍 執綱所의 社會身分制 改革과 土地改革 政策」, 『진단학보』 78, 1994.

안병욱, 「갑오농민전쟁의 성격과 연구현황」, 역사문제연구소 편, 『한국근현대 연구입문』, 역사비평사, 1988.

오길보, 「갑오농민전쟁과 동학」, 『동학연구』 12, 2002.

양상현, 「1984년 농민전쟁과 항일의병전쟁」, 정용욱 외, 『남북한 역사인식 비교강의』, 일송정, 1989.

유영익, 「전봉준 의거론」, 『이기백선생 고희기념 한국사학논총』, 일조각, 1994.

윤사순, 「동학의 유교적 측면」, 영남대학교 민족문화연구소 편, 『동학사상의 새로운 조명』, 1998.

이경원, 「교조신원운동기 동학지도부의 유교적 측면에 대한 고찰」, 『역사연구』 19, 2010.

이정희, 「東學의 修養觀」, 『동학학보』 11, 2006.

一記者, 「민중의 거인=손의암 선생의 일대기」, 『개벽』 24, 1922.

정창렬, 「동학과 농민전쟁」, 한국사연구회 편, 『한국사연구입문』, 지식산업사, 1981.

정창렬, 「동학과 동학란」, 이가원 외 편, 『한국학연구입문』, 지식산업사, 1981.

정창렬, 「동학교문과 전봉준의 관계」, 진덕규 외, 『19세기 한국전통사회의 변모와 민중의식』, 고대민족문화연구소, 1982.

정창렬, 「갑오농민전쟁과 갑오개혁」, 韓國史研究會 편, 『한국사연구입문 2판』, 지식산업사, 1987.

정창렬, 「동학농민전쟁과 프랑스혁명의 한 비교」, 미셸 보벨, 안치홍 외 옮김, 『프랑스혁명과 한국』, 일월서각, 1991.

조혜인, 「동학과 주자학: 유교적 종교개혁의 맥락」, 『사회와 역사』 제17권, 1990.

崔承熙, 「書院(儒林)勢力의 東學 排斥運動 小考」, 『韓㳍劤博士停年紀念史學論叢』, 지식산업사, 1981.

한국역사연구회, 『한국역사입문 3』, 풀빛, 1995.

한우근, 「동학사상의 본질」, 『동방학지』 10, 1969.

한우근, 「동학의 리더쉽」, 『백산학보』 8, 1970.

한우근, 「동학과 동학란」, 『한국학입문』, 학술원, 1983.

허수, 「교조신원운동기 동학교단과 정부 간의 담론투쟁―유교적 측면을 중심으로―」, 『한국근현대사연구』 66, 2013.

홍동현, 「1894년 '東徒'의 농민전쟁 참여와 그 성격」, 『역사문제연구』 20, 2008.

洪鍾植 口演, 春坡 記, 「17年史上의 最大活劇, 東學亂實話」, 『신인간』 34, 1929.

E. P. Thompson, "The Moral Economy of the English Crowd in the Eighteenth Century", *Past and Present*, No. 50, Feb. 1971.

5장

『湛軒書』.

『성호선생전집』.

『여유당전서』.

『李海鶴遺書』.

『毅菴集』.

후쿠자와 유키치, 정명환 옮김, 『문명론의 개략』, 홍성사, 1986.

노대환, 『문명』, 소화, 2010.

박종혁, 『해학 이기의 사상과 문학』, 아세아문화사, 1995.

길진숙, 「『독립신문』·『매일신문』에 수용된 '문명/야만' 담론의 의미 층위」, 이화여자대학
    교 한국문화연구원 편, 『근대 계몽기 지식 개념의 수용과 그 변용』, 소명출판, 2004.

김도형, 「해학 이기의 정치사상 연구」, 『동방학지』 31집, 연세대학교 국학연구원, 1982.

노평규, 「이기의 유학사상과 근대적 인식」, 『유교사상연구』 7집, 한국유교학회, 1994.

문중섭, 「의암 유인석 위정척사사상의 논리적 기반과 민족주의적 특성」, 『한국시민윤
    리학회』 21집 2호, 2008.

박양신, 「근대 초기 일본의 문명개념 수용과 그 세속화」, 『개념과 소통』 1집, 2008.

박종혁, 「해학 이기의 사상적 전이의 과정」, 『한국한문학연구』 12집, 한국한문학연구
    회, 1989.

박종혁, 「해학 이기의 현실인식에 대한 문학적 대응」, 『한문교육연구』 3집, 한국한문
    교육연구회, 1989.

이애희, 「의암 유인석의 연해주에서의 의병투쟁과 사상적 변이에 관한 연구」, 『동양철
    학연구』 69집, 2012.

윤대식, 「의암 유인석의 척사와 실천」, 『동양정치사상사』 1권 2호, 2002.

이종상, 『毅菴 柳麟錫의 哲學思想 硏究: 春秋義理學과 義兵精神을 中心으로』, 성균관

대학교 박사학위논문, 2002.

이황직, 「초기 근대 유교 계열의 민족주의 서사에 대한 연구」, 『문화와 사회』 11집, 2011.

장현근, 「중화질서 재구축과 문명국가 건설: 최익현 유인석의 위정척사 사상」, 『정치사상연구』 9집, 2003.

정숭교, 「이기의 사상에서 공(公)의 의미」, 『역사와 현실』 29호, 한국역사연구회, 1998.

조상우, 「해학 이기의 계몽사상과 해학적 글쓰기」, 『동양고전연구』 26집, 동양고전학회, 2007.

함영대, 「宇宙問答과 柳麟錫의 文明意識」, 『태동고전연구』 27집, 2011.

6장

문명기, 「史家에서 儒者로의 전변과 그 귀숙-錢穆의 經史硏究를 통해 본 중국 근대 文化保守主義의 한 측면」, 『역사문화연구』 제29집, 2008.

민두기, 『中國에서의 自由主義의 實驗-胡適(1891~1962)의 사상과 활동』, 지식산업사, 1996.

錢穆, 「現代退溪學之再認識」, 『退溪學報』 10-1, 1976.

첸무, 정소문 옮김, 「東西文化 比較」, 『退溪學報』 10-1, 1976.

錢穆, 「기조강연: 현대에 있어서의 퇴계학의 재인식」, 『퇴계학과 한국문화』(구: 『한국의 철학』)(경북대학교 퇴계학연구소) 제4집, 1976.

錢穆, 「중국 역사상의 교육」, 『교육논집』(연세대학교 교육대학원) 4-1, 1971; 「중국역사상의 교육적 전통」, 『연세교육과학』 7, 1975.

錢穆, 「중국 역사상의 정치 · 교육적 전통; 첸무 교수 초청 학술 대강연회」, 연대교육대학원, 1974. 9. 2~9. 3.

첸무, 신승하 옮김, 『中國歷代政治得失』, 박영사, 1974.

후스, 송긍섭 · 함홍근 · 민두기 옮김, 『中國古代哲學史』, 대한교과서주식회사, 1990(4판).

傅斯年 著, 歐陽哲生 編, 『大家國學-傅斯年』, 天津人民出版社, 2009.

丘爲君, 「淸代思想史'硏究典範'的形成·特質與義涵」, 『淸華學報』 24-4, 1994.

羅志田 主編, 『20世紀的中國: 學術與社會·史學卷(上)』, 山東人民出版社, 2001.

雷頤, 「傅斯年思想矛盾試析」, 許紀霖 編, 『二十世紀中國思想史論』(下), 東方出版中心, 2000.

劉巍, 「『劉向歆父子年譜』的學術背景與初始反響-兼論錢穆與疑古學派的關係以及民國史學與晩淸經今古文學之爭的關係」, 臺灣大學中文系, 『紀念錢穆先生逝世十週年國際學術硏討會論文集』, 2001.

石興澤, 「傅斯年與錢穆的交往和分岐」, 『鹽城師範學院學報』 25권 2기, 2005.

石興澤, 「傅斯年與錢穆的交往和分岐」, 『鹽城師範學院學報』 25권 2기, 2005.

沈松僑, 『學衡派與伍四時期的反新文化運動』, 國立臺灣大學出版委員會, 1984.

梁民愫·戴晴, 「近二十年中國大陸學界關于錢穆學術思想硏究的新取向」, 『上海師範學院學報』 29권 4기, 2009.

余英時, 『錢穆與中國文化』, 上海遠東出版社, 1994.

易竹賢, 『胡適傳』, 湖北人民出版社, 1998.

翁有爲, 「求眞乎?經世乎?-傅斯年與錢穆學術思想之比較」, 『文史哲』 2005년 3기.

王汎森, 「民國的新史學及其批評者」, 羅志田 主編, 『20世紀的中國: 學術與社會·史學卷(上)』, 山東人民出版社, 2001.

王汎森, 『古史辨運動的興起』, 東大圖書, 1990.

王汎森, 『中國近代思想與學術的系譜』, 河南教育出版社, 2001.

王小婷, 「錢穆與古史辨派」, 『泰山學院學報』 25권 5기, 2003.

王晴佳, 「錢穆與科學史學之離合關係, 1926~1950」, 臺灣大學 中國文學系, 『紀念錢穆先生逝世十週年國際學術硏討會論文集』, 2001.

王晴佳, 「陳寅恪·傅斯年之關係及其他-以臺灣中硏院所見檔案爲中心」, 『學術硏究』 2005년 11기.

李木妙, 『國史大師錢穆教授傳略』, 揚智文化(臺北), 1995.

李恩涵, 「1949年後傅斯年與其史料學派對臺灣史學的影響」, 山東歷史學會 編, 『傅斯年與中國文化國際學術討論會論文集』, 2004.

章淸,『胡適派學人群'與現代中國自由主義』, 上海古籍出版社, 2004.

張曉唯, 「錢穆的'胡適情結'」, 『讀書』 2009년 8기.

錢穆, 錢賓四先生全集編委會, 『錢賓四先生全集』, 聯經出版公司(臺北), 1998.

錢穆, 『八十憶雙親 · 師友雜憶』, 三聯書店, 1998(2005년 北京: 제2판).

鄭大華, 『梁漱溟與胡適-文化保守主義與西化思潮的比較』, 中華書局, 1994.

鄭大華 · 賈小葉, 「20世紀90年代以來中國近代史上的激進與保守研究述評」, 『近代史研究』 2005년 4기.

鄭師渠, 『思潮與學派-中國近代思想文化研究』, 北京師範大學出版社, 2005.

周國棟, 「兩種不同的學術史範式-梁啓超 · 錢穆『中國近三百年學術史』之比較」, 『史學月刊』 2000년 4기.

陳麗惠, 「反傳統思潮的批判與超越-錢穆史學思想的形成(1930~1940)」, 臺灣 東海大學歷史研究所 碩士學位論文, 1997.

陳勇, 「"不知宋學, 則無以評漢宋之是非"-錢穆與淸代學術史研究」, 『史學理論研究』 2003년 1기.

陳勇, 「錢穆與新考據派關係略論-以錢穆與傅斯年的交往爲考察中心」, 『上海大學學報』(社會科學版) 2007년 9기.

陳平原, 『老北大的故事』, 臺北: 立緒文化, 2001.

彭明輝, 「現代中國史學的南方學術網絡(1911~1945)」, 行政院國家科學委員會專題研究計劃成果報告, 2006.

彭明輝, 『疑古思想與現代中國史學的發展』, 商務印書館, 1991.

韓軍, 「錢穆的文言世界及其現代視域」, 『吉首大學學報』(社會科學版) 27-1, 2006.

許紀霖 編, 『二十世紀中國思想史論』(上 · 下), 東方出版中心, 2000.

胡松平, 『胡適之先生年譜長編初稿』, 聯經出版社, 1984.

黃俊傑, 「錢賓四史學中的'國史'觀-內涵 · 方法與意義」, 臺灣大學中文系, 『紀念錢穆先生逝世十週年國際學術硏討會論文集』, 2001.

神谷正男, 『現代支那思想研究』, 理想社, 1941.

7장

渡辺浩,『近世日本社會と宋學』, 東京大學出版會, 1985.

渡辺浩,『東アジアの王權と思想』, 東京大學出版會, 2007.

藤間生大,『近代東アジア世界の形成』, 春秋社, 1977.

尾藤正英,『日本封建思想史研究』, 青木書店, 1961.

山口縣教育會 編纂,『吉田松陰全集』제3권, 大和書房, 1972.

山口縣教育會 編纂,『吉田松陰全集』제4권, 大和書房, 1972.

山口縣教育會 編纂,『吉田松陰全集』제7권, 大和書房, 1972.

山口縣教育會 編纂,『吉田松陰全集』제8권, 大和書房, 1972.

山口縣教育會 編纂,『吉田松陰全集』제9권, 大和書房, 1974.

山口縣教育會 編纂,『武敎全書講錄』,『吉田松陰全集』제4권, 大和書房, 1972.

三上一夫,『横井小楠』, 吉川弘文館, 1999.

石直昭・金泰昌 編,『公共する人間 3 横井小楠』, 東京大學出版會, 2010.

續日本史籍協會叢書 編,『横井小楠關係史料 2』, 東京大學出版會, 1938.

松浦玲,『横井小楠』, 朝日新聞社, 1976.

須田努 編,『逸脱する百姓』, 東京堂出版, 2010.

須田努,「江戸時代 民衆の朝鮮・朝鮮人觀」,『思想』, 2010.

須田努,「近世人の朝鮮・朝鮮人觀」六反田豊他編,『日本と朝鮮比較』, 明石書店, 2011.

須田努,「近世人の朝鮮・朝鮮人觀」, 外村大他 編,『日本と朝鮮比較・交流史入門』, 明石書店, 2011.

須田努,「征韓論への系譜」, 趙景達他 編,『近代日本のなかの「韓國倂合」』, 東京堂出版, 2010.

須田努,「通信使外交の虛實」趙景達編,『近代日朝關係史』, 有志舍, 2012.

源了圓 編,『横井小楠』, 藤原書店, 2009.

日本史籍協會 編,『横井小楠關係史料 1』, 東京大學出版會, 1938.

1856년 「村田巳三郎宛書簡」, 本史籍協會 編, 『横井小楠關係史料 1』, 東京大學出版會, 1938.

前田勉, 『兵學と朱子學·蘭學·國學』, 平凡社選書, 2006.

田中彰, 『吉田松陰』, 中央公論社, 2001.

堤克彦, 「横井小楠の「開國論」の基盤的諸要素」, 熊本近代史研究會 編, 『近代における
　　熊本·日本·アジア』, 熊本出版文化會館, 1991.

趙景達, 「近代日本における道義と國家」, 中村政則他 編, 『歴史と眞實』, 筑摩書房,
　　1997.

竹内好, 「日本とアジア」, 『竹内好全集』 제8권, 1980.

平石直昭 · 金泰昌 編, 『横井小楠』, 東京大學出版會, 2010.

丸山眞男, 「近代日本思想史における國家理性の問題」, 『展望』, 1949. 1.

丸山眞男, 『日本の思想』, 岩波書店, 1961.

8장

『請質所聞』, 靜嘉堂文庫所藏, 自筆本, 1869.

『敬宇文集』, 16권 6책, 吉川弘文館, 1903.

『敬宇詩集』, 4권 3책, 敬宇詩集刊行發行所, 1926.

斯邁爾斯, 中村敬太郎 譯, 『西國立志編』, 山田俊藏, 1870~1871.

弥爾著 · 中村敬太郎 譯, 『自由之理』, 同人社, 1872.

大久保利謙 篇, 『明治文學全集 3 明治啓蒙思想集』, 筑摩書房, 1967.

『女學雜誌』(複製版), 臨川書店, 1966.

大久保利謙 監修, 『明六雜誌』(復刻版), 立体社, 1976.

石井研堂, 『自助的人物之典型 中村正直伝』, 成功雜誌社, 1907.

福澤諭吉, 『學問のすゝめ』, 岩波文庫, 2010.

朱熹, 『四書章句集註』, 中華書局, 1983.

Samuel Smiles, *Self-Help with illustrations of Character, Conduct, and Perseverance*(1859), Oxford University Press, 2002.

John Stuart Mill, *On Liberty and Other Essays*, Oxford, Oxford University Press, 2008.

麻生義輝,『近世日本哲學史幕末から明治維新の啓蒙思想』,書肆心水, 2008[初出 1942].

丸山眞男,『日本政治思想史研究』,東京大學出版會, 1952.

尾藤正英,『日本封建思想史研究』,青木書店, 1961.

源了圓,『德川合理思想の系譜』,中公叢書, 1972.

植手道有,『日本近代思想の形成』,岩波書店, 1974.

大久保利謙,『明六社考』,立体社, 1976.

渡辺浩,『近世日本社會と宋學』,東京大學出版會, 1985.

萩原隆,『中村敬宇研究—明治啓蒙思想と理想主義』,早稻田大學出版會, 1990.

小泉仰,『中村敬宇とキリスト教』,フマニタス選書, 1991.

丸山眞男,『忠誠と反逆』,筑摩書房, 1992.

渡辺浩,『東アジア王權と思想』,東京大學出版會, 1997.

山口輝臣,『明治國家と宗教』,東京大學出版會, 1999.

磯前順一,『近代日本の宗教言說とその系譜—宗教·國家·神道』,岩波書店, 2003.

菅原光,『西周の政治思想—規律·功利·信』,ぺりかん社, 2009.

河野有理,『明六雜誌の政治思想—阪谷素と「道理」の挑戰』,東京大學出版會, 2011.

김용덕,「메이지 초기 일본 지식인의 기독교 이해-명육사를 중심으로-」,『일본비평』9호, 서울대학교 일본연구소 편, 2013. 8.

미야지마 히로시,「후꾸자와 유끼찌의 유교인식」, 한국실학학회 편,『한국실학연구』23호, 2012.

와타나베 히로시,「'교'와 음모: 국체의 한 기원」,『한국·일본·'서양'』, 아연출판부, 2008.

渡辺浩,「儒教と福澤諭吉」,『福澤諭吉年鑑』39, 福澤諭吉協會, 2012. 12.

李セボン, 「中村敬宇における「學者」の本分論―幕末の昌平黌をめぐって―」, 『日本思想史學』第四十伍号, 2013.

李セボン, 「「道」と「敎」―阪谷素と中村正直から」, 『近代日本政治思想史』, ナカニシヤ出版, 2014.

9장

『高等漢文讀本』.

『大東文粹』.

『近古文選』.

『皇城新聞』.

『西北學會月報』.

『畿湖興學會月報』.

『大韓自强會月報』.

『少年』.

『韓國痛史』.

『靑年立志編』.

『燕巖集』.

『艮齋文集』.

『石菱集』.

김진균, 「한학과 한국 한문학의 사이, 근대 한문학」, 『국제어문』 51, 2011.

남궁원, 「근대 초기 한문과 교재 서문에 나타난 집필 동기 및 경위 고찰」, 『한문고전연구』 11, 2005.

남궁원, 「한일합병 전후 교과서 검정을 통한 한문과 교과서 개발 억제 실태 연구」, 『한자한문교육』 17, 2006.

남궁원, 『한국 개화기 한문과 교육의 전개과정과 교과서 연구』, 성신여자대학교 대학원 박사학위 논문, 2006.

남궁원, 「개화기 교재 『한문학교과서』의 작품 수록 양상」, 『한국사상과문화』 36, 2007.

노관범, 「1875~1904년 박은식의 주자학 이해와 교육자강론」, 『한국사론』 43, 서울대학교 국사학과, 2000.

노관범, 「대한제국기 박은식 자강론의 재검토」, 『백암학보』 창간호, 백암학회, 2006.

박영미, 「애국계몽기에 간행된 『한문학교과서』에 관한 고찰」, 『한문학논집』 24, 근역한문학회, 2006.

백광준, 「동성파에서 상향파로」, 『중국문학』 61, 2009.

이원석, 「청말민초 주자학의 전개」, 『호서사학』 47, 2007.

임상석, 「일제강점기 조선총독부의 조선어급한문 교과서 연구 시론」, 『한문학보』 22, 우리한문학회, 2010.

임상석, 「『산수격몽요결』 연구 : 서구 격언과 일본 근대 행동 규범의 번역을 통해 굴절된 한국 고전」, 『코기토』 69, 2011.

정민, 『조선후기 고문론 연구』, 아세아문화사, 1989.

정옥자, 『정조의 수상록 일득록 연구』, 일지사, 2000.

조병한, 「18세기 강회문단의 문화관과 정치적 입장」, 『부산사학』 19, 1990.

최은주, 「조선후기 시문선집에 나타난 명대 문학의 수용 양상」, 『동방한문학』 24, 2003.

10장

김봉희, 『한국 개화기 서적문화 연구』, 이화여자대학교출판부, 1999.

김영민, 「근대계몽기 신문의 문체와 한글 소설의 정착 과정」, 『한국 근대 서사양식의 발생 및 전개와 매체의 역할』, 소명출판, 2005.

김월회, 「新体散文이 매체와 만나는 두 양상」, 『대동문화연구』 45, 대동문화연구원, 2004.

김일근,『언간의 연구』, 건국대학교출판부, 1986.

민관동,『중국고전소설사료총고』, 아세아문화사, 2000.

박재연,「조선시대 공안협의소설 번역본의 연구」,『중어중문학』25, 1999.

양문규,「1900년대 신문·잡지 미디어와 근대소설의 탄생」,『한국 근대 서사양식의 발
생 및 전개와 매체의 역할』, 소명출판, 2005.

이헌홍,『한국송사소설연구』, 삼지원, 1997.

정환국,「19세기 문학의 '불편함'에 대하여-그로테스크한 경향과 관련하여」,『한국문
학연구』35, 동국대학교 한국문학연구소, 2009.

정환국,「애국계몽기 한문현토소설의 존재방식」,『고전문학연구』24, 2003.

조성면,『대중문학과 정전에 대한 반역』, 소명출판, 2002.

최원식,『한국근대소설사론』, 창작과비평사, 1986.

한기형·정환국 역주,『역주 신단공안』, 창비, 2007.

阿英,『晚清小說史』, 北京: 東方出版社, 1996(1975 재판).

方正耀,『晚清小說研究』, 上海: 華東師範大学出版社, 1991.

劉鶚,『老残遊記』, 1904.

Eco, Umberto, and Thomas A. Sebeok eds., *The Sign of Three*, Bloomington and
Indianapolis: Indiana University Press, 1983.

Hanan, Patrick, *Chinese Fiction of the Nineteenth and Early Twentieth Centuries*, New York:
Columbia University Press, 2004.

Hung, Eva, "Giving Texts a Context: Chinese Translations of Classical English Detective
Stories 1896-1916", David Pollard, ed., *Translation and Creation: Readings of
Western Literature in Early Modern China*, 1840-1918, Amsterdam & Philadelphia:
John Benjamin's Publishing Company, 1994.

Moretti, Franco, "The Slaughterhouse of Literature", *Modern Language Quarterly* 61:
1(March, 2000): 207~227.

Porter, Dennis, *The Pursuit of Crime: Art and Ideology in Detective Fiction*, New
Haven&London: Yale University Press, 1981.

Symons, Julian, *Bloody Murder*, New York: Viking, 1985.

Wang, David Der-wei, *Fin-de-Siecle Splendor: Repressed Modernities of Late Qing Fiction, 1849-1911*, Stanford: Stanford University Press, 1997.

11장

『文化朋黨實錄』(鹿兒島縣歷史資料センター_黎明館 編, 『鹿兒島縣史料: 齊宣·齊興公史料』, 1985).

「水戶藩御規式帳」, 『茨城縣史料: 近世政治編 I』, 1970.

『茨城縣立歷史館史料叢書 3 弘道館史料 I』, 茨城縣立歷史館, 2000.

『茨城縣立歷史館史料叢書 6 弘道館史料 II』, 茨城縣立歷史館, 2013.

박훈, 『메이지유신은 어떻게 가능했는가』, 민음사, 2014.

磯田道史, 『近世大名家臣団の社會構造』, 文藝春秋社, 2013.

『鹿兒島縣史』 2 제3장 제2절, 仁川堂川橋印刷所, 1940.

森下徹, 『武士という身分_城下町萩の大名家臣団』, 吉川弘文館, 2012.

鈴木暎一, 『水戶藩學問·教育史の研究』, 吉川弘文館, 1987.

前田勉, 『江戶の讀書會–會讀の思想史』, 平凡社, 2012.

笠井助治, 『近世藩校の總合的研究』, 吉川弘文館, 1960.

海原徹, 『明治維新と教育–長州藩討幕派の形成過程』, ミネルヴァ書房, 1972.

박훈, 「메이지유신과 '士大夫的 정치문화'의 도전: '近世' 동아시아 정치사의 모색」, 『역사학보』 218, 2013(日本語 譯, 「東アジア政治史における幕末維新政治史と '士大夫的政治文化'の挑戰–サムライの'士化'」, 清水光明 編, 『「近世化」論と日本 –「東アジア」の捉え方をめぐって』, 勉誠出版, 2015).

박훈, 「19세기 전반 熊本藩에서의 '學的 네트워크'와 '學黨'의 형성」, 『東洋史學研究』

126, 2014.

황수경, 「幕末의 정치적 변동과 幕府目付의 동향-幕末 幕府目付의 정치적 성격과 관련하여」, 서울대학교 동양사학과 석사학위논문, 2014.

朴薰, 「十九世紀前半日本における「議論政治」の形成とその意味-東アジア政治史の視点から-」, 明治維新史學會 編, 『講座明治維新 I: 世界のなかの明治維新』, 有志舍, 2010.

朴薰, 「幕末政治変革と'儒教的政治文化'」, 『明治維新史研究』 8, 明治維新史學會, 2012.

朴薰, 「武士の政治化と'学党': 一九世紀前半日本における士大夫的政治文化の台頭」, 『公論と交際の東アジア近代』, 東京大学出版会, 2016.

蓑田勝彦, 「熊本藩主=細川齊護の「實學連」排除-「學校党」は存在したのか」, 『熊本史學』 92, 2010.

黒田安雄, 「薩摩藩朋党事件とその歴史的背景」, 『九州文化史研究所紀要』 19, 1974.

黒田安雄, 「文化朋党事件後の薩摩藩」, 『史淵』 112, 1975.

12장

『大同書手稿』, 南京: 江蘇古籍出版社, 1985.

梁啓超, 『清代学術概論─中国のルネサンス』, 小野和子 譯, 東京: 平凡社, 1974.

楼宇烈 整理, 『康南海自編年譜(外二種)』, 北京: 中華書局, 1992.

李大釗, 「民彝と政治」(原載 『民彝』 創刊号, 1916. 5), 『李大釗文集』(上), 北京: 人民出版社, 1984.

茅海建, 『従甲吾到戊戌-康有為《我史》籤注』, 北京: 生活·読書·新知三聯書店, 2009.

章錫琛·周振甫 校点本, 『大同書』, 北京: 中華書局, 1956.

斎藤純一, 『公共性』, 東京: 岩波書店, 2000.

錢穆, 『中国近三百年学術史』, 上海: 商務印書館, 1937.

竹内弘之, 『康有為と近代大同思想の研究』, 東京: 汲古書院, 2008.

村田雄二郎, 「中華民族論の系譜」, 飯島渉ほか 編, 『シリーズ20世紀中国史 第1巻 中華
　　世界と近代』, 東京: 東京大学出版会, 2009.

湯志鈞, 「論『大同書』的成立年代」, 『康有為与戊戌変法』, 北京: 中華書局, 1984.

板野長八, 「康有為の大同思想」, 『近代中国研究』, 東京: 好学社, 1948.

郝時遠, 「評"第二代民族政策"説的理論与実践誤区」, 『新疆社会科学』 2012년 제2기.

横尾斉, 「『大同書』成書考-康有為の社会発展論を手掛かりに」, 『名古屋大学東洋史研
　　究報告』, 제25호, 2001.

Xiao Kung-chuan, *A Modern China and a New World: K'ang Yu-wei, Reformer and Utopian,
　　1857-1927*, Seattle: University of Washington Press, 1975.

찾아보기